EBS 교육방송교재

YES24 22~25년 대입검정 부문 월별/주별 베스트셀러 1위

단독 제공! 2025년 제1·2회 기출문제 수록

검스타트 검정고시 고졸 국어

2026 최신판

단원별 개념정리 + 기출문제 체크 + 실전모의고사

검스타트 고득점 합격 로드맵

기출이 답이다	연습은 실전처럼	빈틈 없는 마무리	빠른 결과 확인
최신 기출문제 + 무료 강의	온라인 모의고사 + 상세 해설	시험장에서 보는 5분 정리집	가답안 문자 예약 + 자동 채점

시험 안내

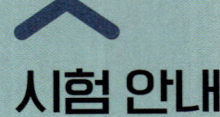

고졸 검정고시는 부득이한 이유로 정규 고등학교 과정을 마치지 못한 사람들을 대상으로 실시하는 국가 자격 시험으로, 고졸 검정고시에 합격한 자는 고등학교를 졸업한 자와 동등한 자격을 인정받습니다.

※ 자세한 사항은 각 시・도별 공고문을 참고하십시오.

1 시행 기관

- 시・도 교육청 : 시행 공고, 원서 교부 및 접수, 시험 실시, 채점, 합격자 발표
- 한국교육과정평가원(KICE) : 문제 출제, 인쇄 및 배포

2 시험 일정*

구분	공고 기간	접수 기간	시험일	합격자 발표
제1회	1월 말 ~ 2월 초	2월 초 ~ 중순	4월 초・중순	5월 초・중순
제2회	5월 말 ~ 6월 초	6월 초 ~ 중순	8월 초・중순	8월 하순

※ 상기 일정은 시・도 교육청 협의에 따라 변경될 수 있습니다. 반드시 해당 시험 공고문을 참조하세요.

3 시험 과목 및 시간표

구분	1교시	2교시	3교시	4교시		5교시	6교시	7교시
시간	09:00~ 09:40	10:00~ 10:40	11:00~ 11:40	12:00~ 12:30	중식 12:30~ 13:30	13:40~ 14:10	14:30~ 15:00	15:20~ 15:50
	40분	40분	40분	30분		30분	30분	30분
시험 과목	국어	수학	영어	사회		과학	한국사	선택 과목

※ 필수 과목 : 국어, 수학, 영어, 사회, 과학, 한국사(6과목)

※ 7교시 선택 과목은 '도덕, 기술・가정, 체육, 음악, 미술' 중 1과목(따라서 총 7과목 응시)

4 출제 형식 및 배점

- 문항 형식 : 객관식 4지 택 1형
- 출제 문항 수 및 배점

구분	문항 수	배점
고졸	각 과목별 25문항(단, 수학은 20문항)	각 과목별 1문항당 4점(단, 수학은 1문항당 5점)

5 합격자 결정 및 취소

- 고시 합격 ➡ 각 과목을 100점 만점으로 하여 결시 없이 평균 60점 이상을 취득한 자(과락제 폐지)
- 과목 합격 ➡ 과목당 60점 이상 취득한 과목
- 합격 취소 ➡ 응시 자격에 결격이 있는 자, 제출 서류를 위조 또는 변조한 자, 부정행위자

6 응시 자격 및 제한

◆ 응시자격 및 응시과목

응시자격	응시과목
중학교 졸업자 중학교 졸업학력 검정고시 합격자 초・중등교육법시행령 제97조・제101조 및 제102조 해당자 보호소년 등의 처우에 관한 법률 시행령 제69조 제3호의 규정에 의한 자	• 국어, 수학, 영어, 사회, 과학, 한국사【필수 : 6과목】 • 도덕, 기술・가정, 체육, 음악, 미술【선택 : 1과목】
3년제 고등기술학교 및 고등학교에 준하는 각종학교 졸업자 또는 졸업예정자 3년제 직업훈련과정의 수료자	국어, 수학, 영어 【총 3과목】
3년제 고등기술학교 및 고등학교에 준하는 각종학교 졸업자 또는 졸업예정자, 3년제 직업훈련과정의 수료자 해당자르서 '89.11.22 이후 국가기술자격법에 의한 기능사 이상의 자격 취득자	국어, 수학 또는 영어 【총 2과목】
3년제 고등기술학교 및 고등학교에 준하는 각종학교 졸업자 또는 졸업예정자, 3년제 직업훈련과정의 수료자 해당자르서 '89.11.21 이전 국가기술자격법에 의한 기능사 이상의 자격 취득자	수학 또는 영어 【총 1과목】
만 18세 이후에 평생교육법 제23조 제2항에 따라 평가인정한 학습과정 중 고시과목에 관련된 과정을 교육부장관이 정하는 바에 따라 과목당 90시간 이상 이수한자	국어, 수학, 영어【3과목】 + 미이수 과목

◆ 응시 자격 제한

- 고등학교 또는 초・중등교육법 시행령 제98조 제1항 제2호의 학교를 졸업한 자 또는 재학 중인 자(휴학 중인 자 포함)
- 공고일 이후 중학교 또는 초・중등교육법 시행령 제97조 제1항 제2호의 학교를 졸업한 자
- 고시에 관하여 부정행위를 한 자로서 2년이 경과되지 아니한 자
- 고등학교 또는 초・중등교육법 시행령 제98조 제1항 제2호의 학교에서 퇴학된 사람으로서 퇴학일부터 공고일까지의 기간이 6개월이 되지 않은 사람(다만, 장애인복지법에 제32조에 따라 등록한 장애인으로서 신체적・정신적 장애로 학업을 계속하는 것이 불가능하여 퇴학된 사람은 제외)

7 제출 서류

◆ 응시자 전원 제출 서류(공통)

- 응시원서(소정 서식) 1부(현장 접수 시, 온라인 접수 시는 전자파일 형식의 사진 1매만 필요)
- 동일한 사진 2매(탈모 상반신, 3.5㎝×4.5㎝, 응시원서 제출 전 3개월 이내 촬영)
- 본인의 해당 최종학력증명서 1부(아래 해당 서류 중 한 가지)
  - 중졸 검정고시 합격자 : 합격증서 사본(원본 지참)
  - 고등학교 재학 중 중퇴자 : 제적증명서
  - 중학교 졸업 후 상급학교 미진학자 : 상급학교 진학 여부가 표시된 '검정고시용' 중학교 졸업(졸업 예정)증명서, 미진학사실확인서

◆ 과목 면제 대상자 추가 제출 서류

- 과목합격증명서 또는 성적증명서, 평생학습이력증명서 등(이상 해당자만 제출)

◆ 장애인 시험 시간 연장 및 편의 제공 대상자 제출 서류

- 복지카드 또는 장애인등록증 사본(원본 지참), 장애인 편의 제공 신청서

8 출제 수준, 세부 출제 기준 및 방향

◆ 출제 수준

- 고등학교 졸업 정도의 지식과 그 응용 능력을 측정할 수 있는 수준

◆ 세부 출제 기준 및 방향

- 각 교과의 검정(또는 인정) 교과서를 활용하는 출제 방식
  - 가급적 최소 3종 이상의 교과서에서 공통으로 다루고 있는 내용으로 출제 (단, 국어와 영어 지문의 경우 공통으로 다루고 있는 교과서 종수와 관계없으며, 교과서 외 지문도 활용 가능)
- 문제은행(기출문항 포함) 출제 방식을 학교 급별로 차등 적용
  - 초졸 : 50% 내외, 중졸 : 30% 내외, 고졸 : 적용하지 않음.
- 출제 난이도 : 최근 5년간 평균 합격률을 고려하여 적정 난이도 유지

9 응시자 시험 당일 준비물

◆ 중졸 및 고졸

(필수) 수험표, 신분증, 컴퓨터용 수성사인펜
(선택) 아날로그 손목시계, 수정 테이프, 도시락

※ 수험표 분실자는 응시원서에 부착한 동일한 사진 1매를 지참하고 시험 당일 08시 20분까지 해당 고사장 시험 본부에서 수험표를 재교부 받을 수 있다.

※ 시험 당일 고사장에는 차량을 주차할 수 없으므로 대중교통을 이용해야 한다.

10 고졸 검정고시 교과별 출제 대상 과목

구분	교과(고시 과목)	출제범위(과목)
필수	국어	국어
	수학	수학
	영어	영어
	사회	통합사회
	과학	통합과학
	한국사	한국사
선택	도덕	생활과 윤리
	기술・가정	기술・가정
	체육	체육
	음악	음악
	미술	미술

나이스 검정고시 서비스 ×

http://kged.sen.go.kr

검정고시 온라인 원서 접수, 이렇게 해요!

※ 사전 준비 : 본인의 '공동인증서' 발급 받기

1. 온라인 접수 기간에 시·도 교육청의 검정고시 서비스 사이트에 접속

   http://kged.sen.go.kr

2. 검정고시 전체 서비스 메인 화면에서, 화면 왼쪽의 **검정고시 온라인 접수** 클릭

3. 왼편의 검정고시 온라인 접수에서 해당하는 '시·도 교육청'을 선택하여 이동

4. 상단의 〈온라인 원서 접수〉 메뉴에서 본인이 희망하는 자격의 검정고시 선택
   ☞ 해당 자격의 **원서 접수하기** 버튼을 클릭하면 '온라인 원서 접수 페이지'로 이동

5. 성명과 주민등록번호(또는 외국인등록번호)를 입력하고, 원서 접수 허위 사실 기재에 관한 안내 및 서약서와 개인식별번호 처리 동의에 체크(✓)한 뒤, **인증서 로그인**을 클릭한 후 본인의 공동인증서를 통해 로그인

6. 응시자 정보 ➔ 학력 과목 정보 ➔ 고사장 선택 ➔ 접수 완료 순으로 작성

   (1) 응시자 정보에서 본인의 기본 신상 정보와 검정고시 응시 기본 정보를 입력한 후 **저장** 버튼을 클릭하여 저장 (*표시는 필수 입력 항목으로, 미입력 시 다음 순서로 진행되지 않음) ➔ **다음** 버튼 클릭
   - 사진 파일은 100kb 크기 미만의 jpg와 gif 파일만 저장 가능

   (2) 학력 과목 정보에서 응시자 본인의 학력 정보와 과목 응시 정보를 등록, 관련된 서류를 첨부한 후 **저장** 버튼을 클릭하여 저장 ➔ **다음** 버튼 클릭

   (3) 고사장 선택에서 금회차의 고사장이 조회되며, 고사장별 수용 인원이 도달할 때까지 응시자가 신청할 수 있음 ➔ **다음** 버튼 클릭
   ※ 고사장을 변경할 시에는 상단의 〈원서 조회〉 메뉴에서 '3. 고사장 선택 입력 단계 화면'에서 수정

   (4) 접수 완료에서 이전 단계에서 등록했던 주요 항목을 다시 한번 확인한 후, **제출** 버튼을 클릭하여, 최종적으로 원서 제출
   ※ 입력을 완료하였으나 제출을 하지 않을 경우 오프라인으로 재접수를 해야만 응시 가능
   ※ 제출 완료한 응시원서에 수정이 필요한 경우, 〈수정후제출〉 버튼을 클릭하여 수정

7. 상단의 〈원서 조회〉 메뉴를 통해 본인이 응시한 검정고시 원서 조회 가능(공동인증서로 로그인)

8. 상단의 〈수험표 출력〉 메뉴에서 수험표 출력 가능(해당 자격의 **수험표 출력하기** 버튼 클릭)
   ※ 식별이 가능하도록 가급적 컬러프린터로 출력하여 시험 당일 소지할 것

이 책의 구성과 특징

■ 알찬 개념 정리 + 다양한 학습장치

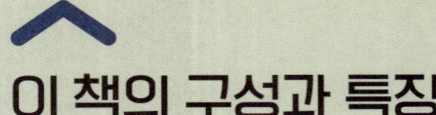

해당 단원에서 꼭 알아야 할 내용을 「바로바로 체크」 문제로 확인하고 핵심 이론 정리, 대표 문학 작품의 이해, 출제 예상 문제, 기출문제 체크, 실전모의고사 2회분 등의 다양한 학습 장치를 통한 완벽한 정리가 가능합니다.

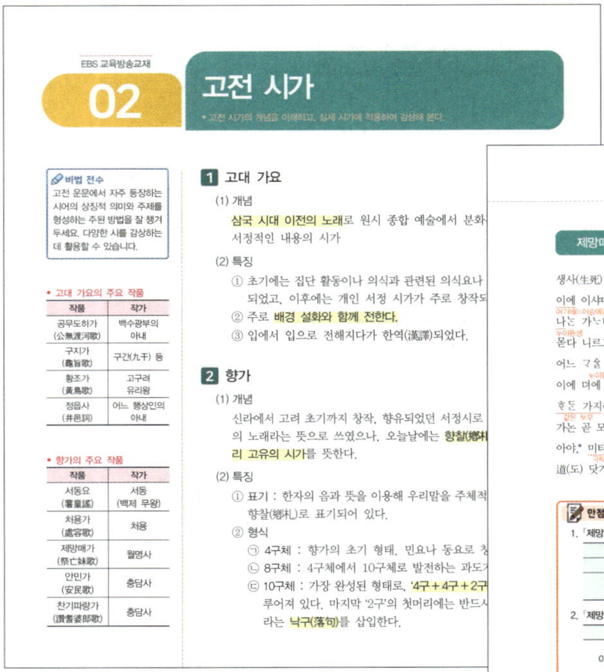

EBS 교육방송교재

02 고전 시가

비법 전수
고전 운문에서 자주 등장하는 시어의 상징적 의미와 주제를 형성하는 주된 방법을 잘 챙겨 두세요. 다양한 시를 감상하는 데 활용할 수 있습니다.

• 고대 가요의 주요 작품

작품	작가
공무도하가(公無渡河歌)	백수광부의 아내
구지가(龜旨歌)	구간(九干) 등
황조가(黃鳥歌)	고구려 유리왕
정읍사(井邑詞)	어느 행상인의 아내

• 향가의 주요 작품

작품	작가
서동요(薯童謠)	서동(백제 무왕)
처용가(處容歌)	처용
제망매가(祭亡妹歌)	월명사
안민가(安民歌)	충담사
찬기파랑가(讚耆婆郞歌)	충담사

1 고대 가요
(1) 개념
삼국 시대 이전의 노래로 원시 종합 예술에서 분화
서정적인 내용의 시가
(2) 특징
① 초기에는 집단 활동이나 의식과 관련된 의식요나
되었고, 이후에는 개인 서정 시가가 주로 창작되
② 주로 배경 설화와 함께 전한다.
③ 입에서 입으로 전해지다가 한역(漢譯)되었다.

2 향가
(1) 개념
신라에서 고려 초기까지 창작, 향유되었던 서정시로
의 노래라는 뜻으로 쓰였으나, 오늘날에는 향찰(鄕札
리 고유의 시가를 뜻한다.
(2) 특징
① 표기 : 한자의 음과 뜻을 이용해 우리말을 주체적
향찰(鄕札)로 표기되어 있다.
② 형식
㉠ 4구체 : 향가의 초기 형태, 민요나 동요로 정
㉡ 8구체 : 4구체에서 10구체로 발전하는 과도
㉢ 10구체 : 가장 완성된 형태로, '4구+4구+2구
루어져 있다. 마지막 '2구'의 첫머리에는 반드시
라는 낙구(落句)를 삽입한다.

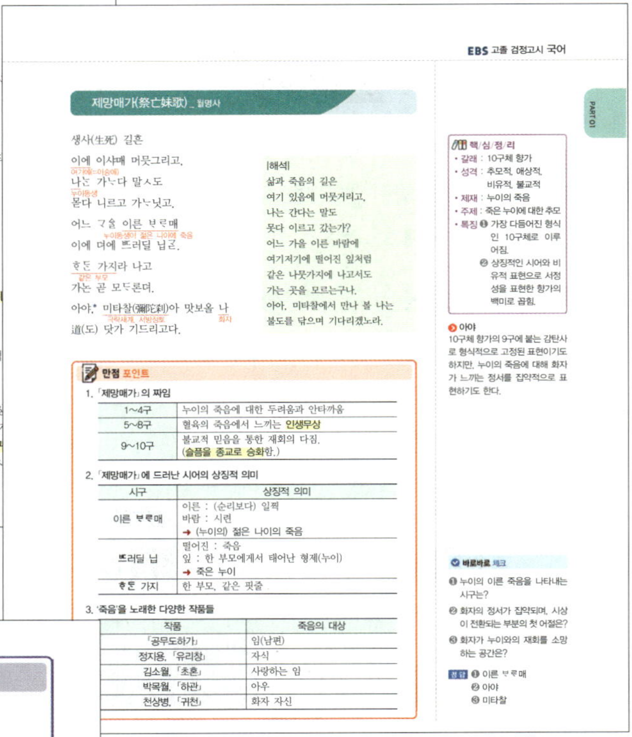

EBS 고졸 검정고시 국어

PART 01

제망매가(祭亡妹歌) _ 월명사

생사(生死) 길흔
이에 이샤매 머뭇그리고,
나는 가누다 말ㅅ도
몯다 니르고 가누닛고.
어느 ᄀᆞᆯ 이른 ᄇᆞᄅᆞ매
이에 뎌에 ᄠᅥ러딜 닙ᄀᆞᆮ.
ᄒᆞᄃᆞᆫ 가지라 나고
가논 곧 모ᄃᆞ론뎌.
아야,* 미타찰(彌陀刹)아 맛보올 나
道(도) 닷가 기드리고다.

[해석]
삶과 죽음의 길은
여기 있음에 머뭇거리고,
나는 간다는 말도
못다 이르고 갔는가?
어느 가을 이른 바람에
여기저기에 떨어진 잎처럼
같은 나뭇가지에 나고서도
가는 곳을 모르는구나.
아아, 미타찰에서 만나 볼 나는
불도를 닦으며 기다리겠노라.

핵심 정리
• 갈래 : 10구체 향가
• 성격 : 추모적, 애상적, 비유적, 불교적
• 제재 : 누이의 죽음
• 주제 : 죽은 누이에 대한 추모
• 특징 ❶ 가장 다듬어진 형식인 10구체로 이루어짐.
❷ 상징적인 시어와 비유적 표현으로 서정성을 표현한 향가의 백미로 꼽힘.

아야
10구체 향가의 9구에 붙는 감탄사로 형식적으로 고정된 표현이기도 하지만, 누이의 죽음에 대해 화자가 느끼는 정서를 집약적으로 표현하기도 한다.

만점 포인트
1. 「제망매가」의 짜임

1~4구	누이의 죽음에 대한 두려움과 안타까움
5~8구	혈육의 죽음에서 느끼는 인생무상
9~10구	불교적 믿음을 통한 재회의 다짐. (슬픔을 종교로 승화함.)

2. 「제망매가」에 드러난 시어의 상징적 의미

시구	상징적 의미
이른 ᄇᆞᄅᆞ매	이른 : (순리보다) 일찍 바람 : 시련 → (누이의) 젊은 나이의 죽음
ᄠᅥ러딜 닙	떨어진 : 죽음 잎 : 한 부모에게서 태어난 형제(누이) → 죽은 누이
ᄒᆞᄃᆞᆫ 가지	한 부모, 같은 핏줄

3. '죽음'을 노래한 다양한 작품들

작품	죽음의 대상
「공무도하가」	임(남편)
정지용, 「유리창」	자식
김소월, 「초혼」	사랑하는 임
박목월, 「하관」	아우
천상병, 「귀천」	화자 자신

바로바로 체크
❶ 누이의 이른 죽음을 나타내는 시구는?
❷ 화자의 정서가 집약되며, 시상이 전환되는 부분의 첫 어절은?
❸ 화자가 누이와의 재회를 소망하는 공간은?
정답 ❶ 이른 ᄇᆞᄅᆞ매 ❷ 아야 ❸ 미타찰

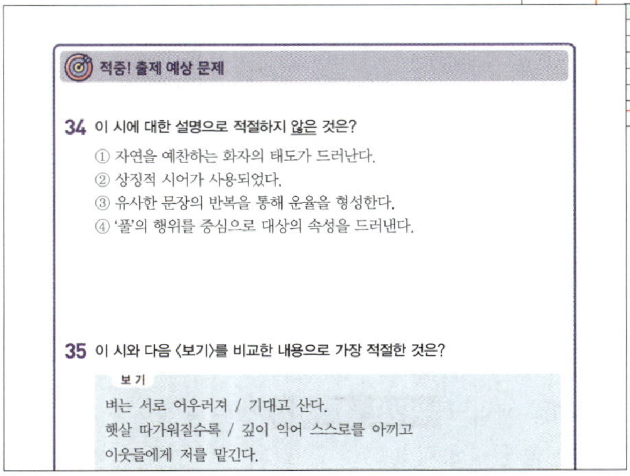

적중! 출제 예상 문제

34 이 시에 대한 설명으로 적절하지 않은 것은?
① 자연을 예찬하는 화자의 태도가 드러난다.
② 상징적 시어가 사용되었다.
③ 유사한 문장의 반복을 통해 운율을 형성한다.
④ '풀'의 행위를 중심으로 대상의 속성을 드러낸다.

35 이 시와 다음 〈보기〉를 비교한 내용으로 가장 적절한 것은?

보기
벼는 서로 어우러져 / 기대고 산다.
햇살 따가워질수록 / 깊이 익어 스스로를 아끼고
이웃들에게 저를 맡긴다.

■ 최신기출문제 1, 2회분 + 상세한 해설

2025년 제1회, 제2회 기출문제를 모두 수록하여 기출 유형을 완벽하게 파악할 수 있으며, 왜 정답인지, 왜 오답인지 정확하게 파악할 수 있도록 명쾌한 해설을 수록하였습니다. [정답과 해설]을 별책으로 분리 구성하여, 책을 앞뒤로 뒤적이며 정답과 해설을 찾아보는 수고를 줄였습니다.

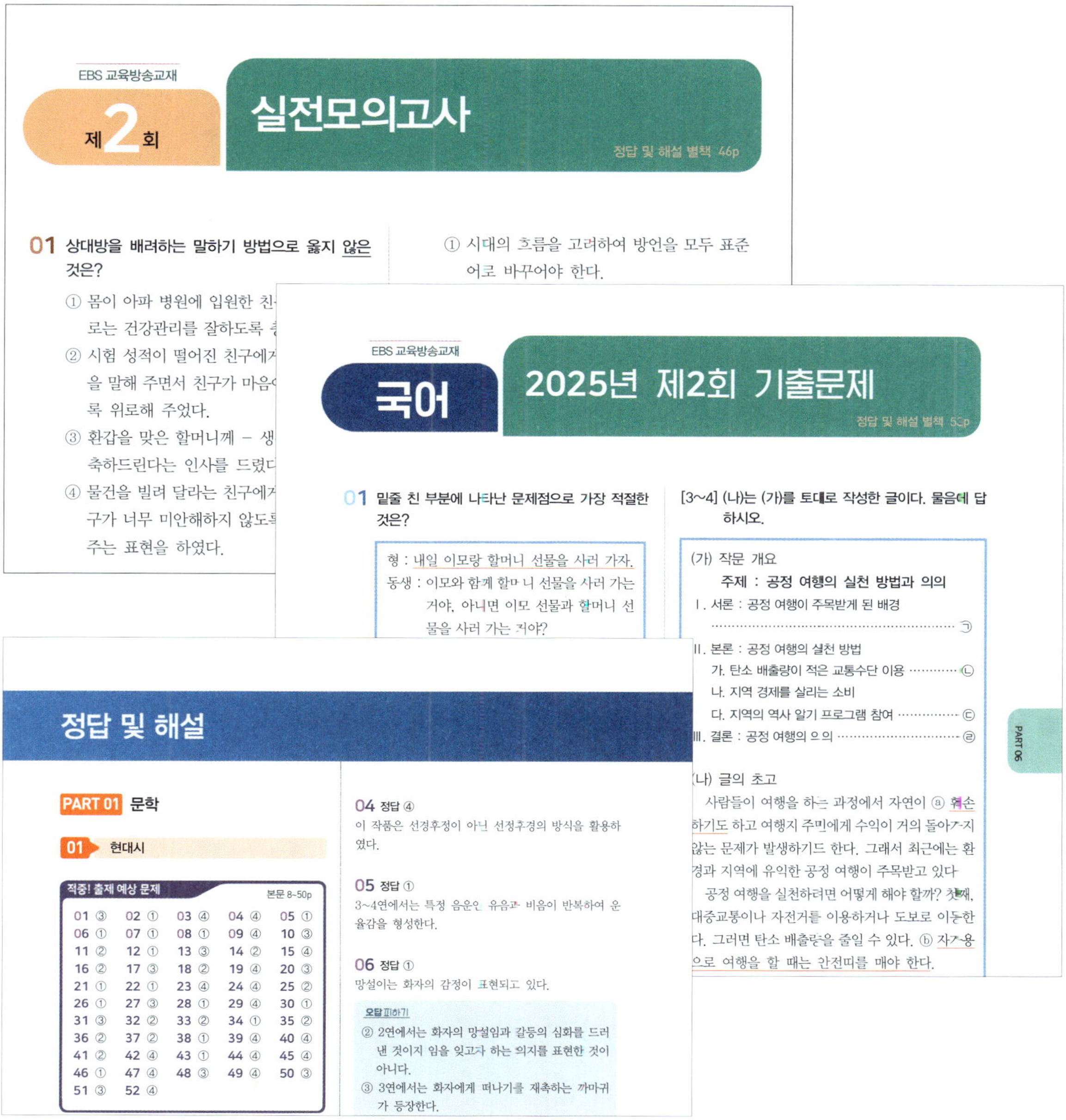

EBS 교육방송교재

제2회 실전모의고사

정답 및 해설 별책 46p

01 상대방을 배려하는 말하기 방법으로 옳지 않은 것은?

① 몸이 아파 병원에 입원한 친…
로는 건강관리를 잘하도록 …
② 시험 성적이 떨어진 친구에게…
을 말해 주면서 친구가 마음…
록 위로해 주었다.
③ 환갑을 맞은 할머니께 – 생…
축하드린다는 인사를 드렸다…
④ 물건을 빌려 달라는 친구에게…
구가 너무 미안해하지 않도록…
주는 표현을 하였다.

① 시대의 흐름을 고려하여 방언을 모두 표준어로 바꾸어야 한다.

EBS 교육방송교재

국어 2025년 제2회 기출문제

정답 및 해설 별책 50p

01 밑줄 친 부분에 나타난 문제점으로 가장 적절한 것은?

형 : 내일 이모랑 할머니 선물을 사러 가자.
동생 : 이모와 함께 할머니 선물을 사러 가는 거야, 아니면 이모 선물과 할머니 선물을 사러 가는 거야?

[3~4] (나)는 (가)를 토대로 작성한 글이다. 물음에 답하시오.

(가) 작문 개요

주제 : 공정 여행의 실천 방법과 의의

Ⅰ. 서론 : 공정 여행이 주목받게 된 배경 ……… ㉠
Ⅱ. 본론 : 공정 여행의 실천 방법
가. 탄소 배출량이 적은 교통수단 이용 ……… ㉡
나. 지역 경제를 살리는 소비
다. 지역의 역사 알기 프로그램 참여 ……… ㉢
Ⅲ. 결론 : 공정 여행의 의의 ……… ㉣

(나) 글의 초고

사람들이 여행을 하는 과정에서 자연이 ⓐ 훼손하기도 하고 여행지 주민에게 수익이 거의 돌아가지 않는 문제가 발생하기도 한다. 그래서 최근에는 환경과 지역에 유익한 공정 여행이 주목받고 있다.

공정 여행을 실천하려면 어떻게 해야 할까? 첫째, 대중교통이나 자전거를 이용하거나 도보로 이동한다. 그러면 탄소 배출량을 줄일 수 있다. ⓑ 자가용으로 여행을 할 때는 안전띠를 매야 한다.

PART 06

정답 및 해설

PART 01 문학

01 현대시

적중! 출제 예상 문제 본문 8~50p

01 ③	02 ①	03 ④	04 ④	05 ①
06 ①	07 ①	08 ①	09 ④	10 ③
11 ②	12 ①	13 ③	14 ②	15 ④
16 ②	17 ③	18 ②	19 ④	20 ③
21 ①	22 ①	23 ④	24 ④	25 ②
26 ①	27 ③	28 ①	29 ④	30 ①
31 ③	32 ②	33 ②	34 ①	35 ②
36 ②	37 ②	38 ①	39 ④	40 ④
41 ②	42 ④	43 ①	44 ④	45 ④
46 ①	47 ④	48 ③	49 ④	50 ③
51 ③	52 ④			

04 정답 ④
이 작품은 선경후정이 아닌 선정후경의 방식을 활용하였다.

05 정답 ①
3~4연에서는 특정 음운인 유음과 비음이 반복하여 운율감을 형성한다.

06 정답 ①
망설이는 화자의 감정이 표현되고 있다.

오답 피하기
② 2연에서는 화자의 망설임과 갈등의 심화를 드러낸 것이지 임을 잊고자 하는 의지를 표현한 것이 아니다.
③ 3연에서는 화자에게 떠나기를 재촉하는 까마귀가 등장한다.

출제 경향 분석

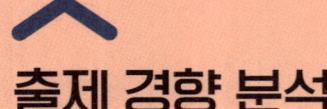

■ 단원별 출제 빈도(고졸 국어)

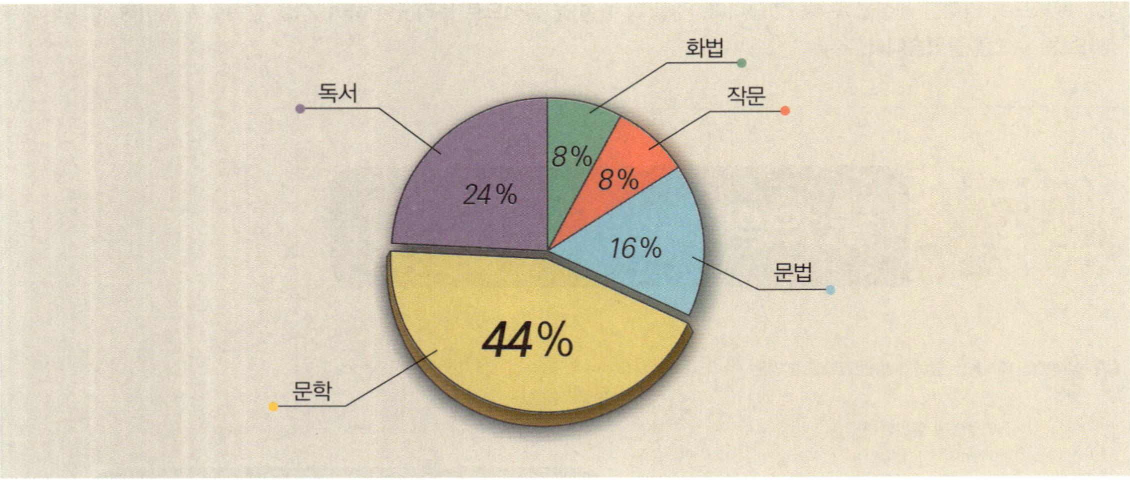

■ 최근 출제 경향

고졸 검정고시 국어 과목은 화법, 작문, 문법, 문학, 독서 영역이 고르게 출제되고 있으며, 단순 암기보다 지문 해석 능력과 사고력을 함께 요구하는 방향으로 변화하고 있습니다. 전 영역에 걸쳐 지문을 꼼꼼하게 읽고 분석하는 습관이 중요하오니, 각 영역의 특징을 잘 이해하시고 균형 있게 학습하셔야 합니다.

■ 국어, 이렇게 공부해요!

- 국어 실력은 단기간에 상승하지 않습니다. 지문을 정확히 읽고 이해하는 독해력이 가장 중요합니다. 단순 암기보다는 지문 속 정보나 표현의 의미를 스스로 파악하고 해석하는 능력을 기르는 것이 핵심입니다.
- 문제를 풀 때는 글의 흐름, 핵심 문장, 연결어 등을 주의 깊게 살펴보시고, 지문에서 요구하는 내용을 정확히 파악하는 연습을 반복하세요. 특히 기출문제를 통해 출제 유형에 익숙해지고, 오답 노트를 활용하여 자주 틀리는 부분을 따로 정리해 두시면 좋습니다.

■ 기출 분석에 따른 학습 포인트

❶ 화법

공감적 듣기와 협상과 관련된 문제가 출제되고 있으며, 대화의 목적에 따라 표현 방식이 달라질 수 있다는 점을 이해하셔야 합니다.

❷ 작문

개요의 내용이 실제 글에 반영되었는지를 판단하는 문제가 출제되고 있습니다.
따라서 개요를 정확히 읽고 초고와 비교하여 내용을 분석하는 연습이 필요하며, 접속어 사용과 맞춤법, 고쳐쓰기 능력도 함께 기르셔야 합니다.

❸ 문법

표준 발음법, 시제, 한글 맞춤법, 국어사 등 기본 개념을 중심으로 출제되고 있으며, 보기에 제시된 문법 정보를 정확히 해석하고 개념에 따라 판단하는 능력이 중요합니다.

❹ 문학

고전 운문, 현대 시, 현대 산문, 고전 산문 등 다양한 갈래에서 문제가 출제되고 있습니다. 고전 운문에서는 작품의 내용과 함께 갈래의 특성과 표현 방법까지 함께 이해하셔야 하며, 현대 시에서는 시어의 의미나 표현상의 특징을 정확히 파악하셔야 합니다. 현대 산문은 주제나 소재의 의미를 중심으로, 고전 산문은 지문 전체에 대한 이해와 지칭 대상을 정확히 파악하는 것이 중요합니다.

❺ 독서

내용 이해, 단어의 의미, 접속어 찾기 문제 등이 출제되고 있습니다. 지문에 제시된 정보를 바탕으로 내용을 정확히 해석하고 적용하는 능력을 기르셔야 하며, 문장의 흐름 속에서 단어와 접속어의 의미를 정확히 파악할 수 있어야 합니다.

목차

PART 05 실전모의고사

PART 06 2025년 기출문제

EBS 교육방송교재

고졸 검정고시 국어

PART

01

문학

이 단원에서는 문학 영역과 관련된 여러 장르들을 다룬다. 우선 현대시와 고전 시가를 살펴본 후 현대 소설과 고전 산문, 수필 · 극에 대해 순서대로 알아본다. 장르별 핵심 개념들을 익히고, 출제 빈도가 높은 작품들을 하나씩 분석함으로써 문학 영역에 대한 자신감과 실전 대응 능력을 기른다.

01 현대시

• 현대시의 개념을 이해하고, 실제 시에 적용하여 감상해 본다.

비법 전수
시에서 말하는 사람을 '화자'라고 합니다.
시에 표현된 시어, 표현법, 시의 구조 등을 통해 '화자'가 우리에게 들려주려는 마음, 즉 정서에 귀를 기울여 보세요. 현대시가 쉬워집니다.

시어
시에 사용되는 언어. 시인이 문학적 감동을 주기 위해 일상어에 함축적 의미와 운율을 더해 다듬어 사용하는 언어이다.

1 시(詩)란?

(1) 개념

마음속에 떠오르는 생각이나 느낌을 운율이 있는 언어로 압축해서 표현한 글

(2) 시의 화자(말하는 이)

시인이 자신의 생각과 느낌을 효과적으로 드러내기 위해 설정한 인물로 '서정적 자아', '시적 자아'라고도 한다. 화자는 시인과 일치할 수도, 다를 수도 있다.

(3) 시어

구분		시어	일상어
공통점		사실, 감정, 정서 등의 표현을 통한 의사 전달	
차이점	의미	함축적, 비유적, 주관적, 간접적	사전적, 지시적, 객관적, 직접적
	운율	가락이 있어 리듬감이 느껴짐.	리듬감이 없고 단조롭게 느껴짐.
	표현	• 세련된 표현 • 어법에 어긋난 표현 가능	• 정확한 의사 전달 목적에 맞는 표현 • 어법에 맞게 사용

(4) 시의 3요소

운율 (음악적 요소)	시를 낭송할 때 느껴지는 말의 가락
심상 (회화적 요소)	마음속에 떠오르는 감각적인 장면
주제 (의미적 요소)	시적 상황에 따라 다르게 해석될 수 있는 상징적, 함축적 의미

2 시의 운율(음악적 요소)

(1) 운율의 종류

외형률	겉으로 뚜렷하게 규칙적으로 드러나는 운율
내재율	겉으로 드러나지 않고 은근하게 느껴지는 불규칙적인 운율

(2) 운율 형성 요소

① 음보율(일정한 끊어 읽기의 반복)

예 이 몸이/죽고 죽어/일 백번/고쳐 죽어//
백골이/진토되어/넋이라도/있고 없고.

② 음수율(일정한 글자 수의 반복)

예 새야 새야 파랑새야
녹두밭에 앉지 마라.
➜ 4·4조의 반복

③ 음위율(일정한 위치에서 같은 소리 반복)

예 돌담에 속삭이는 햇발<u>같이</u>
풀 아래 웃음 짓는 샘물<u>같이</u>

④ 비슷한 문장 구조의 반복

예 멍멍개야 짖지 마라.
꼬꼬닭아 울지 마라.

⑤ 같은 음운, 시어, 시구의 반복

예 날 좀 보소 날 좀 보소 날 좀 보소

⑥ 울림소리의 반복

예 알락알락 얼룩진 산새알

⑦ 의성어, 의태어*의 반복

예 연분홍 송이송이 못내 반가와

(3) 운율의 효과

① 음악적인 효과를 준다.

② 시의 분위기를 형성한다.

③ 화자의 정서, 주제 등을 강조한다.

3 시의 심상(회화적 요소)

(1) 개념

마음속에 그려지는 감각적인 이미지

의성어
소리를 흉내낸 말

의태어
모양이나 움직임을 흉내낸 말

(2) 심상의 종류

시각적 심상	눈으로 보는 듯이 떠오르는 느낌 예 나비는 너풀너풀 춤을 춥니다.
청각적 심상	귀로 소리를 듣는 듯이 떠오르는 느낌 예 금간 창 틈으로 고요한 빗소리
후각적 심상	코로 냄새를 맡는 듯이 떠오르는 느낌 예 꽃 피는 사월이면 진달래 향기
미각적 심상	혀로 맛을 보는 듯이 떠오르는 느낌 예 메마른 입술에 쓰디쓰다.
촉각적 심상	피부를 통해 닿는 듯이 떠오르는 느낌 예 엄마 아빠는 간지럼을 타며
공감각적 심상	하나의 대상에 떠오르는 둘 이상의 느낌 예 푸른 휘파람 소리*가 나거든요.

푸른 휘파람 소리
공감각적 심상으로 청각의 시각화이다.

4 시의 다양한 표현 방법

(1) 비유하기

표현하고자 하는 대상(원관념)을 다른 대상(보조관념)에 빗대어 표현하는 방법

직유법	원관념을 '~처럼, ~같이, ~듯이' 등의 연결어를 이용하여 보조관념에 직접 빗대어 표현하는 방법 예 꽃처럼 붉은 울음을 밤새 울었다.
은유법	원관념을 연결어 없이 보조관념에 암시적으로 빗대어 표현하는 방법('A는 B이다.') 예 내 마음은 호수요
의인법	사람이 아닌 것을 사람처럼 나타내는 방법 예 풀은 눕고 / 드디어 울었다.
활유법	무생물을 생물인 것처럼 표현하는 방법 예 목이 긴 메아리가 자맥질을 하는 곳
대유법	표현 대상의 일부분이나 속성으로 전체를 나타내는 방법 예 한라에서 백두까지* / 향그러운 흙가슴만 남고
풍유법	속담이나 격언을 인용하여 비유하는 방법 예 하늘이 무너져도 솟아날 구멍이 있다더니

한라에서 백두까지
한라와 백두를 통해 '국토' 전체를 비유적으로 나타낸다.

(2) 강조하기 : 자신의 의도를 강하게 드러내는 표현 방법

반복법	같거나 비슷한 말을 되풀이하여 뜻을 강조하는 방법 예 찰박 찰박 찰박 맨발들 맨발들, 맨발들, 맨발들

과장법	어떤 사물이나 사실을 실제보다 훨씬 크거나 작게, 또는 많거나 적게 나타내는 방법 예 쥐꼬리만 한 월급, 집채만 한 황소
대조법	뜻이나 정도가 반대되는 사물이나 내용을 맞세우는 방법 예 인생은 짧고, 예술은 길다.
열거법	동등한 자격을 지닌 말들을 나열하는 방법 예 쭉정밤 회오리밤 쌍동밤 / 생애의 모습
점층법	작고 약하고 좁은 것에서 크고 강하고 넓은 것으로 표현을 점차 확대하는 방법 예 티끌만 한 잘못이 멧방석만 하게 동산만 하게 커 보이는 때가 많다.
영탄법	사람의 감정을 감탄하는 말을 통해 강하게 표현하는 방법 예 산산이 부서진 이름이여!

(3) 변화주기 : 문장에 변화를 주는 표현 방법

설의법	대답을 필요로 하지 않지만 일부러 의문문 형식으로 표현하는 방법 예 가난하다고 해서 외로움을 모르겠는가
대구법	비슷한 구조의 말을 나란히 놓는 방법 예 별은 밝음 속에 사라지고 / 나는 어둠 속에 사라진다.
도치법	문장의 일반적인 순서를 바꾸어 배치하는 방법 예 오라, 이 강변으로.
돈호법	사람이나 사물의 이름을 불러 주의를 집중시키는 방법 예 달아, 밝은 달아.
반어법	말하는 이의 의도와 반대로 표현하는 방법 예 먼 훗날 당신이 찾으시면 / 그 때에 내 말이 "잊었노라"
역설법	논리적으로 모순되는 표현을 사용하여 진리를 담아내는 방법 예 님은 갔지마는 나는 님을 보내지 아니하였습니다.

5 시상 전개 방식

시간의 변화	• 순행적 구성 예 과거 → 현재 • 역순행적 구성 예 현재 → 과거
공간, 시선의 이동	• 화자가 위치한 공간의 이동에 따라 전개 예 선창가 → 신작로 → 집 • 화자의 시선의 이동에 따라 포착된 장면에 따른 전개 예 노을 → 전신주 → 고가선 → 구름
선경후정	먼저 경치에 관한 묘사를 제시하고 뒷부분에 그와 관련된 정서적인 부분을 드러내는 방식 예 선경 → 후정

시상의 전개
시상은 시에 나타난 정서·태도를 포함한 주제를 나타내는 말로, 시인이 주제를 드러내는 과정을 '시상의 전개'라고 한다.

진달래꽃 _ 김소월

나 보기가 역겨워

가실 때에는
이별의 상황 가정
말없이 고이 보내 드리우리다.

➥ 1연 : 이별의 상황에 대한 체념

영변(寧邊)에 약산(藥山)

진달래꽃

아름 따다 가실 길에 뿌리우리다.
산화공덕(散花功德)* 의식

➥ 2연 : 떠나는 임에 대한 축복

가시는 걸음걸음

놓인 그 꽃을

사뿐히 즈려 밟고 가시옵소서.
① 역설적 표현
② 자기희생을 통한 숭고한 사랑

➥ 3연 : 임을 위한 희생적 사랑

나 보기가 역겨워

가실 때에는

㉠ 죽어도 아니 눈물 흘리우리다.
① 반어적 표현
② 과장법
③ 도치법
④ 떠나는 임에 대한 배려, 애이불비(哀而不悲)*의 태도

➥ 4연 : 임을 위한 인고의 의지

☐ : 각운의 형성

핵/심/정/리

- 갈래 : 자유시, 서정시
- 성격 : 전통적, 애상적, 민요적, 향토적
- 제재 : 임과의 이별
- 주제 : 이별의 정한(情恨)
- 특징 ❶ 이별의 상황 가정
  ❷ 1연과 4연의 수미상관
  ❸ 민요조의 3음보 율격
  ❹ 여성적 어조

산화공덕(散花功德)
부처님이 지나가시는 길에 꽃을 뿌려 그 발길을 축복한다는 의미의 불교적 전통 의식이다.

애이불비(哀而不悲)
속으로는 슬프면서 겉으로는 슬픈 마음을 드러내지 않는다는 의미이다.

만점 포인트

1. 「진달래꽃」의 시상 전개

1연(기)	이별의 체념
2연(승)	임에 대한 축복
3연(전)	희생적 사랑
4연(결)	인고의 의지

2. 「진달래꽃」의 운율

① 7·5조 3음보의 전통적, 민요적 율격이 드러난다.
② 각 연이 1행 2음보, 2행 1음보, 3행 3음보*로 구성되어 있어 리듬의 변화를 준다.
③ 종결 어미 '-우리다'의 반복을 통해 리듬감을 형성한다.
④ 1연과 4연의 형태가 같은 수미상관*의 구조를 통해, 주제를 강조하고, 운율을 형성한다.

3. 「진달래꽃」의 어조

이 시의 화자는 이별의 슬픔을 인내하며 임에 대한 사랑을 드러내는 여성으로 전통적 이별의 정한이 드러난다.

4. '진달래꽃'의 의미

이 시에 등장하는 '진달래꽃'은 임에 대한 시적 화자의 헌신적인 사랑으로서 화자의 분신으로 볼 수 있다. 화자는 '진달래꽃'을 통해 슬프고도 아름다운 이별의 장면을 노래함으로써, 인내와 헌신의 사랑의 의미를 전달한다.

1행과 2행을 3음보로 구성
한 행을 3음보로 구성하는 전통적 방식에서 변형한 구조

수미상관
시에서 첫 연을 마지막 연에서 반복하는 구성법

바로바로 체크

❶ 1연과 4연의 구조적 특징은?
❷ 화자가 가정하는 상황은?
❸ 임에 대한 화자의 사랑을 상징하는 시어는?
❹ 이 시의 4연에 나타나는 표현법을 모두 쓰시오.

정답 ❶ 수미상관의 구조
❷ 임과의 이별
❸ 진달래꽃
❹ 도치법, 반어법, 과장법

적중! 출제 예상 문제

01 **이 시의 화자에 대한 설명으로 적절하지 않은 것은?**

① 자신이 처한 현실에 대한 태도를 노래한다.
② 어조와 태도를 고려할 때, 화자는 여성으로 볼 수 있다.
③ 화자는 현실 문제를 풍자하고 있다.
④ 화자는 자신의 처지에 대해 참고 견디는 태도를 보이고 있다.

02 **이 시와 〈보기〉의 공통점으로 적절하지 않은 것은?**

보기

가시리 가시리잇고 나ᄂᆞᆫ
ᄇᆞ리고 가시리잇고 나ᄂᆞᆫ
위 증즐가 大平盛代 대평셩ᄃᆡ

날러는 엇디 살라 ᄒᆞ고
ᄇᆞ리고 가시리잇고 나ᄂᆞᆫ
위 증즐가 大平盛代 대평셩ᄃᆡ

잡ᄉᆞ와 두어리마ᄂᆞᄂᆞᆫ
선ᄒᆞ면 아니 올셰라
위 증즐가 大平盛代 대평셩ᄃᆡ

셜온 님 보내ᅀᆞᆸ노니 나ᄂᆞᆫ
가시ᄂᆞᆫ ᄃᆞᆺ 도셔 오쇼셔 나ᄂᆞᆫ
위 증즐가 大平盛代 대평셩ᄃᆡ

① 재회(再會)의 소망 ② 여성적 화자
③ 3음보의 민요조 율격 ④ 이별의 정한(情恨)

03 **㉠ '죽어도 아니 눈물 흘리우리다.'에 대한 설명으로 적절하지 않은 것은?**

① 슬픔을 절제하여 표현하고 있다.
② 상황과 화자의 정서가 반대되는 표현을 사용하고 있다.
③ 말의 어순을 바꿔 화자의 정서를 강조하고 있다.
④ 과장법을 통해 원망의 정서를 나타낸다.

정답 및 해설 별책 2p

가는 길 _ 김소월

그립다
화자의 정서 직접 제시
말을 할까

하니 그리워
행간 걸침으로 망설이는 화자의 감정 표현

➥ 1연 : 이별하는 순간의 아쉬움과 그리움

그냥 갈까

그래도

다시 더 한 번 ……
'생략'을 통해 미련과 여운 강조

➥ 2연 : 이별하는 순간의 망설임과 미련

저 산(山)에도 까마귀, 들에 까마귀,
객관적 상관물 - 화자에게 이별을 재촉
서산(西山)에는 해 진다고

지저귑니다.
청각적 심상

➥ 3연 : 이별을 재촉하는 까마귀

앞 강물, 뒤 강물,
객관적 상관물, 시간의 흐름 - 이별을 상징
흐르는 물은

어서 따라오라고 따라가자고
이별의 재촉
흘러도 연달아 흐릅디다려*.
'흐릅디다그려'의 줄임말 - 평안북도 방언

➥ 4연 : 이별을 재촉하는 강물

핵/심/정/리
- 갈래 : 자유시, 서정시
- 성격 : 서정적, 전통적, 민요적
- 제재 : 길을 떠나는 상황
- 주제 : 이별의 아쉬움과 그리움
- 특징 ❶ 7·5조, 3음보의 민요조 율격
  ❷ 울림소리(ㄴ, ㅁ, ㅇ, ㄹ) 사용으로 운율 형성
  ❸ 시행의 길이와 속도, 어조를 통해 화자의 심리를 드러냄.
  ❹ 이별의 아쉬움을 자연물에 의탁하여 표현함.

흐릅디다려
'흐릅디다그려'의 준말로, 평북 방언임.

만점 포인트

1. 「가는 길」의 시상의 전개

1연	그리움	망설임, 미련 내적 갈등	짧은 시행, 느린 호흡
2연	미련		
3연	까마귀	떠남의 재촉 외적 갈등	긴 시행, 빠른 호흡
4연	강물		

앞의 두 연은 시적 화자의 내면적 갈등(그리움과 미련)을 제시하고, 뒤의 두 연은 주변 상황을 노래하고 있는데, 이는 시적 화자의 심리를 반영하고 있는 형식이다.

2. 이 시의 시행 배열과 시적 의미의 관계

연	1·2연		3·4연
시행의 길이	짧은 시행 느린 호흡	→	긴 시행 빠른 호흡
정서	망설임, 미련		떠남의 재촉

이 시는 전체적으로 7.5조의 3음보 율격이 드러난다. 1연과 2연에서는 1행을 한 음보로 처리하여 시상 전개와 낭독의 속도를 느리게 하여 화자의 아쉬움과 망설이는 모습을 효과적으로 표현한다. 반면에 3연과 4연은 2음보 또는 3음보를 한 행에 배치하여 시상 전개와 낭독에 속도감을 준다. 이처럼 이 시는 시행의 길이 조절을 통해 이별의 상황에서 쉽게 떠나지 못하는 화자의 애상적 심정을 효과적으로 형상화하고 있다.

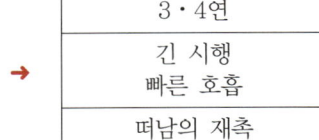

3. '까마귀'와 '강물'

까마귀	해가 진다고 지저귐.	→ 재촉	'화자' 이별의 정한 심화
강물	어서 따라오라고 흘러감.		

이 시에서 '까마귀'와 '강물'은 화자에게 재촉하는 구체적 자연물로서 화자가 이별의 상황에서 느끼는 아쉬움과 안타까움을 부각시키고, 작품의 애상적 분위기를 심화시키는 기능을 하고 있으므로 **객관적 상관물**로 볼 수 있다.

바로바로 체크

❶ 이 시의 음보와 음수율은?

❷ 이 시에서 화자의 주된 정서는?

❸ 이 시에서 화자의 내적 갈등을 심화시키는 소재 둘을 쓰시오.

정답 ❶ 7·5조, 3음보
❷ 그리움, 망설임, 안타까움 등
❸ 까마귀, 강물

적중! 출제 예상 문제

04 이 시에 대한 설명으로 적절하지 않은 것은?

① 7·5조의 민요적 율격이 나타나 있다.
② 애상적인 어조를 사용하여 시의 분위기를 조성하고 있다.
③ 유음과 비음의 반복을 통해 운율감을 형성하고 있다.
④ 선경후정(先景後情)의 방식을 통해 시상을 전개하고 있다.

05 이 시의 3~4연의 표현상 특징으로 가장 적절한 것은?

① 특정 음운의 반복을 통해 운율감을 조성하고 있다.
② 의인화된 청자에게 말을 건네는 방식을 사용하고 있다.
③ 어순의 도치를 활용하여 시적 화자의 의도를 강조하고 있다.
④ 계절적 배경을 통해 주제 의식과 관련된 시적 분위기를 조성하고 있다.

06 이 시에 드러난 화자의 태도에 대한 설명으로 적절한 것은?

① 1연에서 화자는 임에 대한 그리움을 망설임의 정서로 표현하고 있어.
② 2연에서 화자는 떠나버린 임을 잊고자 하는 의지를 표현하고 있어.
③ 3연에서 화자는 떠나버린 임에 대한 미련과 원망을 표현하고 있어.
④ 4연에서 화자는 이별한 임과 다시 만날 것을 확신하고 있어.

07 〈보기〉를 참고하여 이 시를 감상할 때, 적절하지 않은 것은?

보 기

객관적 상관물이란 화자가 자신의 정서와 사상을 간접적으로 표현하기 위해 가져오는 바깥 세계의 대상을 이르는 말이다. 객관적 상관물은 화자의 감정을 대변하는 대상일 때도 있고, 화자의 감정과 일치하지 않는 대상일 때도 있다.

① '강물'과 '까마귀'는 화자의 감정을 대변하는 대상이다.
② '까마귀'는 어둡고 슬픈 이미지로 이별의 분위기를 조성한다.
③ '까마귀'는 '서산에 해 진다고' 지저귐으로써 안타까운 이별의 시간이 다가오고 있음을 알린다.
④ '강물'은 끝없이 흐르는 시간 및 이별의 이미지로, 인간의 힘으로는 막을 수 없는 존재이다.

정답 및 해설 별책 2p

님의 침묵 _ 한용운

핵/심/정/리

- **갈래** : 자유시, 서정시
- **성격** : 낭만적, 상징적, 의지적, 역설적
- **제재** : 임과의 이별
- **주제** : 임에 대한 영원한 사랑
- **특징** ❶ 역설적 표현 강조
  ❷ 불교적 비유, 상징
  ❸ 여성적 어조, 경어체

님은 갔습니다. 아아, 사랑하는 나의 님은 갔습니다.

푸른 산빛(희망)을 깨치고 단풍나무 숲(절망)을 향하여 난 작은 길을 걸어서, 차마 떨치고 갔습니다.

황금(黃金)의 꽃같이 굳고 빛나던 옛 맹서(盟誓)(사랑의 약속)는 차디찬 티끌(이별)이 되어서 한숨의 미풍(微風)에 날아갔습니다.

날카로운 첫 키스의 추억(追憶)은 나의 운명(運命)의 지침(指針)을 돌려놓고, 뒷걸음쳐서 사라졌습니다.

➥ 1~4행 : 이별의 상황

나는 향기로운 님의 말소리에 귀먹고, 꽃다운 님의 얼굴에 눈멀었습니다.
(① 역설적 표현 ② 임에 대한 절대적 사랑을 강조)

사랑도 사람의 일이라, 만날 때에 미리 떠날 것을 염려하고 경계하지 아니한 것은 아니지만, 이별은 뜻밖의 일이 되고, 놀란 가슴은 새로운 슬픔에 터집니다.

➥ 5~6행 : 이별 후의 고통과 슬픔

그러나 이별을 쓸데없는 눈물의 원천(源泉)(이별에 대한 슬픔)을 만들고 마는 것은 스스로 사랑을 깨치는 것인 줄 아는 까닭에, 걷잡을 수 없는 슬픔의 힘을 옮겨서 새 희망의 정수박이에 들어부었습니다.

우리는 만날 때에 떠날 것(회자정리(會者定離)*)을 염려하는 것과 같이, 떠날 때에 다시 만날 것(거자필반(去者必反)*)을 믿습니다.

➥ 7~8행 : 고통과 슬픔을 극복한 새로운 희망

아아, ㉠ 님은 갔지마는 나는 님을 보내지 아니하였습니다.
(① 역설적 표현 ② 다시 만나게 될 것이라는 깨달음)

제 곡조를 못 이기는 사랑의 노래는 님의 침묵(沈默)을 휩싸고 돕니다.

➥ 9~10행 : 임에 대한 영원한 사랑의 다짐

회자정리 거자필반(會者定離 去者必反)
만나는 사람은 반드시 헤어지게 되고, 떠난 자는 반드시 돌아온다는 불교적 윤회 사상을 드러내는 말이다.
이 시에서는 만남이 이별의 가능성을 내포한다면, 이별도 또 다른 만남을 내포한다는 의미를 드러낸다.

만점 포인트

1. 「님의 침묵」 시상 전개

1~4행(기)	이별의 상황	이별	
5~6행(승)	이별 후의 슬픔, 고통	슬픔	
7~8행(전)	이별의 슬픔을 극복한 새로운 희망	희망	← 시상의 전환
9~10행(결)	임에 대한 영원한 사랑	만남	

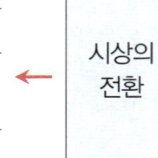

2. 「님의 침묵」에서 '님'이 상징하는 의미

이 시의 '님'은 작가 한용운의 생애를 통해 다양한 의미로 해석할 수 있다.

민족 운동가	조국
종교인	종교적 절대자
시인	사랑하는 님

3. 「님의 침묵」의 역설적 구조와 의미

'향기로운 님의 말소리에 귀먹고, 꽃다운 님의 얼굴에 눈멀었습니다.'

- 님의 목소리만을 듣게 되고, 님의 얼굴만을 바라보게 된 절대적 사랑을 역설적으로 강조한 것이다.

'님은 갔지마는 나는 님을 보내지 아니하였습니다.'

- 현실적으로는 님이 떠났지만, 님에 대한 영원한 사랑과 다시 만날 것에 대한 믿음을 통해 이별을 극복하고 있음을 나타낸다.

4. 「님의 침묵」에 나타나는 불교적 세계관

'만날 때에 떠날 것을 염려하는 것'	회자정리(會者定離)	불교적 윤회 사상을 바탕으로 만남과 이별의 순환을 통해 아픔을 극복하고자 하는 의지를 보인다.
'떠날 때에 다시 만날 것을 믿습니다.'	거자필반(去者必反)	

바로바로 체크

❶ 이 시에서 시상이 전환되는 부분의 첫 어절은?

❷ 이 시에서 '님'이 상징하는 다양한 의미를 쓰시오.

민족 운동가	ⓐ
종교인	ⓑ
시인(문학가)	ⓒ

❸ 이 시는 임에 대한 영원한 사랑을 (   )적 표현으로 다짐하고 있다.

정답 ❶ 그러나
❷ ⓐ 조국
ⓑ 종교적 절대자
ⓒ 사랑하는 사람
❸ 역설

적중! 출제 예상 문제

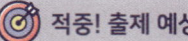

08 이 시에 대한 설명으로 적절하지 <u>않은</u> 것은?

① 규칙적인 운율이 겉으로 드러난다.
② 상징적인 시어를 통해 주제를 드러낸다.
③ 불교적 세계관을 바탕으로 한다.
④ 대조적인 이미지를 활용하고 있다.

09 이 시에 나타나는 감탄사 1행의 '아아'와 9행의 '아아'의 의미로 알맞게 짝지어진 것은?

① 탄식 – 절망　② 기쁨 – 슬픔
③ 원망 – 절망　④ 슬픔 – 믿음

10 ㉠ '님은 갔지마는 나는 님을 보내지 아니하였습니다.'와 같은 표현법이 사용되지 <u>않은</u> 것은?

① 찬란한 슬픔의 봄
② 결별이 이룩하는 축복에 싸여
③ 흔들리지 않고 피는 꽃이 어디 있으랴.
④ 겨울은 강철로 된 무지갠가 보다.

11 〈보기〉를 바탕으로 해석할 때, 이 시의 '님'에 대한 의미로 적절하지 <u>않은</u> 것은?

> 보 기
>
> 한용운은 시집 '님의 침묵' 서문에서 '기룬(찬양하는) 것은 다 님이다.'라고 했다. 즉, 한용운의 생애를 통해 볼 때 '님'은 포괄적인 의미에서 '절대자'라고 할 수 있으며, 특히 그가 의지적 독립지사였음을 생각하면 시대적 상황과도 그 의미를 연결지을 수 있다.

① 종교적 절대자　② 화자 자신
③ 사랑하는 사람　④ 조국

정답 및 해설 별책 2p

향수 _ 정지용

넓은 벌 동쪽 끝으로
옛 이야기 지줄대는 실개천이 휘돌아 나가고,
얼룩백이 황소가 / 해설피* 금빛 게으른 울음을 우는 곳,
–그곳이 차마 꿈엔들 잊힐 리야.
후렴구 : 고향에 대한 그리움 환기

➥ 1연 : 평화롭고 한가한 고향의 정경

질화로에 재가 식어지면
① 겨울 밤이 깊어 가면 ② 시간의 흐름
비인 밭에 밤바람 소리 말을 달리고,
엷은 졸음에 겨운 늙으신 아버지가 / 짚베개를 돋아 고이시는 곳
–그곳이 차마 꿈엔들 잊힐 리야.

➥ 2연 : 겨울 밤 늙은 아버지에 대한 회상

흙에서 자란 내 마음
파아란 하늘빛이 그리워
이상 세계, 꿈과 소망
함부로 쏜 화살을 찾으려 / 풀섶 이슬에 함추름* 휘적시던 곳,
유년기의 꿈과 동경
–그곳이 차마 꿈엔들 잊힐 리야.

➥ 3연 : 어린 시절에 대한 회상

전설 바다에 춤추는 밤 물결 같은
검은 귀밑머리 날리는 어린 누이와
아무렇지도 않고 예쁠 것도 없는 / 사철 발 벗은 아내가
따가운 햇살을 등에 지고 이삭 줍던 곳,
–그곳이 차마 꿈엔들 잊힐 리야.

➥ 4연 : 어린 누이와 아내에 대한 회상

하늘에는 성근* 별 / 알 수도 없는 모래성으로 발을 옮기고,
시간의 흐름
서리 까마귀 우지짖고 지나가는 초라한 지붕,
가난한 삶
흐릿한 불빛에 돌아앉아 도란도란거리는 곳
단란한 행복
–그곳이 차마 꿈엔들 잊힐 리야.

➥ 5연 : 고향 마을의 정겨운 모습

핵/심/정/리
- 갈래 : 자유시, 서정시
- 성격 : 향토적, 묘사적, 감각적
- 제재 : 고향의 추억
- 주제 : 고향에 대한 그리움
- 특징 ❶ 선명한 감각적 이미지
  ❷ 후렴구의 사용
  ❸ 향토적 소재와 시어

해설피
충청 방언
해가 질 때 빛이 약해진 모양

함추름
'함초롬'의 사투리
가지런하고 고운 모양을 나타낸다.

성근('성기다')
물건의 사이가 뜬, 드문드문한 상태를 나타낸다.

만점 포인트

1. 「향수」의 시상 전개

구분	중심 대상	공간적 배경
1연	고향의 정경	벌판
2연	늙은 아버지	방 안
3연	어린 시절의 화자	내 마음
4연	누이와 아내	벌판
5연	단란한 고향	방 안

2. 「향수」에 나타난 '후렴구'의 기능

이 시는 '그곳이 차마 꿈엔들 잊힐 리야'라는 후렴구를 경계로 각 연이 구분되어 있다.

① 시의 운율감을 형성한다.

② 각 연 끝에 같은 구절이 반복되어 통일성을 부여한다.

③ 화자가 느끼는 고향에 대한 그리움을 강조한다.

3. 「향수」에 드러난 감각적 이미지

공감각적 심상	• 옛 이야기 지줄대는 실개천(시각의 청각화) • 금빛 게으른 울음(청각의 시각화) • 밤바람 소리 말을 달리고(청각의 시각화)
토속적 이미지	실개천, 얼룩백이 황소, 질화로, 짚베개

바로바로 체크

❶ 이 시의 성격은?

❷ 이 시의 시구 '금빛 게으른 울음'의 심상은?

❸ 이 시의 후렴구의 기능을 세 가지 서술하시오.

정답 ❶ 향토적, 감각적
❷ 공감각적 심상(청각의 시각화)
❸ 운율 형성, 구조적 통일성 부여, 그리움의 정서 강조

적중! 출제 예상 문제

12 이 시에 대한 설명으로 적절하지 않은 것은?

① 고향의 모습을 비현실적으로 표현한다.
② 선명한 감각적 이미지를 활용한다.
③ 연마다 후렴구를 반복하여 운율을 형성한다.
④ 토속적인 시어와 소재를 통해 친근감을 드러낸다.

13 이 시에 드러난 고향을 〈보기〉와 같이 정리할 때, [A]와 [B]에 해당하는 연을 바르게 배열한 것은?

보 기

[A] : 평화로우면서 아름다운 꿈이 서려 있는 고향
[B] : 가난하고 고단한 삶의 모습이 담긴 고향

	[A]	[B]
①	1연, 2연	3연, 4연, 5연
②	1연, 3연	2연, 4연, 5연
③	1연, 3연, 5연	2연, 4연
④	2연, 4연, 5연	1연, 3연

14 이 시의 각 단계의 장면들을 그림으로 표현할 때, 적절하지 않은 것은?

① 멀리서 바라본 평화로운 농촌의 들판
② 방 안에 누워 계신 아버지의 서글픈 표정
③ 꾸밈없는 표정으로 풀숲을 달리는 소년
④ 따뜻하고 아늑한 느낌의 불빛이 새어 나오는 초가집

15 다음 시구 중 심상의 종류가 다른 하나는?

① 옛 이야기 지줄대는 실개천
② 금빛 게으른 울음
③ 밤바람 소리 말을 달리고
④ 파아란 하늘

정답 및 해설 별책 2p

유리창 1 _ 정지용

유리(琉璃)에 차고 슬픈 것이 어린거린다.

㉠ 열없이* 붙어서서 입김을 흐리우니

입김. 죽은 아이의 이미지

길들은 양 언 날개를 파다거린다.

사라지는 입김. 죽은 아이의 영상

➥ 1~3행 : 유리창에 어린 입김의 모습

지우고 보고 지우고 보아도

㉡ 새까만 밤이 밀려 나가고 밀려와 부딪히고,

㉢ 물 먹은 별이, 반짝, 보석(寶石)처럼 백힌다.

➥ 4~6행 : 창 밖 밤하늘의 모습

밤에 홀로 유리를 닦는 것은

외로운 황홀한 심사이어니,

① 역설법
② 아이를 잃은 슬픔과 죽은 아이의 영상을 보는 황홀함

➥ 7~8행 : 밤에 유리를 닦는 화자

㉣ 고운 폐혈관(肺血管)이 찢어진 채로

아이의 죽음의 원인

아아, 늬는 산(山)ㅅ새처럼 날아갔구나!

죽은 아이의 영상

➥ 9~10행 : 안타깝게 죽은 아이에 대한 그리움

핵/심/정/리

- 갈래 : 자유시, 서정시
- 성격 : 상징적, 회화적, 감각적
- 제재 : 어린 자식의 죽음
- 주제 : 죽은 아이에 대한 슬픔과 그리움
- 특징 ❶ 선명한 감각적 이미지
  ❷ 감정 절제의 표현
  ❸ 역설법을 통해 정서 강조

열없이
기운 없이.
별다른 의미 없이.
약간 부끄럽게

만점 포인트

1. '유리창'의 이중적 기능

이 시에서 '유리창'은 이중적 기능을 하는 소재이다. '유리창'은 죽은 아이가 있는 저편의 세상과 화자가 있는 방 안을 구분하기도 하지만 유리창에 어린 입김을 통해 죽은 자식과 만남을 갖기도 한다. 즉, '유리창'은 **단절과 소통의 매개체 의미**를 동시에 지니고 있는 것이다.

유리창	안과 밖의 경계
	죽음과 삶의 경계
	이승과 저승의 경계
	단절과 소통의 매개체

2. 「유리창 1」의 상징적 시어의 의미

시구	표현적 의미	이면적 의미
차고 슬픈 것	입김	죽은 아이의 모습
파다거리는 날개	모양이 변하는 입김	죽은 아이의 모습
새까만 밤	상실감	죽음의 세계
물 먹은 별	화자가 눈물이 고인 눈으로 바라본 별	죽은 아이 또는 죽음의 세계
산(山)ㅅ새	죽음으로 허무하게 곁을 떠나게 된 아이	

3. 「유리창 1」에 사용된 '감정의 대위법'

문학 작품에서 감정의 조절과 절제를 위해 서로 반대되는 시어를 결합하여 사용하는 표현법을 **'감정의 대위법'**이라고 한다.

이 시에서는 죽은 아이에 대한 그리움으로 인해 생기는 외로움과 아이의 환영을 보며 느끼는 황홀함을 결합하여, 화자가 느끼는 그리움과 상실감을 절제하여 표현하고 있다.

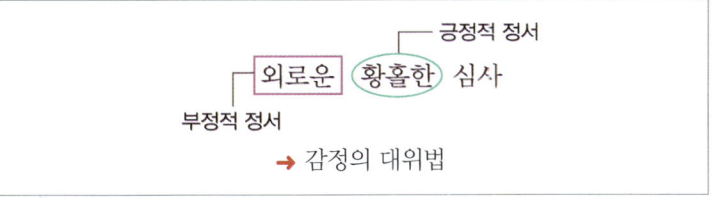

긍정적 정서

외로운 황홀한 심사

부정적 정서

→ 감정의 대위법

바로바로 체크

❶ 이 시의 화자는?

❷ 이 시에서 죽음의 세계와 이승의 세계의 경계를 나타내는 시어는?

❸ 이 시에 드러나는 '외로운 황홀한 심사'의 표현법은?

정답 ❶ 어린 자식을 잃고 슬픔에 잠긴 아버지
❷ 유리창
❸ 역설법

적중! 출제 예상 문제

16 이 시에 대한 설명으로 적절한 것은?

① 그리운 대상과의 만남에 대한 의지를 드러낸다.
② 대상의 부재에 대한 슬픔을 드러낸다.
③ 회상을 통해 자신의 삶을 성찰한다.
④ 일상생활에 대한 소중함을 드러낸다.

17 이 시의 표현상의 특징을 〈보기〉에서 골라 바르게 묶은 것은?

보 기

ㄱ. 어순의 도치를 통해 시적 의미를 강조한다.
ㄴ. 시어의 반복으로 화자의 처지와 정서를 드러낸다.
ㄷ. 공감각적 표현으로 이미지를 선명하게 드러낸다.
ㄹ. 다양한 비유적 표현을 통해 대상을 효과적으로 드러낸다.

① ㄱ, ㄷ ② ㄱ, ㄴ, ㄷ
③ ㄴ, ㄹ ④ ㄷ, ㄹ

18 ㉠~㉣에 대한 설명으로 적절하지 않은 것은?

① ㉠ 열없이 붙어서서 입김을 흐리우니 – 자식을 잃은 상실감
② ㉡ 새까만 밤 – 화자의 고난
③ ㉢ 물 먹은 별 – 눈물이 고인 눈으로 바라본 별
④ ㉣ 고운 폐혈관이 찢어진 채로 – 폐병, 자식 죽음의 원인

19 이 시의 '유리창'의 의미로 적절하지 않은 것은?

① 안과 밖의 경계
② 삶과 죽음의 경계
③ 단절과 소통의 매개체
④ 속세와 이상의 경계

정답 및 해설 별책 2p

모닥불 _ 백석

새끼오리*도 헌신짝도 소똥도 갓신창*도 개니빠디*도 너울쪽*도 짚검불*도 가락닢도 머리카락도 헝겊 조각도 막대 꼬치도 기왓장도 닭의 짗*도 개터럭*도 타는 모닥불

→ 일상생활에서 버려지는 많은 재료들이 모닥불의 불길을 일으키는 데 사용됨

➥ 1연 : 모닥불에 타고 있는 여러 가지 사물들

재당*도 초시*도 문장(門長)* 늙은이도 더부살이 아이도 새 사위도 갓사둔*도 나그네도 주인도 할아버지도 손자도 붓 장사도 땜쟁이*도 큰 개도 강아지도 모두 모닥불을 쪼인다

→ 선후, 상하 구분 없이 모두 평등한 관계를 유지하며 모닥불을 쬐는 사람들의 모습

➥ 2연 : 모닥불을 쬐는 사람과 동물들

모닥불은 어려서 우리 할아버지가 어미 아비 없는 서러운 아이로 불상하니도 몽둥발이*가 된 슬픈 력사가 있다.

고아로 자란 할아버지의 어린 시절, 일제강점기 주권을 상실한 우리 민족의 역사

➥ 3연 : 모닥불에 서린 할아버지의 슬픈 개인사

핵/심/정/리

- 갈래 : 자유시, 서정시, 산문시
- 성격 : 감각적, 토속적, 회화적
- 제재 : 모닥불
- 주제 : 비극적 역사를 끌어안고 조화와 평등을 지향하는 공동체적 정신
- 특징 ❶ 토속어의 사용으로 향토적 정감을 느끼게 함.
  ❷ 현재의 정황과 과거의 회상이 대비를 이루는 구조임.
  ❸ 열거된 사물이나 사람의 배열이 주제 의식을 높이는 데에 기여함.

- **새끼오리** 새끼줄
- **갓신창** 가죽신의 밑창
- **개니빠디** 개의 이빨
- **너울쪽** 널빤지 조각
- **짚검불** 짚 찌그러기 뭉치
- **닭의 짗** 닭의 깃털
- **개 터럭** 개의 털
- **재당** 학덕 높은 집안의 어른
- **초시** 과거의 첫 시험에 급제한 사람
- **문장(門長)** 집안에서 항렬과 나이가 제일 위인 사람
- **갓사둔** 새 사돈
- **땜쟁이** 땜질을 직업으로 하는 사람
- **몽둥발이** 딸려 붙었던 것이 다 떨어지고 몸뚱이만 남은 것

만점 포인트

1. 「모닥불」의 구조와 표현상의 특징

1연	모닥불에 타오르는 사물들	→	모닥불
2연	모닥불을 쬐고 있는 존재		
3연	모닥불을 통해 떠올리는 할아버지의 슬픈 역사		

이 시는 모닥불의 속성을 단순하고 소박한 시어를 나열하여, 평등하고 화합하는 공동체적 삶의 세계와 그 이면에 놓인 비극적 삶을 형상화하고 있다. 즉, 모닥불을 통해 비극적 역사와 모든 존재를 포용하는 조화와 평등의 공동체적 합일의 정신을 보여 주는 것이다.

2. 이 시의 '모닥불'의 상징적 의미

1연	사소한 사물이 새로운 쓰임을 얻어 사람들의 추위를 녹여 주는 사물로 변함.	• 재생의 공간 • 부활의 공간 • 포용적 공간
2연	각계각층의 모든 사람들과 동물들이 뒤섞여 불을 쬐고 있음. 모닥불을 둘러싸고 같은 거리를 유지하며 원의 형태로 앉아 있음	• 평등의 공간 • 화해의 공간
3연	할아버지의 슬픈 가족사의 내력을 간직하고 있는 모닥불	역사를 감싸는 공간

3. 「모닥불」의 토속어의 사용

백석은 뛰어난 현실 묘사와 체험적 서술을 통해 자신만의 시적 세계를 형성하고 있는데, 시어의 사용에 있어서도 토속적인 우리 고유어 표현을 주로 사용하고 있다. 이러한 토속어의 사용을 통해 가족과 이웃들의 삶의 모습을 현실감 있게 그려 내면서 향토적인 정감을 표현하고 있다.

바로바로 체크

❶ 이 시의 1연과 2연에서 주로 사용된 표현법은?

❷ 이 시의 1연에 나열된 사물이 갖는 특징은?

❸ 3연에 나타난 고아가 되었던 할아버지의 역사를 우리 민족의 역사적 현실로 확장지어 이해하면 일제로부터 (　　)을 빼앗긴 현실을 상징한다고 볼 수 있다.

정답 ❶ 열거법
❷ 쓸모없고 하찮은 것
❸ 주권

적중! 출제 예상 문제

20 윗글에 대한 설명으로 가장 적절한 것은?

① 부드러운 어조로 애상적 분위기를 고조시키고 있다.
② 대화의 형식을 통해 청자와의 친밀감을 드러내고 있다.
③ 지금 이곳의 상황 묘사와 과거 회상으로 이루어져 있다.
④ 역설적인 표현을 통해 상황에 대한 인식을 보여 주고 있다.

21 이 시의 리듬감 형성에 주된 영향을 미치는 요소는?

① 보조사 '~도'의 반복
② 동일한 시구의 반복
③ 첫 연과 끝 연의 반복
④ 각 연을 명사로 끝맺는 종결 형태

22 이 시의 중심 제재인 '모닥불'의 상징적 의미로 적절하지 <u>않은</u> 것은?

① 슬픈 역사를 잊게 하는 동화적 공간
② 사람들에게 온기를 주는 화합의 공간
③ 신분의 차별과 갈등 없이 불을 쪼이는 평등의 공간
④ 버려진 존재에 새로운 효용을 부여하는 재생의 공간

23 이 시의 시어인 '몽둥발이'의 의미로 적절한 것은?

① 키가 작은 사람
② 발이 정상인에 비해 작은 사람
③ 크기가 작은 빗자루의 일종
④ 딸려 붙었던 것이 다 떨어진 몸뚱이, 외톨이

정답 및 해설 별책 2p

광야 _ 이육사

까마득한 날에
태초(太初)
하늘이 처음 열리고
어데 닭 우는 소리 들렸으랴.

➥ 1연 : 광야의 원시성

㉠ 모든 산맥들이
바다를 연모(戀慕)해 휘달릴 때도
차마 이곳을 범(犯)하던 못하였으리라.
광야, 국토

➥ 2연 : 광야의 신성함

끊임없는 광음(光陰)*을
부지런한 계절이 피어선 지고
큰 강물이 비로소 길을 열었다.
역사

➥ 3연 : 광야의 역사

지금 눈 내리고
고난과 시련
매화 향기 홀로 아득하니
선비의 지조, 절개
내 여기 가난한 노래의 씨를 뿌려라.
자기희생적 의지

➥ 4연 : 현재의 암담함과 자기희생적 의지

다시 천고(千古)*의 뒤에
백마(白馬) 타고 오는 초인(超人)*이 있어
민족의 구원자
이 광야(曠野)에서 목놓아 부르게 하리라.

➥ 5연 : 희망적인 미래에 대한 의지

핵/심/정/리

- 갈래 : 자유시, 서정시
- 성격 : 저항적, 의지적, 현실 참여적, 상징적
- 제재 : 광야(曠野)
- 주제 : 자기희생을 통한 현실 극복 의지
- 특징 ❶ 독백적 어조
  ❷ 남성적 어조
  ❸ 설의법, 의인법 등 다양한 표현법 사용
  ❹ 시간의 흐름에 따른 시상 전개

광음(光陰)
햇빛과 그늘. 즉 낮과 밤이라는 의미로 시간이나 세월의 흐름을 나타낸다.

천고(千古)
아주 먼 옛적. 또는 아주 오랜 세월 동안

초인(超人)
보통 사람을 뛰어넘는 능력을 가진 사람

만점 포인트

1. 「광야」의 시상 전개

과거	까마득한 날	1연 : 광야의 원시성 2연 : 광야의 광활성과 신성성 3연 : 역사의 태동
현재	지금	4연 : 암담한 현실과 현실 극복 의지
미래	천고의 뒤	5연 : 미래 지향적 태도

2. 「광야」에 드러난 '가난한 노래의 씨'의 의미

화자는 '눈 내리는 겨울'이라는 암담하고 참혹한 현실 속에서 좌절하지 않고 가난하지만 미래를 위한 '노래의 씨'를 광야에 뿌리겠노라고 외친다. 이를 통해 화자는 **희망찬 미래에 대한 소망과 의지**, 곧 **조국 광복에 대한 확신**을 노래하고 있는 것이다.

내 여기 가난한 노래의 씨를 뿌려라

자기희생 의지적 명령(남성적)

→ 조국의 미래를 위한 선구자적 의지와 태도

3. '백마 타고 오는 초인'과 주제 의식

초인	광복의 상징
	미래 역사의 주인공
	민족의 부활

바로바로 체크

❶ 이 시의 시상 전개 방식은?

❷ 이 시에서 계절적 이미지를 활용하여 당시의 시대적 배경을 드러내는 소재는?

❸ 이 시에서 전통적 상징을 활용하여 화자의 태도를 드러내는 시어는?

정답 ❶ 시간의 흐름에 따른 전개
❷ 눈
❸ 매화(향기)

적중! 출제 예상 문제

24 이 시의 화자에 대한 설명으로 적절하지 않은 것은?

① 강인한 지사적 의지를 드러낸다.
② 자신을 희생하겠다는 각오를 보이고 있다.
③ 시대적 현실에 적극적으로 참여하는 자세를 보인다.
④ 냉철하게 자신의 삶을 성찰한다.

25 ㉠ '모든 산맥들이 바다를 연모해'에 쓰인 표현 방법과 같은 것은?

① 나는 나룻배 당신은 행인
② 돌담에 속삭이는 햇발같이
풀 아래 웃음 짓는 샘물같이
③ 소리 없는 아우성
④ 선 채로 이 자리에 돌이 되어도
부르다가 내가 죽을 이름이여!

26 다음 중 감상의 관점이 다른 하나는?

① 웅장한 남성적 목소리를 통해 화자의 강한 의지를 드러내는군.
② 광복을 위해 보이는 의지가 감동적이야.
③ 시인은 해방을 위해서는 자기 자신을 희생할 수 있다는 의지를 갖고 있는 것 같아.
④ 나는 이 시를 통해 현실 문제에 대해 더 많은 관심을 갖고 참여해야겠다고 느꼈어.

정답 및 해설 별책 2p

쉽게 씌어진 시 _ 윤동주

창(窓) 밖에 밤비가 속살거려*
밤비 : 화자의 정서를 심화하는 역할, 시간적 배경의 제시(밤)　속살거려 : 밤비의 의인화
육첩방(六疊房)*은 남의 나라.
화자가 처한 현실 - 일본 유학 중인 상황

➥ 1연 : 화자가 처한 상황 제시

시인(詩人)이란 슬픈 천명(天命)인 줄 알면서도
현실 문제에 직접 참여하지 못하고 '시'로만 표현할 수밖에 없는 운명 – 소극적인 삶으로 인식함
한 줄 시(詩)를 적어 볼까.

➥ 2연 : 시인으로서의 슬픈 운명

땀내와 사랑내 포근히 품긴

보내 주신 학비 봉투를 받어
가족의 사랑이 담긴 소재

대학(大學) 노트를 끼고

늙은 교수(敎授)의 강의(講義) 들으러 간다.
현실과는 동떨어진 학문 – 화자의 무기력한 모습

➥ 3~4연 : 현재의 삶에 대한 무기력함

생각해 보면 어린 때 동무들

하나, 둘, 죄다 잃어버리고
실향의식, 상실감이 나타남

나는 무얼 바라

나는 다만, 홀로 침전(沈澱)*하는 것일까?
화자의 성찰이 제시 – 무기력한 삶, 회의감

➥ 5~6연 : 현재의 삶에서의 상실감과 회의

핵/심/정/리
- 갈래 : 자유시, 서정시
- 성격 : 저항적, 반성적, 미래 지향적
- 제재 : 현실 속의 자신의 삶, 화자의 성찰
- 주제 : 어두운 시대 현실 속에서의 고뇌와 자기 성찰
- 특징 ❶ 시각적 심상을 지닌 대조적 시어의 사용을 통해 주제를 강조함.
  ❷ 1연과 8연의 반복과 변형을 통해 시상을 전개함.

속살거리다
작은 목소리로 자질구레하게 자꾸 이야기하다.

육첩방
다다미가 여섯 장 깔린 일본식 방

침전
액체 속에 있는 물질이 바닥에 가라앉음.

인생(人生)은 살기 어렵다는데

시(詩)가 이렇게 쉽게 씌어지는 것은
인생(어려움) ↔ 시(쉬움) : 대립적 의미

부끄러운 일이다.
실천을 결여한 것에 대한 반성적 태도. 화자의 정서가 직접 표출됨.

➥ 7연 : 반성적 자아 성찰

육첩방(六疊房)은 남의 나라
육첩방 : 화자의 내면적 성찰이 이루어지는 공간
창(窓) 밖에 밤비가 속살거리는데,
➜ 1연의 1, 2행을 바꿔 쓰며 반복함 – 8연에서는 방 안에서 내면 성찰을 마친 화자가 다시 외부의 시대 현실로 눈을 돌리는 것으로 이해할 수 있음

➥ 8연 : 현실 재인식

등불을 밝혀 어둠을 조금 내몰고,
등불 : 희망, 극복 의지의 상징. 어둠 : 부정적 현실, 극복의 대상
➜ 명암의 대비(등불 ↔ 어둠)를 통해 주제의식을 나타냄.
시대(時代)처럼 올 ⓐ 아침을 기다리는 최후(最後)의 나.
반드시 도래하게 될 / 새로운 시대 / 자기 성찰을 거친 내면적 자아

➥ 9연 : 부정적 현실 극복 의지

나는 나에게 작은 손을 내밀어
내면적 자아(본질적 자아), 현실적 자아
눈물과 위안(慰安)으로 잡는 최초(最初)의 악수(握手).
대립하는 두 자아의 화해

➥ 10연 : 자아의 화해와 극복 의지

✲ 시어의 의미

밤비	현실의 어두움과 괴로움 암시
육첩방	억눌리고 암담한 공간. 시적 화자를 구속하는 시대 상황
등불	현실 극복의 의지
어둠	일제 강점기의 암울한 현실
아침	희망찬 미래, 새로운 세계, 조국의 광복

만점 포인트

1. 「쉽게 씌어진 시」 속의 두 화자

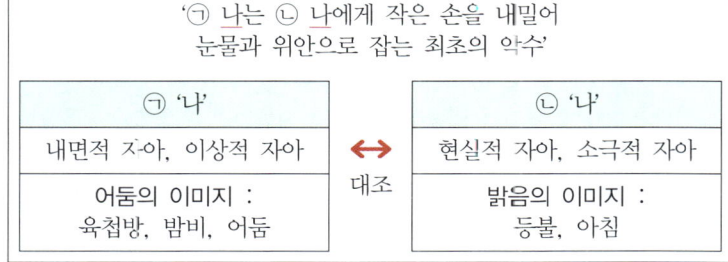

'㉠ 나는 ㉡ 나에게 작은 손을 내밀어
눈물과 위안으로 잡는 최초의 악수'

㉠ '나'		㉡ '나'
내면적 자아, 이상적 자아	↔ 대조	현실적 자아, 소극적 자아
어둠의 이미지 : 육첩방, 밤비, 어둠		밝음의 이미지 : 등불, 아침

자기 성찰 ↓

두 자아의 화해(악수)

2. 또 다른 자아가 등장하는 윤동주 시인의 작품들

자화상	우물 속의 사나이
또 다른 고향	백골, 아름다운 영혼
길	담 저쪽에 남아 있는 '나'
참회록	거울 속의 얼굴

적중! 출제 예상 문제

27 이 시에 대한 설명으로 적절한 것은?

① 상징적 시어를 사용하여 화자가 처한 상황을 풍자하고 있다.
② 상승적 이미지에서 하강적 이미지로 시상의 전환이 이루어지고 있다.
③ 화자가 정서와 태도의 변화를 통해 내적 갈등을 극복하는 과정을 보여 주고 있다.
④ 비슷한 문장 구조와 어미의 반복을 통해 주제를 강조하고 있다.

28 이 시의 화자에 대한 설명으로 가장 적절한 것은?

① 부정적 현실에 대한 성찰의 태도가 나타난다.
② 자아의 대립과 화해가 시상 전개의 출발점이 된다.
③ 일상적이고 무기력한 삶에 안주하며 만족하고 있다.
④ 미래에 대해 기대하지만 암울한 현실로 인해 좌절하게 된다.

바로바로 체크

❶ 화자의 정서를 드러내며, 시의 분위기를 조성하는 소재는?

❷ 부정적 현실과 희망을 나타내는 소재를 각각 쓰시오.

❸ 화자의 내적 갈등이 해소되었음을 나타내는 시어는?

정답 ❶ 밤비
❷ 어둠, 등불
❸ 악수

29 〈보기〉를 바탕으로 윗글을 감상한 내용으로 적절하지 않은 것은?

보 기

식민지 시대의 정신적 고통을 노래하던 윤동주는 1941년 릿교 대학으로 유학을 떠난다. 하지만 군국주의 성향이 강한 학교의 분위기를 못 이겨 한 학기 만에 도시샤 대학으로 편입한다. 어려움에 처해 있는 조국을 떠나와 자신만 편안하게 공부하는 것을 자책하며 우울해하던 윤동주는, 요시찰인으로 주목을 받던 연희 전문학교 동창 송몽규와 함께 독립운동을 했다는 혐의로 1943년 일경에 체포된다. 그는 이듬해 후쿠오카 형무소에서 옥사하며 짧은 생을 마감한다.

① '육첩방'은 화자에게 일본에서 이방인으로서 낯섦을 느끼게 하는 공간이다.
② '사랑 내'는 부모님에게 받은 추상적 감정을 후각적 이미지로 구체화한 것이다.
③ '늙은 교수의 강의'는 식민지 현실의 문제를 해결하지 못하는 현실 도피적 학문 태도를 보여 준다.
④ '침전(沈澱)하는' '나'는 내면세계로 빠져들면서 부정적인 자신을 성찰하려는 반성적 자아의 모습이다.

30 다음 밑줄 친 시어 중, 윗글의 ⓐ와 가장 유사한 의미는?

① 달 가고, 밤 가고, 눈물도 가고, 틔어 올 밝은 하늘 빛난 아침 이르면, 향기로운 이슬밭 푸른 언덕을, 총총총 달려도 와 줄 볼이 고운 나의 사람.
– 청산도

② 아침마다 우짖던 산까치도 / 간 데 없고 / 저녁마다 문살 긁던 다람쥐도 / 온 데 없다 / 길 끝나 산에 들어섰기로 / 그들은 또 어디 갔단 말이냐
– 겨울 노래

③ 차디찬 아침인데 / 묘향산행 승합자동차는 텅하니 비어서 / 나이 어린 계집아이 하나가 오른다. / 옛말속같이 진진 초록 새 저고리를 입고 / 손잔등이 밭고랑처럼 몹시도 터졌다.
– 팔원 – 서행시초

④ 당나귀 한 마리를 길들이기 위해서는 / 아침, 저녁으로 반복 훈련이 / 필요합니다. 당나귀의 / 불온한 상상력을 거세하기 위해 / 토요일과 일요일도 쉬지 않습니다.
– 당나귀 길들이기

정답 및 해설 별책 2p

참회록 _ 윤동주

파란 녹이 낀 구리 거울 속에
망국의 시대 상황 자기 성찰의 매개체
내 얼굴이 남아 있는 것은
어느 왕조(王朝)의 유물(遺物)이기에
이다지도 욕될까.

➥ 1연 : 과거 역사에 대한 참회

나는 나의 참회(懺悔)*의 글을 한 줄에 줄이자.
–만 이십사 년 일 개월을
무슨 기쁨을 바라 살아왔던가.

➥ 2연 : 현재 자신의 삶에 대한 참회

내일이나 모레나 그 어느 즐거운 날에
조국이 광복되는 날
나는 또 한 줄의 참회록(懺悔錄)을 써야 한다.
–그때 그 젊은 나이에
왜 그런 부끄런 고백(告白)을 했던가.

➥ 3연 : 현재의 참회에 대한 미래의 참회

밤이면 밤마다 나의 거울을
암담한 시대 상황, 일제 강점기
손바닥으로 발바닥으로 닦아보자.

➥ 4연 : 암담한 현실에 대한 자기 성찰

그러면 어느 운석(隕石)* 밑으로 홀로 걸어가는
죽음의 이미지
슬픈 사람의 뒷모양이
거울 속에 나타나 온다.

➥ 5연 : 미래 자신의 운명

핵/심/정/리
- 갈래 : 자유시, 서정시
- 성격 : 자기 성찰적, 고백적, 상징적
- 제재 : 자기 참회와 성찰
- 주제 : 자기 성찰을 통해 고난 극복 의지
- 특징 ❶ 시간의 흐름에 따른 시상 전개
  ❷ 거울을 통한 치열한 자기 성찰 형상화

참회(懺悔)
자기 잘못을 깨닫고 깊이 뉘우침.

운석(隕石)
지구에 떨어진 별똥별의 잔해

만점 포인트

1. 「참회록」의 시간의 흐름에 따른 시상 전개

1연	2연	3연
과거	현재	미래
참회		

4연
자기 성찰

5연
비극적 미래 전망 (= 자기희생 의지)

2. 「참회록」에서 '거울'의 의미

일반적으로 '거울'은 자신의 모습을 비추어 주는 것으로, '자기 성찰'의 의미를 지니게 된다. 이 시에서 **'구리 거울'**은 오랜 세월 동안 이어져 내려온 **역사적 유물**로서의 의미를 지닌다. 동시에 화자는 역사를 비추어 주는 거울에 자신의 모습을 비추어 봄으로써 **자신의 삶을 성찰**하고 있다. 이렇게 볼 때 '참회록'의 '구리 거울'은 **화자의 성찰의 범위를 민족 공동체와 역사에 대한 성찰을 가능하게 하는 매개체**라 할 수 있다.

3. 윤동주 시에 나타나는 '부끄러움'

윤동주 시에 많이 나타나는 시어 중 하나가 '부끄러움'이다. 윤동주는 식민지 지식인의 고뇌를 섬세한 정서로 노래하였는데, 이는 철저한 자기 성찰과 반성, 희생의 의지로 시상이 전개된다. 윤동주는 스스로에 대한 성찰과 반성에는 '부끄러움'의 정서를 결합하는데, 이는 암담한 시대적 상황에서 구체적이고 실천적인 행동을 하지 못하는 자신에 대한 뉘우침이라고 할 수 있다. 그러나 '부끄러움'의 본질적 의미를 생각해 보면, 늘 양심에 거리낌 없이 살아가고자 하는 **윤동주의 순결한 삶을 지향하는 철저한 시대 의식**으로 볼 수 있는 것이다.

바로바로 체크

❶ 국권을 빼앗긴 치욕을 나타내는 시어를 한 음절로 찾아 쓰시오.

❷ 화자가 기다리는 날이자, 조국 광복의 날을 상징하는 시구를 쓰시오.

❸ 이 시에 드러나는 '손바닥 발바닥으로 닦아보자.'의 의미를 쓰시오.

정 답 ❶ 녹
❷ 그 어느 즐거운 날
❸ 철저한 자기 성찰

적중! 출제 예상 문제

31 이 시의 시상 전개 원리로 적절한 것은?

① 선경후정(先景後情)
② 공간의 이동
③ 시간의 흐름
④ 화자의 시선의 이동

32 이 시와 〈보기〉를 비교하여 설명한 내용 중 공통점으로 적절하지 않은 것은?

보기

벌레 먹은 두리기둥, 빛 낡은 단청(丹靑), 풍경 소리 날러간 추녀 끝에는 산새도 비들기도 둥주리를 마구 쳤다. 큰 나라 섬기다 거미줄 친 옥좌(玉座) 위엔 여의주(如意珠) 희롱하는 쌍룡(雙龍) 대신에 두 마리 봉황(鳳凰)새를 틀어 올렸다. 어느 땐들 봉황이 울었으랴만 푸르른 하늘 밑 추석을 밟고 가는 나의 그림자. 패옥(佩玉) 소리도 없었다. 품석(品石) 옆에서 정일품(正一品), 종구품(從九品) 어느 줄에도 나의 몸 둘 곳은 바이 없었다. 눈물이 속된 줄을 모를 양이면 봉황새야 구천(九泉)에 호곡(呼哭)하리라.

– 조지훈, 「봉황수」 –

① 화자가 시의 표면에 드러나 있다.
② 여성적 어조를 통해 한의 정서를 강조한다.
③ 상징적 시어를 통해 시대 상황을 드러내고 있다.
④ 국권을 빼앗긴 현실을 반영하고 있다.

33 이 시의 2~5연 중 '미래의 상황을 가정하여 현재의 삶을 반성'하는 부분으로 적절한 것은?

① 2연 ② 3연
③ 4연 ④ 5연

정답 및 해설 별책 2p

풀 _ 김수영

핵/심/정/리
- 갈래 : 자유시, 주지시, 참여시
- 성격 : 주지적, 상징적, 현실 참여적
- 제재 : 풀
- 주제 : 민중의 끈질긴 생명력
- 특징 ❶ 대립적 시상 구조로 주제 강조
  ❷ 반복과 대구를 통해 리듬감 형성
  ❸ 상징적 의미를 지닌 시어를 통해 주제 강조

풀이 눕는다.
비를 몰아오는 동풍에 나부껴
(동풍: 고난과 역경)
풀은 눕고
드디어 울었다.
날이 흐려서 더 울다가
다시 누웠다.

➥ 1연 : 풀의 수동적인 모습

풀이 눕는다.
바람보다도 더 빨리 눕는다.
(바람: 고난과 역경)
바람보다도 더 빨리 울고
바람보다도 먼저 일어난다.

➥ 2연 : 풀의 능동적인 모습

날이 흐리고 풀이 눕는다.
(날이 흐리고: 암울한 시대 현실)
발목까지
발밑까지 눕는다.
바람보다 늦게 누워도
바람보다 먼저 일어나고
바람보다 늦게 울어도
바람보다 먼저 웃는다.
날이 흐리고 풀뿌리가 눕는다.

➥ 3연 : 풀의 강인한 생명력

PART 01

만점 포인트

1. 「풀」의 점층적 시상 전개

1연	풀의 수동성	풀의 생명력 점층적 강조
2연	풀의 능동성	
3연	풀의 강인한 생명력	

2. 「풀」에 나타난 대립적 이미지의 반복

'눕는다'와 '일어난다'의 반복을 통해 민중에 대한 억압과 새로운 희망으로 다시 일어서는 **민중의 생명력**을 강조하고 있다.

'바람'에 맞서는 '풀'의 반복적인 모습을 통해 '풀'의 생명력은 **더욱 강해지고 지속될 것임**을 알 수 있다.

풀	눕다	웃다	빨리
↕			
바람	일어나다	울다	늦게

3. 「풀」의 마지막 행의 의미

마지막 행 '날이 흐리고 풀뿌리가 눕는다.'라는 표현은 민중에 대한 외부의 억압이 더욱 심해짐을 나타낸다. 그러나 앞의 시상 전개를 통해 볼 때 '풀'은 그 '풀뿌리'까지 억압을 당하더라도 **더욱 큳세게 일어설 것임**을 알 수 있다. 즉, 현실은 여전히 암울하지만 '풀'이 다시 일어나 '웃게' 될 현실이 올 것임을 **암시**하는 **여운**을 남기고 있는 것이다.

바로바로 체크

❶ 이 시에서 '풀'이 지닌 상징적 의미는?

❷ 이 시에서 '풀'을 억압하는 세력을 나타내는 시어를 모두 골라 쓰시오.

❸ 이 시가 창작될 당시의 사회적 배경은?

정답 ❶ 민중
❷ 동풍, 바람
❸ 군사 독재 정권이 민중을 억압하던 시기

적중! 출제 예상 문제

34 이 시에 대한 설명으로 적절하지 <u>않은</u> 것은?

① 자연을 예찬하는 화자의 태도가 드러난다.
② 상징적 시어가 사용되었다.
③ 유사한 문장의 반복을 통해 운율을 형성한다.
④ '풀'의 행위를 중심으로 대상의 속성을 드러낸다.

35 이 시와 다음 〈보기〉를 비교한 내용으로 가장 적절한 것은?

보 기

벼는 서로 어우러져 / 기대고 산다.
햇살 따가워질수록 / 깊이 익어 스스로를 아끼고
이웃들에게 저를 맡긴다.

– 이성부, 「벼」에서 –

① 이 시와 달리 〈보기〉의 시적 대상에는 인격이 부여되었다.
② 이 시와 달리 〈보기〉에는 공동체적 속성이 드러난다.
③ 이 시와 〈보기〉 모두 대상의 속성이 변화하는 양상을 중심으로 주제를 드러낸다.
④ 이 시의 화자는 의지적 태도를, 〈보기〉의 화자는 순응적 태도를 드러낸다.

36 다음 〈보기〉의 내용을 참고하여, 다음 시어의 의미를 정리한 것으로 적절하지 <u>않은</u> 것은?

보 기

이 작품은 1960년대의 시대적 상황이라는 사회적 맥락에 비추어 '풀'이 일어나는 모습을 시련과 억압에서 벗어나려는 민중의 모습으로 해석할 수 있다.

① 풀 – 민중
② 눕는다 – 시련을 회피한다.
③ 바람 – 민중을 억압하는 시련
④ 일어난다 – 억압에 맞서는 생명력

정답 및 해설 별책 2p

농무 _ 신경림

징이 울린다 막이 내렸다.
당시 농촌의 분위기
오동나무에 전등이 매어달린 가설 무대
임시로 만든 무대
구경꾼이 돌아가고 난 ㉠ 텅 빈 운동장
소외된 농촌 현실
우리는 분이 얼룩진 얼굴로
중의적 의미를 지님(분장한 얼굴과 분노가 얼룩진 얼굴)
학교 앞 소줏집에 몰려 술을 마신다.
답답하고 고달프게 사는 것이 원통하다.
정서를 직설적으로 표현

➥ 1~6행 : 공연이 끝난 후의 허탈감과 원통함

꽹과리를 앞장 세워 장거리로 나서면
따라붙어 악을 쓰는 건 ㉡ 쪼무래기들뿐
처녀애들은 기름집 담벽에 붙어 서서
젊은 남자는 도시로 떠나버림, 산업화 과정에서 피폐해진 농촌의 모습
철없이 킬킬대는구나.

➥ 7~10행 : 장거리에서 느끼는 서글픔

보름달은 밝아 어떤 녀석은
꺽정이처럼 울부짖고 또 어떤 녀석은
임꺽정, 조선 명종 때의 의적, 홍명희가 쓴 소설 〈임꺽정〉의 주인공
➜ 농촌의 저항 의식
서림이처럼 해해대지만 이까짓
소설 '임꺽정'의 등장 인물, 현실 타협적인 기회주의자
산구석에 처박혀 발버둥친들 무엇하랴.
설의법 – 현실에 대한 체념적 한탄
비료값도 안 나오는 농사 따위야
농촌의 구조적 모순이 나타남, 소외된 농촌 현실에 대한 자조감의 표현
아예 여편네에게나 맡겨두고

➥ 11~16행 : 피폐해진 농촌 현실에 대한 울분

쇠전*을 거쳐 도수장* 앞에 와 돌 때
우리는 점점 신명이 난다.
현실에 대한 울분과 분노의 반어적 표현
한 다리를 들고 날라리를 불거나.
고갯짓을 하고 어깨를 흔들거나.
➜ 춤의 절정으로서, 울분과 한의 표출

➥ 17~20행 : 농무를 통해 삭이는 울분과 한

핵/심/정/리
- 갈래 : 자유시, 서정시, 농민시
- 성격 : 사실적, 묘사적, 비판적
- 제재 : 농무
- 주제 : 농민들의 한(恨)과 고달픈 현실에 대한 불만
- 특징 ❶ 공간의 이동에 따라 시상 전개가 이루어짐.
  ❷ 직설적인 표현으로 농민들의 현실 인식을 드러냄.

쇠전
소를 사고파는 시장

도수장
도살장(屠殺場). 짐승을 잡는 곳. 농민들의 분노와 울분을 상징적으로 보여주는 공간

만점 포인트

1. 화자

(1) 상황 : 집단 화자인 '우리'로 제시되어 있다. 화자는 한과 울분을 품고 있는 농민 전체다. 피폐해진 농촌에서 '비료 값도 안 나오는 농사'를 지으며 살아 보려고 발버둥치는 사람들이다.

(2) 정서 · 태도
- 공연 뒤의 쓸쓸함, 허탈감
  예 막이 내렸다, 텅빈 운동장
- 답답하고 고달픈 삶에 대한 원통함.
  예 소줏집에 몰려 술을 마신다
- 농촌의 현실에 대한 분노와 울분, 체념과 자포자기
  예 발버둥친들 무엇하랴. 점점 신명이 난다.
- 현실 비판적 : 피폐해진 현실 앞에서 좌절하는 체념적 태도와 함께, 농촌의 구조적 모순을 고발하는 현실 비판적인 태도가 드러나 있다.

2. 시어

(1) '농무'의 의미 : 농민들의 울분과 한을 떨쳐 버리려는 몸짓. 세상을 향한 비판과 저항의 의미를 담고 있는 행위

(2) 시적 공간의 이동

텅 빈 운동장	농무 공연이 끝난 후의 허탈감
소줏집	술을 마시면서 원통함을 표현함.
장거리	농악을 울리며 체념과 자포자기에 빠짐.
도수장	농무를 추며 울분과 한을 느낌.

(3) 향토적 시어 : '꽹과리, 쇠전, 날라리' 등 향토적 정서를 유발하는 시어를 통해서 농민들의 삶의 정취를 나타내고 있다.

3. 당대 농촌 현실

1960~1970년대의 시대 상황		「농무」의 시적 상황
산업화와 도시화가 진행되면서 공업에 주력하는 정책을 펼쳤고, 농민이 소외되어 살기 어려워짐.	→	발버둥 치며 농사를 짓는다 한들 비룟값도 안 나옴.
농민들이 대거 농촌을 떠나 도시로 향함.		농악을 울리며 장거리에 나가면 조무래기들만 따라붙음.

바로바로 체크

❶ 이 시에서 '농무'의 의미는?

❷ 농민들의 분노와 한이 최고조에 이른 공간은?

❸ 농민들의 분노가 반어적으로 드러난 부분은?

정답 ❶ 농민들의 삶의 한을 풀어내는 집단의 신명풀이 방식
❷ 도수장 앞
❸ 우리는 점점 신명이 난다.

적중! 출제 예상 문제

37 이 시에 대한 설명으로 적절하지 않은 것은?

① 비교적 형태가 자유로운 운문 문학이다.
② 소설 속 인물들에 대한 비판이 담겨 있다.
③ 공간의 이동에 따라 시상을 전개하고 있다.
④ 화자가 자신의 정서를 직접적으로 드러내고 있다.

38 ㉠에서 느껴지는 정서로 적절한 것은?

① 쓸쓸하고 공허하다.
② 활기차고 신명난다.
③ 황홀하고 행복하다.
④ 안타깝고 원망스럽다.

39 ㉡이 암시하는 농촌의 현실로 적절한 것은?

① 농촌에 결혼한 부부들이 많아졌다.
② 농촌에서 태어난 아이들이 늘어났다.
③ 농촌을 지키려는 사람들이 많아졌다.
④ 젊은이들이 농촌을 많이 떠난 상태이다.

40 이 시를 바탕으로 텔레비전 드라마를 제작하려고 한다. 드라마의 장면으로 적절하지 않은 것은?

① 쇠전과 도수장 앞에 와서 신명을 내며 춤추는 장면
② 분장이 덜 지워진 농무꾼들이 소줏집에 앉아있는 장면
③ 오동나무 가설무대에서 텅 빈 객석을 바라보는 장면
④ 많은 마을 사람들이 농무 패를 따라가며 덩실거리는 장면

정답 및 해설 별책 2p

저문 강에 삽을 씻고 _ 정희성

흐르는 것이 물뿐이랴
우리가 저와 같아서
강변에 나가 삽을 씻으며
(생계의 수단)
거기 슬픔도 퍼다 버린다.

➥ 1~4행 : 강물에서 인생의 의미를 발견

일이 끝나 저물어
스스로 깊어 가는 강을 보며
(노동자의 쌓여가는 비애)
쭈그려 앉아 담배나 피우고
나는 돌아갈 뿐이다.

➥ 5~8행 : 삶에 대한 체념적이고 무기력한 태도

삽자루에 맡긴 한 생애가
(노동자로서의 삶)
이렇게 저물고, 저물어서
샛강* 바닥 썩은 물에
(환경 오염, 희망 없는 노동자의 삶)
달이 뜨는구나

➥ 9~12행 : 희망 없이 되풀이되는 노동자의 삶

우리가 저와 같아서
흐르는 물에 삽을 씻고
먹을 것 없는 사람들의 마을로
(궁핍한 삶)
다시 어두워 돌아가야 한다.

➥ 13~16행 : 암담한 현실에 대한 체념

핵/심/정/리
- 갈래 : 자유시, 서정시
- 성격 : 성찰적, 회고적
- 제재 : 강물
- 주제 : 가난한 노동자의 삶의 비애
- 특징 ❶ 노동자의 삶과 자연물의 이미지를 결합
  ❷ 시간의 흐름과 화자의 내면의 변화에 따른 시상 전개

샛강
큰 강의 줄기에서 한 줄기가 갈려 나가 중간에 섬을 이루고, 하류에 가서는 다시 본래의 큰 강에 합쳐지는 강

만점 포인트

1. '강'을 통해 형상화 한 '노동자'의 삶

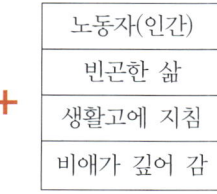

강(자연)		노동자(인간)		
흘러감	+	빈곤한 삶	↓	지속되는 노동자들의 삶의 비애
저물어 감		생활고에 지침		
스스로 깊어 감		비애가 깊어 감		

2. 시적 화자 · 강물 · 달의 관계

강물, 달	시간의 흐름에 따라 반복되는 모습
=	수동적으로 반복되는 삶에서 느껴지는 절망감
시적 화자 (노동자의 삶)	희망 없이 반복되는 삶

3. 산업화로 인한 인간 소외를 그린 작품들

김광섭 「성북동 비둘기」	산업화, 도시화로 인해 파괴된 자연과 인간 소외 현상을 문명 비판적 시각에서 노래함.
신경림 「농무」	농민들의 신명과 생명력을 표현하는 '농무'를 통해 산업화의 과정에서 소외되고 피폐해진 농촌 현실에 대한 울분과 한을 역설적으로 표출함.

바로바로 체크

❶ 시적 화자의 정서를 간접적으로 드러내고 있는 시어는?

❷ 시적 화자의 삶을 간단히 서술하시오.

❸ 시적 화자의 삶과 동일시 되는 자연물은?

정 답 ❶ 슬픔
❷ 희망 없는 노동자의 삶
❸ 강물, 달

적중! 출제 예상 문제

41 이 시의 화자가 자신의 삶을 '흐르는 물'과 '썩은 물에 뜬 달'에 비유한 이유로 가장 적절한 것은?

① '강물'은 슬픔을 나타내고, '달'은 희망을 나타내기 때문이다.
② '강물'은 흘러가 버리고, '달'은 반복해서 뜨는 것처럼 자신의 삶도 희망 없이 반복된다는 것을 나타내기 위해서이다.
③ '강물'과 '달'은 노동자의 지친 하루를 위로하는 것들이기 때문이다.
④ '강물'은 빠르게 진행되는 산업화의 물결을 나타내고, '달'은 산업화에서 소외된 노동자 계층을 나타내기 때문이다.

42 이 시의 시상의 흐름에 따른 내용으로 적절하지 <u>않은</u> 것은?

① 1~4행 – 강물에서 인생의 의미를 생각함.
② 5~8행 – 고달픈 삶에 대한 절망적 태도
③ 9~12행 – 무기력한 노동자의 삶
④ 13~18행 – 부정적 현실에 대한 극복 의지

43 이 시의 화자의 태도로 적절한 것은?

① 무기력하고 체념적이며 소극적이다.
② 미래 지향적이며 긍정적이다.
③ 현실에 무관심하며 방관자적 태도를 보인다.
④ 현실 비판적이며 저항적 태도를 드러낸다.

정답 및 해설 별책 2p

PART 01

슬픔이 기쁨에게 _ 정호승

나는 이제 너에게도 슬픔을 주겠다.
화자 청자
ⓐ 사랑보다 소중한 슬픔을 주겠다.
역설법 – 화자는 사랑보다 슬픔을 소중하게 여김.
겨울밤 거리에서 귤 몇 개 놓고
고난의 현실을 상징
살아온 추위와 떨고 있는 할머니에게
소외된 약자
귤값을 깎으면서 기뻐하던 너를 위하여
이웃의 삶을 생각하는 따뜻한 마음이 없음. 이기적인 태도
나는 슬픔의 평등한 얼굴을 보여 주겠다.

➜ 나 : 화자, 슬픔(긍정적 존재)
➜ 너 : 청자, 기쁨(부정적 존재, 이기적으로 살아가는 사람들)

➥ 1~6행 : 소외된 이웃의 아픔을 외면하는 사람들에게 슬픔을 주고자 함.

내가 어둠 속에서 너를 부를 때
고통스럽고 소외된 삶을 총칭
단 한 번도 평등하게 웃어 주질 않은
도움이 필요한 이웃을 외면하며 살았다는 뜻
가마니에 덮인 동사자가 다시 얼어죽을 때
소외된 이웃
가마니 한 장조차 덮어 주지 않은
무관심한 너의 사랑을 위해
이기적인 마음
흘릴 줄 모르는 너의 눈물을 위해
남의 아픔을 헤아릴 줄 모르는 마음
나는 이제 너에게도 기다림을 주겠다.
소외된 이웃의 아픔과 슬픔에 공감할 수 있는 시간

➥ 7~13행 : 가난한 이에게 무관심한 사람들에게 기다림을 주고자 함.

이 세상에 내리던 함박눈을 멈추겠다.
소외된 이웃에게는 고통이 됨
보리밭에 내리던 봄눈들을 데리고
'함박눈'과 대비되는 대상, 약자를 감싸는 존재
추워 떠는 사람들의 슬픔에게 다녀와서
소외된 이웃
눈 그친 눈길을 너와 함께 걷겠다.

슬픔의 힘에 대한 이야길 하며
소외된 이웃을 포용하는
기다림의 슬픔까지 걸어가겠다.

➥ 14~19행 : 진정한 사랑을 위해 너와 함께 하고자 함.

핵/심/정/리
- 갈래 : 자유시, 서정시
- 성격 : 의지적, 비판적
- 제재 : 슬픔, 기쁨
- 주제 : 이기적인 세태에 대한 비판과 더불어 살아가는 삶의 추구
- 특징 ❶ 상대방에게 말을 건네는 방식으로 시상을 전개함.
  ❷ '슬픔'과 '기쁨'에 일상적 의미에서 벗어난 새로운 의미를 부여하여 주제를 전달함.

만점 포인트

1. '슬픔'과 '기쁨'의 대립적 의미

슬픔	↔	기쁨
• '나', 화자 • 이타적인 존재 • 소외된 이웃과 더불어 살아가고자 하는 따뜻한 마음을 지님.		• '너', 청자 • 이기적인 존재 • 사회적 약자에게 무관심하고 자신의 이익만을 생각함.
소외된 이웃에 대한 관심과 진정한 사랑(긍정적 존재)		소외된 사람들에게 무관심한 존재(부정적 존재)

2. 시어의 함축 의미

할머니, 동사자	주변의 관심을 받지 못하는 소외된 이웃
가마니 한 장	이웃에 대한 최소한의 인정(관심)
함박눈	약자에게는 고통, 강자에게는 기쁨을 주는 존재
봄눈	가난하고 소외된 약자를 감싸는 존재

3. 표현 방식

① 말을 건네는 방식 : '너'를 청자로 설정하여 말을 건네는 방식을 취하고 있음.

② 시어의 대비 : 슬픔과 기쁨이라는 대립적인 시어를 통해 화자가 바라는 세상의 모습과 바람직한 삶의 태도를 효과적으로 형상화함.

③ 대상의 의인화 : 슬픔과 기쁨이라는 추상적 개념에 인격적 특성을 부여하고, 슬픔이 기쁨에게 말을 건네는 형식으로 시상을 전개함.

④ 참신한 의미 부여 : 슬픔과 기쁨의 일상적 의미와는 다른 새로운 의미를 부여하여 주제 의식을 강화함.

⑤ '-겠다'의 반복 : 화자의 의지를 드러내는 표현으로, 반복을 통해 리듬감을 형성함.

바로바로 체크

❶ 이 시의 화자는?

❷ 이 시의 '함박눈'의 의미는?

❸ '사랑보다 소중한 슬픔'에 쓰인 표현법과 의미를 서술하시오.

정답 ❶ 슬픔(이타심)
❷ 소외된 이웃에게 고통이 되는 존재
❸ 역설법
이기적인 사랑보다 이타심이 더 소중함.

적중! 출제 예상 문제

44 이 시에 대한 설명으로 가장 적절한 것은?

① 명령형 표현을 사용하여 화자의 의지를 강조하고 있다.
② 대화체를 사용하여 대상에 대한 친밀감을 드러내고 있다.
③ 시적 상황이 진행됨에 따라 화자의 태도가 변화하고 있다.
④ 역설적 표현을 활용하여 주제를 효과적으로 드러내고 있다.

45 ⓐ의 표현상 특징에 대한 설명으로 옳은 것은?

① 일반적인 문장의 어순을 바꾸어 변화를 준다.
② 감각적인 이미지를 활용하여 추상적 대상을 구체화한다.
③ 사람이 아닌 것을 사람에 빗대어 행동하는 것처럼 표현한다.
④ 겉으로 보기에는 모순된 말이지만, 사실은 그 속에 진리를 담고 있다.

46 윗글에 대한 학생들의 감상으로 적절한 것은?

① '슬픔의 평등한 얼굴'은 약자를 평등한 존재로 바라볼 수 있는 마음으로 볼 수 있겠군.
② '어둠 속에서 부른'다는 것은 소리를 잘 들리게 한다는 의미로 볼 때 '어둠'은 긍정적 대상이 될 수 있어.
③ '이 세상에 내리던 함박눈'은 약자에 대한 연민과 공감의 의미를 지닌다고 생각해.
④ '봄눈'은 따뜻한 봄에 내리는 눈으로 약자를 힘들게 하는 존재로 볼 수 있겠군.

47 위 시의 시구에 대한 설명으로 적절하지 <u>않은</u> 것은?

① '사랑보다 소중한 슬픔' – '슬픔'에 대한 역설적 표현이다.
② '귤값을 깎으면서' – '너'에게 '슬픔'을 주겠다고 한 계기가 되는 행위이다.
③ '가마니 한 장' – 이웃에게 베풀 수 있는 최소한의 관심을 나타낸다.
④ '함박눈' – 주변 사람들을 포근하게 감싸 화합하게 하는 존재이다.

정답 및 해설 별책 2p

가난한 사랑 노래 – 이웃의 한 젊은이를 위하여 _ 신경림

핵/심/정/리

- 갈래 : 자유시, 서정시
- 성격 : 감각적, 현실적
- 제재 : 이웃의 가난한 한 젊은이
- 주제 : 가난 때문에 소중한 감정들을 버려야 하는 비애
- 특징 ❶ 유사 구절의 반복과 설의법, 도치법 등의 표현을 통해 주제를 강조함.
  ❷ 부제를 사용하여 작가의 창작 의도를 드러냄.
  ❸ 다양한 감각적 이미지가 드러남.

가난하다고 해서 외로움을 모르겠는가.
(외로움: 인간적인 감정 / 모르겠는가: 설의법 - 알고있다는 의미 강조)
너와 헤어져 돌아오는

눈 쌓인 골목길에 새파랗게 달빛이 쏟아지는데,
(색채 대비 - 흰색과 파란색의 대비를 통해 외롭고 쓸쓸한 분위기 강조)
가난하다고 해서 두려움이 없겠는가.
(두려움: 인간적인 감정)
두 점을 치는 소리
(새벽 두 시의 통금 시간을 알리는 소리)
방범대원의 호각 소리, 메밀묵 사려 소리에
(방범대원의 호각 소리: 청각적 심상 - 억압적인 사회 분위기)
눈을 뜨면 멀리 육중한 기계 굴러가는 소리.
(육중한 기계 굴러가는 소리: 청각적 심상 - 도시화, 산업화의 각박한 분위기)
가난하다고 해서 그리움을 버렸겠는가.
(그리움: 인간적인 감정)
어머님 보고 싶소 수없이 뇌어 보지만,

집 뒤 감나무에 까치밥으로 하나 남았을
(까치밥: 고향의 인정 - 도시의 삶과 대조적)
새빨간 감 바람 소리도 그려 보지만,

가난하다고 해서 사랑을 모르겠는가.
(사랑: 인간적인 감정)
내 볼에 와 닿던 ⓐ 네 입술의 뜨거움,
(네 입술의 뜨거움: 촉각적 심상 - 화자가 느낀 사랑을 강조함)
사랑한다고 사랑한다고 속삭이던 네 숨결,

돌아서는 내 등 뒤에 터지던 네 울음,
(네 울음: 청각적 심상 - 이별의 슬픔과 서글픔)

가난하다고 해서 왜 모르겠는가,
(가난하다고: 인간적인 감정조차 버려야 하는 현실적 이유)

가난하기 때문에 이것들을

이 모든 것들을 버려야 한다는 것을.
(이 모든 것들: 인간적인 감정들)

(마지막 세 행: 도치법 – '버려야 한다는 것을 왜 모르겠는가'의 어순이 바뀐 표현으로, 인간적인 감정조차 가난에 의해 포기해야 하는 현실을 강조함)

만점 포인트

화자	사는 곳	상황
'나' (고향을 떠나 도시로 온 젊은이)	공장이 있는 도시 변두리	• 고향에 계신 어머니를 그리워함. • 사랑하는 사람과 이별함.

↓

말하는 이의 정서
외로움, 두려움, 그리움, 사랑

↓

창작 의도
당시 젊은이들을 안타깝게 여기고 위로하고자 함.

적중! 출제 예상 문제

48 시가 창작된 사회 · 문화적 배경을 고려할 때, 작품의 부제에 나타난 '이웃의 한 젊은이'의 모습으로 가장 적절한 것은?

① 자신의 진로를 찾지 못해 방황하는 젊은이
② 노동자의 권리 보호를 위해 활동하는 노동 운동가
③ 가난으로 힘겹게 살아가는 산업화 시기의 도시 노동자
④ 보다 나은 미래를 위해 대기업에 취업한 사무직 노동자

49 ⓐ에 사용된 심상이 쓰인 것은?

① 구름은 / 보랏빛 색지 위에 / 마구 칠한 한 다발 장미
② 헤어지자 / 섬세한 손길을 흔들며 / 하롱하롱 꽃잎이 지는 어느 날
③ 먼 바다 물소리 구슬피 들려오는 / 아무도 살지 않는 그 먼 나라를 알으십니까?
④ 나는 한 마리 어린 짐생, / 젊은 아버지의 서느런 옷자락에 / 열로 상기한 볼을 말없이 부비는 것이었다.

바로바로 체크

❶ '방범대원의 호각 소리', '육중한 기계 굴러가는 소리'에 나타난 심상은?

❷ 이 시의 화자가 처한 상황을 서술하시오.

❸ 이 시에서 마지막 행의 '이 모든 것들'이 의미하는 시어를 모두 찾아 쓰시오.

정답 ❶ 청각적 심상
❷ 도시의 가난한 젊은이로 고향을 떠나 이별을 겪고 외로운 삶을 살고 있음.
❸ 외로움, 두려움, 그리움, 사랑

정답 및 해설 별책 2p

성에꽃 _ 최두석

핵/심/정/리
- 갈래 : 자유시, 주지시
- 성격 : 감각적, 상징적, 현실 참여적
- 제재 : 성에
- 주제 : 서민들의 삶에 대한 애정과 친구에 대한 안타까움
- 특징 : 감각적이고 역설적인 표현

선연히
산뜻하고 아름답게

성에
추운 기온에 유리나 벽 따위에 수증기가 허옇게 얼어붙은 서릿발

새벽 시내버스는
서민들의 삶
차창에 웬 찬란한 치장을 하고 달린다.
성에꽃
엄동 혹한일수록
힘겨운 현실
선연히* 피는 성에*꽃
➥ 1~4행 : 새벽 시내버스에서 본 성에꽃
어제 이 버스를 탔던
처녀 총각 아이 어른
미용사 외판원 파출부 실업자의
입김과 숨결이
간밤에 은밀히 만나 피워 낸
번뜩이는 기막힌 아름다움
나는 무슨 전람회에 온 듯
자리를 옮겨 다니며 보고
다시 꽃 이파리 하나, 섬세하고도
차가운 아름다움에 취한다.
어느 누구의 막막한 한숨이던가
힘든 현실
어떤 더운 가슴이 토해 낸 정열의 숨결이던가
삶에 대한 의지와 열정
일없이 정성스레 입김으로 손가락으로
성에꽃 한 잎 지우고
이마를 대고 본다.
➥ 5~19행 : 성에꽃에 나타나는 서민들의 삶의 모습
덜컹거리는 창에 어리는 푸석한 얼굴
오랫동안 함께 길을 걸었으나
지금은 면회마저 금지된 친구여.
➥ 20~22행 : 친구에 대한 생각

만점 포인트

1. 새벽 시내버스의 창과 성에꽃

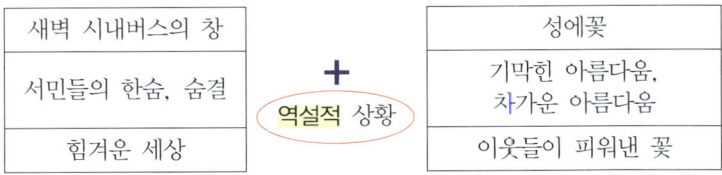

새벽 시내버스의 창
서민들의 한숨, 숨결
힘겨운 세상

\+ 역설적 상황

성에꽃
기막힌 아름다움, 차가운 아름다움
이웃들이 피워낸 꽃

'성에꽃'은 유리창에 핀 '성에'를 의미한다. 하지만 이 시에서의 상징적 의미는 늦은 밤이나 새벽, 시내버스를 타고 힘겹게 삶을 이어가는 우리 서민들의 입김과 숨결을 나타내는 것이다. 즉, '성에꽃'은 추운 겨울이라는 **힘겨운 상황에서도 아름답게 피어나는 서민들의 삶의 숨결과 생명력**을 나타낸다.

2. '창'의 의미

화자 ⟷ 창 ⟷

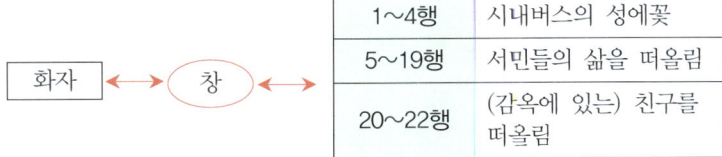

1~4행	시내버스의 성에꽃
5~19행	서민들의 삶을 떠올림
20~22행	(감옥에 있는) 친구를 떠올림

이 시에서 '창'은 외부 세계와 화자의 시선을 연결하는 **통로 또는 매개체**의 역할을 하고 있다. 화자는 '창'을 통해 '성에'를 바라보고 또한 이러한 '성에'를 통해 서민들의 고단함과 숨결을 느끼게 된다. 독자는 이러한 '창'을 통해 서민들의 삶을 바라보고 위로하는 화자로 하여금 공동체 의식을 함께 느낄 수 있다.

3. '면회마저 금지된 친구'의 의미

20행에 이르러 화자의 시상은 '친구'에게 도달하게 된다. 서민들의 삶을 바라보던 화자의 시선이 '친구'에게로 향하는 것이 어색하게 느껴질 수 있다. 그러나 '친구' 또한 사회운동을 하다가 감옥에 가게 된 상황이라는 점을 생각하면 당시 삶에 대한 의지를 갖고 힘겹게 살아가던 모든 '민중'의 삶이라는 점을 알 수 있다.

바로바로 체크

❶ 이 시에서 '서민들의 삶의 숨결'을 상징하는 시어는?

❷ 화자가 세상을 바라보는 통로는?

❸ 힘겨운 시대 상황을 상징적으로 표현한 시구는?

정답 ❶ 성에꽃
❷ 창
❸ 엄동 혹한

적중! 출제 예상 문제

50 이 시에 대한 설명으로 적절하지 않은 것은?

① 주로 시각적 심상을 사용한다.
② 암울한 사회 현실을 바탕으로 한다.
③ 부정적 현실에 대해 적극적으로 저항하고 있다.
④ 시적 화자는 서민들의 삶에 애정을 드러낸다.

51 이 시의 내용을 다음 〈보기〉와 비교했을 때 가장 큰 차이점은?

보 기

밤에 홀로 유리를 닦는 것은
외로운 황홀한 심사이어니
고운 폐혈관이 찢어진 채로
아아, 너는 산새처럼 날아갔구나!

– 정지용, 「유리창 1」에서 –

① 개인적 경험의 구체화
② 슬픔의 직접적 표현
③ 시대적 · 사회적 아픔을 구체화
④ 유리창을 매개로 정서 표현

52 이 시의 화자가 '성에꽃'을 통해 발견하고 있는 의미는?

① 자기희생의 의지
② 진정한 사랑의 의미
③ 부정적 현실에 대해 절망하는 태도
④ 서민들의 건강한 아름다움

정답 및 해설 별책 2p

더 읽어보기

납작납작 – 박수근 화법을 위하여

김혜순

드문드문 세상을 끊어 내어
한 며칠 눌렀다가
(화가가 그림 그리는 과정을 형상화)
벽에 걸어 놓고 바라본다.
흰 하늘과 쭈그린 아낙네 둘이
(그림의 소재인 가난하고 평범한 서민들①)
벽 위에 납작하게 뻗어 있다.
(인물과 삶이 짓눌린 모습 형상화)
가끔 심심하면
여편네와 아이들도
(그림의 소재인 가난하고 평범한 서민들②)
한 며칠 눌렀다가 벽에 붙여 놓고
하나님 보시기 어떻습니까?
(서민들의 고달픈 삶에 대한 설의적 질문 : 현실 비판 의식)
조심스럽게 물어본다.

➥ 1연 : 그림의 작업 과정과 그림 내용 묘사

발바닥도 없이 서성서성.
(의태어를 사용하여 현장감과 생동감 부여)
입술도 없이 슬그머니.
표정도 없이 슬그머니.
(단순화하여 표현한 그림 속 인물들의 모습, 서민들의 고달픈 삶의 모습 형상화)
그렇게 웃고 나서
피도 눈물도 없이 바짝 마르기.
(감정도 배제된 채 세상에 짓눌려 건조한 삶을 살아가는 모습)
그러곤 드디어 납작해진
천지 만물을 한 줄에 꿰어 놓고
가이없이 한없이 펄렁펄렁.
(세상사에 휘둘리는 나약한 이미지)
하나님, 보시니 마땅합니까?
(서민들의 삶에 대한 애처로움과 연민 – 설의적 표현)

➥ 2연 : 인물의 형상화를 통한 현실 비판

핵/심/정/리

- 갈래 : 자유시, 서정시
- 성격 : 애상적, 비판적
- 제재 : 박수근 화백의 '세 여인'
- 주제 : 서민들의 애처로운 삶에 대한 서글픔과 연민
- 특징 ❶ 서민들의 삶의 애환에 대한 의문을 설의적으로 표현함.
  ❷ 고달픈 삶을 사는 서민의 입장에서 하느님께 항변하는 어조를 사용함.

만점 포인트

＊ 예술 장르 간의 변용

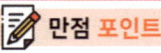

이 시는 박수근 화백의 그림 '세 여인'을 보고 쓴 작품으로, '그림'에서 '시'로의 예술 장르의 변용을 엿볼 수 있다. 이 시에서는 가난한 삶을 살아가는 서민에 대한 동정과 연민을 표현하고 있는데, 시인은 그림을 그리는 화가를 시적 화자로 설정하여 자신의 그림을 가지고 '하느님'에게 묻는 형식으로 시상을 전개시키고 있다.

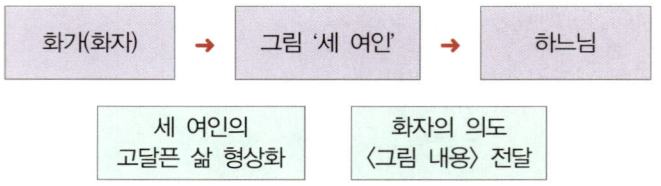

화가(화자) → 그림 '세 여인' → 하느님

세 여인의 고달픈 삶 형상화

화자의 의도 〈그림 내용〉 전달

더 읽어보기

흥부 부부상

박재삼

흥부 부부가 박덩이를 사이 하고
소박한 인간상 / 가난한 생활
가르기 전에 건넨 웃음살을 헤아려 보라.
순수한 마음, 안분지족의 마음
금이 문제리.
황금 벼이삭이 문제리.
물질적 풍요 / 설의법 – 문제가 아니다.
웃음의 물살이 반짝이며 정갈하던
그것이 확실히 문제다.
'중요한 것이다, 소중한 가치다'의 뜻

➥ 1연 : 박을 타기 전의 흥부 부부의 웃음살

없는 떡방아 소리도
가난한 생활
있는 듯이 들어내고
흥부 부부의 낙천적 태도
손발 닮은 처지끼리
같이 웃어 비추던 거울면(面)들아.
마주보며 함께 웃는 모습, 서로에 대한 이해와 사랑을 의미함.

➥ 2연 : 서로에 대한 이해와 사랑

웃다가 서로 불쌍해
서로 구슬을 나누었으리.
눈물, 연민의 눈물
그러다 금시
절로 면에 온 구슬까지를 서로 부끄리며*
먼 물살이 가다가 소스라쳐 반짝이듯
서로 소스라쳐
본웃음 물살을 지었다고 헤아려 보라.
사랑으로 가난을 극복한 진정한 웃음
그것은 확실히 문제다.
반복법 – 삶의 가치 강조

➥ 3연 : 흥부 부부의 눈물과 진정한 웃음

핵/심/정/리
- 갈래 : 자유시, 서정시
- 성격 : 전통적, 고전적
- 제재 : 「흥부전」에 등장하는 '흥부 부부'의 삶
- 주제 : 가난한 삶의 애환과 소박한 행복
- 특징 ❶ 고전 소설 「흥부전」에서 제재를 취함.
  ❷ 독자에게 말을 건네는 듯한 대화체 형식으로 구성됨.

부끄리며
'부끄러워하며'의 방언

만점 포인트

1. 시어의 특징

■ 대립적 의미의 시어

금, 황금 벼이삭	웃음
• 물질적 풍요 • 세속적 가치 등	• 정신적 행복 • 사랑과 신뢰 • 고난을 극복하는 낙천적이고 긍정적인 태도 등 • 가난을 이기는 힘

■ 웃음살 : 극심한 가난 속에서도 웃음을 잃지 않는 흥부 부부의 낙천성을 상징적으로 보여주는 시어. 이러한 웃음은 우리 문학의 전통인 해학의 정신과 통한다. 해학은 삶의 고통으로 인한 한이나 체념의 정서를 슬기롭게 수용하여 삭임으로써, 고난과 역경을 헤쳐 나갈 수 있는 지혜를 제공해 준다.

2. 고전 소설을 모티프로 한 표현

「흥부전」의 박 타는 장면을 모티프로 하여 주제를 효과적으로 구현하고 있다. 고전적 소재에 현대적 의미를 부여하여 물질보다 순수한 삶의 가치를 강조하는 효과를 드러내고 있다.

더 읽어보기

누가 하늘을 보았다 하는가

신동엽

누가 하늘을 보았다 하는가
자유와 정의 설의법 – 아무도 보지 못했다.
누가 구름 한 송이 없이 맑은
억압과 구속
하늘을 보았다 하는가.
: 점층적 반복

네가 본 건, 먹구름
청자, 민중 억압과 구속의 상징
그걸 하늘로 알고
자유와 민주
일생을 살아갔다.

네가 본 건, 지붕 덮은

쇠 항아리,
억압과 구속, 암울한 현실의 상징 = 먹구름
그걸 하늘로 알고

일생을 살아갔다.

➥ 1~3연 : 자유가 억압된 채 평생을 살아온 삶

닦아라, 사람들아
도치법, 돈호법
네 마음속 구름

찢어라, 사람들아,

네 머리 덮은 쇠 항아리.

아침저녁

네 마음속 구름을 닦고

티 없이 맑은 영원의 하늘

대립적 의미 : 네 마음 속 구름(부정한 내면세계) ↔ 영원의 하늘(본연의 세계)

볼 수 있는 사람은
진정한 자유를 인식하는 사람

핵/심/정/리

- 갈래 : 자유시, 서정시, 참여시
- 성격 : 격정적, 참여적, 비판적
- 제재 : 민중을 억압하는 부조리한 현실
- 주제 : 억압의 역사에 대한 비판과 자유와 평화의 세계에 대한 갈망
- 특징 ❶ 강한 신념과 의지가 드러나는 격정적인 어조가 사용됨.
  ❷ 대립적이고 상징적인 시어를 사용하여 화자의 신념과 의지를 강조함.

외경
경외(敬畏)
공경하면서 두려워함

구원(久遠)
영원하고 무궁함.

연민
불쌍하고 가련하게 여김.

아모리다
조심하여 삼가다.

외경(畏敬)*을
알리라.

아침저녁
네 머리 위 쇠항아릴 찢고
티 없이 맑은 구원(久遠)*의 하늘
마실 수 있는 사람은

대립적 의미 : 머리 위 쇠 항아리(억압과 구속) ↔ 구원의 하늘(영원의 세계)

연민(憐憫)*을
알리라
차마 삼가서
발걸음도 조심
마음 아모리며*.

자유를 쟁취하기 위한 경건한 자세

➥ 4~7연 : 속박된 삶을 벗어나기 위한 실천적 행동의 촉구

서럽게
아, 엄숙한 세상을
서럽게
눈물 흘려

▪아 – 고조된 감정을 집약함. 영탄적 표현
▪엄숙한 세상 – 억압적 삶을 가리킴(부정적 의미로 사용된 시어이므로, 반어적 표현이라고 볼 수 있음).

➥ 8연 : 서럽게 살아온 삶

살아가리라
누가 하늘을 보았다 하는가,
누가 구름 한 자락 없이 맑은
하늘을 보았다 하는가.

1연의 반복과 변주를 통해 주제의식 강조함. – 수미상관 구성

➥ 9연 : 자유로운 삶에 대한 의지

만점 포인트

1. 상징적인 시어와 시구의 사용

이 시는 상징적인 시어를 사용하여 우리 민족이 지금까지 겪어 온 구속과 억압의 상황을 직시하게 함으로써 이와 같은 상황을 극복하고 자유를 쟁취하기 위한 의지를 북돋우는 작품이다.

먹구름 쇠항아리	억압과 구속

↓

닦아라 찢어라	민족사적 과제

↓

티없이 맑은 하늘	자유와 평화를 누릴 수 있는 세상

냉철한 현실 인식을 통한 밝은 미래를 희망함.

2. 이 시에 반영된 현실

이 시는 당시 민중들이 겪은 역사적, 사회적 삶과 밀접한 관련이 있다. 4·19 혁명, 5·16 군사 쿠데타로 인한 정치적 격변 속에서 한 번도 진정한 삶을 살아 보지 못한 이 시대의 민중들의 아픔을 알고, 이러한 현실을 바로잡고자 하는 시인의 소망이 담겨 있다.

02 고전 시가

• 고전 시가의 개념을 이해하고, 실제 시가에 적용하여 감상해 본다.

비법 전수
고전 운문에서 자주 등장하는 시어의 상징적 의미와 주제를 형성하는 주된 방법을 잘 챙겨 두세요. 다양한 시를 감상하는 데 활용할 수 있습니다.

• 고대 가요의 주요 작품

작품	작가
공무도하가(公無渡河歌)	백수광부의 아내
구지가(龜旨歌)	구간(九干) 등
황조가(黃鳥歌)	고구려 유리왕
정읍사(井邑詞)	어느 행상인의 아내

• 향가의 주요 작품

작품	작가
서동요(薯童謠)	서동(백제 무왕)
처용가(處容歌)	처용
제망매가(祭亡妹歌)	월명사
안민가(安民歌)	충담사
찬기파랑가(讚耆婆郎歌)	충담사

1 고대 가요

(1) 개념

삼국 시대 이전의 노래로 원시 종합 예술에서 분화된 개인적이고 서정적인 내용의 시가

(2) 특징

① 초기에는 집단 활동이나 의식과 관련된 의식요나 노동요가 창작되었고, 이후에는 개인 서정 시가가 주로 창작되었다.

② 주로 배경 설화와 함께 전한다.

③ 입에서 입으로 전해지다가 한역(漢譯)되었다.

2 향가

(1) 개념

신라에서 고려 초기까지 창작, 향유되었던 서정시로 당대에는 고유의 노래라는 뜻으로 쓰였으나, 오늘날에는 향찰(鄕札)로 쓰여진 우리 고유의 시가를 뜻한다.

(2) 특징

① 표기 : 한자의 음과 뜻을 이용해 우리말을 주체적으로 표기했던 향찰(鄕札)로 표기되어 있다.

② 형식

㉠ 4구체 : 향가의 초기 형태. 민요나 동요로 창작되었다.

㉡ 8구체 : 4구체에서 10구체로 발전하는 과도기적 형태이다.

㉢ 10구체 : 가장 완성된 형태로, '4구 + 4구 + 2구'의 3장으로 이루어져 있다. 마지막 '2구'의 첫머리에는 반드시 감탄사 '아으'라는 낙구(落句)를 삽입한다.

3 한시

(1) 전개 양상

삼국 시대가 전개되면서 한자의 보급으로 한문학이 발전하기 시작하여, 7세기경에는 한시문이 본격적으로 창작되었다. 특히 신라의 최치원*이 중국의 과거 제도인 빈공과(賓貢科)에 급제하여 벼슬을 했다는 사실로 보아 당시의 한문학 수준이 상당했음을 알 수 있다.

(2) 한시의 종류

① 고체시

㉠ 고시(古詩) : 사언 고시, 오언 고시, 칠언 고시

㉡ 악부(樂府) : 장구(長句)

② 근체시

㉠ 절구(絕句) : 4행시 – 오언 절구, 칠언 절구

㉡ 율시(律詩) : 8행시 – 오언 율시, 칠언 율시

㉢ 배율(排律) : 12행 이상 – 오언 배율, 칠언 배율

최치원
신라 시대의 학자, 문장가로 학식이 매우 뛰어나 당나라 과거에 급제하여 벼슬을 하기도 하였다. 대표작으로는 '제가야산독서당(題伽倻山讀書堂)', '추야우중(秋夜雨中)' 등이 있다.

• 한시의 주요 작품

작품	작가
여수장우중문시(與隋將于仲文詩)	을지문덕(고구려)
제가야산독서당(題伽倻山讀書堂)	최치원(신라)
추야우중(秋夜雨中)	최치원(신라)

4 고려 가요

(1) 개념

고려 시대 평민들이 부르던 민요적 시가를 가리키는 것으로 '고려 속요(高麗俗謠)', '여요(麗謠)'라고도 한다.

(2) 전개 양상

고려 가요는 평민들에 의해 구전*되다가, 훈민정음 창제 이후 문자로 정착되기 시작하였고 궁중 음악으로 향유되기도 하였다.

(3) 특징

① 형식

㉠ 3음보를 기본으로 하며, **3·3·2조의 음수율**이 많이 나타난다.

㉡ 대부분 연이 구분되는 **분연체(分聯體)**로 구성되어 있으며, 각 연마다 **후렴구**가 붙는 것이 보통이다.

② 내용 : 주로 남녀 간의 사랑, 자연에 대한 예찬, 이별의 안타까움 등 평민들의 소박하고 풍부한 정서를 진솔하게 표현하였다.

③ 수록 문헌 : 『악학궤범』, 『악장가사』, 『시용향악보』 등에 수록되어 궁중 음악으로 향유되었다.

구전(口傳)
문자로 기록되지 않고, 입에서 입으로 전해 내려오는 방법

• 고려 가요의 주요 작품

작품	내용
동동(動動)	월별로 남녀의 애정을 노래
청산별곡(靑山別曲)	현실 도피적인 생활상을 노래
서경별곡(西京別曲)	이별의 정한
가시리	떠나는 임이 돌아올 것을 애원
정석가(鄭石歌)	사랑의 맹세
쌍화점(雙花店)	남녀의 사랑을 솔직하게 노래

5 경기체가

(1) 개념

고려 중엽 신흥 사대부 계층에 의해 향유된 노래로, 구체적 사물을 나열하면서 객관적인 설명을 더하는 교술적* 성격을 지니고 있다. 경기체가라는 명칭은 이 노래에 '~경(景) 긔 엇더하니잇고' 혹은 '경기하여(景幾何如)'라는 구절을 되풀이하는 것을 줄여서 붙인 것이다.

(2) 특징

① 형식

㉠ 몇 개의 연이 중첩되어 하나의 작품을 이룬다.

㉡ 한 연은 6행으로 되어 있으며, 전대절과 후소절로 나뉜다.

㉢ 음수율은 1, 2행이 3·3·4, 제3행이 4·4·4, 제5행이 4·4·4·4의 음절로 되어 있다.

② 내용

㉠ 고려 후기 신흥 사대부들의 호탕한 기상과 자부심이 드러난다.

㉡ 선비들의 학식과 체험을 노래하는 것으로서 글, 경치, 기상 등을 제재로 삼았다.

교술
실제 사실의 바탕 위에서 세계를 객관적으로 표현하는 양식으로, 수필, 서간, 일기, 비평 따위가 이에 속한다.

• 경기체가의 주요 작품

작품	내용
한림별곡(翰林別曲)	시부, 서적 등을 소재로 한 향락적 성격의 최초의 경기체가
관동별곡(關東別曲)	관동의 절경을 노래함

6 시조

(1) 개념

시조는 주로 사대부의 서정을 간결한 형식 속에 담아내는 우리 고유의 정형시로 시작되어, 다양한 계층에 의해 발전되고 현재까지 이어지는 국문학의 대표적인 양식이다.

(2) 특징

① **형식** : 일반적으로 3장 6구 45자 내외를 기본형으로 하며, 3·4조 또는 4·4조의 4음보로 이루어지며, 종장의 첫 음보는 3음절로 고정되어 있다.

② 내용

㉠ 유교적 충의 사상

㉡ 강호한정가(江湖閑情歌)

㉢ 이별의 정한과 그리움, 삶의 희로애락(喜怒哀樂) 등

(3) 시조의 형식상 갈래

① **평시조** : 시조의 기본형, 3장 6구 45자 내외, 4음보

② **엇시조** : 평시조의 초장, 중장 중 어느 한 구가 길어진 시조

③ **사설시조** : 3장 중 2구 이상이 평시조보다 훨씬 길어진 시조

④ 연시조 : 2수 이상의 시조를 나열하여 한 편의 작품을 이룬 시조

7 가사(歌辭)

(1) 개념

3(4)·4조, 4음보의 연속체 시가로서 시조와 더불어 조선 시가 문학을 대표하는 양식이다.

(2) 특징

① 형식 : 3·4조, 4·4조를 바탕으로 4음보 연속체 운문이며 행수에는 제한이 없다. 정격 가사*는 마지막에 시조의 종장과 흡사한 낙구(3음보)를 덧붙이고 있다.

② 내용

㉠ 안빈낙도(安貧樂道), 자연친화 : 벼슬길에서 물러나 자연 속에 묻혀 살아가는 군자의 미덕

예 정극인 「상춘곡」, 송순 「면앙정가」, 정철 「관동별곡」

㉡ 충신연주지사(忠臣戀主之詞) : 임금의 은혜에 대한 신하의 충심

예 정철 「사미인곡」, 정철 「속미인곡」

㉢ 기행 가사 : 국내와 중국 일본 등을 다녀온 견문의 기록

예 홍순학 「연행가」, 김인겸 「일동장유가」

㉣ 유배 가사 : 유배 체험을 기록

예 안조환 「만언사」

㉤ 내방 가사 : 부녀자들의 생활과 심정

예 작자 미상 「규수상사곡」

정격 가사와 변격 가사
- 정격 가사 : 마지막 행이 시조 종장의 음수율(3·5·4·3)과 유사하게 끝난다.
- 변격 가사 : 마지막 행이 음수율의 제한을 받지 않는다.

8 민요

(1) 개념

민중 속에서 자연적으로 발생하여 오랫동안 전해 오는 구전 가요로, 서민들의 소박한 생활 감정과 삶의 모습이 함축되어 있는 문학 작품이다.

(2) 특징

① 형식 : 연속체의 긴 노래로 대개 후렴이 붙어 있다. 3음보 혹은 4음보로 이루어져 있다.

② 내용 : 노동의 고달픔이나 보람, 삶의 애환, 남녀의 애틋한 사랑, 윤리 의식 등 다양한 내용을 다룬다.

• 민요의 주요 작품

종류	작품
노동요	논매기 노래, 타작 노래 등
의식요	지신밟기 노래, 상여 노래 등
유희요	강강술래, 널뛰기 노래 등
노래의 즐거움	정선 아리랑, 밀양 아리랑 등

정읍사(井邑詞) _ 어느 행상인의 아내

ᄃᆞᆯ하 ㉠ 노피곰 도ᄃᆞ샤
(ᄃᆞᆯ: 소망, 기원의 대상)
어긔야 ㉡ 머리곰 비취오시라.

어긔야 어강됴리*

아으 다롱디리*

져재 ⓐ 녀러신고요
(져재: 시장에, 남편의 신분을 짐작할 수 있음)
어긔야 즌 ᄃᆡ를 ⓑ 드ᄃᆡ욜세라.*
(즌 ᄃᆡ: 위험한 곳)
어긔야 어강됴리

어느이다 ⓒ 노코시라.

어긔야 내 가논 ᄃᆡ ⓓ 졈그ᄅᆯ셰라.

어긔야 어강됴리

아으 다롱디리

|해석|
달님이시여! 높이높이 돋으시어
멀리멀리 비추어 주시옵소서.
시장에 가 계신가요?
진 곳을 디딜까 두렵습니다.
어느 곳에다 (짐을) 놓으십시오.
내 가는 곳에 저물까 두렵습니다.

핵/심/정/리
- 갈래 : 고대 가요, 서정시
- 성격 : 서정적, 여성적, 기원적
- 제재 : 남편에 대한 염려
- 주제 : 남편의 안전을 바라는 여인의 간절한 마음
- 특징 ❶ 현전하는 유일한 백제 노래
  ❷ 한글로 기록되어 전하는 가요 중 가장 오래된 작품

어긔야 어강됴리 아으 다롱디리
음악에 맞추기 위한 뜻 없는 여음구, 조음구

-ㄹ셰라
의구형 어미 '~할까 두렵습니다.'

만점 포인트

1. 「정읍사」의 짜임

기(1~4구)	'달'에게 남편의 안전을 기원함.
서(5~7구)	남편에게 나쁜 일이 생길까 염려함.
결(8~11구)	남편이 무사히 귀가하기를 바람.

2. 「정읍사」에 드러난 대립 구조

빛
'달'
'비취오시라'
↓ 광명의 상징 임을 지켜주는 대상

↔

어둠
'즌 ᄃᆡ'
'졈그ᄅᆯ셰라'
↓ 위험한 요소 두려움의 대상

바로바로 체크
❶ 시적 화자가 자신의 소망을 기원하는 대상은?
❷ '달'과 시각적으로 대립되는 속성의 소재는?
❸ 이 시에서 드러나는 달의 속성은?

정답 ❶ 달
❷ 즌 ᄃᆡ
❸ 광명의 대상, 소망과 기원의 대상

적중! 출제 예상 문제

01 이 노래에 대한 설명 중 비교적 거리가 먼 것은?

① 현재 전해지는 유일한 백제 노래
② 현재까지 이어지는 전통 시가 양식
③ 임을 기다리는 전형적인 한국 여인상의 부각
④ 망부석(望夫石) 설화와 관련됨.

02 이 노래에서 대립적 의미를 지니는 시어끼리 짝지은 것은?

① ᄃᆞᆯ ↔ 즌 ᄃᆡ
② 도ᄃᆞ샤 ↔ 비취오시라
③ 져재 ↔ 즌 ᄃᆡ
④ 비취오시라 ↔ 노코시라

03 ㉠, ㉡에 담긴 화자의 심정으로 알맞은 것은?

① 강한 의구심
② 체념의 심정
③ 강렬한 불만
④ 간절한 소망

04 ⓐ~ⓓ의 설명으로 <u>틀린</u> 것은?

① ⓐ : 남편에게 묻는 방식으로 남편의 행선지를 알 수 있는 표현
② ⓑ : 의구형 어미로 남편을 염려하는 심정을 표현
③ ⓒ : 모든 것을 버려 두고 돌아오기를 남편에게 부탁하는 표현
④ ⓓ : 남편이 가는 길에 날이 저물까 두렵다는 표현

정답 및 해설 별책 7p

핵/심/정/리

공무도하가

- 갈래 : 고대 가요, 한역 시가
- 성격 : 개인적, 서정적, 체념적, 애상적
- 제재 : 물을 건너는 임
- 주제 : 임을 여읜 슬픔(이별의 정한)
- 특징 : ❶ 집단 가요에서 개인적 서정시로 넘어가는 과도기적 작품
  ❷ 고조선 시대의 노래로 가장 오래된 서정시

황조가

- 갈래 : 고대 가요
- 성격 : 서정적, 애상적
- 제재 : 꾀꼬리
- 주제 : 사랑하는 임을 잃은 슬픔과 외로움
- 특징 : ❶ 작가가 알려진 개인 서정시
  ❷ 현재 전하는 가장 오래된 개인 서정시

공무도하가 _ 백수광부의 아내

임아 그 물을 건너지 마오.
시적 대상 화자의 충만한 사랑
임은 그예 물을 건너시네
임과의 이별
물에 빠져 돌아가시니,
죽음
가신 임을 어찌할꼬.
슬픔과 탄식, 체념적 태도

|배경 설화|

고조선의 뱃사공 곽리자고가 새벽에 일어나 배를 저어 가는데, 머리가 하얗게 센 미친 사람(백수광부)이 머리를 풀어 헤치고 술병을 들고 물 속으로 들어갔다. 뒤따르는 그의 아내가 말려도 미치지 못하여 결국 그 사람은 물에 빠져 죽었다. 이에 그의 아내는 가지고 있던 공후를 타며 노래를 불렀는데, 이 노래가 매우 슬펐다. 노래를 마치고 나서 그 아내도 물에 몸을 던져 죽었다. 곽리자고가 집에 돌아와서 그의 아내 여옥에게 말하였다. 여옥은 그 말을 듣고 슬퍼하며 공후를 가지고 그 소리를 본받아 타니, 듣는 사람마다 눈물을 흘리며 슬퍼하였다.

황조가(黃鳥歌) _ 유리왕

펄펄 나는 저 꾀꼬리
화자의 처지와 대조, 객관적 상관물
암수 정답게 노니는데
외로울사 이내 몸은
화자의 정서 직접 제시
뉘와 함께 돌아갈꼬.
설의법 – 화자의 외로운 심리 강조

|배경 설화|

고구려 제 2대 유리왕 3년 10월에 왕비 송씨가 죽자 왕은 다시 두 여자를 후실로 맞아들였는데, 한 사람은 화희(禾姬)라는 골천 사람의 딸이고, 또 한 사람은 치희(雉姬)라는 한(漢)나라 사람의 딸이었다. 두 여자가 다툼으로 서로 화목하지 못하므로 왕은 동궁과 서궁을 짓고 따로 머물게 했다. 그 후 왕이 기산에 사냥을 가서 7일 동안 돌아오지 않은 사이에 두 여자가 다툼을 벌여 치희가 집으로 돌아가 버렸다. 왕은 이 사실을 듣고 쫓아갔으나 치희는 돌아오지 않았다. 왕이 일찍이 나무 그늘에서 쉬고 있는데 마침 나뭇가지에 꾀꼬리들이 모여 놀고 있는 것을 보고 느끼는 바가 있어 노래를 지어 불렀다.

만점 포인트

공무도하가

1. 「공무도하가」의 시상 전개

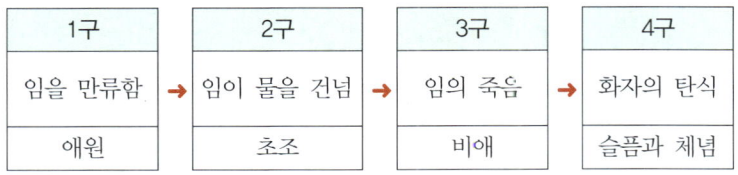

1구	2구	3구	4구
임을 만류함 →	임이 물을 건넘 →	임의 죽음 →	화자의 탄식
애원	초조	비애	슬픔과 체념

2. '물'의 이미지

1구에서 화자는 임에게 행동의 중지를 요구한다. 여기서 '물'은 단순히 자연으로서의 '물'을 의미하는 것이라기보다는 그것을 넘지 않기를 바라는 시적 화자의 사랑이 담겨있는 소재라고 할 수 있다.

2구에서 '물'은 물을 건너 버린 임과 화자의 기약 없는 이별을 의미한다.

3구의 '물'은 임의 죽음을 의미한다.

황조가

＊ 시상 전개 방식에 따른 대립 구조

선경(1, 2구)		후정(3, 4구)
꾀꼬리(자연물) : 정다움	↔ 대조	시적 화자(인간) : 외로움
세계 : 조화, 충족		자아 : 부조화, 결핍

1, 2구의 자연물과 이후 제시되는 3, 4구의 시적 화자의 정서가 선경 후정의 시상 전개 방식으로 대조되고 있다. '충족된 세계'와 '결핍된 자아'의 대조를 통해 자아의 결핍, 즉 시적 화자의 외로운 정서를 더욱 강조하고 있다.

바로바로 체크

공무도하가

❶ 이 시의 중심 소재이자 사랑, 죽음 등의 이미지를 내포하고 있는 시어는?

❷ 4구에서 드러나는 화자의 태도는?

❸ 이 시의 주제는?

정답 ❶ 물
❷ 체념
❸ 이별의 정한

황조가

❶ 시적 화자의 처지와 대조적인 소재는?

❷ 이 시의 주된 시상 전개 방식은?

❸ 시적 화자의 주된 정서는?

정답 ❶ 꾀꼬리
❷ 선경후정
❸ 외로움

적중! 출제 예상 문제

공무도하가

05 〈보기〉는 이 노래에 대한 해설이다. ㉮~㉰에 들어갈 말을 알맞게 짝지은 것은?

> **보 기**
>
> 이 노래에서는 '물(河)'이 세 번 나온다. 엄격하게 말하면 1행부터 3행의 '물'의 이미지는 다를 수 있다. 첫 행의 '물'은 임과 헤어지지 않으려는 시적 화자의 (㉮)을/를 의미하고, 둘째 행의 '물'은 임과 시적 화자 사이의 (㉯)을/를 의미하며, 셋째 행의 '물'은 임의 (㉰)을/를 의미한다.

	㉮	㉯	㉰		㉮	㉯	㉰
①	사랑	이별	죽음	②	죽음	이별	사랑
③	이별	죽음	사랑	④	이별	사랑	죽음

06 이 노래의 시적 화자의 심리 변화 과정을 바르게 나타낸 것은?

① 비애 → 체념 → 원망 → 절망
② 애원 → 절망 → 초조 → 비애
③ 애원 → 초조 → 비애 → 체념
④ 원망 → 비애 → 체념 → 탄식

황조가

07 이 작품에 대한 설명으로 적절한 것은?

① 시적 화자는 임과 다시 만날 것을 기약하고 있다.
② 대상의 부재로 인한 슬픔과 외로움이 드러나고 있다.
③ 자연물에 화자의 감정을 이입하여 주제를 형상화하였다.
④ 시적 화자는 문제 상황을 극복하려는 의지를 지니고 있다.

08 이 시와 〈보기〉를 비교하여 감상한 내용으로 적절하지 <u>않은</u> 것은?

> **보 기**
>
> 四月(사월) 아니 니저 아으 오실셔 곳고리새여.
> 므슴다 <u>錄事(녹사)</u>니믄 녯 나를 닛고신뎌.
> 아으 動動(동동)다리.
>
> |해석|
>
> 사월 아니 잊고 아으 오시는 꾀꼬리새여.
> 무슨 일로 녹사님은 옛 나를 잊으셨는가.

① 두 작품 모두 자연물을 매개로 화자의 정서를 드러내고 있다.
② 두 작품 모두 시적 화자는 사랑하는 임과 헤어져 있는 상황이다.
③ 두 작품 모두 떠난 임에 대한 원망과 한탄의 마음을 표현하고 있다.
④ 이 시의 꾀꼬리는 화자와 대비되는 소재인 반면, 〈보기〉의 꾀꼬리는 임과 대비되는 소재이다.

정답 및 해설 별책 7p

제망매가(祭亡妹歌) _ 월명사

생사(生死) 길흔

이에 이샤매 머믓그리고,
여기에(=이승에)
나는 가ᄂᆞ다 말ㅅ도
누이동생
몯다 니르고 가ᄂᆞ닛고.

어느 ᄀᆞᅀᆞᆯ 이른 ᄇᆞᄅᆞ매
누이동생이 젊은 나이에 죽음
이에 뎌에 ᄠᅥ러딜 닙곤.

ᄒᆞᄃᆞᆫ 가지라 나고
같은 부모
가논 곧 모ᄃᆞ론뎌.

아야,* 미타찰(彌陀刹)아 맛보올 나
극락세계, 서방정토 / 화자
道(도) 닷가 기드리고다.

|해석|

삶과 죽음의 길은
여기 있음에 머뭇거리고,
나는 간다는 말도
못다 이르고 갔는가?
어느 가을 이른 바람에
여기저기에 떨어진 잎처럼
같은 나뭇가지에 나고서도
가는 곳을 모르는구나.
아아, 미타찰에서 만나 볼 나는
불도를 닦으며 기다리겠노라.

핵/심/정/리

- 갈래 : 10구체 향가
- 성격 : 추모적, 애상적, 비유적, 불교적
- 제재 : 누이의 죽음
- 주제 : 죽은 누이에 대한 추모
- 특징 ❶ 가장 다듬어진 형식인 10구체로 이루어짐.
  ❷ 상징적인 시어와 비유적 표현으로 서정성을 표현한 향가의 백미로 꼽힘.

아야
10구체 향가의 9구에 붙는 감탄사로 형식적으로 고정된 표현이기도 하지만, 누이의 죽음에 대해 화자가 느끼는 정서를 집약적으로 표현하기도 한다.

만점 포인트

1. 「제망매가」의 짜임

1~4구	누이의 죽음에 대한 두려움과 안타까움
5~8구	혈육의 죽음에서 느끼는 인생무상
9~10구	불교적 믿음을 통한 재회의 다짐. (슬픔을 종교로 승화함.)

2. 「제망매가」에 드러난 시어의 상징적 의미

시구	상징적 의미
이른 ᄇᆞᄅᆞ매	이른 : (순리보다) 일찍 바람 : 시련 ➜ (누이의) 젊은 나이의 죽음
ᄠᅥ러딜 닙	떨어진 : 죽음 잎 : 한 부모에게서 태어난 형제(누이) ➜ 죽은 누이
ᄒᆞᄃᆞᆫ 가지	한 부모, 같은 핏줄

3. '죽음'을 노래한 다양한 작품들

작품	죽음의 대상
「공무도하가」	임(남편)
정지용, 「유리창」	자식
김소월, 「초혼」	사랑하는 임
박목월, 「하관」	아우
천상병, 「귀천」	화자 자신

바로바로 체크

❶ 누이의 이른 죽음을 나타내는 시구는?

❷ 화자의 정서가 집약되며, 시상이 전환되는 부분의 첫 어절은?

❸ 화자가 누이와의 재회를 소망하는 공간은?

정답 ❶ 이른 ᄇᆞᄅᆞ매 ❷ 아야 ❸ 미타찰

적중! 출제 예상 문제

09 이 작품에 대한 감상으로 옳지 않은 것은?

① 미타찰에서 만나기를 기다린다고 한 것으로 보아 화자는 누이의 죽음을 인정하지 않고 있다.
② 이른 바람에 떨어졌다는 것은 누이가 요절했다는 의미이다.
③ 혈육의 죽음에 대한 안타까움을 느끼고 있다.
④ 도 닦아 기다린다는 말에서 불교적 세계관을 엿볼 수 있다.

10 이 작품의 시적 화자가 죽은 누이동생에게 편지를 쓴다고 가정할 때, 편지에 들어갈 내용으로 옳지 않은 것은?

① 나는 너를 떠나보내고 인생의 무상함을 느끼게 되었단다.
② 하지만 나는 열심히 도를 닦아 너와 극락세계에서 다시 만날 것을 믿는다.
③ 그렇지만 너의 죽음으로 인해 나의 마음이 너무나 괴로운 것은 사실이다.
④ 너를 갑작스럽게 데려간 하늘이 나는 너무나 원망스럽고 화가 나는구나.

11 다음 중 이 시와 작품 창작의 동기가 다른 하나는?

① 관이 내렸다.
깊은 가슴 안에 밧줄로 달아내리듯.
② 살아 평생 당신께 옷 한 벌 못 해주고
당신 죽어 처음으로 베옷 한 벌 해 입혔네.
③ 밤에 홀로 유리를 닦는 것은
외로운 황홀한 심사이어니
고운 폐혈관이 찢어진 채로
아아, 늬는 산새처럼 날아갔구나!
④ 가난이야 한낱 남루에 지나지 않는다.
저 눈부신 햇빛 속에 갈매빛의 등성이를 드러내고 서 있는
여름 산 같은
우리들의 타고난 살결 타고난 마음씨까지야 다 가릴 수 있으랴.

정답 및 해설 별책 7p

찬기파랑가 _ 충담사

늣겨곰 ᄇᆞ라매
(늣겨곰: 화자의 슬픈 정서)
이슬 ᄇᆞᆯ갼 ㉠ ᄃᆞ라리
(ᄃᆞ라리: 광명과 염원을 상징. 기파랑 상징)
힌 ㉡ 구룸 조초 떠간 언저레

몰이 가ᄅᆞᆫ 믈서리여히
(믈서리: 맑고 깨끗함. 기파랑의 성품 상징)
기랑(耆郞)ᄋᆡ 즈ᅀᅵ올시 수프리야

일오(逸烏) ㉢ 나릿 ㉣ ᄌᆡ벼긔
(ᄌᆡ벼긔: 원만함. 기파랑의 원만한 성품 상징)
낭(郎)이여 디니더시온

ᄆᆞᅀᆞᄆᆡ ㉤ ᄀᆞᅀᆞᆯ좃ᄂᆞ라져
(기파랑의 뜻을 따르겠다는 화자의 마음)
아야 ㉥ 자싯가지노포
(아야: 낙구 / 자싯가지: 기파랑의 고고한 절개)
누니 모ᄃᆞᆯ 두폴 곳가리여.
(누니: 시련, 역경)

– 김완진 해독

|해석|

흐느끼며 바라보매
이슬 밝힌 달이
흰 구름 따라 떠 간 언저리에
모래 가른 물가에
기랑의 모습이올시 수풀이여.
일오라는 냇가 자갈 벌에서
낭이 지니시던
마음의 끝을 좇고 있노라.
아아, 잣나무 가지 높아
눈이라도 덮지 못할 화랑의 우두머리여.

핵/심/정/리

- 갈래 : 10구체 향가
- 성격 : 추모적, 예찬적, 서정적
- 제재 : 기파랑의 인격
- 주제 : 기파랑의 그매한 인품에 대한 찬양
- 특징 ❶ 「제망매가」와 함께 가장 서정성이 높은 향가로 평가됨.
  ❷ 뛰어난 상징과 비유를 통해 기파랑의 모습과 인격을 형상화함.
  ❸ 대상을 구체적이고 감각적인 이미지를 사용하여 드러냄.

만점 포인트

1. 「찬기파랑가」의 짜임

1~5구	달과 같은 고결한 기파랑의 모습
6~8구	기파랑의 고매한 인품을 따르고 싶은 마음
9~10구	기파랑의 고결한 절개 예찬

2. 「찬기파랑가」 시어의 상징적 의미

ᄃᆞᆯ	광명과 염원, 높이 우러러보는 존재인 기파랑의 고결한 모습
믈	맑고 깨끗한 성품
ᄌᆡ벽	원만하고 강직한 성품
자싯가지	기파랑의 고고한 절개
↕	
눈	시련, 역경, 불의

3. 감탄사 '아야'의 역할

10구체 향가에서는 대개 9행의 첫머리에 '아아', '아으' 등의 감탄사를 내세워 시상을 집약한다. 이 작품에서도 '아야'라는 감탄사를 통해 시상을 전환한 후, 기파랑의 인품을 예찬하며 마무리하고 있다.

이러한 향가의 감탄사가 시조 종장 첫 부분에 주로 등장하는 고정된 영탄구의 연원으로 보아, 향가를 시조의 기원으로 보기도 한다.

바로바로 체크

❶ 기파랑에 대한 시적 화자의 태도는?

❷ 광명과 염원의 대상으로 기파랑을 상징하는 소재는?

❸ 눈과 대조적인 관계를 이루는 시어는?

정답 ❶ 예찬적
❷ 달
❸ 잣가지

적중! 출제 예상 문제

12 이 시의 갈래에 대한 설명으로 가장 적절한 것은?

① 민요에 기원을 두며 구전되다가 한글 창제 후 한글로 기록되었다.
② 한자의 음과 뜻을 빌려 창안한 차자 표기법을 통해 문헌에 수록되었다.
③ 4음보의 율격으로 대체로 사대부들의 이념과 예술적 취향을 형상화하였다.
④ 고려 시대 대표적인 서정 갈래로 단연체 및 분연체에 후렴구가 삽입된 작품도 있었다.

13 이 시에 대한 설명으로 가장 적절한 것은?

① 인물의 행적을 예찬한 영웅 서사시이다.
② 3음보를 지켜 전통 시가의 맥을 잇고 있다.
③ 구전되다가 문자로 정착된 흔적이 보이고 있다.
④ 자연물을 활용하여 대상의 특성을 드러내고 있다.

14 이 시의 밑줄 친 시어 중, 시적 대상의 속성을 드러내기 위해 사용된 시어만으로 묶은 것은?

① ㉠, ㉡, ㉢, ㉣
② ㉢, ㉣, ㉤, ㉥
③ ㉠, ㉢, ㉣, ㉥
④ ㉠, ㉣, ㉥

15 이 시의 시어에 대하여 이해한 내용으로 가장 적절한 것은?

① '달'은 세상을 밝혀주는 광명의 존재라는 점에서 시적 화자가 바라보며 소원을 비는 기원의 대상이다.
② '흰 구름'은 감정이 이입된 대상으로 화자의 정서를 심화시키는 역할을 한다.
③ '나리'는 맑고 깨끗한 속성을 통해 시적 대상을 그리워하는 화자의 순수한 내면을 드러내는 역할을 하고 있다.
④ '아으'는 낙구 감탄사로서 대상에 대한 시적 화자의 감정을 집약적으로 드러내는 기능을 하고 있다.

정답 및 해설 별책 7p

PART 01

제가야산독서당(題伽倻山讀書堂) _ 최치원

狂奔疊石吼重巒 (광분첩석후중만)
첩첩 바위 사이를 미친 듯 달려 겹겹 봉우리 울리니,
주어 : 물 - 활유법 / 청각적 심상

人語難分咫尺間 (인어난분지척간)
지척에서 하는 말소리도 분간키 어려워라.
화자가 멀리하고자 하는 소리

常恐是非聲到耳 (상공시비성도이)
늘 시비하는 소리 귀에 들릴세라,
화자가 멀리하고자 하는 소리 - 속세의 소리

故敎流水盡籠山 (고교류수진롱산)
짐짓 ㉠ 흐르는 물로 온 산을 둘러 버렸다네.
일부러 / 속세와 단절하겠다는 의지, 매개체

핵/심/정/리

- 갈래 : 한시, 7언 절구
- 성격 : 서정적, 상징적
- 제재 : 물소리
- 주제 : 세상과 단절하고 산 속에 은거하고 싶은 마음
- 특징 ❶ 대조를 통해 화자의 의지를 강조하고 있음.
  ❷ 자연의 주관적 해석을 통해 세상과 단절하겠다는 의지를 표현함.

만점 포인트

1. 「제가야산독서당」의 짜임

기(1구)	산골을 흐르는 냇물의 모습과 소리
승(2구)	인간의 말소리를 막아 버리는 물소리
전(3구)	세상의 소리를 멀리하고 싶은 마음
결(4구)	세상과 단절하고자 하는 화자의 의지

2. '물'의 함축적 의미

이 작품에서 물은 먼저 화자와 속세 사이를 가로막아 단절시키는 존재이다. 또한 시적 화자가 은거하고 있는 자연 공간을 의미하며, 세상의 시비하는 소리를 막아 화자의 내면적 갈등을 해소해 주는 존재로 볼 수도 있다.

기(1구), 결(4구)	↔ 대칭	승(2구), 전(3구)
자연		인간 세상
시적 화자가 있는 공간		시비(是非)하는 소리가 있는 공간

3. 작가 '최치원'의 삶

이 작품은 통일 신라 말기의 문장가 최치원이 지은 한시이다. 신라 말기의 혼란한 시대 상황 속에서 육두품 지식인으로서 한계를 경험한 작가가 가야산 해인사에 은거하면서 지은 것이다.

세상의 시비하는 소리와 물 소리를 대조하여 물 소리로 세속의 소리를 차단함으로써, 세상과 격리되어 자연에 은둔하고자 하는 시적 화자의 의지를 드러내고 있는 것이다. 이처럼 세상으로부터 단절되고 싶어 하는 마음의 밑바탕에는 신라 말 어지러운 현실 속에서 절망할 수밖에 없었던 지식인으로서의 고뇌와 좌절이 담겨 있다고 할 수 있다.

바로바로 체크

❶ 화자가 세상과 단절하고 싶은 이유를 찾아 쓰면?

❷ 세상과 단절하기 위한 수단으로 사용되고 있는 소재는?

❸ 화자가 인간 세상과 떨어져 은거하고 있는 시적 공간은?

정답 ❶ 시비하는 소리
❷ 물
❸ 산

적중! 출제 예상 문제

16 〈보기〉를 바탕으로 이 시를 이해한 학생의 반응으로 가장 적절한 것은?

> **보 기**
>
> 최치원은 당나라 유학을 마치고 신라로 돌아왔으나 신라의 상황은 무척 혼란스러웠다. 처음에는 그도 이욕(利慾)에 얽매인 정치 현실을 바로잡아 보고자 노력했지만, 온갖 이해관계로 얽힌 이들이 싸워대는 현실에 염증을 느끼고 속세를 등지게 되었다. 속세 너머 자연 속에 은거하기로 결정한 것이다.

① '겹겹 봉우리에 울리니'는 당시 신라의 혼란했던 상황을 표현하는군.
② '말소리'는 정치 현실을 개혁하고자 했던 화자의 적극적인 노력을 의미하는군.
③ '분간하기 어렵네.'는 은거하기까지의 괴로웠던 심정이 드러나 있군.
④ '시비하는 소리'는 사람들이 이욕을 다투는 어지러운 세태를 가리키는군.

17 이 시에 대한 설명으로 적절하지 <u>않은</u> 것은?

① 자연물의 속성을 활용하여 주제 의식을 나타냈다.
② 시적 화자의 감정을 절제하여 애상적인 분위기를 형성했다.
③ 시적 대상을 역동적으로 묘사하여 감각적으로 표현했다.
④ 대조적 시어를 통해 시적 화자의 속세와의 단절감을 표현했다.

18 ㉠의 함축적 의미로 적절하지 <u>않은</u> 것은?

① 자연의 소리
② 화자가 은거하고 있는 자연 공간
③ 화자와 속세를 단절시키는 존재
④ 화자의 내면적 갈등을 심화시키는 존재

정답 및 해설 별책 7p

가시리 _ 작자 미상

가시리 가시리잇고 나ᄂᆞᆫ*

ᄇᆞ리고 가시리잇고 나ᄂᆞᆫ

위 증즐가 대평셩ᄃᆡ(大平盛代)*

|해석|
가시겠습니까, 가시겠습니까? / 버리고 가시겠습니까?

날러는 엇디 살라 ᄒᆞ고

ᄇᆞ리고 가시리잇고 나ᄂᆞᆫ

위 증즐가 대평셩ᄃᆡ(大平盛代)

|해석|
나는 어찌 살라 하고 / 버리고 가십니까?

잡ᄉᆞ와 두어리마ᄂᆞᄂᆞᆫ

선ᄒᆞ면 아니 올셰라
(화자가 임을 보내는 이유)

위 증즐가 대평셩ᄃᆡ(大平盛代)

|해석|
붙잡아 두고 싶지만 / 서운하면 아니 올까 두렵습니다.

셜온 님 보내ᄋᆞᆸ노니 나ᄂᆞᆫ

가시ᄂᆞᆫ ᄃᆞᆺ 도셔 오쇼셔 나ᄂᆞᆫ
(기다림의 의지, 재회에 대한 바람)

위 증즐가 대평셩ᄃᆡ(大平盛代)

|해석|
서러운 임을 보내옵나니 / 가자마자 곧 돌아오십시오.

핵/심/정/리
- 갈래 : 고려 가요
- 성격 : 서정적, 민요적, 애상적
- 제재 : 임과의 이별
- 주제 : 이별의 정한(情恨)
- 특징 ❶ 3·3·2조의 3음보 율격
  ❷ '기-승-전-결'의 4단 구성
  ❸ 소박한 시어로 이별의 감정을 절묘하게 표현

나ᄂᆞᆫ
운율을 맞추기 위한 의미 없는 여음구

위 증즐가 대평셩ᄃᆡ
후렴구로 노래의 내용과 의미상 관련성이 없음.

만점 포인트

1. 「가시리」의 짜임

기(1연)	이별의 안타까움	뜻밖의 이별에 대한 놀라움.
승(2연)	허탈감과 좌절	하소연과 원망의 정서 고조
전(3연)	감정의 절제와 체념	체념의 이유
결(4연)	임과의 재회 소망	떠나더라도 바로 돌아오라는 간절한 염원이 드러남(= 재회에 대한 소망).

2. 「가시리」에 드러난 중의적 시구 풀이

셜온 님	서운한 주체 = 임	이별을 서운해하는 임
	서운한 주체 = 화자	나(화자)를 서운하게 하는 임

3. 고려 가요에 드러나는 후렴구의 기능

가시리의 '위 증즐가 대평셩딕'와 같이 고려 가요에는 본문의 내용이나 분위기와 어울리지 않는 후렴구가 사용되는 것이 특징이다.

형식	의미
• 운율 형성 • 청각적인 즐거움 • 연의 구분	• 의미의 전환(본문의 내용과 상관없이 경쾌한 분위기 형성) • 다양한 시상을 통합함. (통일성을 느끼게 함)

4. '이별의 정한'이 나타나는 작품의 계보

공무도하가 → 황조가 → 정읍사 → 가시리, 서경별곡 → 송인 → 진달래꽃

바로바로 체크

❶ 고려 가요의 특징 중 하나인 후렴구가 나타난 부분은?

❷ 3연에 나타난 시적 화자의 태도는?

❸ '셜온 님'의 중의적 의미를 서술하시오.

정답 ❶ 위 증즐가 대평셩딕
❷ 체념
❸ '서운함'의 주체 = 임
: 이별이 서운한 임
'서운함'의 주체 = 화자
: 나를 서운하게 한 임

PART 01

적중! 출제 예상 문제

19 「가시리」에 나타난 시적 화자의 모습과 거리가 먼 것은?

① 자신을 버리고 떠나가는 임을 원망하고 있다.
② 자연물에 의탁하여 자신의 기구한 운명을 토로하고 있다.
③ 떠나는 임이 마음 상할까 봐 염려하고 있다.
④ 임이 다시 돌아오기만을 간절히 기원하고 있다.

20 「가시리」에서 시적 화자가 임을 떠나보내는 이유가 드러난 연은?

① 1연　② 2연
③ 3연　④ 4연

21 위의 시를 (가)라고 하고, 〈보기〉를 (나)라고 할 때 시적 화자의 현실 대응 방식을 가장 바르게 비교한 것은?

보기

서경(西京)이 아즐가 서경이 셔울히마르는
위 두어렁셩 두어렁셩 다링디리
현대어 서경이 서울이지마는,

닷곤 ᄃᆡ 아즐가 닷곤 ᄃᆡ 쇼셩경 고ᄋᆡ마른
위 두어렁셩 두어렁셩 다링디리
현대어 새로 닦은 곳인 소성경(평양)을 사랑하지마는,

여ᄒᆡ므론 아즐가 여ᄒᆡ므론 질삼뵈 ᄇᆞ리시고
위 두어렁셩 두어렁셩 다링디리
현대어 임과 이별할 것이라면 길쌈하던 베를 버리고서라도

괴시란ᄃᆡ 아즐가 괴시란ᄃᆡ 우러곰 좃니노이다
위 두어렁셩 두어렁셩 다링디리
현대어 사랑만 해 주신다면 울면서 따라가겠습니다.

– 「서경별곡」 중에서 –

① (가)의 화자는 부정적인 반면 (나)의 화자는 긍정적이다.
② (가)의 화자는 개인적인 반면 (나)의 화자는 사회적이다.
③ (가)의 화자는 이성적인 반면 (나)의 화자는 감성적이다.
④ (가)의 화자는 소극적인 반면 (나)의 화자는 적극적이다.

정답 및 해설 별책 7p

청산별곡 _ 작자 미상

핵/심/정/리
- 갈래 : 고려 가요
- 성격 : 현실 도피적, 애상적
- 제재 : 청산, 바다
- 주제 ❶ 삶의 고뇌와 비애. 실연의 슬픔
  ❷ 삶의 터전을 잃은 유랑민의 슬픔
- 특징 ❶ 'ㄹ'과 'ㅇ'의 반복을 통해 운율이 드러남.
  ❷ 반복법과 상징법을 사용하여 시적 화자의 정서를 드러냄.

살어리 살어리랏다. 청산(靑山)애 살어리랏다.
시적 화자의 이상향, 현실 도피처
멀위랑 ᄃᆞ래랑 먹고 청산(靑山)애 살어리랏다.
소박한 음식
㉠ 얄리얄리 얄랑셩 얄라리 얄라
후렴구, 특정한 의미 없는 악기 소리의 의성어, 'ㄹ, ㅇ'을 반복 사용하여 밝고 경쾌한 느낌

➥ 청산에 대한 동경

우러라 우러라 새여 자고 니러 우러라 새여.
감정이입의 대상, 동병상련(同病相憐)
널라와 시름 한 나도 자고 니러 우니로라.
얄리얄리 얄라셩 얄라리 얄라

➥ 삶의 고독과 비애

가던 새 가던 새 본다 믈 아래 가던 새 본다.
① 날아가던 새 ② 갈던 사래(밭) 속세, 청산과 대비
잉 무든 장글란* 가지고 믈 아래 가던 새 본다.
속세에 대한 미련
얄리얄리 얄라셩 얄라리 얄라

➥ 속세에 대한 미련과 번민

잉 무든 장글란
시적 화자를 유랑민으로 보면 '이끼 묻은 쟁기', 실연한 여인으로 보면 '이끼 묻은 은장도', 몰락한 지식인으로 보면 '이끼 묻은 병기(兵器)'로 해석할 수 있다.

이링공 뎌링공 ᄒᆞ야 나즈란 디내와손뎌.
오리도 가리도 업슨 바므란 ᄯᅩ 엇디 호리라.
절대 고독의 시간
얄리얄리 얄라셩 얄라리 얄라

➥ 절망적인 고독과 비탄

어듸라 더디던 돌코 누리라 마치던 돌코.
숙명적 비애, 아픔
믜리도 괴리도 업시 마자셔 우니노라.
운명적 체념
얄리얄리 얄라셩 얄라리 얄라

➥ 운명에 대한 체념

살어리 살어리랏다 바ᄅᆞ래 살어리랏다.
= 청산, 이상향, 도피처
ᄂᆞᄆᆞ자기 구조개랑 먹고 바ᄅᆞ래 살어리랏다.
소박한 음식
얄리얄리 얄라셩 얄라리 얄라

➥ 바다에 대한 동경

가다가 가다가 드로라 에정지* 가다가 드로라.
외진 곳
사ᄉᆞ미 짒대예 올아셔 ᄒᆡ금(奚琴)을 혀거를 드로라*.
얄리얄리 얄라셩 얄라리 얄라

➥ 기적을 바라는 절박한 심정

가다니 ᄇᆡ브른 도긔 설진 강수를 비조라.
독한 술, 현실의 괴로움을 잊기 위한 매개체
조롱곳 누로기 ᄆᆡ와 잡ᄉᆞ와니 내 엇디ᄒᆞ리잇고.
체념적 정서
얄리얄리 얄라셩 얄라리 얄라

➥ 술을 통한 고뇌의 해소

|해석|
살어리 살어리랏다. 청산에 살어리랏다.
머루와 다래를 먹고 청산에 살어리랏다. //
울어라 울어라 새여, 자고 일어나서 울어라 새여.
너보다 시름 많은 나도 자고 일어나 우는구나. //
가는 새 가는 새 본다, 물 아래로 날아가는 새 본다.
이끼 묻은 쟁기를 가지고, 물 아래로 날아가는 새 본다. //
이럭저럭 하여 낮은 지내 왔건만,
올 사람도 갈 사람도 없는 밤은 또 어찌할 것인가 //
어디다 던지는 돌인가, 누구를 맞히려는 돌인가
미워할 이도 사랑할 이도 없이 맞아서 울고 있노라 //
살어리 살어리랏다. 바다에 살어리랏다.
나문재, 굴, 조개를 먹고, 바다에 살어리랏다. //
가다가 가다가 듣노라, 외딴 곳을 가다가 듣노라.
사슴이 장대에 올라가서 해금을 켜는 것을 듣노라. //
가더니 불룩한 술독에 진한 술을 빚는구나.
조롱박꽃 모양의 누룩이 매워 붙잡으니, 나는 어찌하리.

에정지
외딴 부엌, 외진 곳 등 다양한 해석이 가능하다.

사ᄉᆞ미 짒대예 올아셔 ᄒᆡ금(奚琴)을 혀거를 드로라.
'사슴이 장대에 올라서 해금을 켜는 것을 들어라.'로 해석한다면 기적이 일어나길 바라는 절박한 심정으로 볼 수 있다. 그 외에 '사람이 장대에 올라서 해금을 켜는 것을 들어라.', '사슴 분장을 한 광대가 올라서 해금을 켜는 것을 들어라.'로 해석할 수 있다.

만점 포인트

1. 「청산별곡」의 구조적 대칭성

「청산별곡」의 5연과 6연을 바꾸면 전체적으로 구조적 대칭을 이루는 형식미가 드러난다.

청산			바다	
1연	청산 - 자연에 대한 동경	↔ 대칭	6연	바다 - 자연에 대한 동경
2연	새 - 삶의 비애와 고독		5연	돌 - 운명적 고독
3연	새 - 속세에 대한 미련		7연	사슴 - 생의 절박함과 고독
4연	밤 - 운명적 고독과 외로움		8연	술 - 고뇌의 해소

2. 「청산별곡」의 문학적 아름다움

이 노래는 3.3.2조의 3음보 율격과 'a-a-b-a' 구조, 후렴구를 통해 음악성을 살리고 있다. 그리고 시적 화자의 비애와 같은 심리를 '새'와 같은 구체적인 시어를 통해 형상화하고 있다. 또한 '이상향, 도피처'를 '청산, 바다'로 '운명적 삶, 삶의 비애'를 '돌'로 표현하여 함축성을 높이고 있다. 이 노래에 나타나고 있는 이와 같은 음악성, 형상성, 함축성은 이 노래의 문학적 아름다움을 형성하고 있다.

3. 「청산별곡」의 시적 화자와 주제에 대한 다양한 해석

유랑민	터전을 잃고 떠도는 유랑민들의 고통과 비애를 나타냄.
실연한 사람	이별의 슬픔을 이기지 못하고 속세를 떠나고자 함.
몰락한 지식인	무신 정권의 횡포나 외세의 침략 등으로 몰락한 지식인이 속세를 떠나고자 함.

바로바로 체크

❶ 이 노래의 대칭적 구조를 고려할 때 위치를 바꿔야 하는 연은?

❷ 현실의 고통과 근심을 벗어날 도피처로 설정된 공간은?

❸ 이 노래의 시적 화자로 볼 수 있는 대상은?(3가지)

정답 ❶ 5연, 6연
❷ 청산, 바다
❸ 유랑민, 실연한 사람, 몰락한 지식인

적중! 출제 예상 문제

22 「청산별곡」에 대한 설명으로 가장 적절한 것은?

① 부재하는 대상과 재회할 수 있기를 소망하고 있다.
② 삶의 고뇌에 대한 화자의 대응 방식이 드러나고 있다.
③ 낙관적인 미래에 대한 화자의 전망을 드러내고 있다.
④ 이승과 저승의 단절을 전제하며 내용을 전개하고 있다.

23 「청산별곡」의 화자에 대해 추측한 내용으로 적절하지 않은 것은?

① 삶의 거처를 빼앗긴 유랑민으로 볼 수 있다.
② 속세의 번뇌를 잊기 위한 지식인으로 볼 수 있다.
③ 전란의 피해를 입고 떠돌던 피란민으로 볼 수 있다.
④ 풍류를 통해 현실의 불만족을 해소하려는 귀족 계층으로 볼 수 있다.

24 다음 시어의 상징적 의미로 적절하지 않은 것은?

① 청산 : 화자가 소망하는 공간
② 새 : 화자가 동병상련을 느끼는 대상
③ 밤 : 화자가 절대적인 고독을 느끼는 시간
④ 강수 : 화자가 떨쳐 버리지 못하는 속세에 대한 미련

25 ㉠에 대한 설명으로 적절하지 않은 것은?

① 화자의 정서와 일치하는 표현이다.
② 의미 없는 구절이지만, 당시 사람들의 낙천적인 기질을 엿볼 수 있다.
③ 동일한 위치에 동일한 표현이 반복되어 작품 전체에 통일감을 주고 있다.
④ 조음구 또는 조흥구라고도 불리는 표현으로 고려 가요의 일반적인 특징을 보여 주는 표현이다.

정답 및 해설 별책 7p

용비어천가

핵/심/정/리
- 갈래 : 악장, 영웅 서사시, 송축가
- 성격 : 서사적, 송축적, 설득적, 권계적
- 제재 : 새 왕조의 창업
- 주제 : 새 왕조 창업의 정당성
- 특징 ❶ 훈민정음으로 기록된 최초의 작품
  ❷ 우리나라 최초의 장편 영웅 서사시

〈제1장〉

해동(海東) 육룡(六龍)*이 ᄂᆞᄅᆞ샤 일마다 천복(天福)이시니
우리나라 / 조선 창업의 주역인 6조 / 조선의 건국

고성(古聖)이 동부(同符)* ᄒᆞ시니
중국 역대 성군 / 짝이 되어 들어 맞음

海東六龍飛 莫非天所扶 古聖同符

해동육룡비 막비천소부 고성동부

|해석|
우리나라 여섯 용이 나시어, 하신 일마다 하늘이 내리신 복이시니,
옛날 성인이 하신 일들과 부절을 합친 것처럼 꼭 맞으시니.

〈제2장〉

불휘 기픈 남ᄀᆞᆫ ᄇᆞᄅᆞ매 아니 뮐ᄊᆡ 곶 됴코 여름* 하ᄂᆞ니*
뿌리 / 나무는 / 바람에 / 흔들리므로 / 열매 / 많으니

ᄉᆡ미 기픈 므른 ᄀᆞᄆᆞ래 아니 그츨ᄊᆡ 내히 이러 바ᄅᆞ래 가ᄂᆞ니
샘이 / 가뭄에 / 바다에

根深之木 風亦不扤 有灼其華 有蕡其實

源遠之水 旱亦不竭 流斯爲川 于海必達

|해석|
뿌리가 깊은 나무는 바람에도 흔들리지 아니하므로, 꽃도 좋고 열매도 많으니.
샘이 깊은 물은 가뭄에도 그치지 않고 솟아나므로, 내가 되어서 바다에 이르니.

육룡(六龍)
여섯 마리의 용. 조선 창업 주역인 6조(목조, 익조, 도조, 환조, 태조, 태종)를 용에 비유한 것으로, 왕의 상징인 용을 내세워 위엄과 권위를 드러내고, 조선 건국의 정당성을 강조함.

동부(同符)
짝이 되어 똑같이 들어맞으시니. 부(符)는 부절(符節)의 준말로 옛날 왕이 신하에게 임무를 줄 때 옥이나 대나무로 만든 부신(符信)을 둘로 갈라 준 후, 일이 있을 때 서로 맞추어 본인임을 확인하는 데 사용함.

여름
열음. 열매

하ᄂᆞ니
많으니(하다 = 많다)

〈제125장〉

천세(千世) 우희 미리 정(定)ᄒᆞ샨* 한수(漢水) 북(北)*에 누인개국(累仁開國)ᄒᆞ

샤 복년(卜年)*이 ᄀᆞᆺ업스시니
(ᄀᆞᆺ업스시니: 끝없으시니)

성신(聖神)이 니ᅀᆞ샤도 경천근민(敬天勤民)*ᄒᆞ샤ᅀᅡ 더욱 구드시리이다
(성신(聖神): 훌륭한 후대 임금)

님금하 아ᄅᆞ쇼셔 낙수(洛水)예 산행(山行) 가 이셔 하나빌 미드니잇가*
(님금하: 후대 임금 / 산행(山行): 사냥 / 하나빌: 할아버지(하나라 우왕)를)

千世默定 漢水陽 累仁開國 卜年無疆

子子孫孫 聖神雖繼 敬天勤民 迺益永世

嗚呼 嗣王監此 洛表游畋 皇祖其恃

|해석|

천 년 전에 미리 정하신 한강 북쪽 땅에 어진 일을 쌓아 나라를 여시어, 점지받은 나라의 운수가 끝이 없으시니,
성스럽고 신령스런 임금이 왕위를 이으셔도 하늘을 공경하고 백성을 위하여 힘쓰셔야 나라가 더욱 굳건할 것입니다.
임금이시여 아소서. (하나라 태강처럼) 낙수에 사냥 가서 할아버지의 공덕만을 믿겠습니까?

– 정인지 외, 「용비어천가(龍飛御天歌)」

천세(千世) 우희 미리 정(定)ᄒᆞ샨
한양에 새 나라가 건국될 것은 이미 천 년 전에 하늘이 정한 것이라 하여 조선 왕조 건국의 정당성을 다시 일깨우고 있다.

한수(漢水) 북(北)
한강의 북쪽, 곧 조선이 도읍한 한양 땅을 가리킴.

복년(卜年)
하늘이 점지해 준 운수

경천근민(敬天勤民)
하늘을 공경하고 백성을 다스리는 데 부지런히 하여야 한다는 것으로 조선의 건국 이념

낙수(洛水)예 산행(山行) 가 이셔 하나빌 미드니잇가
하나라 태강왕이 위대한 업적을 이룬 할아버지 우 임금만 믿고 정치를 게을리하다 왕위에서 쫓겨나게 되었다는 고사

만점 포인트

1. 구조와 내용 분석

구분	형식	성격	주제	특징
제1장	1절 3구	서사적, 송축적	조선 건국의 천명성	• 작품 전체 주제 • 형식적 파격
제2장	2절 4구	비유적, 송축적	조선의 무궁한 발전 기원	• 대칭 구조 (대구법) • 비유법 사용 • 고유어 사용
제125장	3절 12구 (파격구)	서사적, 권계적	후왕에 대한 권계	• 후절에 중국 고사 인용 • 형식적 파격

2. 『용비어천가』의 창작 동기

(1) 조선 건국의 정당성 도모

이성계는 정도전 등의 신흥 사대부와 더불어 역성 혁명을 통해 조선을 건국했다. 따라서 왕조의 창업이 하늘의 뜻에 의한 것임을 대내외적으로 밝혀 민심이 돌아서는 것을 막고 중국의 허락을 이끌어 내야 했다. 그리하여 천명에 의한 새로운 왕조의 창업이라는 정당성을 부각시키고자 하였다.

(2) 후대왕에 대한 권계

『용비어천가』를 지은 목적이 단지 새로운 왕조 창업의 정당성 부각에만 있는 것이 아니라 이 나라를 오랫동안 보존하려는 의도 또한 있었다. 선조의 행적을 통해 정사에 임하거나 백성을 대하는 바른 자세를 제시하고 경천근민(敬天勤民)의 통치 방안까지 제시함으로써 후대 왕들에게 왕권 계승의 자세를 일깨우고자 하였다.

(3) 훈민정음의 시험과 권위 부여

세종은 훈민정음을 창제하는 과정에서 한문을 사용하는 사대부들의 거센 저항과 반발을 받았기 때문에 『용비어천가』와 같은 국가적 편찬 사업에 훈민정음을 사용했다는 것은 국자(國字)로서의 권위가 부여되는 것이고, 이를 통해 훈민정음 반포의 효과를 기대할 수 있게 된 것이다.

바로바로 체크

❶ 제1장에서 궁극적으로 말하고자 하는 주제는?

❷ 제2장의 '불휘 기픈 남ᄀᆞᆫ'이 비유하는 것은?

❸ 제125장의 주제를 나타내는 사자성어는?

정답 ❶ 조선 왕조 창업의 정당성
❷ 기초가 튼튼한 나라
❸ 타산지석(他山之石)

적중! 출제 예상 문제

26 『용비어천가』의 〈제1장〉을 통해 결국 말하고자 하는 바는?

① 후왕에 대한 권계
② 태조의 사적 찬양
③ 조선 왕조의 심원성
④ 조선 건국의 정당성

27 〈제2장〉의 시어가 지닌 의미를 풀이한 것으로 옳지 <u>않은</u> 것은?

① 불휘, 심 – 나라의 기초와 근원
② 나모, 믈 – 조선 왕조
③ 곶, 여름 – 풍성한 경제적 산물
④ ᄇᆞ룸, ᄀᆞ믈 – 내우외환(內憂外患)

28 〈제2장〉의 'ᄇᆞ룸'과 함축적 의미가 가장 가까운 것은?

① 검은 그림자 쓸쓸하면, / 마침내 호수 속 깊이 거꾸러져 / 차마 <u>바람</u>도 흔들진 못해라.

– 이육사, 「교목」

② 머리채 긴 <u>바람</u>들은 투명한 빨래처럼 / 진종일 가지 끝에 걸려 / 나무도 바람도 / 혼자가 아닌 게 된다.

– 김남조, 「설일」

③ 저 이름 없는 풀꽃들을 향한 나의 사랑이 / 다직은 이렇게 가시지 않았을 때 / 다시 한 번 불어 다오. <u>바람</u>이여, / 아, 사랑이여.

– 박성룡, 「교외」

④ <u>바람</u>은 내 귀에 속삭이며, / 한 자국도 섰지 마라, 옷자락을 흔들고. / 종다리는 울타리 너머 아씨같이 구름 뒤에서 반갑다 웃네.

– 이상화, 「빼앗긴 들에도 봄은 오는가」

29 이 작품에서 〈제125장〉의 형식과 내용에 대한 설명으로 옳지 <u>않은</u> 것은?

① 형식상 파격을 이루고 있다.
② 미래 지향적 의식이 담겨 있다.
③ 대화체로 상대에게 당부하고 있다.
④ 개인의 노력보다 하늘의 뜻을 초점을 두고 있다.

정답 및 해설 별책 7p

규원가(閨怨歌) _ 허난설헌

엊그제 젊었더니 하마 어이 다 늙거니
소년행락(少年行樂) 생각하니 일러도 속절없다
늙거야 설운 말씀 하자 하니 목이 멘다
부생모육(父生母育) 신고(辛苦)하여 이내 몸 길러 낼 제
공후배필(公候配匹) 못 바라도 군자호구(君子好逑) 원(願)하더니
삼생(三生)*의 원업(怨業)이오 월하(月下)*의 연분(緣分)으로
장안유협(長安遊俠) 경박자(輕薄子)를 꿈같이 만나이셔
당시(當時)의 용심(用心)하기 살어름 디디는 듯
삼오(三五) 이팔(二八) 겨오 지나 천연여질(天然麗質) 절로 이니
이 얼굴 이 태도(態度)로 백년기약(百年期約)하였더니
연광(年光)이 훌훌하고 조물(造物)이 다시(多猜)*하여
봄바람 가을 물이 뵈오리 북 지나듯
설빈화안(雪鬢花顔) 어디 가고 면목가증(面目可憎)* 되거고나
내 얼굴 내 보거니 어느 임이 날 괼소냐
스스로 참괴(慚愧)하니 누구를 원망(怨望)하리

➥ 과거 회상과 늙음에 대한 한탄(기)

|해석|
엊그제 젊었는데 어찌 벌써 이렇게 다 늙어버렸는가? 어릴 적 즐겁게 지내던 일을 생각하니 말을 해도 소용이 없구나. 이렇게 늙은 뒤에 서러운 사연을 말하자니 목이 메이는구나. 부모님이 낳으시고 기르시며 몹시 고생하여 이 내 몸 길러낼 때, 높은 벼슬아치의 배필은 바라지 못할지라도, 군자의 좋은 짝이 되기를 바라셨는데 전생에 지은 원망스러운 업보요, 부부의 인연으로 장안의 호탕하면서도 경박한 사람을 꿈같이 만나서, 시집 간 뒤에 남편의 시중을 들면서 조심하기를 마치 살얼음 디디는 듯하였다. 열다섯, 열여섯 살을 겨우 지나서 타고난 아름다운 모습이 저절로 나타나니, 이 얼굴과 이 태도로 평생 동안 변함없기를 바랐더니, 세월이 빨리 지나고, 조물주마저 시샘이 많아서 봄바람과 가을 물, 곧 세월이 베의 올이 감기는 북이 지나가듯 빨리 지나가, 꽃같이 아름다운 얼굴은 어디 두고 보기도 싫은 모습이 되었구나. 내 얼굴을 내가 보거니 어느 임이 나를 사랑할 것인가? 스스로 부끄러우니 누구를 원망할 것인가?

핵/심/정/리
- 갈래 : 규방 가사
- 성격 : 원망적, 체념적, 절망적, 고백적
- 형식 : 3·4조(4·4조) 4음보의 연속체
- 제재 : 규방 부인의 한 많은 삶
- 주제 : 규방 부인의 그리움과 원망
- 특징 ❶ 다양한 대상에 화자의 정서를 투영함.
  ❷ 고사를 이용한 효과적인 정서 표현

삼생
전생(前生), 현생(現生), 내생(來生)인 과거세, 현재세, 미래세를 통틀어 이르는 말

월하
부부의 인연을 맺어 준다는 전설상의 늙은이. 중국 당나라의 위고(韋固)가 달밤에 어떤 노인을 만나 장래의 아내에 대한 예언을 들었다는 데서 유래함.

다시
시기(猜忌)가 많음.

면목가증
얼굴 생김생김이 남에게 미움을 살 만한 데가 있음.

삼삼오오(三三五五) ㉠ 야유원(冶遊園)에 새 사람이 나단 말가
꽃 피고 날 저문 제 정처(定處) 없이 나가 이셔
백마(白馬) 금편(金鞭)*으로 어디어디 머무는고
원근(遠近)을 모르거니 소식(消息)이야 더욱 알랴
인연(因緣)을 그쳤은들 생각이야 없을소냐
얼굴을 못 보거든 그립기나 말으려믄
열두 때 김도 길샤 서른 날 지리(支離)하다
옥창(玉窓)에 심은 **매화**(梅花) 몇 번이나 피여 진고
겨울밤 차고 찬 제 자취눈 섞어 치니
여름날 길고 길 제 궂은비는 무스 일고
삼춘화류(三春花柳) 호시절(好時節)에 경물(景物)이 시름없다
가을 달 방에 들고 실솔(蟋蟀)이 상(床)에 울 제
긴 한숨 지는 눈물 속절없이 헴만 만타
아마도 모진 목숨 죽기도 어려울사

➥ 남편에 대한 원망과 서글픈 심정(승)

백마 금편
흰말과 금 채찍. 사내의 호사스러운 기마 풍류를 나타내는 관용적 표현.

|해석|
여러 사람이 떼를 지어 다니는 술집에 새 기생이 나타났다는 말인가? 꽃 피고 날 저물 때 정처 없이 나가서 호사스런 차림새로 어디에서 머물러 노는가? 가까이 있는지 멀리 있는지 모르는데 남편의 소식이야 더욱 알 수 있겠는가? 인연을 끊었지마는 생각이 안 나겠는가? 얼굴을 못 보니 그립기나 말았으면 좋으련만, 하루가 길기도 길구나, 한 달이 지루하기만 하구나. 규방 앞에 심은 매화는 몇 번이나 피고 졌는가? 겨울밤 차고 찬 때는 진눈깨비 섞어 내리고 여름날 길고 긴 때 궂은 비는 무슨 일인가? 봄날 온갖 꽃이 피고 버들잎이 돋아나는 좋은 시절에 아름다운 경치를 보아도 아무 생각이 없다. 가을 달빛이 방 안을 비추어 들어오고 귀뚜라미 침상에서 울 때, 긴 한숨으로 흘리는 눈물 헛되이 생각만 많도다. 아마도 모진 목숨이 죽기도 어려운가 보구나.

〈생략〉

➥ 거문고를 타며 외로움과 한을 달램(전)

〈생략〉

➥ 임에 대한 원망과 자신의 운명에 대한 한탄(결)

만점 포인트

1. 「규원가」의 내용과 화자의 태도

구성	중심 내용	화자의 태도
기	과거 회상과 늙음에 대한 한탄	• 흐르는 세월에 대한 한탄 • 임과의 만남을 운명으로 여김. • 자신의 신세에 대한 자조
승	임에 대한 원망과 서글픈 심정	• 방탕한 임을 원망 • 세월 보내기 어려움을 한탄
전	거문고를 타며 외로움과 한을 달램.	• 외로움과 한스런 삶을 스스로 달래 보려 함.
결	임을 기다리며 운명을 한탄함.	• 자신의 신세에 대해 서글퍼함. • 오지 않는 임을 원망하고 비난함.

2. 규방(내방) 가사의 특징

조선 후기 여성들은 학자, 문인들로부터 소외당한 한글을 터득하여 맺혔던 정한을 절절히 노래하게 되었고, 그것이 자연히 가사 형식을 취하게 됨으로써 부녀자의 시가 문학을 통한 우리글의 발전도 아울러 이룩할 수 있었다. 곧 조선 시대의 규방 가사는 여성의 사회 활동과 문화적 실천이 제한된 상태에서 거의 유일한 문학적 분출구였다.

형식상 특징	• 일상적인 생활 용어가 나타남. • 과감한 표현과 참신한 표현이 나타남.
내용상 특징	규중 여성의 슬픔과 원한, 남녀 간의 애정, 고된 시집살이의 고통, 부모와 고향에 대한 그리움, 계절과 풍경에 대한 표현 등이 섬세하게 드러남.

3. 화자의 정서를 드러내는 소재

'승'의 '실솔(蟋蟀)이 상(床)에 울 제'나 '결'의 '새 소리 더욱 설다'에서 '실솔'과 '새'는 화자의 서글픈 심정이 일치하는 감정이입의 대상이다.

한편 '승'의 '자취눈'이나 '궂은비'는 화자의 쓸쓸한 심회를 돋우는 소재이고 '전'의 '녹기금(綠綺琴)'은 화자의 외로움을 달래기 위해 동원된 소재로 소재 자체가 감정을 느끼고 있는 것은 아니므로 객관적 상관물이다.

감정이입	화자의 감정을 대상에 이입시켜, 마치 대상이 자신과 같이 느끼는 것처럼 표현하는 방법
객관적 상관물	화자의 감정을 객관적인 대상물을 이용하여 간접적으로 표현하는 방법

바로바로 체크

❶ 화자의 과거와 현재의 모습을 대조적으로 표현한 시어는?

❷ 화자는 임을 어떤 사람으로 표현하였는가?

❸ '승' 부분에서 화자의 감정이 이입된 대상은?

정답 ❶ 설빈화안, 면목가증
❷ 장안유협 경박자
❸ 귀뚜라미

적중! 출제 예상 문제

30 이 글에 대한 설명으로 적절하지 않은 것은?

① 자연물에 화자의 감정을 투영하여 표현하였다.
② 화자와 임의 갈등을 중심으로 시상이 전개되고 있다.
③ 고사를 인용하여 작품의 분위기를 유려하게 만들고 있다.
④ 봉건적 유교 사회 속에서 여성이 겪는 감정을 진솔하게 드러내었다.

31 이 글의 내용과 일치하지 않는 것은?

① 화자는 남편을 전혀 그리워하지 않고 있다.
② 화자는 남편과의 만남을 운명으로 생각하였다.
③ 현재 화자는 남편의 소식을 전혀 듣지 못하고 있다.
④ 남편은 기생집을 드나드는지 집에 들어오지 않고 있다.

32 이 노래의 '매화(A)'와 〈보기〉의 '매화(B)'의 기능을 바르게 설명한 것은?

보 기

窓창 밧긔 심근 梅미花화 두세 가지 픠여셰라. 굿득 冷닝淡담훈딕 暗암香향은 므스 일고. 黃황昏혼의 돌이 조차 벼마틱 빗최니, 늣기는 둣 반기는 둣 님이신가 아니신가. 뎌 梅미花화 것거 내여 님 겨신 딕 보내오져. 님이 너를 보고 엇더타 너기실고.

– 정철, 「사미인곡」

① A, B 모두 화자가 즐기고 있는 풍류의 정서를 돋우어 주고 있다.
② A, B 모두 화자로 하여금 과거를 회상하게 하는 매개물 역할을 한다.
③ A는 시간의 경과를 알려 주고 있고, B는 화자 자신과 동일시되고 있다.
④ A는 삶의 즐거움을 나타내고 있고, B는 현실에 대한 울분을 나타내고 있다.

33 〈보기〉의 시어 중 윗글의 ㉠ '야유원(冶遊園)에 새 사람'과 대응하는 것은?

보 기

대동강 아즐가 대동강 너븐디 몰라서
빅 내여 아즐가 빅내여 노흔다 샤공아
네가시 아즐가 네가시 럼난디 몰라셔
녈비예 아즐가 녈비예 연즌다 샤공아
대동강 아즐가 대동강 건넌편 **고즐여**
빅타들면 아즐가 빅타들면 것고리이다

① 대동강　　② 네가시
③ 녈빅　　④ 곶

정답 및 해설 별책 7p

속미인곡(續美人曲) _ 정철

뎨 가ᄂᆞᆫ 뎌 각시 본 듯도 ᄒᆞᆫ뎌이고.

텬샹(天上) ᄇᆡᆨ옥경(白玉京)*을 엇디ᄒᆞ야 니별(離別)ᄒᆞ고

임금님이 계시는 궁궐을 의미함

ᄒᆡ 다 뎌 져믄 날의 눌을 보라 가시ᄂᆞᆫ고.

➥ 서사 1 : 갑녀의 질문 – 백옥경을 떠난 이유

|해석| 저기 가는 저 각시 본 듯도 하구나. / 천상 백옥경을 어찌하여 이별하고,
해 다 저문 날에 누구를 보러 가시는가?

어와 네여이고 내 ᄉᆞ셜 드러 보오.

내 얼굴 이 거동이 님 괴얌즉 ᄒᆞᆫ가마ᄂᆞᆫ

엇딘디 날 보시고 네로다 녀기실ᄉᆡ

나도 님을 미더 군쁘디 전혀 업서

이ᄅᆡ야 교ᄐᆡ야 어ᄌᆞ러이 구돗썬디

반기시ᄂᆞᆫ ᄂᆞᆺ비치 녜와 엇디 다ᄅᆞ신고.

누어 ᄉᆡᆼ각ᄒᆞ고 니러 안자 혜여ᄒᆞ니

내 몸의 지은 죄 뫼ᄀᆞ티 빠혀시니

하ᄂᆞᆯ히라 원망ᄒᆞ며 사ᄅᆞᆷ이라 허믈ᄒᆞ랴.

셜워 플텨 혜니 조믈(造物)의 타시로다.

운명론적 관점

➥ 서사 2 : 을녀의 대답 – 자책과 체념

|해석| 아, 너로구나. 내 사정 이야기 들어 보오.
내 모습과 이 태도가 임이 사랑함직한가마는
어쩐지 나를 보시고 너로구나 여기시기에
나도 임을 믿어 딴 생각이 전혀 없어
응석과 애교를 부리며 지나치게 굴었던지
반기시는 얼굴빛이 옛날과 어찌 다르신가?
누워 생각하고 일어나 앉아 헤아려 보니
내 몸의 지은 죄가 산같이 쌓였으니
하늘을 원망하겠으며 사람을 탓하겠는가.
서러워 풀어 헤아려 보니 조물주의 탓이로다.

핵/심/정/리
- 갈래 : 양반 가사, 서정 가사, 정격 가사
- 성격 : 서정적, 여성적, 충신연주지사
- 제재 : 임에 대한 그리움
- 주제 : 임금을 향한 그리움, 연군지정(戀君之情)
- 특징 ❶ 3(4)·4조, 4음보 연속체
  ❷ 대화 형식으로 내용 전개
  ❸ 순우리말을 절묘하게 구사함.

➲ ᄇᆡᆨ옥경(白玉京)
옥황상제가 산다고 하는 곳으로, 여기서는 '임금이 있는 궁궐'을 가리킨다.

글란 ᄉᆡᆼ각 마오. / ᄆᆡ친 일이 이셔이다.

➥ 본사 1 : 갑녀 - 위로

|해석| 그렇게는 생각하지 마오. / 맺힌 일이 있습니다.

님을 뫼셔 이셔 님의 일을 내 알거니

믈 ᄀᆞᄐᆞᆫ 얼굴이 편ᄒᆞ실 적 몇 날일고.
연약한 모습

츈한고열(春寒苦熱)*은 엇디ᄒᆞ야 디내시며

츄일동텬(秋日冬天)*은 뉘라셔 뫼셧ᄂᆞᆫ고.

쥭조반(粥早飯) 죠셕(朝夕) 뫼 녜와 ᄀᆞᆺ티 셰시ᄂᆞᆫ가.

기나긴 밤의 ᄌᆞᆷ은 엇디 자시ᄂᆞᆫ고.

➥ 본사 2 : 을녀 – 임에 대한 염려

|해석| 임을 모시고 있어 임의 일을 내 잘 알거니
물 같은 얼굴이 편하실 적 몇 날인가?
봄날의 추위와 여름날의 더위는 어떻게 지내시며
가을과 겨울은 누가 모셨는가?
아침 죽과 아침, 저녁 진지는 옛날과 같이 잡수시는가?
기나긴 밤에 잠은 어찌 주무시는가?

님 다히 쇼식(消息)을 아므려나 아쟈 ᄒᆞ니

㉠ 오ᄂᆞᆯ도 거의로다 ᄂᆡ일이나 사ᄅᆞᆷ 올가.

내 ᄆᆞᄋᆞᆷ 둘 ᄃᆡ 업다 어드러로 가쟛 말고.

잡거니 밀거니 놉픈 뫼히 올라가니

구롬은ᄏᆞ니와 안개ᄂᆞᆫ 므ᄉᆞ 일고.

산쳔(山川)이 어둡거니 일월(日月)을 엇디 보며
임금님

지쳑(咫尺)*을 모ᄅᆞ거든 쳔 리(千里)를 ᄇᆞ라보랴.

ᄎᆞᆯ하리 믈ᄀᆞ의 가 ᄇᆡ길히나 보랴 ᄒᆞ니

ᄇᆞ람이야 믈결이야 어둥졍 된뎌이고.

샤공은 어ᄃᆡ 가고 빈 ᄇᆡ만 걸렷ᄂᆞᆫ고.

강텬(江天)의 혼자 셔셔 디ᄂᆞᆫ ᄒᆡ를 구버보니

님 다히 쇼식(消息)이 더옥 아득ᄒᆞᆫ뎌이고.

➥ 본사 3 : 을녀 – 임의 소식을 알고 싶은 마음

츈한고열(春寒苦熱)
봄 추위와 여름의 괴로운 더위

츄일동텬(秋日冬天)
가을과 겨울의 날씨

지척(咫尺)
아주 가까운 거리

|해석| 임 계신 곳의 소식을 어떻게든 알고자 하니
오늘도 거의로구나 내일이나 사람 올까?
내 마음 둘 데 없다. 어디로 가자는 말인가?
잡거니 밀거니 높은 산에 올라가니
구름은 물론이거니와 안개는 무슨 일인가?
산천이 어두우니 해와 달을 어찌 보며
가까운 거리도 모르는데 천 리를 바라보랴.
차라리 물가에 가서 뱃길이나 보고자 하니
바람과 물결로 어수선하게 되었구나.
사공은 어디 가고 빈 배만 걸렸는가?
강가에 혼자 서서 지는 해를 굽어보니
임 계신 곳의 소식이 더욱 아득하구나.

모쳠(茅簷)
처가 지붕의 처마라는 의미로 여기서는 '초가집'으로 해석한다.

반벽쳥등(半壁靑燈)
벽 가운데 걸려 있는 등불

오뎐된
방정맞은

모쳠(茅簷)* ᄎᆞᆫ 자리의 밤듕만 도라오니
반벽청등(半壁靑燈)*은 눌 위ᄒᆞ야 블갓ᄂᆞᆫ고.
오ᄅᆞ며 ᄂᆞ리며 헤ᄯᅳ며 바니니
져근덧 역진(力盡)ᄒᆞ야 픗ᄌᆞᆷ을 잠간 드니
정셩(精誠)이 지극ᄒᆞ야 ᄭᅮᆷ의 님을 보니
옥(玉) ᄀᆞᄐᆞᆫ 얼구리 반(半)이 나마 늘거셰라.
ᄆᆞᄋᆞᆷ의 머근 말ᄉᆞᆷ 슬ᄏᆞ장 ᄉᆞᆲ쟈 ᄒᆞ니
눈믈이 바라 나니 말ᄉᆞᆷ인들 어이ᄒᆞ며
졍(情)을 못다 ᄒᆞ야 목이조차 몌여 ᄒᆞ니
오뎐된* 계셩(鷄聲)의 ᄌᆞᆷ은 엇디 ᄭᆡ돗던고.

➡ 본사 4 : 을녀 – 독수공방의 슬픔과 임과의 재회

|해석| 초가집 찬 잠자리에 밤중에 돌아오니
벽에 걸린 등불은 누구를 위하여 밝았는가?
오르며 내리며 헤매며 오락가락 하니
잠깐 동안에 힘이 다하여 풋잠을 잠깐 드니
정성이 지극하여 꿈에 임을 보니,
옥 같던 모습이 반 넘게 늙었구나.
마음에 먹은 말씀 실컷 아뢰고자 하니

|해석| 눈물이 계속 나니 말인들 어찌하며,
정을 못다 풀어 목마저 메니,
방정맞은 닭소리에 잠은 어찌 깨었던가?

어와 허ᄉᆞ(虛事)로다 이 님이 어ᄃᆡ 간고.
결의 니러 안자 창(窓)을 열고 ᄇᆞ라보니
어엿븐 그림재 날 조ᄎᆞᆯ ᄲᅮᆫ이로다.
ᄎᆞᆯ하리 ᄉᆡ여디여 낙월(落月)이나 되야이셔
시적 화자의 분신*
님 겨신 창(窓) 안ᄒᆡ 번드시 비최리라.

➥ 결사 1 : 을녀 – 죽어서라도 임을 따르고 싶은 소망

|해석| 아, 헛된 일이로구나. 이 임이 어디 갔는가?
꿈결에 일어나 앉아 창을 열고 바라보니
가엾은 그림자만이 나를 따를 뿐이로다.
차라리 죽어 없어져 지는 달이나 되어서
임 계신 창 안에 환하게 비치리라.

각시님 ᄃᆞᆯ이야ᄏᆞ니와 구ᄌᆞᆫ비나 되쇼셔
시적 화자의 분신

➥ 결사 2 : 갑녀 – 위로의 말

|해석| 각시님 달은커녕 궂은 비나 되십시오.

시적 화자의 분신
화자의 정서와 태도를 임에게 전하는 대상으로, 화자와 일체화된 대상

만점 포인트

1. 「속미인곡」의 시상 전개

구분	주제	대화 구조	대화 내용
서사	임과 이별한 사연	갑녀의 질문(서사 1) 을녀의 답변(서사 2)	임과 이별하게 된 것을 자신의 운명으로 여김.
본사	임에 대한 사랑과 그리움	갑녀의 위로(본사 1) 을녀의 하소연(본사 2)	임의 안부를 걱정
	임의 소식을 듣기 위한 노력	을녀의 하소연 (본사 3, 4)	임의 소식을 듣기 위한 노력과 허무함.
결사	죽어서도 이루고 싶은 사랑	을녀의 하소연(결사 1) 갑녀의 위로(결사 2)	죽어서 달이 되고 싶다는 을녀와 궂은 비가 되라는 갑녀

2. 「속미인곡」에 드러난 시어의 상징적 의미

구룸	화자의 임을 향한 마음의 방해 요소	화자와 임 사이의 장애물
안개		
ᄇᆞ람	화자가 임에게 가는 길의 방해 요소	
믈결		
낙월(落月)	소극적인 시적 화자의 분신	시적 화자의 분신
구즌비	적극적인 시적 화자의 분신	

3. 「속미인곡」에 드러나는 갑녀와 을녀의 태도

시어	의미		태도
낙월	• 멀리서 임을 바라보다가 사라지는 존재 • 임과 함께할 수 없는 화자가 느끼는 절망감을 내포함.	➜	• 을녀 : 소극적인 태도 • 갑녀 : 적극적인 태도
구즌비	• 임의 옷을 적시며 임과의 거리를 가깝게 밀착시킬 수 있는 존재 • 그립고 애타는 마음을 임에게 전하고자 하는 간절함을 내포함.		

바로바로 체크

❶ 이 작품 전개에 있어 '갑녀'의 주된 역할은?

❷ '본사3'에서 임과 화자 사이의 장애물을 의미하는 시어는?

❸ '낙월'과 '구즌비'의 역할은?

정답 ❶ '을녀'에 대한 위로
❷ 구룸, 안개, ᄇᆞ람, 믈결
❸ 시적 화자의 분신

적중! 출제 예상 문제

34 윗글에 대한 설명으로 적절하지 <u>않은</u> 것은?

① 대화체 형식으로 노래하였다.
② 순우리말의 아름다움을 잘 살려 표현하였다.
③ 전통적 운율을 생동감 있게 구사하였다.
④ 임금님에 대한 그리움을 직접적으로 드러냈다.

35 윗글에 드러난 '뎌 각시'의 모습으로 보기 <u>어려운</u> 것은?

① 임의 안부를 매우 궁금해하고 걱정하고 있다.
② 임을 위한 희생과 헌신적인 애정을 가지고 있다.
③ 대화 상대방의 위로에 힘을 얻어 새로운 희망을 갖게 된다.
④ 임을 믿었기에 아양을 떨면서 다른 생각은 하지 않았다고 고백하고 있다.

36 다음 〈보기〉의 '범나븨'와 함축적 의미가 같은 것을 윗글에서 찾으면?

보 기

출하리 싀어디여 <u>범나븨</u> 되오리라.
곳나모 가지마다 간 ᄃᆡ 죡죡 안니다가
향 므든 ᄂᆞᆯ애로 님의 오ᄉᆡ 올므리라.
님이야 날인 줄 모ᄅᆞ셔도 내 님 조ᄎᆞ려 ᄒᆞ노라.

① 각시님　　② 구ᄌᆞᆫ비
③ 님 겨신 창(窓)　　④ 오뎐된 계셩

37 ㉠과 관련된 한자성어로 가장 알맞은 것은?

① 수구초심(首丘初心)
② 노심초사(勞心焦思)
③ 전전반측(輾轉反側)
④ 학수고대(鶴首苦待)

정답 및 해설 별책 7p

만흥(漫興) _ 윤선도

산슈간(山水間) 바회 아래 뛰집을 짓노라 ᄒᆞ니

ⓐ 그 모론 놈들은 웃는다 ᄒᆞ다마ᄂᆞᆫ

어리고 ⓑ 햐암*의 뜻의ᄂᆞᆫ ⓒ 내 분(分)인가 ᄒᆞ노라.

➥ 제1수 : 안분지족(安分知足)

|해석|
산수 간 바위 아래에 초가집을 지으려 하니
그것을 모르는 남들은 비웃는다지만
어리석고 세상 물정 모르는 내 생각에는 내 분수인가 하노라.

보리밥 풋ᄂᆞᄆᆞᆯ을 알마초 머근 후(後)에
(소박한 음식)

바횟긋 믉ᄀᆞ의 슬ᄏᆞ지 노니노라.

그나믄 녀나믄 일이야 부ᄅᆞᆯ 줄이 이시랴.

➥ 제2수 : 안빈낙도(安貧樂道)

|해석|
보리밥, 풋나물을 알맞게 먹은 후
바위 끝 물가에서 실컷 노니노라.
그 나머지 다른 일이야 부러워할 것이 있으랴.

잔들고 혼자 안자 먼 뫼흘 ᄇᆞ라보니

㉠ 그리던 님이 오다 반가옴이 이리ᄒᆞ랴.

ⓓ 말솜도 우움도 아녀도 몯내 됴하ᄒᆞ노라.

➥ 제3수 : 물아일체(物我一體)

|해석|
잔 들고 혼자 앉아 먼 산을 바라보니
그리워하던 임이 온다고 한들 반가움이 이러하랴.
말도 웃음도 아니하지만 마냥 좋아하노라.

핵/심/정/리
- 갈래 : 평시조, 연시조(전 6수)
- 성격 : 자연친화적
- 제재 : 자연을 벗하는 생활
- 주제 : 자연에 묻혀 사는 즐거움과 임금님의 은혜
- 특징 ❶ 안분지족하는 삶의 자세와 자연친화 사상이 잘 드러남.
  ❷ 인간사(속세)에 대한 비판적 관점을 드러냄.

햐암[= 향암(鄕闇)]
시골에서 자라 온갖 사리에 어둡고 어리석은 사람. 이 글에서는 화자가 자기 자신을 겸손하게 이르는 말이다.

누고셔 삼공(三公)(삼정승(= 명예))도곤 낫다ᄒᆞ더니 만승(萬乘)*이 이만ᄒᆞ랴
이제로 헤어든 소부 허유(巢父許由)* ㅣ 냑돗더라.
아마도 임천한흥(林泉閑興)을 비길 곳이 업세라.

➥ 제4수 : 강호한정(江湖閑情)

|해석|
누가 삼정승보다 낫다더니 만승이 이만하겠는가?
이제 생각해 보니 소부와 허유가 영리하도다.
아마도 자연 속에서 느끼는 한가한 풍취는 비할 데가 없으리라.

내 셩이 게으르더니 하ᄂᆞᆯ히 아ᄅᆞ실샤.
인간만사(人間萬事)ᄅᆞᆯ ᄒᆞᆫ 일도 아니 맛뎌
다만당 ᄃᆞ토리 업ᄉᆞᆫ 강산(江山)을 딕희라 ᄒᆞ시도다.

➥ 제5수 : 자연친화

|해석|
내 천성이 게으른 것을 하늘이 아셔서
세상의 많은 일 가운데 하나도 맡기지 않으시고
다만 다툴 상대가 없는 자연을 지키라고 하셨도다.

강산(江山)이 됴타ᄒᆞᆫᄃᆞᆯ 내 분(分)으로 누언ᄂᆞ냐.
님군 은혜(恩惠)ᄅᆞᆯ 이제 더옥 아노이다.
아므리 갑고쟈 ᄒᆞ야도 히올 일이 업세라.

➥ 제6수 : 임금님의 은혜에 대한 감사

|해석|
강산이 좋다고 한들 나의 분수로 누워 있겠는가.
임금 은혜인 것을 이제 더욱 알겠도다.
아무리 갚고자 해도 내가 할 수 있는 일이 없구나.

만승(萬乘)
만승천자(萬乘天子)
만 개의 수레를 부리는 천자(황제)

소부 허유(巢父許由)
고대 중국의 인물들로, 속세에 나서지 않고 자연을 벗 삼아 즐기며 사는 삶을 상징한다.

만점 포인트

1. 「만흥(漫興)」의 짜임

구분	자연	현실(세속)	내용
제1수	산수, 띠집	남의 비웃음	안분지족의 삶
제2수	보리밥, 풋나물	그 밖의 일	안빈낙도하는 삶의 즐거움
제3수	먼 산	임	물아일체의 경지
제4수	임천한흥	삼공, 만승	임천한흥에 대한 자부심
제5수	하늘, 강산	인간만사, 다툴 이	자연 귀의의 삶
제6수	강산	임금	임금의 은혜에 대한 감사와 찬양

2. 「만흥」에 나타난 '현실'과 '자연'의 대립

현실	↔	자연
세속적 공간		이상적 공간
작가가 부정적으로 여기는 공간		작가가 지향하는 공간

3. 현실에 대한 화자의 태도

제1수	혼란한 정계를 떠나 자연에 은거하는 것을 속세 사람들은 비웃을지 모르지만, 화자는 자신의 분수로 여김.
제4수	자연 속에서 누리는 한가로운 마음의 평화가 만승천자보다 나음.
제5수	하늘이 나에게 다툴 상대가 있는 인간 세상의 일 말고 자연을 누리는 삶을 맡김.

→ 화자는 인간 세상에 대한 비판적인 관점을 지니고 있으며 현실을 도피하고 자연친화적인 삶을 지향하고 있음을 알 수 있음.

바로바로 체크

❶ 화자에게 자연이 지니는 의미는?

❷ 제2수에서 소박한 삶의 모습을 나타내는 시어는?

❸ 조선 시대 사대부 시조의 전통을 잇는 '임금님의 은혜'를 노래하는 연은?

정답 ❶ 이상향, 속세와 대립되는 공간
❷ 보리밥, 풋나물
❸ 제6수

적중! 출제 예상 문제

38 위 시조에 대한 설명으로 가장 거리가 먼 것은?

① 제목의 의미는 흥겨움이 마음속에 가득 찼다는 뜻이다.
② 설의법을 사용하여 삶에 대한 만족을 표현하고 있다.
③ 자연친화적이지만 자연과 일정한 거리는 유지하고 있다.
④ 속세와 자연에서의 삶을 대비시키고 있다.

39 위 시조의 시어 중 그 의미가 이질적인 것은?

① 산슈간
② 띠집
③ 보리밥 픗ᄂᆞ물
④ 그나믄 녀나믄 일

40 위 시조의 ⓐ~ⓓ에 대한 설명으로 적절하지 않은 것은?

① ⓐ는 세속적 욕망을 추구하는 사람들을 말한다.
② ⓑ는 '하얄 정도로 깨끗함'이라는 뜻으로 ⓐ와 대립되는 시어이다.
③ ⓒ를 통해 화자가 자연 속에서 만족하며 살고 있음을 알 수 있다.
④ ⓓ의 주체는 초장에 나오는 '먼 뫼'이다.

41 위 시조의 ㉠을 가장 바르게 해석한 것으로 옳은 것은?

① 그리워하던 님이 온다 한들 반가움이 이보다 더 하랴
② 그리워하던 님이 온다 하면 그 아니 반가우랴
③ 그리워하던 님이 오니 반가움에 이리 하네
④ 그리워하던 님이 오셔서 반가움이 이보다 더 하랴

정답 및 해설 별책 7p

보리타작(打麥行) _ 정약용

新蒭濁酒如湩白 (신추탁주여동백)	새로 거른 막걸리 젖빛처럼 뿌옇고
大碗麥飯高一尺 (대완맥반고일척)	큰 사발에 보리밥, 높기가 한 자*로세.
飯罷取耞登場立 (반파취가등장립)	밥 먹자 도리깨* 잡고 마당에 나서니
雙肩漆澤翻日赤 (쌍견칠택번일적)	검게 탄 두 어깨 햇볕 받아 번쩍이네. 건강한 농민의 모습
呼邪作聲擧趾齊 (호사작성거지제)	옹헤야 소리 내며 발맞추어 두드리니
須臾麥穗都狼藉 (수유맥수도랑자)	삽시간에 보리 낟알 온 마당에 가득하네. 노동의 결과
雜歌互答聲轉高 (잡가호답성전고)	주고받는 노랫가락 점점 높아지는데
但見屋角紛飛麥 (단견옥각분비맥)	보이느니 지붕 위에 보리 티끌뿐이로다.
觀其氣色樂莫樂 (관기기색락막락)	㉠ 그 기색 살펴보니 즐겁기 짝이 없어
了不以心爲形役 (요불이심위형역)	마음이 몸의 노예 되지 않았네.
樂園樂郊不遠有 (낙원낙교불원유)	낙원이 먼 곳에 있는 게 아닌데 이상향
何苦去作風塵客 (하고거작풍진객)	무엇하러 벼슬길에 헤매고 있으리오. 세속적 욕망

핵/심/정/리

- 갈래 : 한시
- 성격 : 사실적, 묘사적, 반성적
- 제재 : 보리타작
- 주제 : 농민들의 건강한 노동을 통해 얻은 삶의 깨달음.
- 특징 ❶ 농민들의 일상적 생활과 관련된 시어의 사용
  ❷ 시각적이고 동적인 이미지에 의한 현장감과 사실성
  ❸ 조선 후기의 평민 의식 반영

한 자
'자'는 길이의 단위.
한 자는 한 치의 열 배로 약 30.3cm에 해당함.

도리깨
곡식의 낟알을 떠는 데 쓰는 농기구

만점 포인트

1. 「보리타작」의 짜임

기(1~4구)	노동하는 농민들의 건강한 삶	선경(先景)
승(5~8구)	보리타작하는 마당의 역동적 정경	
전(9~10구)	정신과 육체의 조화 속에 이루어지는 노동의 기쁨	후정(後情)
결(11~12구)	관직에 몸담은 화자의 삶에 대한 반성	

2. 「보리타작」의 시상 전개에 따른 화자의 태도 변화

관찰		인식		반성
기(1~4구) 승(5~8구)		전(9~10구)		결(11~12구)
보리타작하는 농민들의 건강한 모습	→	몸과 마음이 합일된, 농민들의 건강한 노동의 즐거움	→	세속적 욕망에 집착하던 자신의 삶 반성

3. 「보리타작」에 드러난 '낙원'과 '벼슬길'의 의미

낙원		벼슬길
• 화자의 이상향 • 소박한 현실 속에서 진정한 삶의 즐거움을 누리는 것 • 농민들의 건강한 삶	↔	• 화자의 현실 • 세속적 권력에 대한 욕망 • 관직에 있는 화자의 삶

바로바로 체크

❶ 농민의 소박한 삶을 보여 주는 시어 2개를 찾아 쓰시오.

❷ 4구에서 두드러진 심상은?

❸ '보리 낟알'이 의미하는 것은?

❹ 세속적인 욕망을 의미하는 시어는?

정답 ❶ 막걸리, 보리밥
❷ 시각적 심상
❸ 노동의 결실
❹ 벼슬길

적중! 출제 예상 문제

42 「보리타작」에 대한 감상으로 적절하지 않은 것은?

① 재치있고 해학적인 표현을 사용하여 당시 어려운 농촌의 현실을 풍자하고 있어.
② '막걸리, 보리밥, 도리깨' 등 평민적인 시어들을 사용하여 친밀감을 주고 있어.
③ 씩씩하게 두드리는 도리깨 소리에서 가난을 딛고 일어서려는 꿋꿋한 의지를 느낄 수 있어.
④ 농민들이 타작하는 모습을 묘사한 후에 자신의 심정을 강조하는 방식으로 시상을 전개했어.

43 「보리타작」의 화자에 대한 설명으로 적절하지 않은 것은?

① 쇠약해진 몸이 건강해지길 원하고 있다.
② 벼슬에 집착했던 자신을 반성하고 있다.
③ 농민에게서 건강한 삶의 모습을 발견하고 있다.
④ 농민들과 같은 건강한 삶을 다짐하고 있다.

44 윗글에는 농민들의 건강한 삶이 구체적으로 묘사되어 있다. 그러한 농민들의 생활을 통한 시적 화자의 반성이 제시되어 있는 시행은?

① 3행 ② 4행
③ 7행 ④ 12행

45 다음 중 ㉠과 가장 거리가 먼 것은?

① 식사하는 분위기 ② 노래하는 분위기
③ 도리깨질하는 분위기 ④ 이야기를 나누는 분위기

정답 및 해설 별책 7p

시집살이 노래 _ 작자 미상

형님 온다 형님 온다 분고개로 형님 온다.
형님 마중 누가 갈까 형님 동생 내가 가지.
형님 형님 사촌 형님 시집살이 어떱뎁까.

➥ 아우 : 형님의 시집살이에 대한 질문

㉠ 이애 이애 그 말 마라 ⓐ 시집살이 개집살이.
언어유희 – 시집살이의 고달픔
앞밭에는 당추 심고 뒷밭에는 고추 심어,
고추 당추 맵다 해도 시집살이 더 맵더라.
둥글둥글 수박 식기(食器)* 밥 담기도 어렵더라.
도리도리 도리소반(小盤) 수저 놓기 더 어렵더라.
오 리(五里) 물을 길어다가 십 리(十里) 방아 찧어다가,
아홉 솥에 불을 때고 열두 방에 자리 걷고,
외나무다리 어렵대야 시아버니같이 어려우랴.
시아버지를 대하는 조심스러움
나뭇잎이 푸르대야 시어머니보다 더 푸르랴.
호된 시어머니에 대한 두려움
㉡ 시아버니 호랑새요 시어머니 꾸중새요
동세 하나 할림새*요 시누 하나 뾰족새요
시아지비 뾰중새요 남편 하나 미련새요
자식 하난 우는 새요 나 하나만 썩는 샐세.
㉢ 귀먹어서 삼 년이요 눈 어두워 삼 년이요
말 못해서 삼 년이요 석 삼 년을 살고 나니,
㉣ 배꽃 같던 요내 얼굴 호박꽃이 다 되었네.
삼단 같던 요내 머리 비사리춤*이 다 되었네.
백옥 같던 요내 손길 오리발이 다 되었네.
열새 무명 반물치마 눈물 씻기 다 젖었네.
두 폭 붙이 행주치마 콧물 받기 다 젖었네.

➥ 형님 : 고된 시집살이에 대한 하소연

울었던가 말았던가 베갯머리 소(沼)* 이겼네.
그것도 소이라고 거위 한 쌍 오리 한 쌍
자식들을 비유함
쌍쌍이 떼 들어오네.

➥ 형님 : 시집살이에 대한 체념

핵/심/정/리
- 갈래 : 민요, 부요(婦謠)
- 성격 : 여성적, 서민적, 풍자적, 해학적
- 제재 : 시집살이
- 주제 : 시집살이의 한(恨)과 체념
- 특징 ❶ 서민들의 소박한 삶의 애환이 드러남.
  ❷ 대표적인 부요(婦謠)의 하나로 시집살이의 어려움과 한(恨)이 절실하게 표현됨.

수박 식기
수박처럼 둥글게 생긴 밥그릇

할림새
고자질을 잘하는 새(할림 : 할리다, 고자질하다)

비사리춤
'비사리'는 싸리나무의 껍질로 노끈을 꼬거나 바닥을 삼을 때 쓰는 것으로 아주 거친 것을 뜻한다.

소(沼)
호수보다는 얕은 물

만점 포인트

1. 「시집살이 노래」의 짜임

기(起)	형님에 대한 반가움과 시집살이에 대한 호기심	화자 – 사촌 동생
서(敍)	고된 시집살이의 괴로움	화자 – 형님
결(結)	시집살이에 대한 해학적인 체념	화자 – 형님

2. 「시집살이 노래」의 표현상의 특징

특징		효과		
• 다양한 비유법 • 언어유희* • 대화 형식 • 반복, 대구, 대조, 열거 • 4음보 율격	+	• 해학성 유발 • 생동감 조성 • 운율감 형성	→	화자의 정서를 생동감 있게 표현함

3. 「시집살이 노래」에 드러난 부요(婦謠)의 특징

향유 계층	평민층의 부녀자
주제	봉건 사회에서 여성이 겪는 불행
형식	후렴구 없이, 4음보 연속체
화자	자신의 감정을 진솔하게 표현하는 여인
성격	불행을 강요하는 도덕적 구속을 인정하지 않고 고발과 항거의 의지가 강하게 드러난 민중의 노래

언어유희
동음이의어, 비슷한 발음의 반복 등 언어를 재미있게 활용하는 말의 표현법

바로바로 체크

❶ 이 노래에 드러난 시적 화자의 상황은?

❷ 이 노래에서 언어유희를 사용하여 고된 시집살이를 나타낸 어휘는?

❸ 이 노래에서 결구에 사용한 주된 표현법과 그 효과는?

정답 ❶ 시집살이의 고통을 느끼는 아녀자
❷ 개집살이
❸ 해학적 표현 – 자식들 때문에 시집살이의 어려움을 체념하고 견뎌야 하는 심정을 드러냄.

적중! 출제 예상 문제

46 이 노래에 대한 설명으로 적절하지 않은 것은?

① 사촌 자매간의 대화 형태로 구성되어 있다.
② 언어유희를 통하여 해학성을 유발하고 있다.
③ 다양한 비유법을 활용하여 생동감 있게 표현하고 있다.
④ 세련되고 우아한 어투로 화자의 처지를 드러낸다.

47 ㉠~㉣에 대한 이해로 적절하지 않은 것은?

① ㉠ : 물음에 대한 답변을 유보하며 사촌 동생의 결혼을 만류하고 있다.
② ㉡ : 시집 식구들을 일일이 지목하여 시집 식구들에 대한 화자의 생각을 드러내고 있다.
③ ㉢ : 며느리로서 감당해야 하는 제약을 제시해 며느리의 처지를 보여 주고 있다.
④ ㉣ : 결혼 전후의 용모 변화를 자연물에 빗대어 시집살이의 고충을 토로하고 있다.

48 ⓐ의 표현법과 시적 화자의 정서를 짝지은 것으로 알맞은 것은?

① 반복법 - 유쾌함
② 언어유희 - 고달픔
③ 은유법 - 절망감
④ 대구법 - 안도감

49 이 시의 화자가 자신의 처지를 해학적으로 표현하여 얻을 수 있는 효과로 적절한 것은?

① 고된 시집살이에 대해 직설적으로 비판한다
② 현실의 고달픔을 회피하려 한다.
③ 삶의 괴로움을 긍정적으로 해소하려는 노력이다.
④ 부정적 현실에 대한 저항 의지를 드러낸다.

정답 및 해설 별책 7p

더 읽어보기

1. 다양한 주제의 시조 : '지조와 충절'

(가) 이 몸이 주거 가셔 무어시 될꼬 하니,
봉래산(蓬萊山) 제일봉에 낙락장송(落落長松) 되야 이셔
백설이 만건곤(滿乾坤)할 제 독야청청(獨也靑靑) 하리라.

|해석| 이 몸이 죽어서 무엇이 될까 하니
봉래산 제일봉에 낙락장송이 되어
흰눈이 온 세상에 가득할 때 홀로 푸르리라.

핵/심/정/리

(가)
- 작가 : 성삼문(1418~1456)
- 성격 : 지사적, 의지적, 비판적
- 주제 : 단종을 향한 굳은 절개와 충성심

(나) 수양산(首陽山) 바라보며 이제(夷齊)를 한(恨)하노라.
주려 주글진들 채미(採薇)도 하난것가.
비록애 푸새앳 거신들 긔 뉘 따헤 낫다니.

|해석| 수양산 바라보며 백이와 숙제를 원망하며 한탄하노라.
굶어 죽을지언정 고사리는 왜 캐어 먹었는가?
비록 산과 들의 풀인들 그것이 누구의 땅에서 나왔는가?

(나)
- 작가 : 성삼문
- 성격 : 지사적, 의지적, 비판적
- 주제 : 단종을 향한 굳은 절개와 충성심. 세조에 대한 저항 의식

2. 다양한 주제의 시조 : '망국의 슬픔과 무상함'

(다) 흥망(興亡)이 유수(有數)하니 만월대(滿月臺)도 추초(秋草)로다.
오백 년 왕업(王業)이 목적(牧笛)에 부쳐시니,
석양(夕陽)에 지나는 객(客)이 눈물계워 하노라.

|해석| 흥하고 망하는 것이 하늘의 운수에 달려 있으니 만월대에도 가을 풀이구나.
오백 년의 왕업이 목동의 피리 소리에 남아 있으니
석양에 길 가는 나그네가 눈물겨워 하는구나.

(다)
- 작가 : 원천석(1330~?)
- 성격 : 회고적, 비유적, 감상적
- 주제 : 고려 왕조의 멸망에 대한 탄식과 무상감

(라) 오백 년 도읍지(都邑地)를 필마(匹馬)로 도라드니,
산천(山川)은 의구(依舊)하되 인걸(人傑)은 간 듸 업다.
어즈버, 태평연월(太平烟月)이 꿈이런가 하노라.

|해석| 오백 년 이어온 도읍지를 말을 타고 돌아보니,
산천은 옛날과 같지만 인걸은 간 데 없구나.
아아, 태평했던 시절이 한낱 꿈이런가 하는구나.

(라)
- 작가 : 길재(1353~1419)
- 성격 : 지사적, 의지적, 비판적
- 주제 : 고려 왕조의 무상함을 한탄함

더 읽어보기

3. 다양한 주제의 시조 : '자연친화'

(마) 십 년(十年)을 경영(經營)하여 초려삼간(草廬三間) 지여 내니,
나 한 간 달 한 간에 청풍(淸風) 한 간 맛져 두고,
강산(江山)은 들일 듸 업스니 둘러 두고 보리라.

|해석| 십 년을 계획하여 초가 삼간 지어 내니
나 한 칸, 달 한 칸에 청풍 한 칸 맡겨 두고
강산은 들여놓을 곳 없으니 병풍처럼 두고 보리라.

(바) 집 방석(方席) 내지 마라. 낙엽(落葉)엔들 못 안즈랴.
솔불 혀지 마라 어제 진 달 도라온다.
아해야 박주산채(薄酒山菜)ㄹ망정 업다 말고 내여라.

|해석| 짚으로 만든 방석을 내지 마라. 낙엽엔들 못 앉겠느냐.
관솔불을 켜지 마라. 어제 졌던 밝은 달이 다시 떠오른다.
아이야, 소박한 술과 나물일지라도 좋으니 없다 말고 내오너라.

4. 다양한 주제의 시조 : '사랑과 그리움'

(사) 동지(冬至)ㅅ달 기나긴 밤을 한 허리를 버혀 내여,
춘풍(春風) 니불 아래 서리서리 너헛다가,
어론 님 오신 날 밤이여든 구뷔구뷔 펴리라.

|해석| 동짓날의 기나긴 밤의 한 가운데를 잘라 내어
봄바람 같은 이불 아래 서리서리 넣어 두었다가
고운 님 오시는 날 밤이 되거든 굽이굽이 펴리라.

(아) ᄆᆞ음이 어린 後(후)ㅣ니 ᄒᆞᄂᆞᆫ 일이 다 어리다.
만중운산(萬重雲山)에 어ᄂᆡ 님 오리마ᄂᆞᆫ
지ᄂᆞᆫ 닙 부ᄂᆞᆫ ᄇᆞ람에 힝여 귄가 ᄒᆞ노라.

|해석| 마음이 어리석으니 하는 일이 모두 어리석구나.
구름이 겹겹이 쌓인 산중으로 어찌 임이 오겠느냐마는
지는 잎 부는 바람에 혹시 그 이인가 하노라.

핵/심/정/리

(마)
- 작가 : 송순(1493~1583)
- 성격 : 전원적, 풍류적, 낭만적, 한정가
- 주제 : 자연친화, 안빈낙도

(바)
- 작가 : 한호(1543~1605)
- 성격 : 한정가(閑情歌), 풍류적, 전원적
- 주제 : 산촌 생활 속의 소박한 풍류, 안빈낙도

(사)
- 작가 : 황진이(?~?)
- 성격 : 낭만적, 감상적, 연정가
- 주제 : 임을 기다리는 절실한 마음, 임을 향한 그리움과 사랑

(아)
- 작가 : 서경덕(1489~1546)
- 성격 : 낭만적, 감상적, 연정가
- 주제 : 임에 대한 기다림과 그리움

더 읽어보기

5. 다양한 주제의 시조 : '우애와 효'

핵/심/정/리

(자)
- 작가 : 박인로(1561~1642)
- 성격 : 애상적, 서정적
- 주제 : 두 아우를 기다리는 마음, 혈육을 그리는 정

(자) 동기로 세 몸 되어 한 몸같이 지내다가
두 아운 어디 가서 돌아올 줄 모르는고.
날마다 석양 문외에 한숨 겨워 하노라.

|해석| 형제로 태어난 세 몸이 한 몸같이 지내다가
두 아우는 어디 가서 돌아올 줄 모르는가.
날마다 석양 문 밖에 서서 한숨 겨워 하노라.

(차)
- 작가 : 박인로
- 성격 : 교훈적, 유교적, 사친가(思親歌)
- 주제 : 돌아가신 부모님을 생각하는 마음, 지극한 효심(孝心)

(차) 盤中(반중) 早紅(조홍)감이 고아도 보이ᄂᆞ다.
유자 아니라도 품엄 즉도 ᄒᆞ다마ᄂᆞᆫ
품어 가 반기리 없슬ᄉᆡ 글노 설워 ᄒᆞᄂᆞ다

|해석| 쟁반 위에 놓인 홍시가 곱게도 보이는구나.
유자가 아니라도 품어 갈 만하지만
품어 가도 반가워해 주실 분이 안 계시므로 서러워하노라.

6. 다양한 주제의 시조 : '해학과 풍자'

(카)
- 작가 : 작자 미상
- 성격 : 풍자적, 우의적, 희화적, 해학적
- 주제 : 탐관오리의 횡포와 허장성세(虛張聲勢) 풍자

(카) 두터비 ᄑᆞ리를 물고 두험 우희 치ᄃᆞ라 안자
것넌 山(산) ᄇᆞ라보니 白松骨(백송골)이 떠잇거ᄂᆞᆯ 가슴이
금즉ᄒᆞ여 풀덕 뛰여 내ᄃᆞᆺ다가 두험 아래 쟛바지거고
모쳐라 ᄂᆞᆯ낸 낼ᄉᆡ망졍 에헐질 번ᄒᆞ괘라.

|해석| 두꺼비가 파리를 물고 두엄 위에 뛰어 올라가 앉아
건너편 산을 바라보니 흰 송골매가 떠 있거늘 가슴이 섬뜩하여
펄쩍 뛰어 내닫다가 두엄 아래 자빠졌구나.
마침 날랜 나였기에 망정이지 피멍이 들 뻔했구나.

(타)
- 작가 : 작자 미상
- 성격 : 해학적, 의지적, 구체적
- 주제 : 삶의 답답함으로부터 벗어나고 싶은 마음

(타) 창 내고쟈 창을 내고쟈 이 내 가슴에 창 내고쟈
고모장지 셰살장지 들장지 열장지 암돌져귀 수돌져귀 ᄇᆡ목걸새
크나큰 쟝도리로 뚝닥 바가 이 내 가슴에 창 내고쟈.
잇다감 하 답답ᄒᆞᆯ 제면 여다져 볼가 ᄒᆞ노라.

|해석| 창 내고자 창을 내고자 이 내 가슴에 창을 내고자
고모장지 세살장지 들장지 열장지 암톨쩌귀 수톨쩌귀 배목걸새
크나큰 장도리로 뚝딱 박아 이내 가슴에 창을 내고자.
이따금 하 답답할 때면 여닫아 볼까 하노라.

03 현대 소설

• 현대 소설의 개념을 이해하고, 실제 작품에 적용하여 감상해 본다.

1 소설

(1) 개념

현실 세계에 있음 직한 일을 작가가 상상력을 통해 꾸며 낸 허구의 이야기

(2) 소설의 특징

산문성	줄글로 이루어진 산문 문학
허구성	작가의 상상력을 통해 꾸며낸 허구적인 이야기
서사성	인물, 사건, 배경을 갖추고 일정한 시간의 흐름에 따른 줄거리가 전개됨.
진실성	삶의 진실한 모습과 바람직한 인간상을 추구함.
예술성	언어를 통해 형식과 표현의 아름다움을 드러냄.
개연성*	현실 세계에서 일어날 법한 이야기를 다룸.

(3) 소설의 3요소

주제	작가가 작품에서 나타내고자 하는 중심 생각
구성	인물, 사건, 배경으로 이루어지는 이야기의 짜임새
문체	작가의 개성이나 사상이 드러나는 문장 표현

(4) 소설 구성의 3요소

인물	소설에 등장하는 허구적 인물
사건	소설 속의 등장인물이 갈등을 통해 벌이는 이야기
배경	사건이 벌어지는 시간・장소, 시대적・사회적 환경

(5) 소설의 구성 단계

발단	인물과 배경이 제시되고, 사건의 실마리가 드러남.
전개	사건이 진행되면서 갈등이 시작됨.
위기	갈등이 더욱 깊어지면서 위기감이 더해짐.
절정	갈등과 긴장이 최고조에 이름.
결말	갈등이 해소되고, 사건이 마무리됨.

비법 전수
현대 소설은 허구적인 이야기입니다. 즉, '인물, 사건, 배경이 왜 이렇게 설정되고 전개되었을까?'를 생각해 본다면 작가가 전달하고 싶었던 주제를 쉽게 이해할 수 있습니다.

개연성
절대적으로 확실하지는 않지만 그럴 것이라고 생각되는 성질로서, 현실 세계가 소설과 반드시 일치하지는 않지만 아마 그럴 것이라고 생각할 수 있는 연관성으로 볼 수 있다.

예 황순원의 「소나기」

발단	소년과 소녀의 만남
↓	
전개	소년과 소녀가 가까워짐
↓	
위기	소년과 소녀가 소나기를 만남
↓	
절정	소년과 소녀가 헤어지게 됨
↓	
결말	소녀의 죽음

2 인물의 유형

(1) 역할에 따라

주동 인물	사건을 주도적으로 이끌어 가는 중심 인물 예 『흥부전』의 흥부
반동 인물	주동 인물과 대립하며 갈등을 빚는 인물 예 『흥부전』의 놀부

(2) 성격 변화에 따라

평면적 인물	성격이 처음부터 끝까지 변하지 않는 인물 예 『홍길동전』의 홍길동*
입체적 인물	환경이나 상황의 변화에 따라 성격이 변하는 인물 예 「소나기」의 소년과 소녀*

(3) 집단의 대표성에 따라

전형적 인물	특정 집단이나 계층을 대표하는 인물 예 『춘향전』의 춘향*
개성적 인물	한 개인만의 독특한 성격이 드러나는 인물 예 『박씨전』의 박씨*

『홍길동전』의 홍길동
홍길동은 소설의 처음부터 끝까지 당시 사회 제도에 대해 비판적·저항적 태도로 적극적인 성격을 유지한다.

「소나기」의 소년과 소녀
'소년'과 '소녀'는 소설의 전개에 따라 성격이 서로 상반되게 변하는 경향을 보인다.
- 소년 : 소극적 → 적극적
- 소녀 : 적극적 → 소극적

『춘향전』의 춘향
춘향이는 이몽룡을 향한 일편단심을 통해 당시 절개를 중시하던 전형적인 여인상을 드러낸다.

『박씨전』의 박씨
박씨는 병자호란의 치욕을 소설 속에서 통쾌하게 해소시켜 주는 '영웅적 인물'로서 당시 소극적인 여성상과는 다른 성격을 보여준다.

3 인물의 성격 제시 방법

직접 제시 (= 말하기)	서술자가 직접 인물의 행동이나 심리 상태를 말하는 방법 예 일터에서의 그이는 다소 무뚝뚝하고 뻣뻣하다.
간접 제시 (= 보여주기)	인물의 대화나 행동을 통해 독자가 짐작하도록 하는 방법 예 그이는 일터에서는 웃는 법이 없고, 대답도 늘 단답형이었다.

4 소설의 시점

(1) 개념

서술자가 인물이나 사건을 어떻게 바라보면서 전달하느냐에 따른 서술자의 위치

(2) 종류

1인칭	1인칭 주인공 시점	작품 속 주인공인 '나'가 자신의 이야기를 전달함. 예 김유정의 「동백꽃」
	1인칭 관찰자 시점	작품 속의 '나'가 다른 인물(주인공)의 이야기를 관찰하여 전달함. 예 주요섭의 「사랑손님과 어머니」
3인칭	작가 관찰자 시점	작가가 작품 밖에서 인물의 행동이나 말 등을 객관적으로 전달함. 예 황순원의 「소나기」
	전지적 작가 시점	작가가 인물과 사건에 대해 모든 것을 아는 전지전능한 입장에서 서술함. 예 허균의 『홍길동전』

5 소설의 갈등

(1) 개념

등장인물이 겪게 되는 내면적 혼란이나, 그를 둘러싼 외부 요소가 대립되어 서로 복잡하게 얽혀 있는 상태로 '사건'의 계기가 된다.

(2) 종류

<table>
<tr><td>내적 갈등</td><td colspan="2">인물의 내면에서 일어나는 심리적 갈등</td></tr>
<tr><td rowspan="4">외적 갈등</td><td>개인 – 개인</td><td>성격이나 상황, 사고방식이 대립되는 인물 사이에서 일어나는 갈등</td></tr>
<tr><td>개인 – 사회</td><td>개인이 속해 있는 사회적 환경 또는 제도로 인해 겪는 갈등</td></tr>
<tr><td>개인 – 운명</td><td>개인이 타고난 운명 때문에 겪는 갈등</td></tr>
<tr><td>집단 – 집단</td><td>서로 다른 입장과 가치관을 지닌 집단 사이에서 일어나는 갈등</td></tr>
</table>

6 작품의 감상의 관점

<table>
<tr><td>내재적 관점</td><td colspan="2">• 인물, 사건, 배경, 문체, 구조 등 작품 내부의 표현 요소를 바탕으로 작품을 해석하는 관점
• 절대론적 관점이라고 함.</td></tr>
<tr><td rowspan="3">외재적 관점</td><td>사회적 배경</td><td>• 작품에 나타난 현실이 당시의 시대적 배경을 어떻게 반영하고 있는지를 중심으로 해석하는 방법
• 반영론적 관점이라고 함.</td></tr>
<tr><td>작가</td><td>• 작가의 생애, 체험, 사상, 감정 및 의도를 중심으로 작품을 해석하는 방법
• 표현론적 관점이라고 함.</td></tr>
<tr><td>독자</td><td>• 작품이 독자에게 어떤 가르침, 교훈, 감동을 주었는가를 중심으로 작품을 해석하는 방법
• 효용론적 관점이라고 함.</td></tr>
</table>

예 소설 『홍길동전』을 읽고

<table>
<tr><td>내재적 관점</td><td colspan="2">“허구적 사건과 전기적 장면을 통해 홍길동의 영웅적 면모를 드러낸 점이 인상 깊었다.”</td></tr>
<tr><td rowspan="3">외재적 관점</td><td>사회적 배경</td><td>“서자인 길동에게 호부호형도 허용되지 않은 것을 보니 당시 사회의 신분 차별이 얼마나 심했는지 알 수 있었다.”</td></tr>
<tr><td>작가</td><td>“이 글의 작가인 허균 역시 신분 차별을 받았다고 하는데, 그래서인지 길동이가 하는 말에 절절한 한(恨)이 묻어나는 것 같았다.”</td></tr>
<tr><td>독자</td><td>“나는 이 소설을 읽고, 그 동안 소극적이었던 나의 태도에 대해 반성할 수 있었다.”</td></tr>
</table>

메밀꽃 필 무렵 _ 이효석

허 생원은 오늘 밤도 그 이야기를 끄집어내려는 것이다. 조 선달은 친구가 된 이래 귀에 못이 박히도록 들어 왔다. 그렇다고 싫증을 낼 수도 없었으나, 허 생원은 시침을 떼고 되풀이할 대로는 되풀이하고야 말았다.

(그 이야기를: 여러 번 반복되었음을 알 수 있음)

"달밤에는 그런 이야기가 격에 맞거든."

(그런 이야기: 성 서방네 처녀와의 추억)

조 선달 편을 바라는 보았으나, 물론 미안해서가 아니라 달빛에 감동하여서다. 이지러는 졌으나* 보름을 가제 지난 달은 부드러운 빛을 흐붓이 흘리고 있다. 대화까지는 칠십 리의 밤길, 고개를 둘이나 넘고 개울을 하나 건너고 벌판과 산길을 걸어야 된다.

길은 지금 긴 산허리에 걸려 있다. 밤중을 지난 무렵인지 죽은 듯이 고요한 속에서 짐승 같은 달의 숨소리가 손에 잡힐 듯이 들리며, 콩 포기와 옥수수 잎새가 한층 달에 푸르게 젖었다. 산허리는 온통 메밀밭이어서 피기 시작한 꽃이 소금을 뿌린 듯이 흐붓한 달빛에 숨이 막힐 지경이다. 붉은 대궁이 향기같이 애잔하고, 나귀들의 걸음도 시원하다.

길이 좁은 까닭에 세 사람은 나귀를 타고 외줄로 늘어섰다. 방울 소리가 시원스럽게 딸랑딸랑 메밀밭께로 흘러간다. 앞장선 허 생원의 이야기 소리는 꽁무니에 선 동이에게는 확적히는 안 들렸으나, 그는 그대로 개운한 제 멋에 적적하지는 않았다.

"장 선 꼭 이런 날 밤이었네. 객줏집 토방이란 무더워서 잠이 들어야지. 밤중은 돼서 혼자 일어나 개울가에 목욕하러 나갔지. 봉평은 지금이나 그제나 마찬가지지. 보이는 곳마다 메밀밭이어서 개울가가 어디 없이 하얀 꽃이야. 돌밭에 벗어도 좋을 것을 달이 너무도 밝은 까닭에 옷을 벗으러 물방앗간으로 들어가지 않았나. 이상한 일도 많지. 거기서 난데없는 성 서방네 처녀와 마주쳤단 말이네. 봉평서야 제일가는 일색이었지."

(달이 너무도 밝은 까닭에 옷을 벗으러 물방앗간으로 들어가지 않았나: 성 서방네 처녀와 만나게 된 계기)

"팔자에 있었나 부지."

아무렴 하고 응답하면서 말머리를 아끼는 듯이 한참이나 담배를 빨 뿐이었다. 구수한 자줏빛 연기가 밤기운 속에 흘러서는 녹았다.

핵/심/정/리

- 갈래 : 단편 소설, 순수 소설, 낭만 소설
- 성격 : 서정적, 낭만적, 사실적
- 배경 ┌시간 : 1920년대 어느 여름 낮부터 밤까지
  └공간 : 강원도 봉평에서 대화 장터로 가는 길
- 시점 : 전지적 작가 시점
- 주제 : 떠돌이 삶의 애환과 육친의 정(情)
- 특징 ❶ 서정적이며 시적인 문체
  ❷ 공간의 이동에 따라 인물 간 관계가 변화
  ❸ 자연적 배경을 참신하고 세밀하게 묘사

이지러지다
달이 한쪽이 차지 않다.

"날 기다린 것은 아니었으나, 그렇다고 달리 기다리는 놈팽이가 있은 것두 아니었네. 처녀는 울고 있단 말야. 짐작은 대고 있었으나 성 서방네는 한창 어려워서 들고날 판인 때였지. 한집안 일이니 딸에겐들 걱정이 없을 리 있겠나. 좋은 데만 있으면 시집도 보내련만 시집은 죽어도 싫다지……. 그러나 처녀란 울 때같이 정을 끄는 때가 있을까. 처음에는 놀라기도 한 눈치였으나 걱정 있을 때는 누그러지기도 쉬운 듯해서 이럭저럭 이야기가 되었네……. 생각하면 무섭고도 기막힌 밤이었어."

"제천인지로 줄행랑을 놓은 건 그 다음 날이었나?"

"다음 장도막에는 벌써 온 집안이 사라진 뒤였네. 장은 소문에 발끈 뒤집혀 고작해야 술집에 팔려 가기가 상수라고, 처녀의 뒷공론이 자자들 하단 말이야. 제천 장판을 몇 번이나 뒤졌겠나. 하나 처녀의 꼴은 꿩 궈 먹은 자리야. 첫날밤이 마지막 밤이었지. 그때부터 봉평이 마음에 든 것이 반평생을 두고 다니게 되었네. 평생인들 잊을 수 있겠나."

〈중략〉

흐려지는 눈을 까물까물하다가 허 생원은 경망하게도 발을 빗디뎠다. 앞으로 고꾸라지기가 바쁘게 몸째 풍덩 빠져 버렸다. 허우적거릴수록 몸을 걷잡을 수 없어, 동이가 소리를 치며 가까이 왔을 때에는 벌써 퍽이나 흘렀었다. 옷째 쫄딱 젖으니 물에 젖은 개보다도 참혹한 꼴이었다. 동이는 물속에서 어른을 해깝게 업을 수 있었다. 젖었다고는 하여도 여윈 몸이라 장정 등에는 오히려 가벼웠다.

"이렇게까지 해서 안됐네. 내 오늘은 정신이 빠진 모양이야."

"염려하실 것 없어요."

"그래, 모친은 아비를 찾지는 않는 눈치지?"

"늘 한 번 만나고 싶다고는 하는데요."

"지금 어디 계신가?"

"의부와도 갈라져서 제천에 있죠. 가을에는 봉평에 모셔 오려고 생각 중인데요. 이를 물고 벌면 이럭저럭 살아갈 수 있겠죠."

"아무렴, 기특한 생각이야. 가을이랬다?"

동이의 탐탁한 등어리가 뼈에 사무쳐 따뜻하다. 물을 다 건넜을 때에는 도리어 서글픈 생각에 좀 더 업혔으면도 하였다.

동이에게 특별한 감정을 갖게 된 허생원

허 생원은 젖은 옷을 웬만큼 짜서 입었다. 이가 덜덜 갈리고 가슴이 떨리며 몹시도 추웠으나, 마음은 알 수 없이 둥실둥실 가벼웠다.

"주막까지 부지런히들 가세나. 뜰에 불을 피우고 훗훗이 쉬어. 나귀에겐 더운물을 끓여 주고. 내일 대화 장 보고는 제천이다."

"생원도 제천으로……?"

"오래간만에 가 보고 싶어. 동행하려나, 동이?"

나귀가 걷기 시작하였을 때 동이의 채찍은 왼손에 있었다. 오랫동안 아둑시니같이 눈이 어둡던 허 생원도 요번만은 동이의 왼손잡이가 눈에 뜨이지 않을 수 없었다.

걸음도 해깝고 방울 소리가 밤 벌판에 한층 청청하게 울렸다.

달이 어지간히 기울어졌다.

시간의 흐름

만점 포인트

1. 「메밀꽃 필 무렵」의 짜임과 줄거리

발단	봉평 장터에서의 일
봉평 장에서 장돌뱅이인 허 생원은 조 선달을 따라 충줏집에 가서 동이라는 애송이 장돌뱅이가 충줏집과 수작을 하는 것을 보게 된다. 허 생원은 화를 내며 동이를 쫓아내지만 곧 화해한다.	
전개	메밀밭을 걷는 세 사람
그날 밤 세 사람은 동행하게 되고, 허 생원은 오래 전 물방앗간에서 성 서방네 처녀를 만나 함께 밤을 지냈던 추억을 이야기한다.	
절정	동이의 어머니 이야기
동이가 자신의 어머니 이야기를 하고, 동이 어머니의 친정이 봉평이라는 이야기를 들은 허 생원은 냇물을 건너다 냇물에 빠지게 된다.	
결말	동이와 허 생원의 관계 암시

동이와 허 생원의 관계 암시 : 허 생원이 동이의 등에 업혀서 냇물을 건넌 후, 동이가 자신과 같은 왼손잡이라는 점을 발견한다.

2. 등장인물 소개

① 허 생원 : 성 서방네 처녀와의 단 한 번의 인연을 간직한 채 정처 없이 장돌뱅이 생활로 일생을 지낸 인물

② 조 선달 : 허 생원과 함께 장돌뱅이 생활을 하며 그의 이야기를 듣는 인물

③ 동이 : 충줏집 일로 허 생원에게 혼나지만 허 생원이 곤경에 처했을 때 도와주며, 허 생원의 친자로 예상되는 인물

3. 「메밀꽃 필 무렵」의 이중적 구성

현재	↔ 달밤 매개체	과거
• 허 생원, 조 선달, 동이 • 봉평에서 대화로 넘어가는 산길(달밤) • 인간의 혈육에 대한 애정		• 허 생원, 성 서방네 처녀 • 봉평의 어느 물방앗간(달밤) • 젊은 날의 사랑과 유랑의 삶

바로바로 체크

❶ 허 생원과 조 선달의 직업은?

❷ 허 생원이 잊을 수 없었던 '꼭 한 번의 첫 일'은?

❸ 허 생원의 현재와 과거의 추억을 연결해 주는 매개체는?

정답 ❶ 장돌뱅이
❷ 성 서방네 처녀와의 인연
❸ 달밤

적중! 출제 예상 문제

01 윗글의 서술상 특징으로 가장 적절한 것은?

① 인물의 내적 독백을 통해 주제를 암시하고 있다.
② 순우리말을 살려 토속적인 분위기를 자아낸다.
③ 갈등의 해소를 통해 서술자의 시각을 드러내고 있다.
④ 다양한 인물들을 통해 시대의 분위기를 드러내고 있다.

02 '달밤'이라는 시간적 배경이 소설 전체에 미치는 영향에 대한 설명으로 거리가 먼 것은?

① 과거의 인연을 아름답게 형상화하고 있다.
② 서정적이고 낭만적인 분위기를 연출하고 있다.
③ 현실의 외로움을 도피하려는 태도를 드러낸다.
④ 인간의 순수한 본연의 감정을 이끌어 내고 있다.

03 〈보기〉는 윗글을 읽고 '허 생원'에게 '봉평'이 지니는 의미를 파악하기 위해 토론한 내용이다. 적절한 의견으로 묶인 것은?

보 기

ㄱ. 허 생원은 줄곧 봉평 인근을 돌아다니고 있어. 허 생원에게 봉평은 마음의 구심점인 셈이지.
ㄴ. 허 생원은 달밤이면 언제나 봉평에서 겪었던 무섭고도 기막힌 일을 이야기하고 있어. 달밤의 분위기가 그런 비현실적인 이야기를 하게끔 만드는 거지. 봉평은 허 생원을 현실 너머로 이어 주는 상상의 통로야.
ㄷ. 허 생원은 젊었을 때 모았던 돈을 투전으로 다 날리고 평생토록 가정도 꾸리지 못했어. 허 생원에게 봉평은 젊은 시절의 잘못된 삶을 반성하게 하는 곳이지.
ㄹ. 허 생원은 봉평에서 성 서방네 처녀와 평생 잊지 못할 인연을 맺었어. 허 생원에게 봉평은 가난하고 쓸쓸한 삶을 견디게 해 주는 추억이 깃들어 있는 곳이지.

① ㄱ, ㄷ　　② ㄱ, ㄹ
③ ㄴ, ㄷ　　④ ㄴ, ㄹ

정답 및 해설 결책 11p

태평천하 _ 채만식

핵/심/정/리

- 갈래 : 풍자 소설, 가족사 소설
- 성격 : 비판적, 풍자적
- 배경 : 1930년대 서울, 평민 출신의 대지주 집안
- 시점 : 전지적 작가 시점
- 주제 : 개화기에서 일제 강점기에 이르는 윤 직원 일가의 타락한 삶과 몰락 과정
- 특징 ❶ 반어와 희화화를 통해 인물을 풍자함.
  ❷ 판소리 사설의 문체를 사용함.

| 앞부분의 줄거리 | 서울의 대지주인 윤 직원 영감은 인력거의 삯도 깎으려 하고, 기생을 데리고 다니면서도 아무것도 주려고 하지 않는 구두쇠이다. 그런 그에게도 구한말 화적들에게 아버지가 죽임을 당한 아픈 기억이 있다. 그래서 윤 직원 영감은 불한당을 막아 주고 자신의 안전을 보장해 준다고 생각하여, 진심으로 그들에게 고마워하며 경찰서 무도장을 짓는 데 아낌없이 기부한다. 그는 재산을 지키기 위해 양반을 사고 족보에 도금을 하는 한편, 손자 윤종수와 윤종학을 군수와 경찰서장으로 만들어 가문을 빛내고자 한다. 그러나 아들 윤창식은 노름을 하며 가산을 탕진하고, 손자 윤종수 또한 방탕한 생활을 한다. 며느리나 손자 며느리도 고분고분하지가 않고 딸마저 소박맞고 와서 같이 살고 있다. 윤 직원 영감은 일본에서 유학 중인 손자 윤종학에게 모든 기대를 걸고 있다.

마침 이때, 마당에서 헴헴, 점잖은 밭은기침 소리가 납니다. 창식이 윤주사가 조금 아까야 일어나서, 간밤에 동경서 온 전보 때문에 억지로 억지로 큰댁 행보를 하던 것입니다. (윤 직원과 아들 창식의 사이가 좋지 않음) 윤주사는 토방으로 내려서는 아들 종수더러, 언제 왔느냐고, 심상히 알은체를 하면서, 역시 토방으로 내려서는 두 며느리의 삼가로운 무언의 인사와, 마루까지만 나선 이복 누이동생 서울아씨의 입인사를 받으면서, 방으로 들어가서는 부친 윤직원 영감한테 절을 한자리 꾸부리고서, 아들 종수한테 한자리 절과, 이복동생 태식이한테 경례를 받은 후, 비로소 한 옆으로 꿇어앉습니다.

"해가 서쪽으로 뜨겄구나?" (못마땅한 태도)

윤직원 영감은 아들의 이렇듯 부르지도 않은 걸음을, 더우기나 안방에 까지 들어온 것을 이상타고 꼬집는 소립니다.

"…… 멋하러 오냐? 돈 달라러 오지?"

"동경서 ⓐ 전보가 왔는데요 ……"

지체를 바꾸어, 윤주사를 점잖고 너그러운 아버지로, 윤직원 영감을 속사납고 경망스런 어린 아들로 둘러놓았으면 꼬옥 맞겠습니다.

"동경서? 전보?"

"종학이놈이 경시청에 붙잽혔다구요!"

"으엉?"

외치는 소리도 컸거니와 엉덩이를 꿍 찧는 바람에, 하마 방구들이 내려앉을 뻔했습니다. 모여선 온 식구가 제가끔 정도에 따라 제각기 놀란 것은 물론이구요. 윤직원 영감은 마치 묵직한 몽치로 뒤통수를 얻어맞은 양 정신이 멍해서

입을 벌리고 눈만 휘둥그랬지, 한동안 말을 못하고 꼼짝도 않습니다.

그러다가 이윽고 으르렁거리면서 잔뜩 쪼글트리고 앉습니다.

"거, 웬 소리냐? 으응? 으응?…… 거 웬 소리여? 으응? 으응?"

"그놈 동무가 친 전본가 본데, 전보가 돼서 자세는 모르겠습니다."

윤 주사는 조끼 호주머니에서 간밤의 그 전브를 꺼내어 부친한테 올립니다. 윤 직원 영감은 채듯 전보를 받아 쓰윽 들여다보더니 커다랗게 읽습니다. 물론 원문은 일문이니까 몰라보고, 윤 주사네 서사 민 서방이 번역한 그대로지요.

"종학, 사—상 관계—로, 경—시청에 피검!…… 이라니? 이게 무슨 소리다냐?"

"종학이가 사상 관계로 경시청에 붙잽혔다는 뜻일 테지요!"

"사상 관계라니?"

"그놈이 사회주의에 참예를……."

"으엉?"

아까보다 더 크게 외치면서, 벌떡 뒤로 나동그라질 뻔하다가 겨우 몸을 가눕니다.

ⓑ 윤 직원 영감은 먼저에는 몽치로 뒤통수를 얻어맞은 것같이 멍했지만, 이번에는 앉아 있는 땅이 지함을 해서 수천 길 밑으로 꺼져 내려가는 듯 정신이 아찔했습니다.

그러나 그것은 결단코 자기가 믿고 사랑하고 하는 종학이의 신상을 여겨서가 아닙니다.

윤 직원 영감은 시방 종학이가 사회주의를 한다는 그 한 가지 사실이 진실로 옛날의 드세던 부랑당 패가 백 길 천 길로 침노하는 그것보다도 더 분하고, 물론 무서웠던 것입니다.

진(秦)나라를 망할 자 호(胡)라는 예언을 듣고서, 변방을 막으려 만리장성을 쌓던 진시황(= 윤 직원 영감), 그는 진나라를 망한 자 호가 아니요, 그의 자식 호해(胡亥)(= 종학)임을 눈으로 보지 못하고 죽었으니, 오히려 행복이라 하겠습니다.

"사회주의라니? 으응? 으응?……"

윤직원 영감은 사뭇 사람을 아무나 하나 잡아 먹을 듯, 집이 떠나게 큰소리로 포효(咆哮)를 합니다.

"…… 으응 ? 그놈이 사회주의를 허다니! 으응? 그게, 참말이냐? 참 말이여?"

"허긴 그놈이 작년 여름방학에 나왔을 때버틈 그런 기미가 좀 뵈긴 했어요!"

"그러머넌 참말이구나! 그러머넌 참말이여, 으응!"

윤직원 영감은 이마로 얼굴로 땀이 방울방울 배어오릅니다.

"…… 그런 쳐죽일 놈이, 깎어죽여두 아깝잖을 놈이! 그놈이 경찰서장 허라닝개루, 생판 사회주의허다가 뎁다 경찰서에 잽혀? 으응?…… 오사 육시를 헐 놈이, 그놈이 그게 어디 당헌 것이라구 지가 사회주의를 히여? 부자놈의 자식이 무엇이 대껴서 부랑당패에 들어?……"

아무도 숨도 크게 쉬지 못하고, 고개를 떨어뜨리고 섰기 아니면 앉았을뿐, 윤직원 영감이 잠깐 말을 그치자 방안은 물을 친 듯이 조용합니다.

"…… 오죽이나 좋은 세상이여? 오죽이나 ……"

윤 직원 영감이 생각하는 태평천하

윤직원 영감은 팔을 부르걷은 주먹으로 방바닥을 땅 치면서 성난 황소가 영각을 하듯 고함을 지릅니다.

"화적패가 있너냐아? 부랑당 같은 수령(守令)들이 있너냐?…… 재산이 있대야 도적놈의 것이요, 목숨은 파리 목숨 같던 말세(末世)넌 다 지내가고오…… 자 부아라, 거리거리 순사요, 골골마다 공명헌 정사(政事), 오죽이나 좋은 세상이여 …… 남은 수십만 명 동병(動兵)을 히여서, 우리 조선놈 보호히여주니, 오죽이나 고마운 세상이여? 으응 ?…… 제것 지니고 앉아서 편안허게 살 태평세상, 이걸 태평천하라구 허는 것이여 태평천하!…… 그런디 이런 태평천하에 태어난 부자놈의 자식이, 더군다나 왜지 가 떵떵거리구 편안허게 살 것이지, 어찌서 지가 세상 망쳐놀 부랑당패에 참섭을 헌담 말이여, 으응?"

땅 방바닥을 치면서 벌떡 일어섭니다. 그 몸짓이 어떻게도 요란스럽고 괄괄한지, 방금 발광이 되는가 싶습니다. 아닌게 아니라 모여선 가권*들은 방바닥 치는 소리에도 놀랐지만, 이 어른이 혹시 상성*이 되지나 않는가하는 의구의 빛이 눈에 나타남을 가리지 못합니다.

"…… 착착 깎어 죽일 놈!…… 그놈을 내가 핀지히여서, 백년 지녁을 살리라구 헐걸! 백년 지녁 살리라구 헐 테여 …… 오냐, 그놈을 3천석거리는 직분(分財)하여 줄라구 히였더니, 오냐, 그놈 3천석거리를 톡톡 팔어서, 경찰서으다가 사회주의 허는 놈 잡어 가두는 경찰서으다가 주어버릴걸! 으응, 죽일 놈!"

마지막의 으응 죽일 놈 소리는 차라리 울음소리에 가깝습니다.

"…… 이 태평천하에! 이 태평천하에 ……"

가권
가족

상성
미침

만점 포인트

1. 「태평천하」의 짜임

발단	윤 직원은 인력거 삯을 깎기도 하고, 나이 어린 기생을 데리고 다니면서도 아무것도 주려 하지 않는다.
전개	윤 직원은 자신의 아버지가 구한말 시절에 화적들의 습격을 받아서 죽었던 집안의 내력을 가슴에 안고 **일제의 권력과 결탁**해 돈을 모은다.
위기	윤 직원의 아들 창식은 노름으로 밤을 새며 가산을 탕진하고, 군수를 시키려던 손자 종수는 아버지의 첩 옥화와 연애를 한다.
절정	윤 직원은 착실한 손자 종학에게 기대를 걸었지만, 종학이 **사상 관계로 피검되었다는 전보**를 받는다.
결말	윤 직원은 사회주의 운동을 한 종학에게 충격을 받고 분노를 느낀다.

2. 「태평천하」의 '전보'의 의미와 기능

이 작품에서 풍자의 대상이 되지 않는 인물은 종학뿐인데 작가는 종학을 긍정적으로 바라보고 있으며 윤 직원 일가는 손자 종학이 사회주의 운동으로 검거되었다는 전보를 받은 후 몰락의 길로 접어들게 된다.

구분	'전보'의 여러 가지 기능
사실의 전달	윤종학이 검거되었음을 알림
서사의 전개	사건 전개에 극적인 반전을 유도
인물의 제시	이 작품에서 유일한 긍정적 인물이지만 사상범인 까닭에 전면에 등장시키기 곤란한 종학을 간접적으로 제시
주제의 암시	윤 직원 집안의 몰락을 예고

3. 「태평천하」의 표현상의 특징

경어체의 문장	독자와의 거리를 좁히면서 인물을 **풍자, 조롱**
서술자의 직접 개입	판소리 사설과 비슷한 문체로, 인물과 사건에 대한 작가의 생각과 판단을 드러냄
풍자적 수법	겉으로는 치켜세우지만 실제로는 격하시키는 반어적 표현으로 인물을 풍자함

바로바로 체크

❶ 이 소설의 표현상의 특징은?

❷ 이 소설에서 종학의 역할은?

❸ 윤 직원이 일제 강점기를 '태평천하'라고 여기는 이유는?

정답 ❶ 경어체와 사투리 사용, 서술자 개입, 풍자적 수법
❷ 윤 직원 집안의 몰락의 원인이자 우리 민족이 나아가야 할 방향
❸ 일본 순사들이 자신의 재산을 지켜주었고 자신은 친일을 통해 부를 누릴 수 있었기 때문에

적중! 출제 예상 문제

04 **윗글에 대한 설명으로 적절하지 않은 것은?**

① 가족사 소설의 전형적인 모습을 보인다.
② 윤 직원 영감의 일가를 통해 사회적 모순을 그리고 있다.
③ 서술자가 작품 내부에서 관찰자의 시선으로 서술하여 독자와 객관적인 거리를 유지하고 있다.
④ 속물적인 인물을 전면에 내세워 부정적인 면모를 풍자하며 작가의 의도를 강조하고 있다.

05 **윗글의 ⓐ의 기능으로 적절하지 않은 것은?**

① 사건 전개에 극적인 반전을 유도한다.
② 윤 직원 영감 집안의 몰락을 예고한다.
③ 종학이 사회주의 운동을 하다가 피검되었음을 알린다.
④ 손자인 윤 주사를 억지로 큰댁 행보를 하게 만들었다.

06 **ⓑ에 나타난 인물의 심리로 가장 적절한 것은?**

① 망연자실(茫然自失) ② 이심전심(以心傳心)
③ 전전반측(輾轉反側) ④ 부화뇌동(附和雷同)

07 **다음 중 '윤 직원 영감'의 생각으로 옳지 않은 것은?**

① 윤 직원 영감은 종학이 사회주의에 참여한 사실을 알고 좌절과 절망을 한다.
② 윤 직원 영감은 일제 강점기를 자신의 재산을 지킬 수 있는 태평천하라 생각한다.
③ 윤 직원 영감은 사회주의가 구한말 화적패와 같이 나쁜 것이라고 생각하여 반감을 가지고 있다.
④ 윤 직원 영감은 결국 일제 강점기 현실의 구조적 문제를 해결하기 위해 사회주의 운동에 참여하기로 생각한다.

정답 및 해설 별책 11p

돌다리 _ 이태준

| 앞부분 줄거리 | 의사가 된 아들은 병원을 확장하기 위해 시골에 있는 농토를 팔려는 생각으로 고향에 내려온다. 아버지는 나무다리가 새로 놓인 뒤 동네 사람들에게 잊혀가던 돌다리를 고치기 위해 애를 쓰고 있다.

아들은, 의사인 아들은, 마치 환자에게 치료 방법을 이르듯이, 냉정히 차근차근히 이야기를 시작하였다.「외아들인 자기가 부모님을 진작 모시지 못한 것이 잘못인 것, 한집에 모이려면 자기가 병원을 버리기보다는 부모님이 농토를 버리시고 서울로 오시는 것이 순리인 것, 병원은 나날이 환자가 늘어 가나 입원실이 부족되어 오는 환자의 삼분지 일밖에 수용 못 하는 것, 지금 시국에 큰 건물을 새로 짓기란 거의 불가능의 일인 것, 마침 교통 편한 자리에 삼층 양옥이 하나 난 것, 인쇄소였던 집인데 전체가 콘크리트여서 방화 방공으로 가치가 충분한 것, 삼층은 살림집과 직공들의 합숙실로 꾸미었던 것이라 입원실로 변장하기에 용이한 것, 각층에 수도・가스가 다 들어온 것, 그러면서도 가격은 염한 것, 염하기는 하나 삼만이천 원이라, 지금의 병원을 팔면 일만오천 원쯤은 받겠지만 그것은 새집을 고치는 데와, 수술실의 기계를 완비하는 데 다 들어갈 것이니 집값 삼만이천 원은 따로 있어야 할 것, 시골에 땅을 둔대야 일 년에 고작 삼천 원의 실리가 떨어질지 말지 하지만 땅을 팔아다 병원만 확장해 놓으면, 적어도 일 년에 만 원 하나씩은 이익을 뽑을 자신이 있는 것, 돈만 있으면 땅은 이담에라도, 서울 가까이라도 얼마든지 좋은 것으로 살 수 있는 것…….」아버지는 아들의 의견을 끝까지 잠잠히 들었다. 그리고,

「 」: 땅을 팔아야 하는 이유, 자기 중심적

"점심이나 먹어라. 나두 좀 생각해 봐야 대답허겠다."

하고는 다시 개울로 나갔고, 떨어졌던 ㉠ 다릿돌을 올려놓고야 들어와 그도 점심상을 받았다.

점심을 자시면서였다.

"원, 요즘 사람들은 힘두 줄었나 봐! 그 다리 첨 놀 제 내가 어려서 봤는데 불과 여남은이서 거들던 돌인데 장정 수십 명이 한나잘을 씨름을 허다니!"

핵/심/정/리
- 갈래 : 단편 소설
- 성격 : 사실적, 교훈적, 비판적
- 제재 : 돌다리, 땅
- 시점 : 전지적 작가 시점
- 배경 : 일제 말기 농촌 마을
- 주제 : 땅에 대한 가치관의 차이와 물질 만능주의 사회에 대한 비판
- 특징 ❶ 아들과 아버지의 가치관의 대립이 두드러짐
  ❷ 상징적인 소재를 통해 작가의 생각을 드러냄

"나무다리가 있는데 건 왜 고치시나요?"

"너두 그런 소릴 허는구나. 나무가 돌만 허다든? 넌 그 다리서 고기 잡던 생각두 안 나니? 서울루 공부 갈 때 그 다리 건너서 떠나던 생각 안 나니? 시쳇사람들 모두 인정이란 게 사람헌테만 쓰는 건 줄 알드라! 내 할아버니 산소에 상돌을 그 다리로 건네다 모셨구, 내가 천잘끼구 그 다리루 글 읽으러 댕겼다. 네 어미두 그 다리루 가말 타구 내 집에 왔어. 나 죽건 그 다리루 건네다 묻어라……. 난 서울 갈 생각 없다."

"네?"

"천금이 쏟아진대두 난 땅은 못 팔겠다. 내 아버님께서 손수 이룩허시는 걸 내 눈으루 본 밭이구, 내 할아버님께서 손수 피땀을 흘려 모신 돈으루 작만허신 논들이야. 돈 있다구 어디 가 느르지논 같은 게 있구, 독시장밭 같은 걸 사? 느르지논 둑에 선 느티나문 할아버님께서 심으신 거구, 저 사랑 마당에 은행나무는 아버님께서 심으신 거다. 그 나무 밑에를 설 때마다 난 그 어른들 동상(銅像)이나 다름없이 경건한 마음이 솟아 우러러보군 헌다. 땅이란 걸 어떻게 일시 이해를 따져 사구팔구 허느냐? 땅 없어 봐라, 집이 어딨으며 나라가 어딨는 줄 아니? 땅이란 천지만물의 근거야. 돈 있다구 땅이 뭔지두 모르구 욕심만 내 문서 쪽으로 사 모기만 하는 사람들, 돈놀이처럼 변리만 생각허구 제 조상들과 그 땅과 어떤 인연이란 건 도시 생각지 않구 헌신짝 버리듯 하는 사람들, 다 내 눈엔 괴이한 사람들루밖엔 뵈지 않드라."

물질적 가치만으로 땅을 대하는 사람들에 대한 비판

"……."

"네가 뉘 덕으로 오늘 의사가 됐니? 내 덕인 줄만 아느냐? 내가 땅 없이 뭘루? 밭에 가 절하구 논에 가 절해야 쓴다. 자고로 하늘 하늘 허나 하늘의 덕이 땅을 통허지 않군 사람헌테 미치는 줄 아니? 땅을 파는 건 그게 하늘을 파는 거나 다름없는 거다."

"……."

"땅을 밟구 다니니까 땅을 우섭게들 여기지? 땅처럼 응과(應果)*가 분명헌게 무어냐? 하늘은 차라리 못 믿을 때두 많다. 그러나 힘들이는 사람에겐 힘들

응과(應果)
마땅한 결과

이는 만큼 땅은 반드시 후헌 보답을 주시는 거다. 세상에 흔해 빠진 지주들, 땅은 작인들헌테나 맡겨 버리고, 떡 도회지에 가 앉아 소출은 팔어다 모다 도회지에 낭비해 버리구, 땅 가꾸는 덴 단돈 일 원을 벌벌 떨구, 땅으루 살며 땅에 야박한 놈은 자식으로 치면 후레자식 셈이야. 땅이 말을 할 줄 알어 봐라? 배가 고프단 땅이 얼마나 많을 테냐? 해마다 걷어만 가구 땅은 자갈밭이 되니 아나? 둑이 떠나가니 아나? 거름 한 번을 제대로 넣나? 정 급허게 돼 작인이 우는소리나 해야 요즘 너희 신의들 주사침 놓듯, 애꿎은 금비*만 갖다 털어 넣지. 그렇게 땅을 홀댈 허군 인제 죽어서 땅이 무서서 어디루들 갈 텐구!"

창섭은 입이 얼어 버리었다. 손만 부볐다. 자기의 생각은 너무나 자기 본위였던 것을 대뜸 깨달았다. 땅에는 이해를 초월한 일종 종교적 신념(전통적 가치관)을 가진 아버지에게 아들의 이단적인 계획(땅을 팔 계획 – 근대적 가치관)이 용납될 리 만무였다.

금비
돈을 주고 사는 비료. 화학 비료

만점 포인트

1. '아버지'와 '창섭'의 비교

구분	아버지	아들(창섭)
직업	시골에 사는 농부	도시에 사는 의사
땅에 대한 생각	삶의 터전, 추억이 담긴 소중한 것(정신적 가치)	금전적 수단, 돈과 교환할 수 있는 것
상징적 사물	돌다리	나무다리
삶의 태도	욕심을 부리지 않고 자신의 소임을 다함.	병원을 크게 늘릴 욕심을 갖고 있음.
가치관	전통적 가치관	근대적 가치관

2. '돌다리'의 상징성

① 가족사의 일부로 가족의 역사와 추억이 담겨 있는 사물

② 창섭의 아버지로 대표되는 전통적인 세대의 자연 중심적 가치관을 상징하는 소재

③ '창섭'과 '아버지'를 이어주는 역할을 함과 동시에 과거와 현재, 그리고 미래를 이어주는 역할을 함.

④ '아버지'가 돌다리를 보수하는 행위에는 과거로부터 전해지는 정신적인 문화와 가치가 후대에까지 이어지기를 바라는 염원이 담겨 있음.

⑤ '창섭'이 '아버지'의 신념을 확인하는 계기가 되는 사물

3. '창섭'과 '아버지'의 갈등

① 갈등의 원인 : 가치관의 차이로 인한 대립(땅에 대한 가치관의 차이)

② 갈등의 양상 : 일방적인 훈계(아버지의 말을 통해 작가 의식이 드러남)

③ '창섭'은 '아버지'의 말을 들은 후 '아버지'에게 굳은 신뢰와 존경을 보임. 그러나 '창섭'이 아버지의 신념 체계에 동조하는 것은 아님. 단지 '아버지'의 세계가 그것 자체로서 훌륭하다는 것을 인정하고 있을 뿐임.

바로바로 체크

❶ 이 소설의 시대적 배경은?

❷ 이 소설에서 갈등하는 두 인물과 갈등의 원인은?

❸ 창섭이 생각하는 땅의 가치는?

정답 ❶ 일제 강점기 말
❷ 아버지와 창섭(아들), 땅을 파는 문제
❸ 재산으로서의 가치(물질적 가치)

적중! 출제 예상 문제

08 윗글에 대한 설명으로 적절하지 않은 것은?

① 땅을 둘러싼 인물 간의 갈등을 드러내고 있다.
② '돌다리'는 창섭의 가족사와 깊은 관련이 있다.
③ 땅에 대한 전통적 인식을 근거로 현재의 세태를 비판하고 있다.
④ 시대 흐름에 적응하지 못하고 구시대적 가치관만을 고집하는 인물을 비판하고 있다.

09 윗글에서 아버지를 통해 작가가 제시하고자 했던 시대 정신으로 가장 적절한 것은?

① 근대적 가치관이 만연된 세상에 전통적 가치관을 지켜내려는 노력
② 신분 차별이 심한 세상에 인간 평등을 지켜내려는 노력
③ 이윤 추구의 시대에 자신의 몫을 빼앗기지 않으려는 노력
④ 경제적 불평등의 세상에 경제적 정의를 실현하기 위한 의지

10 다음 중 두 인물의 가치관을 비교한 내용으로 적절하지 않은 것은?

	창섭	아버지
①	돈이 소중함.	땅이 소중함.
②	땅은 수단이다.	땅은 목적이다.
③	땅은 이해타산의 대상이다.	땅은 천지만물의 근본이다.
④	땅은 팔면 안 된다.	땅을 돈에는 팔지 않는다.

11 ㉠과 관계있는 것들로만 짝지어진 것으로 적절한 것은?

보 기

ⓐ : 아버지가 애정을 보이는 다리이다.
ⓑ : 창섭 증조부의 산소와 관련이 있다.
ⓒ : 당시 매우 비싼 가격에 마련한 돌이다.
ⓓ : 주민들의 폭력으로 부서졌다.
ⓔ : 동네 사람들에게 외면당하고 있다.

① ⓐ, ⓑ, ⓒ, ⓓ, ⓔ ② ⓐ, ⓑ, ⓓ, ⓔ
③ ⓐ, ⓑ, ⓒ, ⓔ ④ ⓐ, ⓑ, ⓔ

정답 및 해설 별책 11p

미스터 방 _ 채만식

1945년 8월 15일, 역사적인 날.
광복

이날도 신기료장수* 방삼복은 종로의 공원 건너편 응달에 앉아서, 구두 징을 박으면서, ⓐ 해방의 날을 맞이하였다. 그러나 삼복은 감격한 줄도 기쁜 줄도 모르겠었다. 지나가는 행인이, 서로 모르던 사람끼리면서 덤쑥 서로 껴안고 기뻐하고 눈물을 흘리고 하는 것이, 삼복은 속을 모르겠고 차라리 쑥스러보일 따름이었다. 몰려 닫는 군중이 오히려 성가시고, 만세 소리가 귀가 아파 이맛살이 지푸려질 지경이었다.
역사 의식이 없는 삼복

몰려다니고 만세를 부르고 하기에 미쳐 날뛰느라고 정신이 없어, 손님이 부쩍 줄었다.

"우랄질! 독립이 배부른가?"
손님이 없자 '광복'에 대해 반감을 가짐

이렇게 그는 두런거리면서 반감이 솟았다.

ⓑ 이삼 일 지나면서부터야 삼복에게도 삼복에게다운 해방의 혜택이 나누어졌다.
경제적 이익

십 전이나 십오 전에 박아 주던 징을, 오십 전을 받아도 눈을 부라리는 순사를 볼 수가 없었다. 순사가 없어졌다면야, 활개를 쳐가면서 무슨 짓을 하여도 상관이 없고 무서울 것이 없던 것이었다.

"옳아, 그렇다면 독립도 할 만한 건가 보다."
자기에게 이익이 오자 독립을 반김

삼복은 징 열 개를 박아 주고 오 원을 받아 넣으면서 이렇게 속으로 중얼거리기까지 하였다.
물가가 비정상적으로 오름

그러나 삼복은 ⓒ 며칠이 못가서 다시금 해방을 저주하여야 하였다. 삼복이 저 혼자만 돈을 더 받으며, 더 받아 상관이 없는 것이 아니라, 첫째 도가(都家)*들이 제 맘대로 재료 값을 올리던 것이었다. 징, 가죽, 고무, 실 모두가 오곱 십곱 비싸졌다. 그러니 신기료장수는 손님한테 아무리 비싸게 받는댔자 재료를 비싼 값으로 사야 하니, 결국 도가만 살찌울 뿐이지 소득은 전과 크게 다를 것이 없었다.

핵/심/정/리

- 갈래 : 풍자 소설, 세태 소설
- 성격 : 사실적, 비판적, 풍자적, 해학적
- 배경 : 광복 직후, 서울
- 제재 : 광복 직후 사회 변화에 빠르게 적응하는 인물의 삶
- 주제 : 광복 직후 외세에 기대어 출세를 지향하는 세태 비판
- 특징 ❶ 당대 현실에 대한 비판적 의식이 드러남.
  ❷ 해학적인 문체를 통해 인물을 우스꽝스럽게 희화화함.
  ❸ 판소리 사설체를 사용한 서술자의 개입

신기료장수
헌 신을 꿰매어 고치는 일을 직업으로 하는 사람

도가(都家)
동업자들의 모임. 지금의 도매 상인들 또는 재료 상인들의 모임

"이런 옘병헐! 그눔에 경제곈 다 어디루 가 뒈졌어. 독립은 우라진다구 독립을 헌담."

자기에게 이익이 돌아오지 않자 다시 독립에 대해 반감을 가짐

석양 때 신기료 궤짝 어깨에 멘 채 홧김에 막걸리청으로 들어가, 서너 사발 들이켜고는 그는 이렇게 게걸거렸다.

그럭저럭 구월도 열흘이 되고, 서울 거리에는 미국 병정이 꼬마차와 함께 그득히 퍼졌다.

미군의 영향력이 커진 당시의 분위기

그 미국 병정들이, 거리를 구경하면서 혹은 물건을 사려면서, 말이 서로 통하지를 못하여 답답해하는 양을 보고 삼복은 무릎을 탁 쳤다.

〈중략〉

미국 장교는 담뱃대를 집어 들고 기물스러하면서 연방 들여다보다가 값이 얼마냐고,

"하우 머치? 하우 머치?"/ 하고 묻는다.

담뱃대장수 영감은, 삼십 원이라고 소래기만 지른다.

미군과 의사소통이 되지 않는

알아들을 턱이 없어 고개를 깨웃거리면서 다시금 하우 머치만 찾는 것을, 기회 좋을씨고라고, 삼복이가 나직이,

"더티 원."/ 하여 주었다.

홱 돌려다보더니,

"오, 캔 유 스피크?"

하면서 사뭇 그러안을 듯이 반가워하는 양이라니. 아스러지도록 손을 잡고 흔드는 데는 질색할 뻔하였다.

영어가 통하는 사람을 보자 반가워함(='기회'를 얻은 방삼복)

직업이 있느냐고 물었다. 방금 실직하였노라고 대답하였다. 그럼, 내 통역이 되어 주겠느냐고 물었다. 그러겠노라고 대답하였다. 이 자리에서 신기료장수 코삐뚤이 삼복이 미스터 방으로 승차를 하여, S라는 미국 주둔군 소위의 통역이 되었다. 주급 십오 불(이백사십 원) 가량의.

거진 매일같이 미스터 방은 S 소위를, 낮에는 거리의 구경으로, 밤이면 계집 있는 술집으로 인도하였다.

〈중략〉

이밖에도 미스터 방은 S 소위에게 조선을 소개한 공로가 여러 가지로 많으나, 대강은 그러하였다.

반어법(조선의 역사를 제대로 소개한 것이 아님)

그 공로에 정비례해서, 미스터 방은 나날이 훌륭하여져 갔다. 8·15 이전에 「어떤 은행의 중역의 사택이라던 지금의 이 집으로, 현저동 그 집에서 옮아오기는 S 소위의 통역이 되는 사흘 후였었다. 위아래층을 다, 양식 절반 일본식 절반으로 꾸민 호화스런 저택이었다. 정원엔 때마침 단풍과 가을 화초가 아름다웠고, 연못에선 잉어가 뛰놀고 하였다.」

「 」: 미군의 통역이 되어주고 비위를 맞추며 부와 권력을 얻은 방삼복

만점 포인트

1. 「미스터 방」의 전체 줄거리

서른을 바라보도록 남의 집 머슴살이로 전전하며 농사를 짓던 방삼복은 돈벌이를 하기 위해 외국을 떠돌다가 십여 년 만에 돌아와 서울로 가서 신기료 장수를 하다가 해방을 맞게 된다.

해방에 대해 별로 달가워할 이유가 없던 방삼복은 미국 주둔군 장교에게 접근하여 통역을 해 준 후, S 소위의 통역이 되어 권세를 누리게 된다. 그러던 어느 날 백 주사가 찾아와 순사로 있던 자신의 아들과 더불어 해방이 되자 집과 세간을 모두 빼앗기게 된 사정을 얘기하면서 복수를 부탁한다. 방삼복은 흔쾌히 들어주겠노라 장담하고는 양치질한 물을 바깥으로 내뱉는다. 그런데 마침 방삼복을 찾아오던 S 소위가 그 양칫물을 뒤집어쓰고는 방삼복에게 욕을 하고 주먹을 휘두른다.

2. '방삼복'의 인물 유형

이 작품의 주인공 방삼복은 역사와 현실에 무감각하고 속물적인 인물로 그려지고 있다. 즉, 광복 직후 혼란한 사회 상황 속에서 발 빠르게 대처하여 권력을 추구하는 기회주의적 인물을 대표한다고 할 수 있다.

3. 「미스터 방」에 나타난 기회주의적 인간형과 권력 관계

S 미군 소위

↑

미스터 방(방삼복)
S 소위의 통역으로 부와 권력을 거머쥠.

↑

백 주사
일제 강점기에 권력을 누리다가 광복 후 재산을 찾기 위해 미스터 방에게 청탁을 함.

바로바로 체크

❶ 이 소설의 시대적 배경은?

❷ 이 소설에서 풍자의 대상이 되는 인물과 이유는?

❸ 광복에 대한 방삼복의 태도는?

정답 ❶ 광복 직후
❷ 방삼복, 민족과 역사에 대한 인식이 없는 기회주의자이기 때문
❸ 자신에게 이익이 될 때는 좋아하고 이익이 되지 않으면 싫어함.

적중! 출제 예상 문제

12 윗글의 서술상 특징으로 가장 적절한 것은?

① 인물 간의 갈등이 우발적인 사건에 의해 해소되고 있다.
② 사투리의 효과적인 사용을 통해 향토성을 드러내고 있다.
③ 서로 이질적인 사건이 동시에 진행되어 입체감이 드러난다.
④ 작품 밖 서술자가 시간의 흐름에 따라 사건을 서술하고 있다.

13 윗글을 이해한 것으로 적절하지 <u>않은</u> 것은?

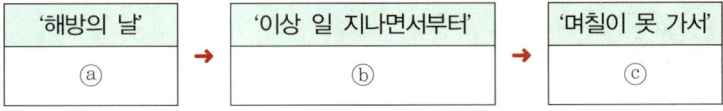

'해방의 날'		'이상 일 지나면서부터'		'며칠이 못 가서'
ⓐ	→	ⓑ	→	ⓒ

① ⓐ에서 '삼복'은 독립의 필요성을 느끼지 못했다.
② ⓐ~ⓒ 모두에서 해방으로 인한 경제적 혼란상이 나타나고 있다.
③ ⓑ에서 '삼복'이 가지고 있던 독립에 대한 인식에 변화가 나타난다.
④ ⓒ에서 '삼복'의 독립에 대한 인식은 개인적 이해 관계에 따른 것이다.

14 <보기>를 참고하여 윗글을 이해한 내용으로 적절하지 <u>않은</u> 것은?

> 보 기
>
> 지배적 세력에 기생하여 현실적인 이득을 취하려는 기회주의자들에 대한 비판적 인식을 작품을 통해 드러내려 하였다.

① 순사의 세력에서 벗어나기 위해 미군의 통역이 되는 '삼복'의 모습에서 지배적 세력에 기생하려는 기회주의자의 모습을 확인할 수 있다.
② '삼복'이 통역을 통해 부를 축적하는 모습은 영어를 중심으로 경제적 권력이 형성되었음을 보여 준다.
③ 거리에서 순사가 사라지고 미국 주둔군이 상주하는 모습에서 지배적 세력이 교체되었음을 알 수 있다.
④ '삼복'이 영어로 통역을 하여 기회를 얻는 것을 통해 볼 때, 영어를 쓰는 세력이 지배적 세력이 된 상황임을 알 수 있다.

정답 및 해설 별책 11p

역마 _ 김동리

"오빠, 편히 사시오."

이렇게 두 번째 하직을 하는 순간까지도, 계연의 그 시뻘건 두 눈은 역시 성기의 얼굴에서 그 어떤 기적과도 같은 구원만을 기다리는 것이었고, 그러나 성기*는 그 자리에 그냥 주저앉아 버릴 뻔하던 것을 겨우 버드나무 가지를 움켜잡을 수 있었을 뿐이었다.

계연*의 시뻘겋게 상기된 얼굴은, 옥화*와 그녀의 아버지*가 그들을 지켜보고 있다는 것도 잊은 듯이 성기의 얼굴만 뚫어지게 바라보고 있었으나, 버드나무에 몸을 기대인 성기의 두 눈엔 다만 불꽃이 활활 타오를 뿐, 아무런 새로운 명령도 기적도 나타나지 않았다.

"오빠, 편히 사시오." (체념)

하고, 거의 울음이 다 된, 마지막 목소리를 남기고 돌아선 계연의 저만치 가고 있는 항라 적삼을, 고운 햇빛과 늘어진 버들가지와 산울림처럼 울려오는 뻐꾸기 울음 속에 성기는 우두커니 지켜보고 있을 뿐이었다.

성기가 다시 자리에서 일어나게 된 것은 이듬해 우수(雨水) 경칩(驚蟄)도 다 지나, 청명(淸明) 무렵의 비가 질금거릴 즈음이었다. (시간의 흐름) 주막 앞에 늘어선 버들가지는 다시 실같이 푸르러지고, 살구, 복숭아, 진달래들이 골목 사이로, 산기슭으로 울긋불긋 피고 지고 하는 날이었다.

아들의 미음 상을 차려 들고 들어온 옥화는 성기가 미음 그릇을 비우는 것을 보자 이렇게 물었다.

"아직도 너, 강원도 쪽으로 가 보고 싶나?"

"……."

성기는 조용히 고개를 돌렸다.

"여기서 장가들어 나랑 같이 살겠나?"

"……."

성기는 역시 고개를 돌렸다.

〈중략〉

핵/심/정/리

- 갈래 : 단편 소설
- 성격 : 무속적, 운명적, 토속적
- 시점 : 전지적 작가 시점
- 배경 : 화개장터
- 제재 : 역마살
- 주제 : 운명에 순응하며 사는 삶과 인간 구원의 문제
- 특징 : 동양적 운명론을 바탕으로 개인과 운명의 갈등을 형상화함.

• 등장인물들의 관계

성기 : 옥화의 아들

옥화 : 성기의 어머니이자 체 장수 영감의 딸, 계연의 이복 언니

체 장수 영감 : 옥화와 계연의 아버지

계연 : 체 장수 영감의 딸로서 옥화의 이복 동생

성기는 아무런 말도 없이 도로 자리에 드러누워 버렸다. 그리고 나서 한 달포나 넘어 지난 뒤였다.

성기가 좋아하는 여러 가지 산나물이 화갯골에서 연달아 자꾸 내려오는 이른 여름의 어느 장날 아침이었다. 두릅회에 막걸리 한 사발을 쭉 들이키고 난 성기는(무언가 결심을 한 듯한 모습) 옥화더러,

㉠ "어머니 나 엿판 하나만 맞춰 주."(떠돌이 삶)

하였다.

"……."

옥화는 갑자기 무엇으로 머리를 얻어맞은 듯이 성기의 얼굴을 멍하니 바라보고 있었다.

그런지도 다시 한 보름이나 지나, 뻐꾸기는 또 다시 산울림처럼 건드러지게 울고, 늘어진 버들가지엔 햇빛이 젖어 흐르는 아침이었다. 새벽녘에 잠깐 가는비가 지나가고, 날은 다시 유달리 맑게 갠 '화개장터' 삼거리길 위(떠돌이의 삶, 운명에 순응)에서, 성기는 그 어머니와 하직을 하고 있었다. 갈아입은 옥양목 고의적삼에, 명주 수건까지 머리에 질끈 동여매고 난 성기는, 새로 맞춘 새하얀 나무 엿판을 걸빵해서 느직하게 엉덩이 즈음에다 걸었다. 윗목판에는 새하얀 가락엿이 반 넘어 들어 있었고, 아랫목판에는 팔다 남은 이야기책 몇 권과 간단한 방물이 좀 들어 있었다.

그의 발 앞에는 물과 함께 갈리어 길도 세 갈래로 나 있었으나 화갯골 쪽엔(정착의 삶) 처음부터 등을 지고 있었고, 동남으로 난 길은 하동(떠돌이의 삶, 운명에 순응), 서남으로 난 길이 구례(계연이 떠난 길, 사랑과 정착), 작년 이맘때도 지나 그녀가 울음 섞인 하직을 남기고 체 장수 영감과 함께 넘어간 산모퉁이 고갯길은 퍼붓는 햇빛 속에 지금도 환히 장터 위를 굽이돌아 구례 쪽을 향했으나, 성기는 한참 뒤 몸을 돌렸다. 그리하여 그의 발은 구례 쪽을 등지고 하동 쪽을 향해 천천히 옮겨졌다.

한 걸음, 한 걸음, 발을 옮겨 놓을수록 그의 마음은 한결 가벼워져 멀리 버드나무 사이에서 그의 뒷모양을 바라보고 서 있을 어머니의 주막이 그의 시야에서 완전히 사라져 갈 무렵 하여서는, 육자배기 가락으로 제법 콧노래까지 흥얼거리며 가고 있는 것(운명에 순응함으로써 진정한 자유를 느끼게 된 성기)이었다.

만점 포인트

1. '역마살'과 '세 갈래 길'의 의미

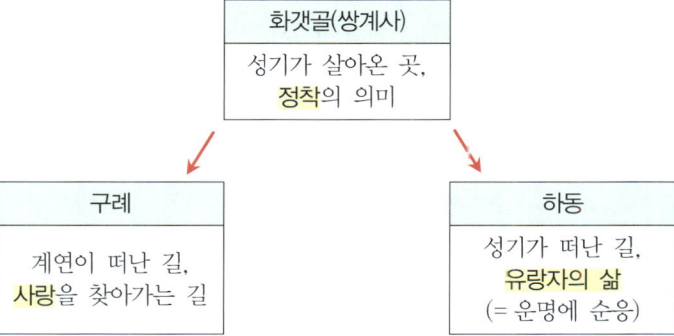

화갯골(쌍계사)
성기가 살아온 곳,
정착의 의미

↙ ↘

구례
계연이 떠난 길,
사랑을 찾아가는 길

하동
성기가 떠난 길,
유랑자의 삶
(= 운명에 순응)

이 작품의 결말에는 세 갈래 길이 등장하는데 이는 성기가 처한 운명을 상징하며, 성기가 택한 '하동' 쪽은 자신에게 주어진 운명과 역마살을 따르는 길이라 할 수 있다.

2. 이 소설의 주된 갈등과 작가의 작품 세계

이 작품은 '역마살'을 소재로 하여 운명에 의해 상처받고 좌절하면서도 이에 순응해 나가는 모습을 그림으로써 인간과 운명의 문제를 다루고 있다. 주인공인 성기의 역마살은 외할아버지인 체 장수 영감에게서 비롯된 것으로, 체 장수의 외손자인 성기와 체 장수의 딸인 계연의 사랑은 이루어질 수 없게 된다. 즉, 이 소설의 주된 갈등은 운명에 맞서는 인간들의 노력과 대결 과정이다.

여기서 성기가 유랑을 선택해 길을 떠나는 것은 현실적으로는 운명에 대한 순응이나 패배를 뜻하지만, 그 내면에는 한국인의 의식 속에 흐르는 달관과 삶에 대한 의지가 담겨 있다. 이를 통해 자연 법칙과 인간의 생명이 하나의 원리에서 조화되는 세계를 그리는 작가의 작품 세계를 엿볼 수 있다.

바로바로 체크

❶ 이 소설의 공간적 배경은?
❷ 성기의 운명을 암시하는 소재는?
❸ 성기가 최종적으로 떠난 방향은?

정답 ❶ 화개장터
❷ 엿판
❸ 하동

적중! 출제 예상 문제

15 이 글의 주인공이 겪는 갈등으로 가장 적절한 것은?

① 인물 내면적 갈등 – 사랑과 현실 사이의 고뇌
② 개인과 개인 사이의 갈등 – 계연과의 사랑의 좌절
③ 개인과 운명 사이의 갈등 – 운명에 대한 대결과 좌절
④ 인간과 자연 환경과의 갈등 – 화개장터라는 지리적 상황

16 ㉠에 대한 설명으로 가장 적절한 것은?

① 미래에 대한 불안감을 드러내고 있다.
② 새로운 인물의 등장을 암시하고 있다.
③ 암울한 현실을 뚜렷이 부각시키고 있다.
④ 내적 갈등이 해소되었음을 암시하고 있다.

17 윗글에 드러난 '길'의 의미로 적절하지 <u>않은</u> 것은?

보 기

▸ 공간적 배경 : 화개장터의 '삼거리 길'
ⓐ 헤어짐의 장소이자, 선택의 기로가 됨.
▸ 주인공의 '길' 선택에 따른 주제의 변화 양상
ⓑ 주인공이 '구례'를 선택했을 경우
➜ 계연과 결혼하여 정착을 시도함.
ⓒ 주인공이 화갯골 방향을 선택했을 경우
➜ 운명에 순응하여 새 삶을 시도함.
ⓓ 주인공이 하동 방향을 선택했을 경우
➜ 운명에 순응하면서 방랑을 지속함.

① ⓐ　　② ⓑ
③ ⓒ　　④ ⓓ

정답 및 해설 별책 11p

눈길 _ 이청준

| 앞의 줄거리 | 모처럼 휴가를 얻은 '나'는 아내와 함께 시골에 계신 노모를 찾아간다. 어머니로부터 아무런 도움을 받지 않고 자수성가(自手成家)했다고 생각하는 '나'는 집을 개량하고 싶어하는 노모의 마음을 알고도 애써 외면하려 한다. 내가 고등학교 1학년 때 형이 노름과 주벽으로 재산을 탕진하여 예전에 살던 큰 집을 팔게 되었는데, 그 때 노모는 도시에 나가 공부하다가 모처럼 찾아온 '나'에게 마음의 상처를 주지 않으려고, 옛집을 샀던 집주인에게 간청하여 '나'로 하여금 그 집에서 하룻밤을 자게 했던 일이 있었다. 다음날 새벽 노모는 장터 차부까지 '나'를 바래다 주고 혼자 눈길을 밟으며 되돌아 가셨다. 아내가 그 때 일을 캐묻자 노모는 '나'에게는 한 번도 해 주지 않았던 그 날의 이야기를 아내에게 들려 주고, '나'는 잠결에 두 사람의 이야기를 듣게 된다.

나는 차를 타고 떠나가 버렸고, 노인은 다시 그 어둠 속의 눈길을 되돌아선 것이다.(과거 – 도시로 떠나던 날의 기억) 내가 알고 있는 건 거기까지뿐이었다.

노인이 그 후 어떻게 길을 되돌아갔는지는 나로서도 아직 들은 바가 없었다. 노인을 길가에 혼자 남겨 두고 차로 올라서 버린 그 순간부터 나는 차마 그 노인을 생각하기 싫었고,(자식으로서의 부담을 느끼기 싫음) 노인도 오늘까지 그 날의 뒷얘기는 들려준 일이 없었다. 한데 노인은 웬일로 오늘사 그 날의 기억을 끝까지 돌이키고 있었다.

"어떻게 어떻게 장터 거리로 들어서서 차부가 저만큼 보일 만한 데까지 가니까, 그 때 마침 차가 미리 불을 켜고 차부를 나오는구나. 급한 김에 내가 손을 휘저어 그 차를 세웠더니, 그래 그 운전수란 사람들은 어찌 그리 길이 급하고 매정하기만 한 사람들(아들과 헤어지기 싫은 마음)이더냐. 차를 미처 세우지도 덜하고 덜크렁덜크렁 눈 깜짝할 사이에 저 아그를 훌쩍 실어 담고 가 버리는구나."

"그래서 어머님은 그 때 어떻게 하셨어요?"

잠잠히 입을 다문 채 듣고만 있던 아내가 모처럼 한 다디를 끼어 들고 있었다.

나는 갑자기 다시 노인의 이야기가 두려워지고 있었다.('내'가 부담을 느낄 만한 이야기가 나올까 봐) 자리를 차고 일어나 다음 이야기를 가로막고 싶었다. 하지만 나는 이미 그럴 수가 없었다. 사지가 말을 들어 주지 않았다. 온몸이 마치 물을 먹은 솜처럼 무겁게 가라앉아 있었다. 몸을 어떻게 움직여 볼 수가 없었다. 형언하기 어려운 어떤 달콤한 슬픔, 달콤한 피곤기 같은 것이 나를 아늑히 감싸오고 있었다.

핵/심/정/리
- 갈래 : 순수 소설
- 성격 : 회고적, 상징적, 서정적
- 배경 : 1970년대 겨울 시골
- 시점 : 1인칭 주인공 시점
- 주제 : 어머니의 무한한 사랑에 대한 깨달음과 인간적 화해
- 특징 : 역순행적 구성을 통해 어머니의 사랑을 확인하고 화해하는 과정을 그림

"어떻게 하기는야. 넋이 나간 사람마냥 어둠 속에 한참이나 찻길만 바라보고 서 있을 수밖에야……. 그 허망한 마음을 어떻게 다 말할 수 있을 거나……."

노인은 여전히 옛 얘기를 하듯 하는 그 차분하고 아득한 음성으로 그 날의 기억을 더듬어 나갔다.

"한참 그러고 서 있다 보니 찬바람에 정신이 좀 되돌아 오더구나. 정신이 들어 보니 갈 길이 새삼 허망스럽지 않았겠냐. 지금까진 그래도 저하고 나하고 둘이서 함께 헤쳐 온 길인데 이참에는 그 길을 늙은것 혼자서 되돌아서려니……. 거기다 아직도 날은 어둡지야……. 그대로는 암만해도 길을 되돌아설 수가 없어 차부를 찾아 들어갔더니라. 한 식경이나 차부 안 나무 걸상에 웅크리고 앉아 있으려니 그제사 동녘 하늘이 훤해져 오더구나……. 그래서 또 혼자 서두를 것도 없는 길을 서둘러 나섰는디, 그 때 일만은 언제까지도 잊혀질 수가 없을 것 같구나."

"길을 혼자 돌아가시던 그 때 일을 말씀이세요?"

"눈길을 혼자 돌아가다 보니 그 길엔 아직도 우리 둘 말고는 아무도 지나간 사람이 없지 않았겠냐. 눈발이 그친 그 신작로 눈 위에 저하고 나하고 둘이 걸어온 발자국만 나란히 이어져 있구나."

〈중략〉

"어머님, 그 때 우시지 않았어요?"

"울기만 했겠냐. 오목오목 디뎌 논 그 아그 발자국마다 한도 없는 눈물을 뿌리며 돌아왔제. 내 자석아, 내 자석아, 부디 몸이나 성히 지내거라. 부디부디 너라도 좋은 운 타서 복 받고 살거라……. 눈앞이 가리도록 눈물을 떨구면서 눈물로 저 아그 앞길만 빌고 왔제……."

어머니의 사랑

노인의 이야기는 이제 거의 끝이 나 가고 있는 것 같았다. 아내는 이제 할 말을 잊은 듯 입을 조용히 다물고 있었다.

만점 포인트

1. '눈길'의 상징적 의미

눈길 →

'나'	• 기억하고 싶지 않은 추억 • 집안의 몰락으로 인해 자수성가해야 하는 고난의 삶
노인	• 아들에 대한 헌신적 사랑 • 혼자서 겪어야 하는 시련 • 몰락한 집안에서 겪어 온 인고의 삶

2. 인물 소개

'나'	부모와 자식의 관계를 물질적인 것으로만 이해하며 자신에게 물질적 도움을 주지 못한 노인(어머니)을 매정하게 대함.
노인	집안을 지키지 못한 것과 자식에게 부모 노릇을 하지 못한 것에 대해 부끄러움을 느끼며 '나'에 대한 미안한 마음에 부담을 주지 않으려 함.
아내	'나'와 노인 사이의 중재자로, 노인에게 매정하게 대하는 남편의 태도에 불만을 가지고 있으며, 노인에 대해 연민을 느낌.

3. 이 소설에 드러나는 '어머니'의 모습

이 작품에서 어머니는 자신에게 거리를 두며 자신의 소망을 외면하는 아들에 대해 원망의 감정을 드러내지 않고, 모든 것을 자신의 탓으로 생각하며 쉽게 체념해 버리고 만다. 이 모습은 자신의 한과 아픔은 가슴에 묻고 자식에게 부담을 주지 않으려 하는 전통적인 한국 어머니의 모습이라고 할 수 있다.

바로바로 체크

❶ '나'와 노인 사이의 중재자 역할을 하는 인물은?

❷ 노인과 '나'가 헤쳐 나가야 할 고난과 시련을 상징하는 것은?

❸ 어머니에 대한 '나'의 심리적 거리감을 드러내는 말은?

정답 ❶ 아내
❷ 눈길
❸ 노인

적중! 출제 예상 문제

18 이 글을 통해 알 수 있는 사실이 <u>아닌</u> 것은?

① 형 때문에 '나'의 집안 형편이 급격히 나빠졌다.
② '나'는 고등학교 때부터 부모의 도움 없이 살아야 했다.
③ '나'는 어머니와 소통하기 위해 그동안 끊임없이 노력하였다.
④ 어머니는 아들을 보내고 돌아오는 길에 아들을 생각하며 눈물을 흘렸었다.

19 이 글을 통해 알 수 있는 '나'의 심리는?

① 어머니와 인연을 끊고 싶어 한다.
② 자식으로서의 부담감을 심하게 느끼고 있다.
③ 어머니로부터 사랑을 받고 싶어 한다.
④ 어머니에 대한 자신의 태도를 반성하고 있다.

20 이 글에서 어머니와 이야기를 나누는 '아내'의 역할은?

① 어머니에게 '나'를 모함한다.
② 어머니에게 '나'를 이해하라고 설득하고 있다.
③ 어머니에게 '나'에 대한 불만을 토로하고 있다.
④ 어머니의 마음을 털어놓게 해 '나'와의 관계를 회복시키려 한다.

21 이 글에서 '눈길'이 지닌 의미로 알맞은 것을 〈보기〉에서 고르면?

보 기

ㄱ. '나'에 대한 노인의 헌신적 사랑
ㄴ. 노인과 '나' 사이의 정신적 거리감
ㄷ. 마음의 안식을 찾지 못하는 '나'의 방황
ㄹ. 노인과 '나'가 헤쳐 나가야 할 시련과 고난
ㅁ. 과거의 고통을 모두 잊고자 하는 노인의 의지

① ㄱ, ㄹ　　② ㄱ, ㅁ
③ ㄴ, ㄹ　　④ ㄷ, ㄹ

정답 및 해설 별책 11p

광장 _ 최인훈

방안 생김새는 양쪽 설득자들이 마주보고 책상을 놓은 사이로 포로는 왼편에서 들어와 바른편으로 퇴장하게 돼 있다. 순서는 공산 측(북한 측)이 먼저였다. 네 사람의 공산군 장교와 국민복을 입은 중공 대표가 한 사람, 도합 다섯 명. 그는 그들 앞에 가서, 걸음을 멈춘다. 앞에 앉은 장교가 부드럽게 웃으면서 말한다.

"동무, 앉으시오." / 명준은 움직이지 않았다.

"동무는 어느 쪽으로 가겠소?" / "중립국*."

그들은 서로 쳐다본다. 앉으라고 하던 장교가 윗몸을 테이블 위로 바싹 내밀면서(적극적인 태도를 보임) 말한다.

"동무, 중립국도, 마찬가지 자본주의 국가요. 굶주림과 범죄가 우글대는 낯선 곳에 가서 어쩌자는 거요?"

"중립국!"

"다시 한 번 생각하시오. 돌이킬 수 없는 중대한 결정이란 말요. 자랑스러운 권리를 왜 포기하는 거요?"

"중립국!"

이번에는 그 옆에 앉은 장교가 나앉는다.

"동무, 지금 인민 공화국에서는 참전 용사들을 위한 연금 법령을 공포했소. 동무는 누구보다도 먼저 일터를 가지게 될 것이며 인민의 영웅으로 존경받을 것이오. 전체 인민은 동무의 귀환을 기다리고 있소. 고향의 초목도 동무의 개선을 반길 거요."

"중립국!"

그들은 머리를 모으고 소곤소곤 상의를 한다. 제일 처음에 말하던 장교가 다시 입을 연다.

"동무의 심정도 잘 이해하겠소. 오랜 포로 생활에서 제국주의자들의 간사한 꼬임수에 유혹을 받지 않을 수 없었다는 것도 용서할 수 있소. 그런 염려는 하지 마시오. 공화국은 동무의 사소한 잘못을 탓하기보다는 동무가 조국과 인

핵/심/정/리
- 갈래 : 장편 소설, 분단 소설
- 성격 : 관념적, 철학적
- 배경 : 해방 직후부터 6·25 전쟁까지
- 시점 : 전지적 작가 시점
- 주제 : 분단 이데올로기의 갈등 속에서 바람직한 삶과 사회에 대한 추구
- 특징 ❶ 상징적 사물을 통해 주제를 드러냄.
  ❷ 관념적이고 철학적인 용어 사용이 많음.

중립국
사상과 이념적으로 중립주의를 방침으로 하는 나라

민에게 바친 충성을 더 높이 평가하오. 일체의 보복 행위는 없을 것을 약속하오. 동무는…….”

“중립국!”

중공 대표가 날카롭게 무어라 외쳤다. 설득하던 장교는 증오에 찬 눈초리로 명준을 노려보면서,
앞에서 제시한 조건과 공감이 진심이 아니었다는 것을 알 수 있음

“좋아.”

눈길을, 방금 도어를 열고 들어서는 다음 포로에게 옮겨 버렸다.

다음은, 맞은편에 자리 잡은 유엔 측 테이블로 걸어갔다. 그는 아까처럼 우뚝 섰다.
남한 측

“자넨 어디 출신인가?” / “……” / “흠, 서울이군.”

설득자는, 앞에 놓인 서류를 뒤적이면서,

“중립국이라지만 막연한 얘기요. 제 나라보다 나은 데가 어디 있겠어요. 외국에 가 본 사람들이 한결같이 하는 얘기지만, 밖에 나가 봐야 조국이 소중하다는 걸 안다구 하잖아요? 당신이 지금 가슴에 품은 울분은 나도 압니다. 대한민국이 과도기적인 여러 가지 모순을 가지고 있는 걸 누가 부인합니까? 그러나 대한민국엔 자유가 있습니다. 인간은 무엇보다도 자유가 소중한 것입니다. 당신은 북한 생활과 포로 생활을 통해서 이중으로 그걸 느꼈을 겁니다. 인간은……”

“중립국.”

“허허허, 강요하는 것이 아닙니다. 다만 내 나라 내 민족의 한 사람이, 타향만 리 이국땅에 가겠다고 나서니, 동족으로서 어찌 한마디 참고되는 이야길 안 할 수 있겠습니까? 우리는 이곳에 남한 2천만 동포의 부탁을 받고 온 것입니다. 한 사람이라도 더 건져서, 조국의 품으로 데려오라는……”
당시의 인구 수, 시대적 배경 암시

“중립국.” / “당신은 고등 교육까지 받은 지식인입니다. 조국은 지금 당신을 요구하고 있습니다. 당신은 위기에 처한 조국을 버리고 떠나 버리렵니까?”

“중립국.”

“지식인일수록 불만이 많은 법입니다. 그러나 그렇다고 제 몸을 없애 버리

겠습니까? 종기가 났다고 말이지요. 당신 한 사람을 잃는 건, 무식한 사람 열을 잃은 것보다 더 큰 민족의 손실입니다. 당신은 아직 젊습니다. 우리 사회에는 할 일이 태산 같습니다. 나는 당신보다 나이를 약간 더 먹었다는 의미에서, 친구로서 충고하고 싶습니다. 조국의 품으로 돌아와서, 조국을 재건하는 일꾼이 돼주십시오. 낯선 땅(중립국)에 가서 고생하느니, 그쪽이 당신 개인으로서도 행복이라는 걸 믿어 의심치 않습니다. 나는 당신을 처음 보았을 때, 대단히 인상이 마음에 들었습니다. 뭐 어떻게 생각지 마십시오. 나는 동생처럼 여겨졌다는 말입니다. 만일 남한에 오는 경우에, 개인적인 조력을 제공할 용의가 있습니다. 어떻습니까?"

명준은 고개를 쳐들고, 반듯하게 된 천막 천장을 올려다본다. 한층 가락을 낮춘 목소리로 혼잣말 외듯 나직이 말할 것이다.

"중립국."

설득자는, 손에 들었던 연필 꼭지로, 테이블을 툭 치면서, 곁에 앉은 미군을 돌아볼 것이다. 미군은, 어깨를 추스르며, 눈을 찡긋 하고 웃겠지.

나오는 문 앞에서, 서기의 책상 위에 놓인 명부에 이름을 적고 천막을 나서자, 그는 마치 재채기를 참았던 사람처럼 몸을 벌떡 뒤로 젖히면서, 마음껏 웃음을 터뜨렸다. 눈물이 찔끔찔끔 번지고, 침이 걸려서 캑캑거리면서도 그의 웃음은(이념에 대한 허무함, 자조적) 멎지 않았다.

만점 포인트

1. 「광장」의 줄거리

해방 후 평범한 대학생이던 명준은 월북한 아버지 때문에 기관에 끌려가 고초를 겪은 후 풀려난다. 부패한 자본주의와 방탕한 자유만이 존재하는 남한 사회에 환멸을 느끼던 그는 이 일을 계기로 이상적 삶을 찾아 월북하게 된다. 북한에 도착하여 북한 사회를 체험한 명준은 이념이 현실 속에서 왜곡됨으로써 인간다운 삶이 말살된 부자유의 현실에 절망한다. 은혜와의 사랑으로 삶의 의미를 찾으려 하지만, 은혜가 유학을 떠나게 되면서 이마저도 좌절된다. 6·25 전쟁이 일어나자, 명준은 인민군 장교로 참전하게 되고 낙동강 전선에서 은혜를 극적으로 만나지만, 그녀는 비극적인 죽음을 맞이하고 그는 포로가 된다. 포로 수용소에서 석방될 때, 그는 남한과 북한을 모두 거부하고 중립국행을 선택한다. 중립국으로 향하는 배에서 명준은 결국 바다에 투신하여 자살하고 만다.

2. '이명준'의 현실 인식과 삶의 방향 모색

	현실 인식		삶의 방향 모색
남한	자본주의적 모순과 부조리에 절망함.		이상적 사회를 꿈꾸며 월북함.
북한	인간다운 삶이 사라진 부자유의 상황에 절망함.		사랑을 통해 삶의 의미를 찾으려 함.
전쟁	자신의 아이를 가진 은혜가 죽게 되자 절망하고, 그 후 명준은 포로가 되었다가 석방됨.	→	제3국을 선택함.
타고르 호	현실에서 삶의 의미를 발견하지 못함.		자살을 선택함.

바로바로 체크

❶ 이 소설의 주된 갈등 양상은?

❷ 이념이 배제된 공간으로서 '명준'이 가고자 하는 곳은?

정답 ❶ 개인과 사회
❷ 중립국

적중! 출제 예상 문제

22 윗글의 문체상 특징으로 적절하지 않은 것은?

① 간결체 위주의 문장으로 이루어졌다.
② 작품 밖의 서술자가 인물의 심리를 드러내고 있다.
③ 배경을 시적으로 묘사하여 환상적 분위기를 자아낸다.
④ 한 인물의 갈등과 이를 둘러싼 상황을 통해 추상적이고 철학적인 생각을 전달한다.

23 이명준이란 인물이 지닌 문학사적 의의는?

① 해외 동포 1세대의 전형
② 민족적 자존심의 대변자
③ 남북 이데올로기의 희생양
④ 자부심이 큰 지식인의 상징

24 명준이 '중립국'이라는 대답만 반복하는 이유로 가장 알맞은 것은?

① 무엇이 옳은지 판단하기 어려워서
② 설득자의 말뜻을 알아듣지 못해서
③ 갈등과 고민의 모습을 감추기 위해서
④ 자기 결정의 단호함을 보여 주기 위해서

25 공산 측과 유엔 측이 중립국을 택한 '이명준'을 설득하기 위해 제시한 것으로 바르게 짝지어진 것은?

	공산 측	유엔 측
①	물질적 혜택 강조	조국애의 강조
②	법 체계의 우위성	위대한 국가 건설에 참여
③	개인적인 협조 제공	지식인의 사명 강조
④	국가 건설의 영웅 대우	인물의 자존심 자극

정답 및 해설 별책 11p

흐르는 북 _ 최일남

핵/심/정/리

- 갈래 : 가족사 소설
- 성격 : 사실적, 비판적
- 배경 : 1980년대, 서울의 중산층 가정
- 제재 : 북
- 주제 : 예술혼과 인간의 본원적 삶에 대한 세대 간의 가치관 차이
- 특징 ❶ 갈등의 해소를 제시하지 않음으로써 여운을 주는 결말
  ❷ 중심 소재를 통해 세대 간의 갈등 양상을 드러냄.

연습이 끝나고 막걸리 집으로 옮겨 갔을 때도, 아이들은 민 노인을 에워싸고 역시 성규 할아버지의 북소리는, 우리 같은 졸개들이 도저히 흉내 낼 수 없는 명인의 경지라고 추어올렸다. 그것이 입에 발린 칭찬일지라도, 민 노인으로서는 듣기 싫지 않았다. 잊어버렸던 세월을 되일으켜 주는 말이기도 했다.

"얘들아, 꺼져 가는 떠돌이 북쟁이 어지럽다. 너무 비행기 태우지 말아라."
젊은 시절 민 노인의 삶

민 노인의 겸사에도 아이들은 수그러들지 않았다.

"아닙니다. 벌써 폼이 다른걸요."

"맞아요. ㉠ 우리가 칠 때는 죽어 있던 북소리가, 꽹과리보다 더 크게 들리더라니까요."

"성규, 이번에 참 욕보았다."
= 고생했다, 수고했다

난데없이 성규의 노력을 평가하는 녀석도 있었다. 민 노인은 뜻밖의 장소에서 의외의 술친구들과 어울린 자신의 마음이, 외견과는 달리 퍽 편안하다는 느낌도 곱씹었다. 옛날에는 없었던 노인과 젊은이들의 이런 식 담합이, 어디에 연유하고 있는가를 딱히 짚어 볼 수는 없었으되.
세대 간의 소통

두어 번의 연습에 더 참가한 뒤, 본 공연이 열리던 날 새벽에 민 노인은 성규에게 일렀다.

"아무리 단역이라고는 해도, 아무 옷이나 걸치고는 못 나간다. ⓐ 모시 두루마기를 입지 않고는 북채를 잡을 수 없어."

"물론이지요. 할아버지 옷장에서 꺼내 놓으세요. 제가 따로 가지고 갈게요."
민 노인을 배려하는 성규

"두 시부터라고 했지?"

"네."

"이따 만나자."

일찍 점심을 먹고, 여느 날의 걸음걸이로 집을 나선 민 노인은, 나이에 어울리지 않는 설레임으로 흔들렸다. 아직은 눈치를 채지 못한 아들 내외에 대한 심리적 부담보다는, 자기가 맡은 일 때문이었다. 수십 명의 아이들이 어우러
민 노인의 모습을 좋아하지 않음

져 돌아가는 춤판에 영감쟁이 하나가 낀다는 사실이, 새삼스럽게 어색하기도 하고, 모처럼의 북 가락이 그런 모양으로밖에는 선보일 수 없다는 데 대한, 엷은 적막감도 씻어 내기 힘들었다. 그러나 젊은 훈김들이 뿜어내는 학교 마당에 서자 그런 머뭇거림은 가당찮은 것으로 치부되었다. 시간이 되어 옷을 갈아입고 아이들 속에 섞여 원진(圓陣)*을 이루고 있는 구경꾼들을 대하자, 그런 생각들은 어디론지 녹아 내렸다. ㉡ 그 구경꾼들의 눈이 자기에게 쏠리는 것도 자신이 거쳐 온 어느 날의 한 대목으로 치면 그만이었다. 노장이 나오고 취발이가 등장하는가 하면, 목중들이 춤을 추며 걸쭉한 음담패설 등을 쏟아 놓을 때마다, 관중들은 까르르 웃었다. 민 노인의 북은 요긴한 대목에서 둥둥 울렸다. 째지는 소리를 내는 꽹과리며 장구에 파묻혀 제값을 하지는 못해도, 민 노인에게는 전혀 괘념할 일이 아니었다. 그전에도 그랬던 것처럼, 공연 전에 마신 술기운도 가세하여, 탈바가지들의 손끝과 발목에 한 치의 오차도 없이 그의 북소리는 턱 턱 꽂혔다. 그새 입에서는 얼씨구! 소리도 적시에 흘러나왔다. 아무 생각도 없었다. ㉢ 가락과 소리와, 그것을 전체적으로 휩싸는 달착지근한 장단에 자신을 내맡기고만 있었다.

=에 몰입한 모습

그날 밤, 민 노인은 근래에 흔치 않은 노곤함으로 깊은 잠을 잤다. 춤판이 끝나고 아이들과 어울려 조금 과음한 까닭도 있을 것이었다. 더 많이는, 오랜만에 돌아온 자기 몫을 제대로 해냈다는 느긋함이, 꿈도 없는 잠을 거쳐 상큼한 아침을 맞고 했을 것으로 믿었는데, 그런 흐뭇함은 오래 가지 않았다. 다저녁때가 되어, 외출에서 돌아온 며느리는 집 안에 들어서자마자 성규를 찾았고, 그가 안 보이자 민 노인의 방문을 밀쳤다.

"아버님, 어저께 성규 학교에 가셨어요?'

㉣ 예사로운 말씨와는 달리, 굳어 있는 표정 위로는 낭패의 그늘이 좍 깔려 있었다. 금방 대답을 못하고 엉거주춤한 형세로 며느리를 올려다보는 민 노인의 면전에서, 송 여사의 한숨 섞인 물음이 또 떨어졌다.

"북을 치셨다면서요."

"그랬다. 잘못했니?"

원진(圓陣)
원형을 이루며 진을 치는 모습

우선은 죄인 다루듯 하는 며느리의 힐문에 부아가 꾸역꾸역 치솟고, 소문이 빠르기도 하다는 놀라움이 그 뒤에 일었다.

"아이들 노는 데 구경 가시는 것까지는 몰라도, 걔들과 같이 어울려서 북 치고 장구 치는 게 나이 자신 어른이 할 일인가요?"

"하면 어때서. 성규가 지성으로 청하길래 응한 것뿐이고, 나는 원래 그런 사람 아니니. 이번에도 내가 늬들 체면 깎았냐."

"아시니 다행이네요."

송 여사는 후닥닥 문을 닫고 나갔다.

만점 포인트

1. 등장인물의 가치관과 세대 간의 갈등 양상

민성규	진보와 화합의 가치를 추구함.
민대찬	세속적 가치와 현실적 삶을 추구함.
민 노인	예술적 · 정신적 가치와 자유로운 삶을 추구함.

- 민성규 ↔ 민대찬: 갈등
- 민성규 ↔ 민 노인: 긍정, 이해
- 민대찬 ↔ 민 노인: 갈등

2. '북'에 대한 인물들의 생각

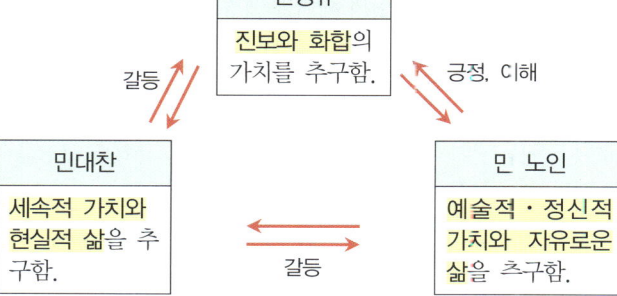

민 노인	분신과도 같은 존재로, 자유로운 예술 정신의 구현을 추구하게 해주었던 물건
민대찬	과거에 아버지가 가족들을 버리고 방랑하게 만든 물건이며, 현대에는 자신의 체면을 깎이게 만드는 물건
민성규	할아버지(민 노인)의 삶이자 자신과 할아버지를 이어 주는 매개체

3. 「흐르는 북」의 의미

이 글에서 '북'은 민 노인의 예술적 열정, 민 노인과 손자 성규가 결합할 수 있는 계기, 민 노인과 아들 민대찬이 갈등하게 되는 원인 등을 의미한다. 그리고 '흐르다'라는 의미는 이 작품에서 세대 간의 갈등이 극복될 수 있는 가능성을 열어 둔 것으로 볼 수 있다. 즉, 세대 간의 갈등 속에서도 북소리가 흘러 이어지고 있음을 드러냄으로써 세대 간의 이해와 화합의 의미를 강조하고 있는 것이다.

바로바로 체크

❶ 이 소설의 주인공은?

❷ 갈등의 원인이 되는 주요 소재는?

❸ '북'이 지니는 의미는?

정답 ❶ 민 노인
❷ 북
❸ 민 노인의 예술적 열정

적중! 출제 예상 문제

26 이 글에 대한 설명으로 적절하지 않은 것은?

① 1980년대 중산층의 이기적 삶의 세태를 배경으로 한다.
② 현대 사회에서 꿋꿋이 민족 예술을 지킨 자에 대한 예찬을 드러낸다.
③ 할아버지와 손자의 관계는 작가가 지향하는 긍정적 삶의 태도를 함축하고 있다.
④ 할아버지와 아들, 손자 간의 세대 간의 갈등과 대립, 화해의 구조를 지니고 있다.

27 이 글에서 알 수 있는 민 노인에 대한 성규의 태도로 알맞은 것은?

① 민 노인의 삶을 우상화하고 추종하려고 한다.
② 민 노인의 삶을 통해 아버지를 이해하려고 한다.
③ 민 노인의 삶을 퇴락한 것으로 치부하고 무시한다.
④ 민 노인의 삶을 나름대로 이해하고 포용하려고 한다.

28 ㉠~㉣에 대한 이해로 적절하지 않은 것은?

① ㉠ : 상대방에 대한 존경과 애정을 드러내고 있다.
② ㉡ : 부담감을 떨치고 상황에 적응하고 있다.
③ ㉢ : 오랜만에 선 무대라 실력을 발휘하지 못해 당황한다.
④ ㉣ : 불편한 속내를 감추지 못하고 있다.

29 ⓐ를 바탕으로 '민 노인'의 예술에 대한 태도를 가장 잘 표현한 것은?

① 예술은 평범한 사람들의 행복을 위해서 바쳐져야 한다.
② 예술은 청중들의 적극적인 호응을 통해서 완성된다.
③ 예술은 어려움에 처해 있을지라도 시대를 대변해야 한다.
④ 예술은 대접을 받지 못하더라도 격식을 잃지는 말아야 한다.

정답 및 해설 별책 11p

더 읽어보기

봄 · 봄

김유정

"장인님! 인젠 저……."

내가 이렇게 뒤통수를 긁고, 나이가 찼으니 성례*를 시켜 줘야 하지 않겠느냐고 하면, 그 대답이 늘

"이 자식아! 성례구 뭐구 미처 자라야지!" 하고 만다.

이 자라야 한다는 것은 내가 아니라 장차 내 아내가 될 점순이의 키 말이다.

내가 여기에 와서 돈 한 푼 안 받고 일하기를 삼 년 하고 꼬박이 일곱 달 동안을 했다. 그런데도 미처 못 자랐다니까 이 키는 언제야 자라는 겐지 짜증* 영문 모른다. 일을 좀 더 잘해야 한다든지, 혹은 밥을 (많이 먹는다고 노상 걱정이니까) 좀 덜 먹어야 한다든지 하면 나도 얼마든지 할 말이 많다. 허지만 점순이가 안죽 어리니까 더 자라야 한다는 여기에는 어째 볼 수 없이 고만 벙벙하고 만다.

이래서 나는 애초에 계약이 잘못된 걸 알았다. 이태면 이태, 삼 년이면 삼 년, 기한을 딱 작정하고 일을 해야 원 할 것이다. 덮어놓고 딸이 자라는 대로 성례를 시켜 주마 했으니, 누가 늘 지키고 섰는 것도 아니고 그 키가 언제 자라는지 알 수 있는가. 그리고 난 사람의 키가 무럭무럭 자라는 줄만 알았지 붙배기 키에 모로만 벌어지는 몸도 있는 것을 누가 알았으랴. 때가 되면 장인님이 어련하랴 싶어서 군소리 없이 꾸벅꾸벅 일만 해 왔다. 그럼 말이다, 장인님이 제가 다 알아채려서,

점순이와 혼인을 하기로 하고 데릴사위로 들어와 일을 함

'나'의 성격 – 우직하고 순수함

"어 참, 너 일 많이 했다. 고만 장가들어라."

하고 살림도 내주고 해야 나도 좋을 것이 아니냐. 시치미를 딱 떼고 도리어 그런 소리가 나올까 봐서 지레 펄펄 뛰고 이 야단이다. 명색이 좋아 데릴사위지 일하기에 싱겁기도 할뿐더러 이건 참 아무것도 아니다.

숙맥이 그걸 모르고 점순이의 키 자라기만 까맣게 기다리지 않았나.

핵/심/정/리

- **갈래** : 농촌 소설, 순수 소설
- **성격** : 해학적, 토속적
- **시점** : 1인칭 주인공 시점
- **배경** ┌시간 : 1930년대 봄
  └공간 : 강원도 산골 마을
- **주제** : 어수룩한 데릴사위와 교활한 장인 사이의 갈등, 산골 남녀의 순박한 사랑
- **특징** ❶ 주인공의 심리가 생생하게 드러남.
  ❷ 과거와 현재를 오가는 역순행적 구성
  ❸ 토속어와 비속어, 인물의 희극적 행동을 통해 해학성 유발

성례
혼인

짜증
진짜, 정말로

〈중략〉

그래 내 어저께 싸운 것이지 결코 장인님이 밉다든가 해서가 아니다.
과거. 역순행적 구성

모를 붓다가 가만히 생각을 해 보니까 또 싱겁다. 이 벼가 자라서 점순이가 먹고 좀 큰다면 모르지만, 그렇지도 못한 걸 내 심어서 뭘 하는 거냐. 해마다 앞으로 축 거불지는 장인님의 아랫배(가 너무 먹은 걸 모르고 냇병이라나, 그 배)를 불리기 위하야 심곤 조금도 싶지 않다.

"아이구, 배야!"

난 물 붓다 말고 배를 쓰다듬으면서 그대루 논둑으로 기어올랐다. 그리고 겨드랑에 꼈든 벼 담긴 키를 그냥 땅바닥에 털썩 떨어뜨리며 나도 털썩 주저앉었다. 일이 암만 바빠도 나 배 아프면 고만이니까. 아픈 사람이 누가 일을 하느냐. 파릇파릇 돋아 오른 풀 한 숲을 뜯어 들고 다리의 거머리를 쓱쓱 문대며 장인님의 얼굴을 쳐다보았다.

논 가운데서 장인님이 이상한 눈을 해 가지고 한참 날 노려보더니

"너, 이 자식, 왜 또 이래, 응?"

"배가 좀 아파서유!"

하고 풀 위에 슬며시 쓰러지니까 장인님은 약이 올랐다. 저도 논에서 철벙철벙 둑으로 올라오더니 잡은 참 내 멱살을 움켜잡고 뺨을 치는 것이 아닌가…….

"이 자식아, 일허다 말면 누굴 망해 놀 셈속이냐? 이 대가릴 까놀 자식."
비속어 사용, 해학성

더 읽어보기

유자소전

이문구

| 전체 줄거리 | 작가인 '나'에게는 '유재필'이라는 친구가 있었다. 그는 심성이 곱고 매사에 생각이 깊으며 착실한 사람이어서 '나'에게 많은 도움을 주었다. 그 친구는 남에게 의존하는 것을 꺼리며 잘난 척하는 사람들을 싫어하고 남의 아픔을 자신의 아픔으로 받아들일 줄 아는 사람이라 '나'는 그를 마치 성인군자를 대하는 기분으로 '공자', '맹자' 하듯이 '유자'라고 부른다. 하지만 이런 친구는 사실 현대 사회와 잘 맞지 않아 세상살이를 힘들게 하는 면도 많이 있다. 그 친구는 자신의 몸을 돌보지 않으면서까지 가난한 사람들을 도우려 애쓰다가 결국 간암으로 세상을 떠났다. 부정과 요령으로 가득 찬 세상을 불의와 타협하지 않고 원칙을 지키는 삶의 철학으로 떳떳하게 살다 간 그 친구를 기리는 마음에서 '나'는 '전(傳)'을 쓰는 것이다. 교과서 수록 부분은 '유재필'이 자신이 일하던 총수의 집에서 쫓겨나게 된 사연이 나와 있는 장면이다.

하루는 어디로 어디로 해서 어디로 좀 와 보라고 하기에 물어물어 찾아갔더니, 귀꿈맞게도 붕어니 메기니 하고 민물고기로만 술상을 보는 후미진 대폿집이었다.

나는 한내를 떠난 이래 처음 대하는 민물고기 요리여서 새삼스럽게도 해감내가 역하고 싫었으나, 그는 흙탕 내도 아니고 시궁 내도 아닌 해감내가 문득 그리워져서 부득이 그 집으로 불러냈다는 것이었다.

"허울 좋은 하눌타리지, 수챗구녕 내가 나서 워디 먹겄나, 이까짓 냄새가 뭐시 그리워서 이걸 다 돈 주구 사 먹어. 나 원 참, 취미두 별 움둑가지 같은 취미 다 있구먼."

내가 사뭇 마뜩잖아했더니,

"그래두 좀 구적구적헌 디서 사는 고기가 하꾸라이버덤은 맛이 낫어."

하면서 그 날사말고 수그러들 기미를 보이지 않는 것이었다. 그가 자기 주장에 완강할 때는 반드시 경험론적인 설득 논리로써 무장이 되어 있는 경우였다.

무슨 얘기가 있는 모양이구먼."

"있다면 있구 읎다면 읎는디, 들어 볼라남?"

핵/심/정/리

- 갈래 : 세태 소설
- 성격 : 전기적, 풍자적, 비판적, 해학적
- 주제 : 유자의 인격적 면모와 물질만능주의에 빠진 현대 사회 비판
- 특징 ❶ 인물의 평생 행적을 기록하는 전(傳)의 형식을 사용함.
  ❷ 사투리를 사용하여 향토적 정서와 주인공의 인간적 면모를 부각함.
  ❸ 희극적 상황을 설정하고 해학적·풍자적 요소를 가미함.
  ❹ 1인칭 관찰자 시점과 전지적 작가 시점을 혼용함.

그는 이야기를 펼쳐 놓았다.

총수의 자택에 연못이 생긴 것은 그 며칠 전의 일이었다. 뜰 안에다
물질 만능주의에 빠진 현대인
벽이고 바닥이고 시멘트를 들이부어 만들었으니 연못이라기보다는 수족관이라고 하는 편이 알맞은 시설이었다. 시멘트가 굳어지자 물을 채우고 울긋불긋한 비단잉어들을 풀어놓았다.
과시적

비단잉어들은 화려하고 귀티 나는 맵시로 보는 사람마다 탄성을 자아내게 하였으나, 그는 처음부터 흘기눈을 떴다. 비행기를 타고 온 수입고기라서가 아니었다. 그 회사 직원의 몇 사람치 월급을 합쳐도 못 미치는 상식 밖의 몸값 때문이었다.

"대관절 월매짜리 고기간디 그려?"

내가 물어보았다.

"마리당 팔십만 원쓱 주구 가져왔댜."

그 회사 직원들의 봉급 수준을 모르기에 내 월급으로 계산을 해 보니, 자그마치 3년 4개월 동안이나 봉투째로 쌓아야 겨우 한 마리 만져
구체적인 수치와 비교하여 총수의 사치스런 모습 강조
볼까 말까 한 값이었다.

"웬놈으 잉어가 사람버덤 비싸다냐?"

내가 기가 막혀 두런거렸더니,

"보통 것은 아닐러먼그려. 뱉어낸벤또(베토벤)*라나 뭬라나를 틀어
언어유희 ①
주면 또 그 가락대루 따라서 허구, 차에코풀구싶어(차이콥스키)라나 뭬
언어유희 ②
라나를 틀어 주면 또 그 가락대루 따라서 허구, 좌우간 곡을 틀어 주는 대루 못 추는 춤이 읎는 순전 딴따라 고기닝께. 물고기두 꼬랑지 흔들어서 먹구 사는 물고기가 있다는 건 이번에 그 집에서 츰 봤구먼."

그런데 이 비단잉어들이 어제 새벽에 떼죽음을 한 거였다. 자고 일어나 보니 죄다 허옇게 뒤집어진 채로 떠 있는 것이었다.

총수가 실내화를 꿴 발로 뛰어나왔지만 아무 소용없는 일이었다.

"어떻게 된 거야?"

뱉어낸벤또(베토벤) 차에코풀구싶어(차이콥스키)
언어유희를 통해 '총수'에 대한 반감을 드러냄.

한동안 넋 나간 듯이 서 있던 총수가 하고많은 사람 중에 하필이면 유자를 겨냥하며 물은 말이었다.

"글쎄유, 아마 밤새에 고뿔이 들었던 개비네유."
엉뚱한 답변을 통해 '총수'의 태도를 비꼬아 표현함

유자는 부러 딴청을 하였다.

"뭐야? 물고기가 물에서 감기 들어 죽는 물고기두 봤어?"

총수는 그가 마치 혐의자나 되는 것처럼 화풀이를 하려 드는 것이었다.

그는 비위가 상해서,

"그야 팔자가 사나서 이런 후진국에 시집와 살라니께 여러 가지루다 객고가 쌯여서 조시두 안 좋았을 테구……. 그런디다가 부릇쓰구 지루박이구 가락을 트는 대루 디립다 춰 댔으니께 과로해서 몸살끼두 다소 있었을 테구……. 본래 받들어서 키우는 새끼덜일수록이 다다 탈이 많은 법이니께……."

그는 시멘트의 독성을 충분히 우려내지 않고 고기를 넣은 것이 탈이었으려니 하면서도 부러 배참으로 의뭉을 떨었다.

"하는 말마다 저 말 같잖은 소리…… 시끄러 이 사람아."

총수는 말 가운데 어디가 어떻게 듣기 싫었는지 자기 성질을 못 이기며 돌아섰다.

그는 총수가 그랬다고 속상해할 만큼 속이 옹색한 편이 아니었다. 그렇지만 오늘 아침에 들은 말만은 쉽사리 삭일 수가 없었다.

04 고전 산문

• 고전 산문의 개념을 이해하고, 실제 작품에 적용하여 감상해 본다.

비법 전수
고전 산문은 고전 소설, 고전 수필, 전통 극 등으로 구성되어 있습니다. 이러한 글들은 우리 선조들의 가치관과 삶을 반영하는 것들로서 권선징악, 삶의 희로애락과 같은 주제를 무궁무진한 상상력, 해학, 풍자와 함께 즐겨주시면 그 묘미를 느끼실 수 있습니다.

1 고전 소설

(1) 개념

갑오개혁(1894년) 이전에 쓰인 소설

(2) 고전 소설과 현대 소설의 차이점

구분	고전 소설	현대 소설
작가	작자 미상이 많음, 또는 지식인 작가	대체로 작가가 알려짐, 전문 소설가
주제	권선징악, 인과응보	다양한 주제로 표현
구성	평면적, 일대기적 구성*	입체적 구성
문체	문어체*, 운문체*	구어체, 산문체
인물	전형적, 평면적 인물	개성적, 입체적 인물
사건	우연적, 비현실적	필연적, 현실적
배경	비현실적, 막연한 배경	구체적, 확실한 배경
결말	행복한 결말	다양한 결말
시점	전지적 작가 시점	다양한 시점

일대기적 구성
주인공이 태어나서 죽을 때까지의 삶을 그려낸 구성

문어체
'~노라', '~하니라' 등으로 표현됨.

운문체
낭독의 편의성을 위해 '4·4조' 등의 운율을 살려 서술함.

(3) 고전 소설의 표현상의 특징

① **서술자 개입** : 고전 소설에서는 서술자가 마치 등장인물처럼 작품에 직접 개입하여 인물이나 사건에 대해 논평을 하는 경우가 많은데, 이를 **편집자적 논평**이라고 하기도 한다.

예 애고 나 죽네, 소리하고 물에 풍 빠졌다 하되 그리하여서야 효녀 죽음 될 수 있나.

② **운문체 서술** : 판소리 계열의 소설에서 판소리의 영향을 받아 리듬감이 느껴지는 운문체 서술이 자주 등장한다. 동일한 구조의 문장을 중첩하거나 비슷한 의미의 단어를 나열하는 **대구, 열거 등의 방식**을 통하여 표현한다.

예 그 뉘라서 나를 찾는고, 산이 높고 골이 깊은 이 강산 경개 좋은데, 날 찾는 이 그 뉘신고, 수양산의 백이숙제가 고비 캐자 날 찾는가. 소부 허유가 영천수에 귀 씻자고 날 찾는가.

③ 풍자와 해학

해학	익살과 재치로 웃음을 유발하는 표현	웃음을 유발하며 우리 조상들의 긍정적 삶의 태도를 엿볼 수 있음.
풍자	웃음을 유발하며 완곡하게 비판하는 표현	

2 고전 수필

① 조선 후기 사회 변동에 따라 개인의 체험이나 역사적 사실에 대해 기록하는 '수필'의 형식이 발달하게 되었다.
② 일기, 기행문, 서간문 등의 다양한 수필 작품이 활발하게 창작되었다.

• 고전 수필의 예
한중록(閑中錄), 규중칠우쟁론기(閨中七友爭論記) 등

3 판소리

(1) 개념
판소리는 전문 예술가인 광대가 고수(鼓手)의 장단에 맞추어 일정한 내용을 창과 아니리로 부르는 민속 예술 형태의 한 갈래이다.

(2) 판소리의 특징
① 서민들의 현실적인 생활을 주로 그려낸다.
② 극적 내용이 많고 민속적이며 풍자와 해학이 풍부하다.

• 판소리의 예
춘향가, 심청가, 흥보가 등

4 민속극

(1) 개념
민속극이란 예로부터 전승되어 온 연극으로 무극(舞劇), 가면극(假面劇), 인형극(人形劇) 등이 있다.

(2) 민속극의 특징
① 농민이나 사당 등 서민들에 의해 주도되었고, 서민들의 언어와 삶의 모습이 생생히 드러난다.
② 당시 지배층에 대한 비판 의식이 드러난다.

• 민속극의 예
봉산탈춤, 꼭두각시 놀음 등

양반전 _ 박지원

핵/심/정/리

- 갈래 : 고전 소설, 한문 소설
- 성격 : 풍자적
- 제재 : 양반의 신분 매매
- 배경 ┌ 시간 : 조선 후기
  └ 공간 : 강원도 정선군
- 주제 : 양반 계층의 무능력과 위선적인 태도 비판
- 특징 ❶ 조선 후기 시대상이 잘 드러남.
  ❷ 작가의 실사구시의 실학 정신이 잘 드러남.
  ❸ 양반들의 경제적 무능력과 허례허식, 위선적인 생활 태도를 비판

(가) 양반이란 선비를 높여 부르는 말인데, 강원도 정선 고을에 한 양반이 살았다. 어질고 글 읽기를 좋아했으므로 군수가 새로 부임하면 반드시 몸소 그의 집에 가서 인사를 했다. 그러나 집이 가난해서 해마다 관청의 환곡을 빌려 먹다 보니 그것이 쌓여서 그 빚이 일천 섬에 이르렀다(무능력한 양반의 모습). 관찰사가 고을을 돌면서 정사를 살피다가 환곡 출납을 조사해 보고 크게 노했다. "어떤 놈의 양반이 군량미를 이렇게 축냈단 말인가?" 하면서 양반을 잡아 가두라고 명령을 내렸다.

(나) 군수는 그 양반이 가난하여 갚을 길이 없음을 알고 안타깝게 여겨 차마 가두지는 못했으나 그도 역시 어찌할 길이 없었다. 양반이 어떻게 해야 할 줄을 모르고 밤낮으로 훌쩍훌쩍 울기만 하고 있으니(무능력한 모습) 그의 아내가 역정을 냈다. "당신은 평소에 그렇게도 글을 잘 읽었지만 환곡을 갚는 데에는 아무런 쓸모가 없구려. 쯧쯧, 양반이라니! 한 푼도 못 되는 그놈의 양반!"(무능력한 양반을 비판함)

(다) 군수가 놀라워하며 말했다.
"군자로다, 부자여! 양반이로다, 부자여! 부자로서 인색하지 않았으니 옳음이요, 남의 어려움을 돌보았으니 어짊이요, 낮은 것을 싫어하고 높은 것을 바랐으니 슬기로움이로다. 이런 사람이야말로 참으로 양반이 아니겠는가!"

(라) "하느님이 백성을 내니, 그 백성은 넷이다. 네 가지 백성 가운데는 선비가 가장 귀한 것이고, 거기서도 양반이라 불리면 이익이 엄청나다. 농사 장사 아니 하고, 문사 대강 공부하여 크게 되면 문과 급제, 작게 되면 진사로세. 문과 급제 홍패라면 온갖 물건 구비되니 이게 바로 돈 전대요(부정부패로 '부'를 축적함), 서른에야 진사 되어 첫 벼슬에 발 디뎌도 이름난 음관(신분의 세습) 되어 높은 자리로 섬겨

진다. 일산 바람에 귀가 희고 설렁줄에 배 처지며, 방 안에 널린 귀걸이 예쁜 기생 몫이 되고 뜨락에 흘린 곡식 두루미 모이로다. 궁한 선비 시골 살면 나름대로 횡포 부려 이웃 소로 밭을 갈고 일꾼 뺏어 김을 맨들 누가 나를 거역하리."

양반의 횡포

(마) 부자가 증서 내용을 듣고 있다가 혀를 내두르며 말했다. "그만두시오! 그만두시오! 참으로 맹랑한 일입니다! 장차 나더러 도적놈이 되라는 말입니까?" 그러고는 머리를 흔들며 뛰쳐나가서 죽을 대까지 다시는 양반의 일을 입에 담지 않았다.

양반에 대한 비판, 단적인 표현

만점 포인트

1. 「양반전」의 전체 줄거리

정선군에 사는 어질고 학식이 풍부한 한 양반이 관가에서 환곡을 타다 먹었는데, 꾸어 먹은 환곡이 천 석에 달했다. 하루는 강원도 감사가 순시하다가 이 사실을 알고 노하여 그 양반을 잡아들이라고 하고, 이를 갚을 도리가 없는 양반은 밤낮 울기만 한다. 이때 자신의 신분이 비천한 것을 한탄하던 부자가 양반의 환곡을 대신 갚아 주고 양반 신분을 산다. 이 사실을 안 군수는 부자를 칭송하며 군민들을 증인으로 하여 양반 매매 증서를 써 주겠다고 한다. 군민들이 모인 자리에서 군수는 양반이 지켜야 할 사항을 하나하나 적은 매매 증서를 작성한다. 하지만 부자는 자신의 기대와 다른 내용에 불만을 표한다. 이에 군수는 다시 양반들의 권리를 열거한 매매 증서를 작성하고, 이를 본 부자는 양반의 삶이 도둑의 모습과 다르지 않다고 생각하면서 양반이 되기를 포기한다.

2. 「양반전」의 매매 증서

1차 매매 증서	2차 매매 증서
양반이 지켜야 할 **덕목과 의무**	양반이 누릴 수 있는 **특권**
양반의 비생산성과 **허례허식 비판**	백성에 대한 양반의 수탈, **횡포 비판**

↓

당시 양반들의 모습을 드러내고, 이를 비판하는 역할을 함.

3. 「양반전」에 나타난 근대적 성격

신분제 동요	돈으로 신분을 사고 파는 세태
지배층의 허위에 대한 비판	관념적이고 허례허식에 찬 양반 사회
새로운 계층의 등장	평민 부자의 등장이라는 점에서 시민 계급이 대두한 새로운 사회 구조의 출현

바로바로 체크

❶ 이 작품의 주된 풍자 대상은?
❷ 1차 매매 증서의 주요 내용은?
❸ 2차 매매 증서의 주요 내용은?

정답 ❶ 양반 계층
❷ 양반의 덕목과 의무
❸ 양반의 특권과 횡포

적중! 출제 예상 문제

01 윗글에 대한 설명으로 옳지 않은 것은?

① 연암 박지원의 현실의 모순에 대한 풍자 정신을 엿볼 수 있다.
② 조선 후기 시대상이 반영된 고전 소설이다.
③ 강원도 정선에서 일어난 실제 이야기이다.
④ 양반 계층의 위선적인 태도를 풍자하고 있다.

02 다음 〈보기〉의 설명에 해당하는 인물은?

보 기
- 무능력한 양반을 직설적으로 비판하는 인물
- 작가의 목소리를 대변하는 인물

① 부자　　② 양반
③ 아내　　④ 군수

03 이 글을 통해 알 수 있는 당시 현실로 적절하지 않은 것은?

① 무능력한 양반이 있었다.
② 돈으로 신분을 사고파는 일이 있었다.
③ 대부분의 양반은 환곡으로 생계를 유지했다.
④ 백성들에 대한 양반의 횡포가 사회적 문제가 되었다.

04 (라)의 '양반 증서'는 양반의 어떤 점을 비판하고 있는가?

① 양반의 허례허식
② 양반의 부패한 모습
③ 양반의 쓸모없는 관념
④ 양반의 경제적 무능력

정답 및 해설 별책 14p

춘향가 _ 작자 미상

핵/심/정/리
- 갈래 : 판소리 사설
- 성격 : 해학적, 염정적,* 운문적, 서사적
- 제재 : 춘향과 몽룡의 사랑
- 주제 ❶ 표면적 신분을 초월한 사랑, 여성의 정절
  ❷ 이면적 신분적 제약을 벗어난 인간 해방
- 특징 ❶ 다양한 근원 설화의 요소를 수용함.
  ❷ 극적 요소가 풍부하여 다른 작품에 영향을 줌.

(가) 중모리*

"이제 꿈에 보이던 임을 생시에 다시 보자. 향단아, 등불 이만큼 밝혀라. 애를 끊어 보이던 임을 생시에나 다시 보자." 칼머리를 들어 저만큼 옮겨 놓고, 형문(刑問)맞은 다리를 두 손으로 받쳐 들고, 아픈 것을 참느라고, "아이고 다리야! 아이고 허리야!" 몽그작 몽그작 나오더니 옥 문설주 부여잡고 바드득 일어서며, "아이, 서방님. 어찌 이리 더디 왔소? 영천수 맑은 물에 소부 허유와 놀다 왔소? 상산사호 네 노인과 바둑 두다 이제 왔소? 와병에 인사절이라 병이 들어 이제 왔소? 책방에 계실 때는 그리도 곱던 얼굴, 헌헌장부(軒軒丈夫)*가 다 되었네!" 춘향 모친이 이 거동을 보더니, "아이고, 저렇게 잘되어 온 것을 보고 대번 미치고 환장허네 그려!" "어머니, 웬 말씀이요? 잘되어도 내 낭군, 못되어도 내 낭군, 고관대작(高官大爵) 내사 싫고, 만종록도 내사 싫소. 어머님이 정한 배필, 좋고 그르고가 웬 말씀이오." 어사또 이 모양을 보더니 옥문 틈으로 손을 넣어 춘향이 손을 부여잡고, "보드랍고 곱던 손결, 피골이 상접이 되었으니, 네가 이게 웬일이냐?" "서방님, 나는 내 죄로 이렇거니와, 귀중하신 서방님이 이 모양이 웬일이시오?" "오냐, 나도 팔자로다." "내일 본관 사또 생일잔치 끝에 날 올려 죽인다니, 칼머리나 들어주오."

〈중략〉

'춘향아! 청초(靑草)는 우거진 데 앉았느냐, 누웠느냐. 내가 와서 주는 술이니 물리치지 말고 많이 먹어라.' 이 말씀도 하여 주고 '수절원사(守節冤死) 춘향지묘(春香之墓)'(절개를 지키다가 죽게 되었음을 남기고 싶음)라 여덟 자만 새겨 주시면 아무 여한이 없겠네다." 어사또 기가 막혀, "오냐, 춘향아, 우지 마라. 내일 날이 새고 나면 가마를 탈지 상여를 탈지 그 일이야 누가 알겠느냐마는, 천붕우출(天崩牛出)*이라 하늘이 무너져도 솟아날 구멍이 있는 법이니, 우지 말라면 우지 마라."

염정적
남녀 간의 사랑을 다룬 내용

중모리
판소리 장단 중 하나.
강강술래, 진도 아리랑 등이 속함.

헌헌장부(軒軒丈夫)
외모가 준수하고 풍채가 당당한 남자

천붕우출(天崩牛出)
하늘이 무너져도 솟아날 구멍이 있다.

(나) 중모리

〈중략〉

"아이고, 이 일을 어쩔거나. ㉠ 갈매기는 어디 가고 물 드는 줄을 모르고, 사공은 어디 가고 배 떠나는 줄을 모르고, 우리 낭군 어디를 가시어 내가 죽는 줄을 모르는가?" 사정에게 붙들리어 동헌을 들어가니 나졸들이 달려들어 "춘향 잡아들였소!"

(다) ㉡ 똑같은 명관들이오. 죽여 주오. 죽여 주오. 홍로(紅爐)에 묻은 불로 사르려거든 사르시고, 칠 척 검 드는 칼로 어서 급살 박살 죽여 주면 혼비혼행(魂飛魂行) 둥둥 떠서 우리 서방님을 찾아갈라요. 송장 임자는 문 밖에서 있으니 어서 급히 죽여주오.

만점 포인트

1. 「춘향가」의 근원 설화

① 염정 설화 : 양반 자제와 기생의 사랑 이야기
② 열녀 설화 : 여자가 고난과 시련을 이겨 내고 정절을 지킨 이야기
③ 관탈 민녀 설화 : 벼슬아치가 민간의 여자를 빼앗는 이야기
④ 암행어사 설화 : 암행어사가 권력자나 부자의 횡포를 징벌하고 약자의 한을 풀어 주는 이야기
⑤ 신원 설화 : 억울하게 죽은 혼의 원한을 풀어 주는 이야기

2. 「춘향가」의 표면적 주제와 이면적 주제

구분	표면적 주제	이면적 주제
내용	춘향과 이몽룡의 연애담 ➜ 춘향이 수청을 강요하는 변 사또에 맞서 정절을 지킴.	춘향과 이몽룡의 결연(結緣) ➜ 춘향이 사대부와 혼인하여 신분적 제약에서 벗어남.
주제	여성의 굳은 정절	신분적 제약을 벗어난 인간 해방

3. 「춘향가」의 발전 과정

설화		판소리		고전 소설		신소설		영화・드라마
열녀 설화 신원 설화	➜	춘향가	➜	춘향전	➜	옥중화	➜	춘향뎐 방자전 쾌걸 춘향

✔ 바로바로 체크

❶ 이 작품의 공간적 배경은?
❷ 이 작품의 표면적 주제는?
❸ 이 작품의 근원 설화를 2개 이상 쓰시오.

정답 ❶ 전라도 남원
❷ 여성의 굳은 정절
❸ 염정 설화, 열녀 설화, 관탈 민녀 설화, 신원 설화, 암행어사 설화

적중! 출제 예상 문제

05 이 작품의 문학사적 가치로 적절하지 않은 것은?

① 여러 등장인물을 통해 해학성과 풍자를 드러내고 있다.
② 이몽룡, 춘향이, 변학도는 당대 각 계층의 전형적인 모습을 드러낸다.
③ 서민층에서 사용하는 일상어와 비속어의 사용이 돋보인다.
④ 중국이 배경이 아니며, 우리나라를 배경으로 당대 사회의 현실을 사실적으로 그렸다.

06 춘향의 이몽룡을 향한 마음을 가장 잘 나타낸 한자성어는?

① 관포지교(管鮑之交)　② 청출어람(靑出於藍)
③ 형설지공(螢雪之功)　④ 일편단심(一片丹心)

07 ㉠에서의 판소리의 특징을 가장 잘 설명한 것은?

① 비중이 작은 부분을 없애거나 줄이는 방법이다.
② 청중이 흥미를 보이는 장면을 열거법이나 대구법으로 확대한다.
③ 청중이 흥미를 보이는 부분을 발췌하여 새로운 이야기로 재구성한다.
④ 청중의 흥미를 고려하여 다양한 수사법을 사용하여 이야기에 변화를 준다.

08 ㉡과 표현 방법이 같은 것을 고르면?

① 먼 훗날 당신이 찾으시면 / 그때에 내 말이 "잊었노라"
② 이러매 눈 감아 생각해 볼밖에 / 겨울은 강철로 된 무지갠가 보다
③ 우리가 물이 되어 만난다면 / 가문 어느 집에선들 좋아하지 않으랴.
④ 일어서라 풀아 / 일어서라 풀아

정답 및 해설 별책 14p

유충렬전_작자 미상

핵/심/정/리
- 갈래 : 영웅 소설, 적강 소설, 군담 소설
- 성격 : 영웅적, 비현실적, 전기적, 우연적
- 시점 : 전지적 작가 시점
- 배경 : 중국 명나라, 중국 대륙
- 주제 : 유충렬의 영웅적 활약과 고난 극복
- 특징 ❶ '천상'과 '지상'의 이중 구조로 전개됨.
  ❷ 영웅의 일대기적 구조를 통해 전개됨.

| 앞부분 줄거리 | 명나라 개국 공신의 자손인 유심은 늦도록 자식이 없다가 부인 장씨와 형산에 치성을 드리고 신이한 꿈을 꾼 뒤 마침내 아들 충렬을 얻는다. ㉠ 충렬은 원래 천상계의 신선인 자미성이었는데, 정한담으로 환생한 익성의 모함을 받아 지상계로 내려오게 된 것이다. 유심은 정한담 무리의 계략에 빠져 역적으로 몰려 귀양을 가고, 부인 장씨는 충렬과 함께 달아나다가 도적에게 붙잡힌다. 도적들은 충렬을 강물에 던져 버린다. 충렬은 마침 물 속 큰 바위에 발이 닿아 죽을 고비를 넘긴다.

(가) 이때 남경의 장사꾼들이 재물을 많이 싣고 북경으로 가면서 회수에 배를 띄워 놓고 두둥실 중류로 내려가는데, 처량한 울음 소리가 바람을 타고 들려오는지라. 뱃사람들이 이상하게 생각하여 배를 바삐 저어 우는 곳을 찾아가니, 과연 한 동자 물에 서서 슬피 울고 있었다. 급히 건져 배 안에 올려놓고 사연을 물으니, "해상에서 수적을 만나 어미를 잃고 웁니다." 하는지라. 뱃사람들이 슬픔에 젖어서 충렬을 물가에 내려놓고 가고 싶은 대로 가라고 한 후 배를 띄워 북경으로 향하더라.

충렬은 뱃사람들과 이별하고 정처 없이 다니었다. 이 마을 저 마을을 돌아다니면서 구걸하여 먹고, 아무 데서나 빌어서 잠을 자곤 했다.

〈중략〉

얼굴이 비쩍 말라 죽은 사람 같고 차림새가 말이 아니었다. 가슴 속의 대장성은 때 속에 묻혀 있고 등 위의 삼태성은 헌 옷 속에 묻혔으니, ⓐ 활달한 기남자(奇男子)가 도리어 걸인이 되었구나.
편집자적 논평

(나) 강 승상이 마침 본부(本府)에 갔다가 돌아오는 길에 우편(右便) 주점(酒店)에서 자다가, ㉡ 오색구름이 멱라수에 어리었는데 청룡이 물속에 빠지려 하면서 하늘을 향하여 무수히 통곡하고 백사장을 배회하는 꿈을 꾸었다. 마음속으로 이상하게 생각하여 날 새기를 기다리다가 새벽닭이 울고 날이 밝자 멱라수로 바삐 달려갔다. 가서 보니 과연 어떤 동자가(충렬) 물가에 앉아 울고 있는지라. 급히 달려들어 그 아이 손을 잡고 회사정에 올라와

자세히 물어 말하기를, "너는 어떠한 아이인데 어디에서 와서 어디로 가며, 무슨 까닭으로 이곳에 와 우느냐?" 하니, 충렬이 울음을 그치고 대답하여 말하였다.

"소자는 남경 동성문 안에 사는 정언 주부 유 공(유순)의 아들입니다. 부친께서 간신의 참소를 만나 연경으로 귀양 가시다가 이 물에 빠져 죽은 흔적이 회사정에 있는 까닭에 소자도 이 물에 빠져 죽고자 합니다."

〈중략〉

충렬이 어쩔 수 없어 강 승상을 따라가니, 그곳은 영릉땅 월계촌이었다.

(다) 이때 강 승상에게는 아들은 없고 다만 딸 하나만 있었다. 부인 소씨가 딸아이를 낳을 때에 한 선녀가 오색구름을 타고 내려와 소씨에게 말하기를, ㉢ "소녀는 옥황의 선녀입니다. 자미원 대장성과 연분(緣分)을 맺고 있었는데 옥황께서 소녀를 강씨의 집안으로 보내기에 왔으니, 부인은 불쌍하게 여겨 주십시오."

하거늘, 부인이 혼미한 가운데 딸아이를 낳으니 용모가 비범하고 거동이 단정하였다. ㉣ 시 짓기와 글쓰기를 잘하고, 모르는 음률(音律)이 없었으니 여자 가운데 군자요, 총명한 지혜는 짝을 이룰 만한 사람이 없었다. 부모가 사랑하여 사윗감을 쉽게 고르지 못하고 염려하였는데, 천만다행으로 충렬을 데려다가 외당에 거처케 하고 자식같이 길러 내니, ⓑ 충렬의 고귀한 상(相)은 이루 말로 다 표현하기 어려울 정도였다. 부귀 작록(富貴爵祿)* 은 대적할 사람이 없고 영웅 준걸은 만고의 제일이었다. 승상이 매우 기뻐하며 내당(內堂)으로 들어가 부인에게 혼사를 의논하니, 부인 역시 매우 즐거워하며 말하였다.

"나도 마음속으로 충렬을 사랑하였는데, 승상께서 또한 그렇게 말씀을 하시니 더 이상 여러 말 말고 혼사를 치르도록 합시다."

승상이 밖에 나와 충렬의 손을 잡고,

부귀 작록(富貴爵祿)
돈이 많고, 관직이 높음.

"결혼과 관련하여 너에게 긴히 할 말이 있다. 내가 늙은 말년에 오로지 딸 하나만을 두었는데, 지금 보니 너와 하늘이 정해 준 배필임이 분명하다. 이제 백년고락(百年苦樂)을 너에게 부탁하겠다."

하시는데, 충렬이 무릎을 꿇고 앉아 눈물을 흘리며 여쭈었다.

"소자의 목숨을 구해 주시고 또 슬하(膝下)에 두고자 하시니 감사하기 이를 데가 없습니다. 다만 가슴속에 통탄할 일이 사무쳐 있습니다. 소자가 복이 없어 양친(兩親)의 생사를 모른 채 결혼하여 아내를 얻는 것은 자식으로서 할 도리가 아닙니다. 이것이 한스러울 뿐입니다."

충렬의 효성스러운 모습

승상이 그 말 듣고 슬픔에 젖어서 충렬의 손을 잡고 말하기를,

"이것은 때에 맞추어 임기응변으로 일을 적절하게 처리하는 방법이다. 너의 집 시조 공(始祖公)도 일찍 부모도 여의고 장씨 가문에 장가가서 어진 임금을 만나 개국공신이 되었으니, 조금도 서러워 마라."

하시고, 즉시 좋은 날을 택하여 혼례를 치르니, 아름다운 신랑과 신부의 모습은 하늘에서 죄를 짓고 인간 세상에 내려온 신선이 분명하였다.

편집자적 논평

만점 포인트

1. 영웅의 일생 구조에 따른 전체 내용 정리

① 고귀한 혈통

개국 공신의 자손인 유심의 아들로 태어남.

② 비정상적 출생

- 부모가 산천에 기도하여 낳음.
- 천상계 신선이 인간 세상으로 귀양 옴.

③ 시련을 겪음

- 정한담의 계교로 아버지 유심이 귀양을 가고 어머니와 헤어져 물 속에 버려짐. → 남경 상인들에게 구출되고, 멱라수에서 강 승상을 만나 그의 사위가 됨.
- 강 승상이 상소를 올린 일로 정한담에게 박해를 받고, 부인과 헤어져 떠돎. → 노승을 찾아가 무예를 배움.

④ 구출자에 의하여 도움을 받음

⑤ 투쟁으로 위업을 이룸

외적과 결탁한 정한담을 물리치고 천자를 구출함.

⑥ 고향으로의 개선과 고귀한 지위 획득

죽은 줄 알았던 부모를 만나고, 헤어졌던 아내와 재회함.

⑦ 신비한 죽음

나타나 있지 않음.

2. 「유충렬전」의 이원적 구조

천상(天上)	자미성	↔	익성
	↓		
지상(地上)	유충렬	↔	정한담

바로바로 체크

❶ 이 작품의 서사 구조는?

❷ 위기에 빠진 유충렬에게 도움을 주는 사람은?

❸ 이 작품에서 대립하는 두 인물은?

정답 ❶ 영웅의 일대기 구조
❷ 강 승상(강희주)
❸ 유충렬과 정한담

적중! 출제 예상 문제

09 윗글을 감상하는 방법을 잘못 설명한 것은?

① 실존 인물의 허구화 과정을 알아본다.
② 영웅 소설의 구조를 찾아 정리해 본다.
③ 각 사건이 반영하는 현실을 상상해 본다.
④ 현대 소설과 구별되는 표현 방법을 이해한다.

10 이 작품을 토대로 다음과 같이 정리하였을 때, 적절하지 않은 것은?

	항목	구체적 내용
①	갈래	고전 소설이자 군담 소설
②	서술상의 특징	시간의 흐름에 따라 사건이 순차적으로 진행됨
③	작품에 반영된 현실	지배 계층의 부패와 자연 재해로 인해 백성들이 도탄에 빠짐
④	작품 성격	전기적이고 우연적인 요소가 강함

11 ㉠~㉣에 대한 설명으로 적절하지 않은 것은?

① ㉠ : 천상계와 지상계의 이원적 구조가 나타난다.
② ㉡ : 위험에 빠진 유심과 충렬을 강희주가 구할 것임을 암시한다.
③ ㉢ : 등장인물이 하늘에서 내려온 사람임을 알 수 있다.
④ ㉣ : 강희주의 딸이 아름답고 재능이 있는 사람임을 알 수 있다.

12 ⓐ와 ⓑ에 공통적으로 적용할 수 있는 설명으로 적절한 것은?

① 작품의 배경을 드러내고 있다.
② 인물이 처한 위기를 제시하고 있다.
③ 앞으로의 사건 전개를 암시하고 있다.
④ 서술자가 작품에 개입해 인물에 대한 평을 제시한다.

정답 및 해설 별책 14p

구운몽 _ 김만중

성진이 눈물을 흘리고 마지 못하여 부처와 대사께 하직하고 사형(師兄)과 사제(師弟)를 이별하고, 사자(使者)를 따라 수만 리를 행하여 음혼관(陰魂關) 망향대(望鄕臺)를 지나 풍도에 들어가니 문을 지키는 군졸이 말하였다.

"이 죄인은 어떤 죄인이요?"

황건역사가 대답하여 말하였다.

"육관대사의 명으로 이 죄인을 잡아왔노라."

귀졸(鬼卒)이 대문을 열자, 역사(力士)가 성진을 데리고 삼라전(森羅殿)에 들어가 염라대왕께 뵈니 대왕이 말하였다.

"화상(和尙)이 몸은 비록 연화봉에 매였으나, 화상 이름은 지장왕(地藏王) 향안(香案)에 있어 신통한 도술로 천하 중생을 건질까 하였는데, 이제 무슨 일로 이곳에 왔느냐?"

성진이 크게 부끄러워하며 고하여 말하였다.

"소승이 사리가 밝지 못하여 사부께 죄를 짓고 왔으니, 원컨대 대왕은 처분하십시오."

한참 후에 또 황건역사가 여덟 죄인을 거느리고 들어오자, 성진이 잠깐 눈을 들어 보니 남악산 팔선녀였다.

염라대왕이 또 팔선녀에게 물었다.

"남악산 아름다운 경치가 어떠하기에 버리고 이런 데 왔느냐?"

선녀 등이 부끄러움을 머금고 대답해 말하였다.

"첩 등이 위부인 낭랑의 명을 받아 육관대사께 문안하고 돌아오는 길에 성진 화상을 만나 문답한 말씀이 있었는데 대사가, 첩 등이 좋은 경계를 더럽게 하였다 하여(세속적 욕망을 자극함) 위부인께 넘겨 첩 등을 잡아 보냈습니다. 첩 등의 괴로움과 즐거움이 다 대왕의 손에 매였으니, 원컨대 좋은 땅을 점지해 주십시오".

염라대왕이 즉시 지장왕(地藏王)께 보고하고 사자(使者) 아홉 사람을 명하여 성진과 팔선녀를 이끌고 인간 세상('꿈')으로 보냈다.

핵/심/정/리

- 갈래 : 국문 소설, 몽자류 소설
- 성격 : 전기적, 이상적, 불교적
- 배경 : 당나라 때, 중국 남악 형산 연화봉 동정호(현실) 당나라 서울과 변방(꿈)
- 제재 : 꿈을 통한 성진의 득도 과정
- 주제 : 인생무상(人生無常)의 깨달음을 통한 허무의 극복
- 특징 ❶ '현실–꿈–현실'의 이원적 환몽 구조를 지닌 일대기 형식
  ❷ 유교, 불교, 도교 사상이 나타나며, 그 중 불교의 공(空) 사상이 영향을 받음.

만점 포인트

1. 「구운몽」의 구조 – 환몽 구조, 액자 구성

현실(외화)	꿈(내화)	현실(외화)
신선계, 천상	인간계, 지상	신선계, 천상
비현실적, 초월적, 형이상학적*	현실적, 형이하학적*	비현실적, 초월적, 형이상학적
불교	유교	불교
성진과 팔선녀	양소유와 2처 6첩	성진과 여덟 비구니
세속적 욕망으로 인한 번뇌 → 불교에 대해 회의하는 성진	세속적 욕망의 성취 → 유교의 입신양명 성취 → 허무함을 느낌.	득도, 깨달음 → 불교에 귀의하는 성진

2. 제목 '구운몽(九雲夢)'의 상징적 의미

구(九)	운(雲)	몽(夢)
인물	주제	구성 – 환몽 구조
현실 – 성진과 팔선녀 꿈 – 양소유와 2처 6첩	인생무상의 깨달음	양소유가 세속적 욕망이 헛된 것임을 깨닫는 공간

↓

성진과 팔선녀가 속세의 부귀영화를 갈망하다가 꿈에서 부귀영화를 누리게 되나 허망함을 느끼고 인생의 덧없음을 깨닫는 이야기

형이상학적
형태보다 상위 개념.
추상적인

형이하학적
형태로 드러내는 성질.
구체적인

바로바로 체크

❶ 이 작품의 구성상 특징은?
❷ 이 작품의 배경 사상은?
❸ 이 작품의 제목을 고려할 때, 꿈을 꾼 사람은?

정답 ❶ 액자 구성, 환몽 구조
❷ 유교, 불교, 도교
❸ 성진과 팔선녀

적중! 출제 예상 문제

13 위 작품의 서술상의 특징으로 적절하지 않은 것은?

① 등장인물의 전형성이 드러난다.
② 전지적 작가 시점으로 사건을 전개해 나가고 있다.
③ 전기적이고 우연적 사건 전개를 보여준다.
④ 시간적, 공간적 배경 설정이 현실적이다.

14 이 글의 구조상 특징으로 적절하지 않은 것은?

① 꿈이 현실 같고, 현실이 꿈 같은 역설적 구조이다.
② 불교적 사고 방식인 윤회가 구성상의 중요 요소이다.
③ 인간 세계로 가고 싶다는 간절한 소망이 이루어진 결과 천상 세계에서 인간 세계로 이동하는 구조이다.
④ '천상 세계 – 인간 세계 – 천상 세계'의 구조이다.

15 다음 중 위 작품의 주제의식과 가장 거리가 먼 한자성어는?

① 일장춘몽(一場春夢)
② 한단지몽(邯鄲之夢)
③ 노생지몽(老生之夢)
④ 풍수지탄(風樹之嘆)

16 이 작품의 구조를 다음과 같이 나타낼 때, 그 관계가 옳지 않은 것은?

	현실	꿈	현실
①	신선 세계	인간 세계	신선 세계
②	세속적 욕망	고난과 역경	징벌
③	비현실적	현실적	비현실적
④	도교, 불교	유교	불교

정답 및 해설 별책 14p

조침문 _ 유씨 부인

유세차(維歲次)* 모년(某年) 모월(某月) 모일(某日)에 미망인(未亡人) 모씨(某氏)는 두어 자 글로써 침자(針子)에게 고(告)하노니, 인간 부녀의 손 가운데 종요로운 것이 바늘이로대, 세상 사람이 귀히 아니 여기는 것은 도처에 흔한 바이로다. 이 바늘은 한낱 작은 물건이나, 이렇듯이 슬퍼함은 나의 정회(情懷)가 남과 다름이라. 오호통재(嗚呼痛哉)라 아깝고 불쌍하다. 너를 얻어 손 가운데 지닌 지 우금(于今) 이십칠 년이라. 어이 인정이 그렇지 아니하리요. 슬프다. 눈물을 잠깐 거두고 심신(心身)을 겨우 진정하여, 너의 행장(行狀)과 나의 회포(懷抱)를 총총히 적어 영결(永訣)* 하노라.

남편이 죽음, 글쓴이의 처지

연전에 우리 시삼촌께옵서 동지상사(冬至上使) 낙점(落點)*을 무르와, 북경(北京)을 다녀오신 후에, 바늘 여러 쌈을 주시거늘, 친정(親庭)과 원근(遠近) 일가에게 보내고, 비복(婢僕)들도 쌈쌈이 낱낱이 나눠 주고, 그 중에 너를 택(擇)하여 손에 익히고 익히어 지금까지 해포 되었더니, 슬프다, 연분(緣分)이 비상(非常)하여 너희를 무수히 잃고 부러뜨렸으되, 오직 너 하나를 연구(年久)히 보전(保全)하니, 비록 무심한 물건이나 어찌 사랑스럽고 미혹(迷惑)지 아니하리요. 아깝고 불쌍하며, 또한 섭섭하도다.

나의 신세 박명(薄命)하여 슬하(膝下)에 한 자녀 없고, 인명(人命)이 흉완(凶頑)하여 일찍 죽지 못하고, 가산(家産)이 빈궁(貧窮)하여 침선(針線)에 마음을 붙여, 널로 하여 시름을 잊고 생애(生涯)를 도움이 적지 아니하더니, 오늘날 너를 영결하니, 오호 통재라, 이는 귀신(鬼神)이 시기하고 하늘이 미워하심이로다.

아깝다 바늘이여, 어여쁘다 바늘이여, 너는 미묘한 품질과 특별한 재치를 가졌으니, 물중(物中)의 명물(名物)이요, ⓐ 철중(鐵中)의 쟁쟁(錚錚)이라. 민첩(敏捷)하고 날래기는 백대(百代)의 협객(俠客)이요, 굳세고 곧기는 만고(萬古)의 충절(忠節)이라. 추호(秋毫) 같은 부리는 말하는 듯하고, 두렷한 귀는 소리를 듣는 듯한지라. 능라(綾羅)와 비단(緋緞)에 난봉(鸞鳳)과 공작(孔雀)을 수

핵/심/정/리

- **갈래** : 고전 수필, 한글 수필
- **성격** : 추모적, 고백적, 신변잡기적
- **제재** : 바늘
- **주제** : 부러진 바늘에 대한 애도
- **특징** ❶ 비유, 열거, 대구 등의 방식을 사용하여 감각적으로 표현
  ❷ 제문(祭文)의 형식을 취하여 작가 자신의 안타까운 심정 강조
  ❸ 바늘을 의인화하여 대상을 잃은 슬픔을 과장함.

유세차(維歲次)
제문의 첫머리에 관용적으로 쓰는 말

영결(永訣)
죽은 사람과 산 사람이 서로 영원히 헤어짐.

낙점(落點)
관원으로서 임금님의 선택을 받음.

놓을 제, 그 민첩하고 신기(神奇)함은 귀신이 돕는 듯하니, 어찌 인력(人力)이 미칠 바리요.

오호통재라, 자식이 귀(貴)하나 손에서 놓일 때도 있고, 비복이 순(順)하나 명(命)을 거스를 때 있나니, 너의 미묘한 재질(才質)이 나의 전후에 수응(酬應)함을 생각하면, 자식에게 지나고 비복에게 지나는지라. 천은(天銀)으로 집을 하고 오색(五色)으로 파란을 놓아 곁고름에 채였으니, 부녀의 노리개라. 밥 먹을 적 만져 보고 잠잘 적 만져 보아, 널로 더불어 벗이 되어, 여름 낮에 주렴(珠簾)이며, 겨울 밤에 등잔을 상대하여, 누비며, 호며, 감치며, 박으며, 공그릴 때에, 겹실을 꿰었으니 봉미(鳳尾)를 두르는 듯, 땀땀이 떠 갈 적에, 수미(首尾)가 상응(霜應)하고, 솔솔이 붙여 내매 조화(造花)가 무궁(無窮)하다. 이 생에 백년 동거(百年同居)하렸더니, 오호애재(哀哉)라, 바늘이여.

금년 시월 초십일 술시(戌時)에, 희미한 등잔 아래서 관대(冠帶) 깃을 달다가, 두심중간(無心中間)*에 자끈동 부러지니 깜짝 놀라와라. 아야 아야 바늘이여, 두동강이 났구나. 정신이 아득하고 혼백(魂魄)이 산란(散亂)하여 마음을 빻아 내는듯, 두골을 깨쳐 내는 듯, 이슥도록 기색 혼절(氣塞昏絕)하였다가 겨우 정신을 차려 만져 보고 이어 본들 속절없고 하릴없다. 편작의 신술로도 장생불사(長生不死) 못 하였네. 동네 장인(匠人)에게 때이련들 어찌 능히 때일쏜가. 한 팔을 베어 낸 듯, 한 다리를 베어 낸 듯, 아깝다 바늘이여, 옷섶을 만져 보니 꽂혔던 자리 없네. 오호통재라, 내 삼가지 못한 탓이로다.

무죄(無罪)한 너를 마치니 백인(伯仁)이 유아이사(由我而死)*라. 누를 한(恨)하며 누를 원(怨)하리오. 능란한 성품과 공교(工巧)한 재질을 나의 힘으로 어찌 다시 바라리오. 절묘한 의형(儀形)은 눈 속에 삼삼하고, 특별한 품재(稟才)는 심회가 삭막하다. 네 비록 물건이나 무심치 아니하면, 후세(後世)에 다시 만나 평생(平生) 동거지정(同居之情)을 다시 이어 백년고락(百年苦樂)과 일시생사(一時生死)를 한가지로 하기를 바라노라. 오호애재라, 바늘이여.

무심중간(無心中間)
아무 생각이나 감정 따위가 없는 사이

백인(伯仁)이 유아이사(由我而死)
'백인이 나로 말미암아 죽다.'라는 뜻으로 백인을 직접 죽이진 않았지만, 죽은 사람에 대한 자신의 책임감이 너무 큰 나머지 자책하는 말이다.

만점 포인트

1. 「조침문」의 형식 – 제문(祭文)

서사	본사	결사
'유세차 모년 모월 모일에 아무개는 아무개에게 고하노니~'라는 상투적인 문장으로 시작	죽은 사람의 살아 있던 시절의 모습을 회상하면서 여러 가지 감정을 표현	죽은 사람에 대한 슬픔의 정을 드러내며 축문의 경우 마지막에 '상향'이라는 단어로 끝맺음.
조문을 쓰는 동기 : 바늘이 부러져서 영결하고자 함.	바늘의 행장과 작가의 심회	바늘을 애도하는 마음과 후세 기약

2. 「조침문」의 아름다움

내용	형식	표현
부러진 바늘에 대한 안타까운 심정과 추모의 정	제문(祭文)	대상의 의인화, 영탄적 어조

※ 내용, 형식, 표현이 유기적으로 결합되어 독특한 감동을 주는 미적 구조를 이룸.

바로바로 체크

❶ 이 작품의 제재는?

❷ 이 작품이 제문 형식을 취하고 있음을 단적으로 드러내는 단어는?

❸ 글쓴이의 처지를 짐작할 수 있는 말은?

정답 ❶ 바늘
❷ 유세차
❸ 미망인

적중! 출제 예상 문제

17 윗글에 대한 설명으로 적절하지 않은 것은?

① 조선 시대에 창작된 고전 수필이다.
② 작가의 목소리가 잘 드러나는 수필의 특성을 엿볼 수 있다.
③ 특정 독자에게 쓴 편지글의 형식이다.
④ 작가의 경험에서 얻은 깨달음을 개성 있게 표현한 작품이다.

18 ⓐ에 관련된 한자성어로 가장 알맞은 것은?

① 군계일학(群鷄一鶴) ② 반포지효(反哺之孝)
③ 토사구팽(兎死狗烹) ④ 교각살우(矯角殺牛)

19 윗글의 표현에 대한 설명으로 적절하지 않은 것은?

① 사물에 인격을 부여하여 표현하고 있다.
② 작가의 감정을 과장하여 표현하고 있다.
③ 대구법을 구사하여 문장에 탄력을 주고 있다.
④ 반어법을 통해 화자의 정서의 변화를 드러낸다.

20 다음 중 글쓴이가 처한 상황 및 정서와 가장 유사한 것은?

① 흥망이 유수ᄒᆞ니 만월대도 秋草(추초) ㅣ로다
오백 년 왕업이 목적에 부쳐시니
석양에 지나는 客(객)이 눈물계워 하노라
② 청초 우거진 골에 자ᄂᆞᆫ다 누엇ᄂᆞᆫ다.
홍안을 어디 두고 백골만 무쳣ᄂᆞᆫ이
잔 잡아 권ᄒᆞ리 업스니 그를 슬허 ᄒᆞ노라.
③ 청산은 엇데ᄒᆞ야 만고에 푸르르며
유수는 엇데ᄒᆞ야 주야에 긋디 아니ᄂᆞᆫ고
우리도 그치디 말아 萬古常靑(만고상청)호리라
④ 어져 내 일이야 그릴 줄을 모로ᄃᆞ냐.
이시라 ᄒᆞ더면 가랴마ᄂᆞᆫ 제 구ᄐᆞ여
보내고 그리ᄂᆞᆫ 정(情)은 나도 몰라 ᄒᆞ노라.

정답 및 해설 별책 14p

봉산 탈춤 _ 작자 미상

(가) 말뚝이 : (벙거지를 쓰고 채찍을 들었다. 굿거리장단에 맞추어 양반 삼 형제를 인도하여 등장)
마부의 모습

양반 삼 형제 : 말뚝이 뒤를 따라 굿거리장단에 맞추어 점잔을 피우나, 어색하게 춤을 추며 등장. 양반 삼 형제 맏이는 샌님, 둘째는 서방님, 끝은 도련님이다. 샌님과 서방님은 흰 창 옷에 관을 썼다. 도련님은 남색 쾌자에 복건을 썼다. 샌님과 서방님은 언청이이며(샌님은 언청이 두 줄, 서방님은 한 줄이다.) 부채와 장죽을 가지고 있고, 도련님은 입이 삐뚤어졌고 부채만 가졌다. 도련님은 대사는 일절 없으며, 형들과 동작을 같이하면서 형들의 면상을 부채로 때리며 방정맞게 군다.

말뚝이 : (가운데쯤에 나와서) 쉬이. (음악과 춤 멈춘다.) 양반 나오신다아! 양반이라고 하니까 노론, 소론, 호조, 병조, 옥당을 다 지내고 삼정승, 육판서를 다 지낸 퇴로 재상으로 계신 양반인 줄 알지 마시오. 개잘량이라는 '양' 자에 개다리소반이라는 '반' 자 쓰는 양반이 나오신단 말이오.
언어유희 – 양반 조롱·풍자

양반들 : 야아, 이놈, 뭐야아!

말뚝이 : 아, 이 양반들, 어찌 듣는지 모르갔소. 노론, 소론, 호조, 병조, 옥당을 다 지내고 삼정승, 육판서 다 지내고 퇴로 재상으로 계신 이 생원네 삼 형제분이 나오신다고 그리하였소.

양반들 : (합창) 이 생원이라네. (굿거리장단으로 모두 춤을 춘다. 도령은 때때로 형들의 면상을 치며 논다. 끝까지 그런 행동을 한다.)
일시적 화해

핵/심/정/리

- **갈래** : 민속극, 가면극(탈춤)
- **성격** : 해학적, 풍자적, 서민적, 비판적
- **주제** : 양반의 위선과 권위 의식의 풍자·조롱
- **특징** ❶ 당시 지배층과 봉건적 질서에 대한 조롱과 풍자가 나타남.
  ❷ 언어유희 및 과장·희화화 등의 표현으로 해학미를 나타냄.
  ❸ 서민층의 언어와 양반층의 언어가 혼재되어 있음.
  ❹ 무대와 객석, 배우와 관객의 구분이 엄격하지 않음.
  ❺ 공연 장소와 극 중 장소가 일치함.

(나) 말뚝이 : 쉬이. (춤과 반주 그친다.) 여보, 악공들 말씀 들으시오. 오음 육률* 다 버리고 저 버드나무 홀뚜기 뽑아다 불고 바가지장단 좀 쳐 주오.

양반들 : 야아, 이놈, 뭐야!

말뚝이 : 아, 이 양반들, 어찌 듣소. 용두 해금, 북, 장고, 피리, 젓대 한 가락도 뽑지 말고 건건드러지게 치라고 그리하였소.

양반들 : (합창) 건건드러지게 치라네. (굿거리장단으로 춤을 춘다.)

(다) 생원 : 쉬이. (춤과 장단 그친다.) 말뚝아.

말뚝이 : 예에.

생원 : 이놈, 너도 양반을 모시지 않고 어디로 그리 다니느냐?

말뚝이 : 예에. 양반을 찾으려고 찬밥 국 말어 일조식하고, 마구간에 들어가 노새 원님을 끌어다가 등에 솔질을 솰솰 하여 말뚝이님 내가 타고 서양 영미, 법덕, 동양 삼국 무른 메주 밟듯 하고, 동은 여울이요, 서는 구월이라, 동여울 서구월 남드리 북향산 방방곡곡 면면촌촌이, 바위 틈틈이, 모래 짬짬이, 참나무 결결이 다 찾아다녀도 샌님 비뚝한 놈도 없습디다.

(라) 생원 : 이놈, 말뚝아.

말뚝이 : 예에.

생원 : 나랏돈 노랑돈 칠 푼 잘라먹은 놈, 상통이 무르익은 대초빛 같고, 울룩줄룩 배미 잔등 같은 놈을 잡아들여라.

말뚝이 : 그놈이 심(힘)이 무량대각*이요, 날램이 비호 같은데, 샌님의 전령*이나 있으면 잡아 올는지 거저는 잡아 올 수 없습니다.

생원 : 오오, 그리하여라. 옜다. 여기 전령 가지고 가거라. (종이에 무엇을 써서 준다.)

말뚝이 : (종이를 받아 들고 취발이한테로 가서) 당신 잡히었소.

취발이 : 어데, 전령 보자.

말뚝이 : (종이를 취발이에게 보인다.)

오음 육률
중국 음악의 다섯 가지 소리와 여섯 가지 운율을 말함.

무량대각(無量大角)
헤아릴 수 없을 정도로 힘이 세다.

전령(傳令)
명령을 전하여 보냄.

취발이 : (종이를 보더니 말뚝이에게 끌려 양반의 앞에 온다.)

말뚝이 : (취발이 엉덩이를 양반 코앞에 내밀게 하며) 그놈 잡아들였소.

생원 : 아, 이놈 말뚝아. 이게 무슨 냄새냐?

말뚝이 : 예, 이놈이 피신을 하여 다니기 때문에, 양치를 못 하여서 그렇게 냄새가 나는 모양이외다.

생원 : 그러면 이놈의 모가지를 뽑아서 밑구녕에가 갖다 박아라.

〈중략〉

말뚝이 : 샌님, 말씀 들으시오. 시대가 금전이면 그만인데, 하필 이놈을 잡아다 죽이면 뭣하오? 돈이나 몇백 냥 내라고 하야 우리끼리 노나 쓰도록 하면, 샌님도 좋고 나도 돈냥이나 벌어 쓰지 않겠소. 그러니 샌님은 못 본 체하고 가만히 계시면 내 다 잘 처리하고 갈 것이니, 그리 알고 계시오. (굿거리장단에 맞추어 일제히 어울려서 한바탕 춤추다가 전원 퇴장한다.)

만점 포인트

1. 「봉산 탈춤」의 등장인물

① 양반 삼 형제[생원(샌님), 서방, 도령] : 풍자와 조롱의 대상이 되며, 양반 계층의 어리석음과 무능함, 허세와 횡포를 상징적으로 나타냄.

② 말뚝이 : 양반에 대한 서민들의 비판 의식을 대변함. 양반을 조롱하고 희화화하여 양반의 무능과 허세 등을 폭로 · 풍자함.

③ 취발이 : 조선 시대 신흥 상인 계층을 대표함. 조선 후기 상업 자본을 바탕으로 실질적인 힘을 지닌 인물

2. 「봉산 탈춤」의 담화 구조

말뚝이의 조롱 → 양반의 호통	→ 말뚝이의 변명 → 양반의 안심
갈등 발생	갈등 해소

3. 「봉산 탈춤」에 형상화된 양반의 모습

① 양반의 외모 : 신체적으로 결점을 갖고 있다.
② 등장할 때의 행동 : 점잔을 피우나 어색하고 우스꽝스럽다.
③ 말뚝이의 말에 대한 반응 : 말뚝이가 양반을 조롱하는 것 같으면 화를 내지만, 말뚝이가 권위를 높여 주면 바로 쉽게 속아 넘어간다.
④ 글짓기 · 파자 놀이 부분에 나타난 양반의 모습 : 자신들의 무식함을 폭로

→ 양반 계층의 무능과 무지, 어리석음과 허위를 비판하기 위해서이다.

바로바로 체크

❶ 이 작품에 사용된 언어의 특징은?
❷ 이 작품에 반영된 시대상은?
❸ 이 작품의 주된 풍자 대상은?
❹ 이 작품에서 서민을 대변하는 인물은?

정답 ❶ 서민의 언어인 비속어와 양반의 언어인 한자어가 함께 사용됨.
❷ 신분 질서가 동요되던 조선 후기
❸ 무능한 양반
❹ 말뚝이

적중! 출제 예상 문제

21 **이와 같은 갈래에 대한 설명으로 적절하지 <u>않은</u> 것은?**

① 풍자와 해학이 두드러지는 문학이다.
② 노래가 주가 되고 춤과 동작이 뒤따른다.
③ 조선 후기 평민 의식이 분명하게 표현되고 있다.
④ 향유 계층이 서민층에서 양반층까지 다양하였다.

22 **말뚝이와 양반에 대한 설명으로 가장 적절한 것은?**

① 말뚝이는 양반들의 위세에 눌려 순종하는 전형적인 하층민이다.
② 양반들은 말뚝이의 상전으로 위엄과 체통을 지키며 품위를 유지하고 있다.
③ 말뚝이는 겉모습을 볼 때 농부이며, 전체적으로 서민 의식을 대변하는 인물로 그려진다.
④ 말뚝이의 양반 뜻풀이는 양반 신분을 희화화하며, 조선 후기 신분적 봉건 제도가 몰락하고 있음을 드러내고 있다.

23 **〈보기〉의 재담 구조에 알맞은 ⓐ와 ⓑ로 적절한 것은?**

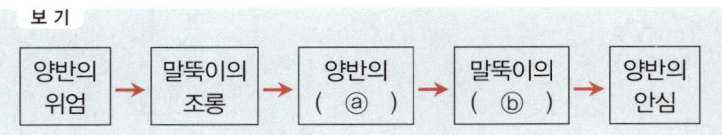

보 기

양반의 위엄 → 말뚝이의 조롱 → 양반의 (ⓐ) → 말뚝이의 (ⓑ) → 양반의 안심

① ⓐ : 사과 ⓑ : 용서
② ⓐ : 호통 ⓑ : 반항
③ ⓐ : 호통 ⓑ : 변명
④ ⓐ : 용서 ⓑ : 감탄

정답 및 해설 별책 14p

더 읽어보기

공방전

임춘

공방(孔方)의 자는 관지(貫之)다. 그의 선조는 옛날에 수양산에 은거하여 동굴에서 살았는데, 일찍 세상으로 나왔지만 쓰이지 못했다. 비로소 황제(黃帝) 때에 조금씩 쓰였으나, 성질이 강경하여 세상일에 매우 단련되지 못했다. 황제가 관상을 보는 사람을 불러 그를 살피게 하니, 관상 보는 사람이 자세히 보고 천천히 말하기를 "산야(山野)에서 이루어졌기 때문에 거칠어서 사용할 수 없지만, 만약 임금님의 쇠를 녹이는 용광로에서 갈고 닦으면 그 자질은 점점 드러나게 될 것입니다. 임금이란 사람을 사용할 수 있는 그릇이 되도록 만드는 자리이니, 임금님께서 완고한 구리와 함께 버리지 마십시오."라고 했다. 이로부터 세상에 나타나게 되었다. 이후 난리를 피하여, 강가의 숯 화로로 이사를 해 가족을 이루고 살았다.

공방의 아버지인 천(泉)은 주나라의 태재(太宰)로, 나라의 세금을 담당했다. 공방의 사람됨은 겉은 둥그렇고 가운데는 네모나며, 세상의 변화에 잘 대응했다. 공방은 한나라에서 벼슬하여 홍려경(鴻臚卿)*이 되었다. 당시에 오나라 임금인 비(濞)가 교만하고 참람하여 권력을 마음대로 행사했는데, 공방이 비를 도와 이익을 취했다. 호제(虎帝) 때에 나라가 텅 비고 창고가 텅 비게 되었는데, 호제가 이를 걱정하여 공방을 부민후(富民侯)*로 임명했다. 그 무리인 염철승(鹽鐵丞) 근(僅)과 함께 조정에 있었는데, 근이 항상 공방을 가형(家兄)이라고 부르고 이름을 부르지 않았다. 공방은 성질이 탐욕스럽고 염치가 없었는데, 이미 국가의 재산을 총괄하면서 자모(子母)의 경중을 저울질하는 것을 좋아했다. 공방은 국가를 이롭게 하는 것에는 도자기와 철을 주조하는 것만 있는 것이 아니라면서, 백성들과 함께 조그만 이익을 다투고, 물가를 올리고 내리고, 곡식을 천대하고, 화폐를 귀중하게 여겼다. 그리하여 백성들이 근본을 버리고 끝을 좇도록 하고, 농사짓는 것을 방해했다. 당시에 간관들이 자주 상소를 올려 공방을 비판했지만, 호제가 이를 받아들이지 않았다. 공방은 교묘

핵/심/정/리
- 갈래 : 가전체
- 성격 : 풍자적, 우의적, 교훈적
- 주제 : 재물을 탐하는 세태 경계
- 특징 ❶ 사물을 의인화하여 작가의 비판적 태도를 우의적으로 드러냄.
  ❷ 중국 역사에 등장하는 인물의 고사를 소재로 공방의 행적을 드러냄.
  ❸ 전기(傳記)적 구성을 사용하여 한 인간의 생애를 다루듯 공방의 생애를 서술함.

홍려경(鴻臚卿)
외교 사신

부민후(富民侯)
백성을 풍요롭게 만든 이

하게 권세 있는 귀족들을 섬겨, 그 집을 드나들면서 권세를 부리고 관직을 팔아 관직을 올리고 내리는 것이 그의 손바닥 안에 있었다. 공경들이 절개를 꺾고 공방을 섬기니, 곡식을 쌓고 뇌물을 거두어 문권과 서류가 산과 같이 쌓여 가히 셀 수가 없었다. 공방은 사람을 대하고 물건을 대할 때 현인과 불초한 것을 가리지 않고, 비록 시장사람이라고 하더라도 재산이 많으면 그와 사귀었으니, 소위 시장 바닥 사귐이란 이런 것을 말한다. 공방은 때로는 동네의 나쁜 소년들을 따라다니면서 바둑을 두고 격오(格五)*를 일삼았다. 그러나 승낙을 잘했기 때문에, 당시 사람들이 이를 두고 "공방의 말 한마디는 무게가 금 백 근과 같다."라고 했다.

격오(格五)
당시 노름 중 하나

원제(元帝)가 즉위하자 공우(貢禹)가 글을 올려 "공방이 오랫동안 바쁜 업무에 매달려 농사의 중요한 근본에는 힘쓰지 않고 다만 전매의 이익에만 힘을 썼습니다. 그리하여 나라를 좀먹고 백성들에게 해를 입혀 공사가 모두 피곤하게 되었으며, 뇌물이 난무하고 공적인 일도 청탁이 있어야만 처리됩니다. '짐을 지고 또 타게 되면 도둑이 온다.'라고 한 「주역(周易)」의 명확한 가르침도 있으니, 바라건대 공방의 관직을 파면해 탐욕과 비루함을 징계하십시오."라고 했다. 그때 마침 권력을 잡은 사람 중 곡량학(穀梁學)*으로 관료가 된 사람이 있었는데, 변방에 대한 대비책을 세우는 데 군비가 부족했기 때문에 공방의 일을 미워하여 공우의 편을 들었다. 그러자 원제가 공우의 요청을 받아들였다. 그리하여 공방은 관직에서 쫓겨났다.

곡량학(穀梁學)
곡식과 양식에 관한 학문

| **중략 부분의 줄거리** | 시간이 흐르고 당나라가 일어났는데, 당시 국가의 재정이 넉넉하지 못하자 공방의 계책을 다시 쓰려 한다. 그러나 공방은 이미 죽어 그의 제자들을 수소문해 기용하고, 이후 공방의 계책이 크게 실시되자 조정은 공방에게 조의대부 소부승(朝議大夫 小府丞)이라는 벼슬을 내린다. 그러다가 송나라 때는 다시 공방의 무리들이 세력을 잃었고, 공방의 아들 윤(輪)은 불법으로 물건을 취득한 것이 발각되어 죽임을 당한다.

사신(史臣)*은 다음과 같이 논평한다.

사신(史臣)
여기에서는 '글쓴이'를 말한다.

"다른 사람의 신하가 된 사람이 두 마음을 품고 큰 이익을 좇는다면 이 사람은 과연 충신인가? 공방이 때를 잘 만나고 좋은 주인을 만나 정신을 모아서 정중한 약속을 맺었고, 생각지도 못한 많은 사랑을 받았다. 당연히 이로운 일을 생기게 하고 해로운 것을 제거하여 은덕을 갚아야 하지만, 비(濞)를 도와 권력을 마음대로 하고 마침내 자신의 무리들을 심었다. 공방의 이러한 행동은 충신은 경계 바깥의 사귐은 없다는 말에 위배되는 것이다.

공방이 죽고 그의 무리들이 다시 송나라에서 기용되어 권력자에게 아부하고 올바른 사람들을 모함했었다. 비록 길고 짧은 이치가 하늘에 있다고 해도 원제(元帝)가 공우(貢禹)의 말을 받아들여 한꺼번에 공방의 무리들을 죽였다면, 뒷날의 근심을 모두 없앨 수 있었을 것이다. 다만 공방의 무리들을 억제하기만 하여 후세까지 그 폐단을 미치게 했으니, 어찌 일보다 말이 앞서는 사람은 항상 믿지 못할까를 근심하지 않겠는가?"

더 읽어보기

이생규장전

김시습

| 앞부분의 줄거리 | 송도(松都)의 국학(國學)에 다니는 이(李) 서생(書生)은 우연히 담 너머를 엿보다가 시를 읊는 최 여인을 발견한다. 그녀의 아름다움에 매혹된 이 서생은 그녀에게 시를 써서 담장 너머로 던지고, 이를 계기로 두 사람은 사랑하는 사이가 된다. 그러나 둘 사이를 눈치챈 이 서생의 아버지가 이 서생을 울주(蔚州)로 보내 버렸고 최 여인은 병이 나 자리에 눕는다. 이를 알게 된 최 여인의 부모는 정식으로 이 서생의 집안에 청혼하고, 두 사람은 혼인하여 행복한 시간을 보낸다. 그러나 신축년(辛丑年)에 홍건적(紅巾賊)의 난이 일어나, 양가의 부모는 물론 최 여인도 죽게 되고 간신히 이 서생만 살아남게 된다.

한편 이 서생은 황폐한 들에 숨어서 목숨을 보전하다가 도적의 무리가 떠났다는 소식을 듣고 부모님이 살던 옛집을 찾아갔다. 그러나 집은 이미 병화에 타 버리고 없었다. 다시 아내의 집에 가 보니 행랑채는 쓸쓸하고 집 안에는 쥐들이 우글거리고 새들만 지저귈 뿐이었다. 그는 슬픔을 견디지 못해, 작은 누각에 올라가서 눈물을 거두고 길게 한숨을 쉬며 날이 저물도록 앉아서 지난날의 즐겁던 일들을 생각해 보니, 완연히 한바탕 꿈만 같았다. 밤중이 거의 되자 희미한 달빛이 들보를 비추는데, 낭하에서 발자국 소리가 들려왔다. 그 소리는 먼 데서 점점 가까이 다가왔다. 살펴보니 사랑하는 아내가 거기 있었다. 이 서생은 그녀가 이미 이승에 없는 사람임을 알고 있었으나 너무나 사랑하는 마음에 반가움이 앞서 의심도 하지 않고 말했다.

"부인은 어디로 피란하여 목숨을 보전하였소?"

여인은 이 서생의 손을 잡고 한바탕 통곡하더니 곧 사정을 얘기했다.

"저는 본디 양가의 딸로서 어릴 때부터 가정의 교훈을 받아 자수와 바느질에 힘썼고, 시서(詩書)와 예법을 배웠으므로 규중의 법도만 알았을 뿐 어찌 집 밖의 일을 알았겠습니까? 그러나 낭군께서 붉은 살구꽃이 피어 있는 담 안을 엿보게 되자, 저는 스스로 몸을 바쳤으며 꽃 앞에서 한 번 웃고 난 후 평생의 가약을 맺었고, 휘장 속에서 거듭 만났을 때는 정이 백 년을 넘쳤습니다. 사세가 이렇게 되자 슬픔과 부끄러움을 차마

핵/심/정/리

- 갈래 : 한문 소설, 전기 소설(傳奇小說)
- 성격 : 전기적, 낭만적, 비극적
- 시점 : 전지적 작가 시점
- 배경 : 고려 공민왕 때 개성
- 주제 : 죽음을 초월한 남녀 간의 애절한 사랑
- 특징 ❶ 현실의 제도, 전쟁, 운명과 대결하는 인간의 의지가 드러남.
  ❷ 죽은 여인과의 사랑을 다룬다는 점에서 전기적 특성이 드러남.
  ❸ 시를 삽입하여 등장인물의 심리를 효과적으로 전달함.

견딜 수 없었습니다. 장차 백 년을 함께하려 했는데 어찌 횡액을 만나 구렁에 넘어질 줄 알았겠습니까? 끝내 이리 같은 놈들에게 정조를 잃지는 않았지만, 몸뚱이는 진흙탕에서 찢김을 당하고 말았습니다. 진실로 천성이 그렇게 만든 것입니다만, 인정으로는 차마 할 수 없는 일이었습니다. 저는 낭군과 궁벽한 산골에서 헤어진 후로 짝 잃은 새가 되고 말았던 것입니다. 집도 없어지고 부모님도 잃었으니 피곤한 혼백의 의지할 곳 없음이 한스러웠습니다. 의리는 중하고 목숨은 가벼우므로 쇠잔한 몸뚱이로써 치욕을 면한 것만은 다행이었습니다만, 누가 산산조각이 난 제 마음을 불쌍히 여겨 주겠습니까? 다만 갈기갈기 찢어진 썩은 창자에만 맺혀 있을 뿐입니다. 해골은 들판에 던져졌고 몸뚱이는 땅에 버려지고 말았으니, 생각하면 그 옛날의 즐거움은 오늘의 이 비운을 위해 마련된 것이 아니었던가 싶습니다. 그러나 이제 봄바람이 깊은 골짜기에 불어와서 제 환신(幻身)이 이승에 되돌아왔습니다. 낭군과 저와는 삼세의 깊은 인연이 맺어져 있는 몸, 오랫동안 뵙지 못한 정을 이제 되살려서 결코 옛날의 맹세를 저버리지 않겠습니다. 낭군께서 지금도 삼세의 인연을 알아주신다면 끝내 고이 모실까 합니다. 낭군께서는 허락해 주시겠습니까?"

이 서생은 기쁘고 또 고마워서,

"그것은 본디 나의 소원이오."

하고는 서로 즐겁게 심정을 털어놓았다. 이윽고 이야기가 가산(家産)에 미치자 여인은 말했다.

"조금도 잃지 않고 어떤 산골짜기에 묻어 두었습니다."

"우리 두 집 부모님의 해골은 어디에 있소?"

"하는 수 없이 어떤 곳에 그냥 버려두었습니다."

서로 쌓였던 이야기가 끝나고 잠자리를 같이하니 지극한 즐거움은 옛날과 같았다.

• 구성(세 번의 만남과 세 번의 이별)

구분	만남	이별
첫 번째	담장 너머로 시를 주고받은 뒤 사랑하는 사이가 됨.	'이 서생'의 아버지로 인해 '이 서생'과 '최 여인'이 헤어짐.
두 번째	'최 여인'과 그녀 부모의 노력으로 두 사람은 부부가 됨.	홍건적이 침입하여 '최 여인'이 죽음을 맞이함.
세 번째	죽은 '최 여인'이 환생하여 '이 서생'과 사랑을 이룸.	이승과 저승을 가르는 명부의 법칙 때문에 헤어짐.

더 읽어보기

동명일기

의유당 김씨

| 앞부분의 줄거리 | 작가는 판관으로 부임하는 남편을 따라 기축년(1769년) 8월에 함흥으로 가게 된다. 동명(동해)의 일출과 월출의 모습이 빼어나다고 소문을 들은 작가는 이를 구경하고 싶어 하지만, 남편은 여자의 출입이 가벼워서는 안 된다는 이유로 허락하지 않는다. 함흥에 온 지 2년 만인 신묘년(1771년) 8월에 작가는 마침내 남편과 함께 동명을 찾아가지만, 날씨가 좋지 않아 그냥 돌아온다. 1년 후인 임진년(1772년) 9월에 작가는 일출 구경을 위해 남편과 함께 다시 동명으로 떠난다.

행여 일출(日出)을 못 볼까 노심초사(勞心焦思)하여 새도록 자지 못하고 가끔 영재를 불러

"사공(沙工)더러 물어라."

하니

"내일은 일출(日出)을 쾌(快)히 보시리라 한다."

하되, 마음에 미덥지 아니하여 초조(焦燥)하더니 먼 데 닭이 울며 연(連)하여 자주 계속하니 기생(妓生)과 비복(婢僕)을 혼동(混動)하여

"어서 일어나라."

하니 밖에 급창(及唱)이 와

"관청 감관(官廳監官)이 다 아직 너무 일찍이니 못 떠나시리라 한다."

하되 곧이 아니 듣고 발발이 재촉하여 떡국을 쑤었으되 아니 먹고 바삐 귀경대(龜景臺)에 오르니 달빛이 사면(四面)에 조요(照耀)하니* 바다가 어젯밤보다 희기 더하고 광풍(狂風)이 대작(大作)하여 사람의 뼈에 사무치고 물결치는 소리 산악(山嶽)이 움직이며 별빛이 말곳말곳하여 동편에 차례로 있어 새기는 멀었고, 자는 아이를 급히 깨워 왔기에 추워 날뛰며 기생(妓生)과 비복(婢僕)이 다 이를 두드려 떠니, 사군(使君)이 소리하여 혼동 왈,

"상(常)없이 일찍 와 아이와 실내(室內) 다 큰 병이 나게 하였다."

하고 소리하여 걱정하니, 내 마음이 불안하여 한 소리를 못 하고, 감히

핵/심/정/리
- 갈래 : 한글 수필, 기행 수필
- 성격 : 비유적, 묘사적
- 제재 : 동해의 일출
- 주제 : 귀경대에서 본 일출의 장관
- 특징 ❶ 시간의 흐름에 따라 대상이 변하는 모습을 묘사함.
  ❷ 순우리말과 색채어를 다양하게 사용함.
  ❸ 여성 특유의 섬세한 묘사가 돋보임.

조요(照耀)하다
밝게 비쳐서 빛남.

추워하는 눈치를 못 하고 죽은 듯이 앉았으되, 날이 샐 가망(可望)이 없으니 연하여 영재를 불러,

“동이 트느냐?”

물으니, 아직 멀기로 연하여 대답하고, 물 치는 소리 천지(天地) 진동(震動)하여 한풍(寒風) 끼치기 더욱 심하고, 좌우(左右) 시인(侍人)이 고개 기울여 입을 가슴에 박고 추워하더니, 매우 이윽한 후, 동편의 성수(星宿)가 드물어지며 월색(月色)이 차차 엷어지며 홍색(紅色)이 분명하니, 소리하여 시원함을 부르고 가마 밖에 나서니 좌우 비복(婢僕)과 기생(妓生)들이 옹위(擁衛)하여 보기를 졸이더니. 이윽고 날이 밝으며 붉은 기운이 동편에 길게 뻗쳤으니, 진홍대단(眞紅大緞) 여러 필(疋)을 물 위에 펼친 듯, 만경창파(萬頃蒼波)가 일시(一時)에 붉어져 하늘에 자욱하고, 노(怒)하는 물결 소리 더욱 장(壯)하며, 홍전(紅氈) 같은 물빛이 황홀(恍惚)하여 수색(水色)이 조요(照耀)하니, 차마 끔찍하더라.

붉은 빛이 더욱 붉어지니, 마주 선 사람의 낯과 옷이 다 붉더라. 물이 굽이져 올려 치니, 밤에 물 치는 굽이는 옥같이 희더니, 즉금(卽今) 물굽이는 붉기가 홍옥(紅玉) 같아 하늘에 닿았으니, 장관(壯觀)을 이를 것이 없더라.

05 수필 · 극

• 수필과 극의 개념을 이해하고, 실제 작품에 적용하여 감상해 본다.

비법 전수
우리가 살아가면서 느끼고 깨달은 점을 드러낸 극과 수필은, 극 중 상황을 통해 그리고 수필 작가의 삶을 통해 조금 더 능동적으로 다가가면 그 주제와 표현의 의도를 공감할 수 있습니다.

1 수필

(1) 개념

개인적인 생각이나 느낌을 형식의 제한 없이 자유롭게 쓴 글

(2) 수필의 특징

내용	• 글쓴이의 인생관이 잘 드러난다. • 자기 고백적이고 주관적이다. • 소재나 내용에 제한이 없다. • 독자에게 교훈을 준다.
형식	• 형식이 자유롭다. • 글의 길이가 비교적 짧다.

(3) 수필의 종류

구분		경수필	중수필
공통점		일정한 형식 없이 자유롭게 쓰며, 글쓴이의 가치관과 개성이 잘 드러남.	
차이점	의미	개인적 체험, 생각 등 가벼운 내용을 자유롭게 표현한 글	사회적 내용 등 무거운 내용을 논리적, 설득적으로 표현한 글
	성격	자기 고백적, 체험적, 신변잡기적*, 개인적, 주관적	논리적, 지적, 철학적, 사회적, 객관적
	문장	가볍고 부드러운 느낌	무겁고 딱딱한 느낌
	내용	일상적인 내용	시사적이고 무거운 내용
	예	일기, 감상문, 편지, 기행문	칼럼, 평론, 사설 등

신변잡기적
자신의 주위에서 일어나는 여러 가지 일을 적은 수필의 성격

2 희곡

(1) 개념

무대에서 상연하는 것을 목적으로 하는 연극의 대본

(2) 희곡의 특징

① 무대 상연을 전제로 한다.
② 등장인물의 대사와 행동으로 사건이 전개된다.
③ 모든 사건이나 행동이 현재형으로 나타난다.
④ 시간적・공간적 배경, 등장인물 수의 제약이 있다.
⑤ 막, 장을 기본 단위로 한다.

(3) 희곡의 구성 단위

막(幕)	• 몇 개의 장으로 이루어짐. • 휘장을 올리고 내리는 것으로 구분됨.
장(場)	• 막보다 작은 단위, 전체 사건의 한 토막 • 배경의 변화, 등장인물의 등장・퇴장으로 구분됨.

(4) 희곡의 형식적 요소

해설		희곡의 첫머리에서 인물, 배경, 무대 등을 설명함.
지시문	무대 지시문	무대 장치, 조명, 효과음 등 무대에서 필요한 것을 지시함.
	동작 지시문	등장인물의 동작, 표정, 심리 상태 등을 지시함.
대사	대화	등장인물들이 서로 간에 주고받는 말
	독백	상대방 없이 혼자 하는 말
	방백	관객에게는 들리지만 무대 위 다른 인물에게는 들리지 않는 것으로 약속하고 하는 말

(5) 희곡의 구성 단계

발단	인물과 배경이 소개되고 사건의 실마리가 제시됨.
전개	사건이 복잡해지며 갈등이 점점 고조됨.
절정	갈등이 최고조에 달함.
하강	사건이 전환되고 갈등이 점점 해결됨.
대단원	갈등이 완전히 해결되고 사건이 마무리됨.

은전 한 닢 _ 피천득

핵/심/정/리
- 갈래 : 경수필, 서사적 수필
- 성격 : 회상적, 체험적, 콩트적
- 문체 : 대화체, 간결체
- 주제 : 맹목적 욕망에 대한 인간적 연민, 물질에 대한 인간의 소박한 욕심

예전 상해에서 본 일이다. 늙은 거지 하나가 전장(錢莊)에 가서 떨리는 손으로 1원짜리 은전 한 닢을 내놓으면서,

"황송하지만 이 돈이 못 쓰는 것이나 아닌지 좀 보아 주십시오."

하고 그는 마치 선고를 기다리는 죄인과 같이 전장 사람의 입을 쳐다본다. 전장 주인은 거지를 물끄러미 내려다보다가, 돈을 두들겨 보고

"하—오(좋소)."

하고 내어 준다. 그는 "하—오."라는 말에 기쁜 얼굴로 돈을 받아서 가슴 깊이 집어넣고 절을 몇 번이나 하며 간다. 그는 뒤를 자꾸 돌아보며 얼마를 가더니 또 다른 전장을 찾아 들어갔다. 품속에 손을 넣고 한참 꾸물거리다가 그 은전을 내어놓으며,

은전을 확인하기 위해 – 은전을 소중히 여기는 태도

"이것이 정말 은으로 만든 돈이오니까?"

하고 묻는다. 전장 주인도 호기심 있는 눈으로 바라다보더니,

"이 돈을 어디서 훔쳤어?"

의심

거지는 떨리는 목소리로,

"아닙니다. 아니에요."

"그러면 길바닥에서 주웠다는 말이냐?"

"누가 그렇게 큰돈을 빠뜨립니까? 떨어지면 소리는 안 나나요? 어서 도로 주십시오."

거지는 손을 내밀었다. 전장 사람은 웃으면서 "하—오." 하고 던져 주었다.

그는 얼른 집어서 가슴에 품고 황망히 달아난다. 뒤를 흘끔흘끔 돌아다보며 얼마를 허덕이며 달아나더니 별안간 우뚝 선다. 서서 그 은전이 빠지지나 않았나 만져 보는 것이다. 거친 손가락이 누더기 위로 그 돈을 쥘 때 그는 다시 웃는다. 그리고 또 얼마를 걸어가다가 어떤 골목 으슥한 곳으로 찾아 들어가더니 벽돌담 밑에 쪼그리고 앉아서 돈을 손바닥에 놓고 들여다보고 있었다. 그가 어떻게 열중해 있었는지 내가 가까이 선 줄도 모르는 모양이었다.

"누가 그렇게 많이 도와줍디까?"
늙은 거지의 말을 믿지 않음

하고 나는 물었다. 그러자 그는 내 말소리에 움칠하면서 손을 가슴에 숨겼다. 그리고는 떨리는 다리로 일어서서 달아나려고 했다.

"염려 마십시오. 빼앗아 가지 않소."

하고 나는 그를 안심시키려 하였다. 한참 머뭇거리다가 그는 나를 쳐다보고 이야기를 하였다.

"이것은 훔친 것이 아닙니다. 길에서 얻은 것도 아닙니다. 누가 저 같은 놈에게 1원짜리를 줍니까? 각전(角錢)* 한 닢을 받아 본 적이 없습니다. 동전 한 닢 주시는 분도 백에 한 분 쉽지 않습니다. 나는 한 푼 한 푼 얻은 돈에서 몇 닢씩 모았습니다. 이렇게 모은 돈 마흔여덟 닢을 각전 닢과 바꾸었습니다. 이러기를 여섯 번을 하여 겨우 이 귀한 '대양(大洋)' 한 푼을 갖게 되었습니다. 이 돈을 얻느라고 여섯 달이 더 걸렸습니다."

그의 뺨에는 눈물이 흘렀다. 나는

"왜 그렇게까지 애를 써서 그 돈을 만들었단 말이오? 그 돈으로 무얼 하려오?"

하고 물었다.

그는 다시 머뭇거리다가 대답했다.

"이 돈 한 개가 갖고 싶었습니다."
'은전'에 대한 맹목적 · 절대적 가치

각전(角錢)
거스름 돈.
단위가 적은 돈

만점 포인트

＊ '은전 한 닢'이 거지에게 갖는 의미와 이를 통해 작가가 하고 싶은 말

① '은전 한 닢'이 거지에게 갖는 의미
'이 돈 한 개가 갖고 싶었다'는 거지의 말을 통해 그에게 있어 '은전 한 닢'은 삶의 간절한 소망이었음을 알 수 있다.

② 작가가 말하고자 하는 바
- '은전 한 닢'을 갖기까지의 과정을 이야기하며 기쁨과 감격의 눈물을 흘리는 거지의 모습을 통해, 소망을 이루려는 노력과 그 성취의 기쁨을 말하고자 한다.
- 화폐로서 상품을 교환하는 수단인 '은전 한 닢'을 목적으로 삼고 맹목적으로 소유하기 위해 애쓰는 거지의 모습을 통해, 인간의 소유욕과 집착에 대한 연민을 말하고자 함을 알 수 있다.

바로바로 체크

❶ 거지가 은전 한 닢을 갖기 위해 걸린 기간은?

❷ 거지가 은전 한 닢을 갖고 싶었던 이유는?

정답 ❶ 여섯 달 이상
❷ 맹목적인 삶의 소망이었기 때문에

적중! 출제 예상 문제

01 윗글의 특징으로 적절하지 않은 것은?

① 서술자인 '나'는 작가 자신이다.
② 작가의 개성이 잘 드러나는 글이다.
③ 지은이가 겪은 체험을 바탕으로 한 사실의 기록에 가깝다.
④ 서사성, 허구성, 진실성, 예술성 등의 특징을 가지고 있다.

02 윗글의 서술상 특징으로 적절하지 않은 것은?

① 대화체의 직접 화법으로 이야기를 서술하고 있다.
② 작자의 실제 체험을 회상하는 형식을 취하고 있다.
③ 인물, 사건, 배경과 같은 서사적인 요소가 존재한다.
④ 서술자는 감상이나 설명을 통해 요약적으로 인물을 제시하고 있다.

03 '늙은 거지'가 '은전 한 닢'을 얻게 되는 과정을 나타내기에 가장 적절한 속담은?

① 남의 장단에 춤 춘다.
② 티끌 모아 태산이다.
③ 말 타면 경마 잡히고 싶다.
④ 닭 잡아먹고 오리발 내민다.

04 윗글의 결말 처리 방식에 대한 설명으로 적절하지 않은 것은?

① 극적 결말을 통해 주제를 직접적으로 전달하고 있다.
② 인물의 대사로 마무리하여 독자에게 여운을 주고 있다.
③ 거지의 행동이 갖는 의미에 대해 독자가 더 생각해 볼 여지를 준다.
④ 거지의 행동에 대한 논평이나 설명을 생략하고 거지의 말로 끝을 맺었다.

정답 및 해설 별책 16p

청춘 예찬 _ 민태원

(가) 청춘! 이는 듣기만 하여도 가슴이 설레는 말이다. 청춘! 너의 두 손을 가슴에 대고, 물방아 같은 심장의 고동을 들어 보라, 청춘의 피는 끓는다. 끓는 피에 뛰노는 심장은 거선(巨船)의 기관같이 힘 있다. 이것이다. 인류의 역사를 꾸며 내려온 동력은 바로 이것이다. ㉠ 이성(理性)은 투명하되 얼음과 같으며, 지혜는 날카로우나 갑 속에 든 칼이다. 청춘의 끓는 피가 아니더면, 인간이 얼마나 쓸쓸하랴? 얼음에 싸인 만물은 죽음이 있을 뿐이다.

(나) 그들에게 생명을 불어넣는 것은 따뜻한 봄바람이다. 풀밭에 속잎 나고, 가지에 싹이 트고, 꽃 피고 새 우는 봄날의 천지는 얼마나 기쁘며, 얼마나 아름다우냐? 이것을 얼음 속에서 불러내는 것이 따뜻한 봄바람이다. 인생에 따뜻한 봄바람을 불어 보내는 것이 청춘의 끓는 피다. 청춘의 피가 뜨거운지라, 인간의 동산에는 사랑의 풀이 돋고, 이상(理想)의 꽃이 피고, 희망(希望)의 놀이 뜨고, 열락(悅樂)*의 새가 운다.

(다) 사랑의 풀이 없으면 인간은 사막이다. 오아시스도 없는 사막이다. 보이는 끝까지 찾아다녀도, 목숨이 있는 때까지 방황하여도, 보이는 것은 거친 모래뿐일 것이다. 이상의 꽃이 없으면 쓸쓸한 인간에 남는 것은 영락(零落)*과 부패(腐敗)뿐이다. 낙원을 장식하는 천자만홍(千紫萬紅)*이 어디 있으며, 인생을 풍부하게 하는 온갖 과실이 어디 있으랴?

(라) 이상! 우리의 청춘이 가장 많이 품고 있는 이상! 이것이야말로 무한한 가치를 가진 것이다. 사람은 크고 작고 간에 이상이 있음으로써 용감하고 굳세게 살 수 있는 것이다.

핵/심/정/리
- 갈래 : 중수필
- 성격 : 예찬적, 웅변적
- 제재 : 청춘
- 주제 : 청춘에 대한 예찬
- 특징 : 격정적 어조, 힘찬 문체, 다양한 수사법을 동원하여 글에 생동감을 불어 넣고 있다.

열락(悅樂)
기뻐하고 즐거워함.

영락(零落)
초목의 잎이 시들어 떨어짐.

천자만홍(千紫萬紅)
울긋불긋한 여러 가지 빛깔의 온갖 꽃

만점 포인트

1. 이 글의 표현상의 특징

표현	한자어 사용과 비유적 표현이 두드러짐.
서술의 방법	묘사적, 비유적인 방법을 활용하여 '청춘'의 이미지를 구체적으로 서술함.
문장의 길이	주로 짧은 호흡의 문장을 활용함.
문장의 특징	강건하고 힘차며, 수식하는 말을 많이 쓴 화려체임.
어조	격정적이고 영탄적임.

이 글은 정열적인 어조를 사용하고 있다. 이러한 어조는 영탄법, 직유법, 은유법, 대구법 등 다양한 수사법과 씩씩한 문체와 어울려 청춘의 찬미라는 주제를 효과적으로 드러내고 있다.

2. '청춘'의 속성

정열	• 청춘의 끓는 피 • 인류의 역사를 꾸며 내려온 동력 • 인생에 따뜻한 봄바람을 불어 보내는 것
이상	• 인간의 부패를 방지하는 소금 • 인생에 가치를 주는 원질
육체	• 웅대한 관현악 • 미묘한 교향악 • 뼈 끝에 스며 들어가는 열락의 소리

작가는 청춘을 예찬하면서 그것의 속성을 정열, 이상, 육체의 세 부분으로 나누어 각각의 가치를 이야기하고 있으며, 마지막에 청춘에 대한 당부를 전하고 있다. 젊음을 찬양하고 희망을 갖고 정진하라는 작가의 당부가 비유와 힘있는 표현을 통해 조화를 이루고 있다.

바로바로 체크

❶ 이 글의 작가가 '청춘'에 묘사하는 태도는?

❷ 이 글을 통해 볼 때, 청춘에 생명을 불어넣는 것은?

❸ 이 글에서는 청춘의 (　　)은 무한한 가치를 갖는 것이라고 말한다.

정답 ❶ 예찬적
❷ 봄바람
❸ 이상

적중! 출제 예상 문제

05 이 글의 특징으로 적절하지 <u>않은</u> 것은?

① 작가가 처한 현실이 드러나 있다.
② 대상에 대해 예찬적인 태도를 보인다.
③ 다양한 표현법으로 대상을 묘사하고 있다.
④ 글의 전반에 열정적인 어조가 드러나고 있다.

06 이 글을 읽은 독자의 느낌으로 적절한 것은?

① 객관적이고 정확하며 빈틈이 없다.
② 잡다한 것을 늘어놓아 혼란스럽다.
③ 연설을 듣는 듯이 박진감이 있고 힘차다.
④ 인간의 부조리를 비판하는 날카로움이 놀랍다.

07 비유적 표현을 고려했을 때, ㉠의 의미로 적절한 것은?

① 이성은 투명한 얼음이라 가까이 할 수 없으며, 지혜는 갑 속에 든 칼이라 언제든 함께할 수 있다.
② 이성은 투명한 얼음이라 무엇이든 포용하며, 지혜는 갑 속에 든 칼이라 독선적이다.
③ 이성은 투명한 얼음과 같아 갑 속에 든 칼과 같은 지혜에 비해 가치가 떨어진다.
④ 이성은 사리에 밝지만 냉정하며, 지혜는 예리하지만 쓰지 않으면 아무 소용이 없는 것이다.

정답 및 해설 별책 16p

특급품 _ 김소운

핵/심/정/리
- 갈래 : 경수필
- 성격 : 유추적, 교훈적
- 제재 : 비자반
- 주제 : 삶의 과실을 극복할 줄 아는 유연한 태도의 필요성
- 특징 ❶ 사실과 의견을 적절히 섞어서 서술함.
  ❷ 사물의 성질에서 인생의 교훈을 이끌어 냄.

(가) 비자는 연하고 탄력이 있어 두세 판국을 두고 나면 반면(盤面)*이 얽어서 곰보같이 된다. 얼마 동안을 그냥 내버려 두면 반면은 다시 본디대로 평평해진다. 이것이 비자반의 특징이다.

(나) 비자반 일등품 위에 또 한층 뛰어 특급품이란 것이 있다. 반재며, 치수며, 연륜이며 어느 점이 일급과 다르다는 것은 아니나, 반면에 머리카락 같은 가느다란 흉터가 보이면 이게 특급품이다. 알기 쉽게 따지자면, 전전(戰前)* 시세로 일급이 2천 원(돌은 따로 하고) 전후인데, 특급은 2천 4, 5백 원, 상처가 있어서 값이 내리기는커녕 오히려 비싸진다는 데 진진한 묘미가 있다.

(다) 반면이 갈라진다는 것은 기약치 않은 불측*의 사고이다. 사고란 어느 때 어느 경우에도 별로 환영할 것이 못 된다. 그 균열의 성질 여하에 따라서는 일급품 바둑판이 목침(木枕)*감으로 전락해 버릴 수도 있다. 그러나 그렇게 큰 균열이 아니고 회생할 여지가 있을 정도라면 헝겊으로 싸고 뚜껑을 덮어서 조심스럽게 간수해 둔다.

1년, 이태, 때로는 3년까지 그냥 내버려 둔다. 계절이 바뀌고 추위, 더위가 여러 차례 순환한다. 그 동안에 상처 났던 바둑판은 제 힘으로 제 상처를 고쳐서 본디대로 유착(癒着)*해 버리고, 균열진 자리에 머리카락 같은 희미한 흔적만이 남는다.

(라) 비자의 생명은 유연성이란 특질에 있다. 한 번 균열이 생겼다가 제 힘으로 도로 유착・결합했다는 것은 그 유연성이란 특질을 실지로 증명해 보인, 이를테면 졸업 증서이다. 하마터면 목침감이 될 뻔했던 불구 병신이, 그 치명적인 시련을 이겨 내면 되레 한 급(級)이 올라 특급품이 되어 버린다. 재미가 깨를 볶는 이야기다.

반면(盤面)
바둑판의 표면

전전(戰前)
6・25 전쟁 이전

불측(不測)
예측할 수 없는

목침(木枕)
나무 토막으로 만든 베개

유착(癒着)
아주 밀접하게 결합됨.

(마) 더 부연할 필요도 없거니와, 나는 이것을 인생의 과실(過失)과 결부시켜서 생각해 본다. 언제나, 어디서나 과실을 범할 수 있다는 가능성, 그 가능성을 매양 꽁무니에 달고 다니는 것이, 그것이 인간이다.

만점 포인트

1. 이 글에서 알 수 있는 교훈

이 작품은 우리 주변에서 흔히 볼 수 있는 바둑판을 소재로 해서 쓴 수필로, 생활 주변의 사물을 관찰하여 삶의 의미를 생각하게 한다. 이 글의 작가는 대상을 바라볼 때 대상 자체의 실상이나 특성만을 보지 않고, 대상에 자신을 비추어 봄으로써 그 의미를 찾아 내고 있다.

'흠이 있으면 가치가 없다.'는 일반적인 통념과는 달리 흉터가 있는 비자반이 특급품으로 인정받고 있는데, 이는 이 흉터가 바로 균열을 스스로 아물게 한 비자반 특유의 유연성을 증명해 주는 것이기 때문이다. 이는 우리 인생에 있어서도 과실(시련)이 있을 수 있지만, 이것을 잘 이겨낼 때 보다 성숙한 삶을 살 수 있다는 교훈을 준다.

2. 이 작품과 관련된 한자 성어

전화위복(轉禍爲福)	'화(禍)가 바뀌어 도리어 복이 됨.'을 이르는 말. 비자반에 생긴 흉터가 흠이었지만, 이를 결합시킨 후에는 오히려 특급품으로 인정받게 된다는 점에서 관련이 있다.
고진감래(苦盡甘來)	'고생 끝에 낙이 옴.'을 이르는 말. 비자반이 흉터를 결합시키기 위해서 1년, 이태, 때로는 3년 동안 추위와 더위를 다 견뎌야 한다는 점에서 관련이 있다.

바로바로 체크

❶ 생활 주변의 사물을 관찰하여 삶의 의미를 생각하게 하는 이 글의 서술 방식은?

❷ '비자반'이 특급품이 될 수 있게 하는 속성은?

❸ 비자반에 균열에 생겼다가 결합된 흔적을 (　　　)에 빗대어 표현하고 있다.

정답 ❶ 유추
❷ 유연성
❸ 졸업 증서

적중! 출제 예상 문제

08 이 글에 대한 설명으로 적절하지 않은 것은?

① 사실과 그에 대한 감상을 섞어서 서술하고 있다.
② 현실의 세태에 대해 비판적 어조를 취하고 있다.
③ 생활 주변의 사물에 대한 관찰이 잘 드러나 있다.
④ 평범한 소재를 통해 깨달은 인생의 진리를 말하고 있다.

09 이 글이 주는 교훈을 속담으로 표현할 때 가장 적절한 것은?

① 모난 돌이 정 맞는다.
② 믿는 도끼에 발등 찍힌다.
③ 비 온 뒤에 땅이 굳는다.
④ 될성부른 나무는 떡잎부터 알아본다.

10 일급품이 특급품의 '비자반'이 되는 것과 같은 예시로 거리가 먼 것은?

① 대학 입시에 실패한 학생이 더욱 열심히 공부해서 원하는 꿈을 이루었다.
② 베토벤은 청각 장애가 있었지만 투철한 예술혼을 발휘하여 더욱 위대한 음악가가 되었다.
③ 외모에 대한 열등감이 있던 사람이 성형수술을 하여 자신감을 갖고 긍정적으로 살아가게 되었다.
④ 불의의 사고로 더 이상 선수 생활을 할 수 없게 된 마라톤 선수가 좌절하지 않고 재활 훈련을 하여 장애인 올림픽에 나가 금메달을 따게 되었다.

정답 및 해설 별책 16p

결혼 _ 이강백

하인, 돌아와서 두 남녀 앞에 우뚝 선다.

여자 : 어머, 또 왔어요!

남자 : 염려 마십시오. 나도 이젠 그의 의무를 방해하지 않겠습니다.

남자에게서 물건을 빼앗아 가는 것

여자 : 그의 의무? 의무가 뭐죠?

남자 : 내가 빌린 물건들을 이 하인은 주인에게 가져다주는 겁니다.

하인, 남자에게 봉투를 하나 내민다. 남자는 봉투에서 쪽지를 꺼내 읽더니 아무 말 없이 여자에게 건네준다.

여자 : '나가라!' 나가라가 뭐에요?

남자 : 네. 주인으로부터 온 경고문입니다. 시간이 다 지났으니 나가라는 거지요.

여자 : 나가라……. 그럼 당신 것이 아니었어요?

남자 : 내 것이라곤 없습니다.

솔직한 모습

여자 : (충격을 받는다.)

남자 : 모두 빌린 것들뿐이었지요. 저기 두둥실 떠 있는 달님도, 저 은빛의 구름도, 이 하늬바람도, 그리고 어쩌면 여기 있는 나마저도, 또 당신마저도……. (미소를 짓고) 잠시 빌린 겁니다.

여자 : 잠시 빌렸다구요?

남자 : 네, 그렇습니다.

하인, 엄청나게 큰 구두 한 짝을 가져오더니 주저앉아 자기 발에 신는다. 그 구둣발로 차 낼 듯한 험악한 분위기가 조성된다.

긴장감 조성

남자 : 결혼해 주십시오. 당신을 빌린 동안에 오직 사랑만을 하겠습니다.

남자의 진심

여자 : ……아, 어쩌면 좋아?

핵/심/정/리

- 갈래 : 단막극, 창작극, 실험극
- 성격 : 풍자적, 희극적
- 배경 : 현대, 어느 저택
- 제재 : 어떤 남자의 결혼담
- 주제 : 소유의 본질과 진정한 사랑의 의미
- 특징 ❶ 특별한 무대 장치가 없음
  ❷ 관객의 극중 참여

하인, 구두를 거의 다 신는다.
긴장감 조성

여자 : 맹세는요, 맹세는 어떻게 하죠? 어머니께 오른손을 든…….

남자 : 글쎄 그건……. (탁상 위의 사진들을 쓸어 모아 여자에게 주면서) 이것을 보여 드립시다. 시간이 가고 남자에게 남는 건 사랑이라면, 여자에게 남는 건 무엇이겠습니까? 그건 사진 석 장입니다. 젊을 때 한 장, 그 다음에 한 장, 늙고 나서 한 장. 당신 어머니도 이해할 겁니다.

여자 : 이해 못 하실 걸요, 어머닌. (슬프고 낙담해서 천천히 사진들을 핸드백 속에 담는다.) 오늘 즐거웠어요. 정말이에요……. 그럼, 안녕히 계세요.
물질을 중시하는 가치관

여자, 작별 인사를 하고 문전까지 걸어 나간다.

남자 : 잠깐만요, 덤*…….

여자 : (멈칫 선다. 그러나 얼굴은 남자를 외면한다.)

남자 : 가시는 겁니까, 나를 두고서?

여자 : (침묵)

남자 : 덤으로 내 말을 조금 더 들어 봐요.

여자 : (악의적인 느낌이 없이) 당신은 사기꾼이에요.
남자가 미워서 떠나는 것이 아님

남자 : 그래요, 난 사기꾼입니다. 이 세상 것을 잠시 빌렸었죠. 그리고 시간이 되니까 하나둘씩 되돌려 줘야 했습니다. 이제 난 본색이 드러나고 이렇게 빈털터리입니다. 그러나 덤, 여기 있는 사람들에게 물어봐요. 누구 하나 자신 있게 이건 내 것이다, 말할 수 있는가를. 아무도 없을 겁니다. 없다니까요. 모두들 덤으로 빌렸지요. 눈동자, 코, 입술, 그 어느 것 하나 자기 것이 아니고 잠시 빌려 가진 거예요. (누구든 관객석의 사람을 붙들고 그가 가지고 있는 물건을 가리키며) 이게 당신 겁니까? 정해진 시간이 얼마지요? 잘 아꼈다가 그 시간이 되면 꼭 돌려주십시오. 덤, 이젠 알겠어요?
관객의 참여 유도

덤
제 값어치 외에 거저로 조금 더 얹어 주는 일. 물건

〈중략〉

남자, 하인의 구둣발에 걷어챈다.

여자, 더 이상 참을 수 없다는 듯 다급하게 되돌아와서 남자를 부축해 일으키고 포옹한다.

남자의 진심을 받아들임

여자 : 그만해요!

남자 : 이제야 날 사랑합니까?

여자 : 그래요! 당신 아니고 또 누굴 사랑하겠어요!

남자 : 어서 결혼하러 갑시다, 구둣발에 차이기 전에!

여자 : 이래서요, 어머니도 말짱한 사기꾼과 결혼했었다던데…….

남자 : 자아, 빨리 갑시다!

여자 : 네, 어서 가요.

만점 포인트

1. 「결혼」에서 남자와 여자의 태도와 가치관

남자	여자
• 부자인 체하기 위해 물건을 빌리는 등 허영심이 있다. • 거짓말에 능숙했지만 사랑하는 여자 앞에서 진실을 말한다. • 사랑하는 사람을 얻기 위해 끝까지 설득한다. • 모든 사물뿐만이 아니라 인간의 삶조차도 빌린 것임을 깨닫고 있다.	• 물질적 조건에 황홀해 하는 속물적인 면이 있다. • 상황을 파악하지 못하는 맹한 데가 있다. • '덤'으로 태어난 자신의 삶을 긍정적으로 생각하고 있다. • 진실 앞에서 약해지는 순진한 면이 있으며, 결국 물질적 조건보다 사랑을 택한다.

2. 「결혼」에 등장하는 '하인'의 역할

하인은 끊임없이 시간을 확인하며 남자가 빌린 것을 빼앗고 있다. 즉 시간의 흐름과 극의 진행에 따라 남자가 가진 것을 빼앗고 걷어차면서 극의 긴장감을 고조하는 역할을 하고 있다.

3. 「결혼」을 통해 드러난 우리 사회의 모습

물건들을 빌려다 놓고 맞선 볼 여자를 맞이하는 남자의 모습	• 결혼의 조건으로 물질적 조건만을 중시하는 우리 사회의 모습을 보여준다. • 결혼의 조건으로 '물질'을 가장 우선시하는 사회 분위기를 비판적으로 드러내고 있다.
화려한 저택을 보고 황홀해 하는 여자의 모습	
"빈털터리 같거든 아예 되돌아오고 부자거든 꼭 붙들어야 한다."라는 여자 어머니의 말	

바로바로 체크

❶ 남자가 물건과 집을 빌린 이유는?

❷ 이 글에 드러난 '여자'의 별명은?

❸ 남자에게 물건을 빼앗으며 긴장감을 고조시키는 역할은?

정답 ❶ 맞선을 보기 위해서
❷ 덤
❸ 하인

적중! 출제 예상 문제

11 위와 같은 글에 대한 설명으로 적절하지 않은 것은?

① 사건이 현재형으로 진행된다.
② 시간적, 공간적 제약을 받는다.
③ 무대 상연을 전제로 하는 글이다.
④ 서술자가 개입하여 인물의 성격을 설명해 준다.

12 윗글의 특징으로 적절하지 않은 것은?

	기준	특징
①	무대 장치의 소품	특별한 무대 장치나 소품을 갖추지 않고 필요한 소품은 관객에게 빌린다.
②	무대 장치의 소품	관객의 물품을 빌리는 것을 이용하여 극 중에 참여하게 한다.
③	배우와 관객과의 소통	극의 인물이 관객에게 말을 거는 등의 행동을 통해 관객이 연극에 참여하도록 유도하고 있다.
④	등장인물의 이름	등장인물의 구체적인 이름을 지칭하지 않은 것은 불분명한 삶을 살아가는 현대인들의 이기성을 드러내기 위한 장치이다.

13 윗글에서 '하인'의 행동이 가지는 극적 기능이 아닌 것은?

① 주인공이 행복한 결말을 맞이할 것임을 암시한다.
② 시간이 지나가고 있음을 제시한다.
③ 주인공에게 위협을 가하는 역할을 한다.
④ 극의 긴장감을 점진적으로 고조시킨다.

14 윗글에서 여자가 남자의 청혼을 받아들인 이유는?

① 여자는 물질보다 더 중요한 것은 진실한 사랑이라는 것을 깨달았기 때문이다.
② 끈질기게 구애를 하는 남자가 불쌍했기 때문이다.
③ 여자가 청혼을 받아들여야 남자가 더 이상 하인으로부터 고통받지 않기 때문이다.
④ 하인에게 화를 내지 않는 남자의 너그러운 품성에 감동했기 때문이다.

정답 및 해설 별책 16p

토막 _ 유치진

핵/심/정/리

- 갈래 : 장막극, 사실극, 비극
- 성격 : 사실적, 비판적, 현실 고발적
- 배경 : 1920년대, 어느 가난한 농촌 마을
- 제재 : 일제 강점기 한국, 농촌의 현실
- 주제 : 일제의 가혹한 수탈의 참상과 현실 고발
- 특징 ❶ 무대 묘사가 치밀하고 상징적인 배경을 설정함.
  ❷ 일제 강점기 전형적 상황과 전형적 인물을 설정함.
  ❸ 비유와 상징을 통하여 당대의 현실을 완곡하게 고발함.

바람 소리!

〈중략〉

남자의 소리 : (불의에 밖에서) 여보!

금녀 : (놀라) 에그머니!

명서 : (어리둥절하여) 그 무슨 소리냐?

남자의 소리 : 사람 있수, 이 집에?

명서 처 : 이애 금녀야, 네 오빠 소리 아니냐? 그렇지! 너두 들었지? 오오, 명수야. 명수가 왔다. 그놈이 왔다. (명서에게) 자, 내 말이 거짓말인가 봐요.

명서 : …… 이상헌 걸.

남자의 소리 : 여보!

명서 처 : 금녀야, 빨리 사립문을 열어 귀인을 맞아라. 얼른!

금녀 : 어머니, 무서워!

명서 처 : 에그, 병신 같으니! 그럼, 같이 가자.

비속어 사용, 사실성 강조

모녀, 다소 공포에 떨면서 입구 쪽으로 나간다.

남자의 소리 : 이 집에 최명서란 사람 있소?

명서 처 : 일본서 왔수?

남자의 소리 : 그렇소.

명서 처 : 일본서?

그 때에 사립문을 박차는 듯이 한 남자 안으로 들어선다. 그는 우편배달부다. 소포를 들었다.

배달부 : (들어서며) 왜 밖에 문패도 없소?
아무것도 가진 것이 없는 우리 민족의 가난한 삶을 상징함

모녀 : [무언(無言)]

배달부 : 빨리 도장을 내요.

명서 : 도장?

명서 처 : (금녀에게 의아한 듯이) 너의 오빠가 아닌지?

금녀 : 배달부예요.

명서 : (실망한 듯이) 칫!

배달부 : 얼른 소포 받아 가요! 원, 무식해도 분수가 있지. 빨리 도장을 내요.

명서 : (반항적 어조로) 내겐 도장 같은 건 없소.
일제 강점기의 우리 민족의 처지

배달부 : 그럼, 지장이라도…….

명서 : (떨리는 손으로 지장을 찍는다. 배달부 퇴장.)

명서 처 : 음, 그 애에게서 물건이 온 게로구먼.

명서 : 뭘까?

명서 처 : 세상에, 귀신은 못 속이는 게지! 오늘 아침부터 이상한 생각이 들더니, 이것이 올려구 그랬던가 봐. 당신은 우환이니 뭐니 해도…….

명서 : (소포의 발송인의 이름을 보고) 하아 하! 이건 네 오래비가 아니라 삼조가…….

명서 처 : 아니, 삼조가 뭣을 보냈을까? 입때 한마디 소식두 없던 애가……. (소포를 끌러서 궤짝을 떼어 보고)

금녀 : (깜짝 놀라) 어머나!

명서 처 : (자기의 눈을 의심하듯이) 대체 이게…… 이게? 에그머니, 맙소사! 이게 웬일이냐?

명서 : (되려 멍청해지며, 궤짝에 쓰인 글자를 읽으며) 최명수의 백골.

금녀 : 오빠의?

명서 처 : 그럼, 신문에 난 게 역시! 아아, 이 일이 웬일이냐? 명수야! 네가 왜 이 모양으로 돌아왔느냐! (백골 상자를 꽉 안는다.)

금녀 : 오빠!

명서 : 나는 여태 개 돼지같이 살아 오문서, 한 마디 불평두 입 밖에 내지 않구 꾸벅꾸벅 일만 해 준 사람이여. 무엇 때문에, 무엇 때문에 내 자식을 이 지경을 맨들어 보내느냐? 응, 이 육실헐 놈들! (일어서려고 애쓴다.)

아들을 죽게까지 만든 존재에 대한 분노

〈중략〉

명서 : …… 아아, 보기 싫다! 도루 가져 가래라!

금녀 : 아버지, 서러 마세유. 서러워 마시구 이대루 꾹 참구 살아가세유. 네, 아버지! 결코 오빠는 우릴 저버리진 않을 거예유. 죽은 혼이라두 살아 있어, 우릴 꼭 돌봐 줄 거예유. 그때까지 우린 꾹 참구 살아가유. 예, 아버지!

우리 민족이 추구해야 할 삶의 태도

명서 : …… 아아, 보기 싫다! 도루 가지고 가래라!

금녀의 어머니는 백골을 안치하여 놓고, 열심히 무어라고 중얼거리며 합장한다. 바람소리, 적막을 찢는다.

비극적 분위기 고조

만점 포인트

1. 「토막」의 전체 줄거리

① 제1막

발단(도입)	명서네 가족은 일본으로 돈을 벌러 간 아들 명수가 많은 돈을 부쳐주리라는 희망을 품음.
전개(상승)	명수가 독립운동을 하다 투옥되었다는 소식에 희망은 사라지고 명서의 처는 정신 이상 증세를 보임.

② 제2막

절정(정점)	명수가 종신 징역을 살지도 모른다는 소식에 명서의 처가 실성을 함.
대단원(파국)	명수가 주검으로 돌아오자 망연자실하며 금녀가 부모를 위로함.

2. 「토막」에 나타난 시대적 현실에 대한 상징성

다 기울어진 토막	일제의 수탈에 피폐해진 우리 조국
명서 일가의 비극	우리 민족 전체의 비극적 삶의 축소판
명수의 독립운동	조선 민중의 일제에 대한 투쟁
명수의 죽음	조선 독립에 대한 희망의 좌절

바로바로 체크

❶ 비극적 상황을 한층 더 강조하는 기능을 하는 효과음은?

❷ 아들 '명수'가 주검으로 돌아온 이유는?

❸ 이 극의 시대적 배경은?

정답 ❶ 바람 소리
❷ 독립운동을 하다가
❸ 일제 강점기

적중! 출제 예상 문제

15 윗글의 갈래의 특징과 거리가 먼 것은?

① 산문 문학에 속한다.
② 막과 장으로 구성된다.
③ 과거 시제를 주로 사용한다.
④ 시간과 공간의 제약을 받는다.

16 윗글에 대한 설명으로 적절하지 않은 것은?

① 상징적 표현을 통하여 당대의 현실을 고발하고 있다.
② 한 집안의 몰락을 통해 우리 민족의 고통스런 현실을 담아내고 있다.
③ 일제 강점기 피폐한 우리 농촌의 현실을 사실적으로 보여 주고 있다.
④ 비극적 상황을 현명하게 이겨 내는 우리 민족의 저력을 형상화하고 있다.

17 윗글의 제목인 「토막」에 대한 설명으로 적절하지 않은 것은?

① 암울한 식민지 생활을 상징한다.
② 시대 현실에 뒤떨어진 등장인물의 의식 구조를 반영한다.
③ 극 전체의 분위기를 제시하는 기능을 한다.
④ 작품의 주제 의식과 상관성을 지닌다.

18 윗글에 등장하는 인물에 대한 설명으로 적절하지 않은 것은?

① 명서 처 : 명수가 죽은 사실 자체를 부인한 채 정신 이상을 보이고 있다.
② 금녀 : 명수가 살아 돌아와 자기 가족을 돌봐 줄 것이라는 희망을 잃지 않는다.
③ 배달부 : 불행한 소식의 전달자이면서, 명서네 가족의 빈궁한 생활상을 간접적으로 드러내 준다.
④ 명서 : 명수의 죽음을 명확하게 인식하지 못한 채, 명수가 죽었다는 사실이 믿어지지 않는다는 태도를 보인다.

정답 및 해설 별책 16p

서편제 _ 이청준 원작/김명곤 각색

(가) S# 71. 낡은 초가

(할머니 혼자 지키고 있는 초가에서 송화의 소리가 들려 온다.)

송화 : 심청이 거동 보아라. / 밥 빌러 나갈 적에 / 헌 베중의 대님 메고 / 청목 휘양* 둘러쓰고 / 말만 남은 헌 치마에 / 깃 없는 헌 저고리 / 목만 남은 길버선*에 / 바가지 옆에 끼고 / 바람 맞은 병신처럼 / 옆걸음쳐 건너간다. / (유봉이 북을 땅땅 친다.)

유봉 : 이 대목은 눈먼 애비 봉양하겠다고 심청이가 밥 빌러 나가는 대목인디 그렇게 밋밋하게 감정 없이 소리허면 쓰겄냐. 니가 심청이가 된 기분으로 애절하고 슬프게 해야지, 다시!

(송화가 다시 소리한다.)

(나) S# 75. 소릿재 폐가

(폐가에 도착하는 유봉과 송화가 멀리 보인다.)

유봉 : 어화, 세상 벗님네야 / 인생이 비록 백 년을 산대도 / 잠든 날과 병든 날과 / 근심 걱정 다 제하면 / 단 사십도 못 살 우리 인생인 줄 / 짐작하시는 이가 몇몇인고.

유봉 : (짐을 내리고 방과 부엌을 기웃거리며) 주인이 전쟁통에 죽었다는디 이불하고 부엌 살림이 조금 남아 있구나. 소리 공부하기에는 더 없이 좋은 곳이다.

송화 : 뭘 먹고 살아요?

유봉 : (마당으로 나가며) 저 아래 한 스무 채 산다니께 설마 산 입에 거미줄이야 치겄냐?

핵/심/정/리

- 갈래 : 각색 시나리오
- 성격 : 비극적, 사실주의적
- 배경 : 1950~70년대, 전라도
- 제재 : 소리꾼 부녀의 삶과 예술
- 주제 : 인간적 고뇌와 한의 예술적 승화

휘양
머리에 쓰는 방한구의 하나

길버선
먼 길을 갈 때에 신는 허름한 버선

(다) S# 83. 소릿재 폐가 근처

(소리 연습하는 송화)

송화 : 몸으로 희생하여 상림뜰* 빌었더니 / 대우방 수천 리* 풍년이 들었단다 / 그런 일도 있었으니 내 몸으로 대신 감이 어떠하냐 / 마른 땅의 새우 뛰듯 여산 폭포 돌궁굴듯 치궁굴 내리궁굴 / 가슴 쾅쾅 뚜다려 발동동 구른다.

상림뜰
상림(桑林)의 뜰. 은나라 때 7년 동안 계속해서 가뭄이 들자 탕 임금이 스스로 제물이 되어 이곳에서 정성껏 빌었더니 비가 쏟아졌다고 함.

대우방 수천 리
큰 비가 사방 수천 리의 땅에 내림.

(라) S# 84. 소릿재 폐가 방 안

(송화, 문 앞에 앉아 있고, 유봉 그 앞에 앉아 있다.)

유봉 : 이제 제법 니 한을 소리에 실을 수 있게 되었구나.

송화 : …….

유봉 : 송화야.

송화 : 예.

유봉 : 내가 니 눈을 그렇게 만들었다.

송화 : …….

유봉 : 알고 있었쟈?

㉠ (송화, 끄덕인다)

유봉 : 그럼 용서도 했냐?

송화 : …….

유봉 : 니가 나를 원수로 알았다면 니 소리에 원한이 사무쳤을텐디, 니 소리 어디에도 그런 흔적은 없더구나. 이제부터는 니 속에 응어리진 한에 파묻히지 말고 그 한을 넘어서는 소리를 혀라.

(송화의 얼굴)

유봉 : (소리) 동편제는 무겁고 맺음새가 분명하다면, 서편제는 애절하고 정한이 많다고들 하지, 하지만 한을 넘어서게 되면, 동편제도 서편제도 없고 득음의 경지만 있을 뿐이다.

만점 포인트

1. 작품 이해

이 작품은 이청준의 「남도 사람」을 각색한 시나리오로, 소리를 하며 전국을 떠도는 유봉과 그의 수양딸 송화, 그리고 수양아들 동호의 기구한 삶의 여정을 애잔하게 그려내고 있다.

극의 전개는 전체적으로 동호가 과거를 회상하며 누이와 부친을 추적하는 과정을 통해 이루어진다. 동호라는 인물의 기억과 세월의 진술을 통해, 송화가 아버지에 의해 장님이 되고, 그 속에서 소리꾼으로서 득음을 하게 되는 한(恨)과 용서의 연대기가 관객 앞에 드러나게 된다.

이러한 '한(恨)'에 대한 의식은 판소리 서편제와 어우러져 작품 특유의 분위기를 연출해 내며, 한의 예술적 승화라는 주제와도 직결된다.

2. 이 작품의 전체 줄거리

발단	전라도 어느 마을에 양녀 송화를 데리고 유랑하는 떠돌이 소리꾼 유봉이 들어온다. 유봉은 이곳에서 한 과부를 만나 사랑에 빠진다.
전개	과부가 아기를 낳다가 죽자 유봉은 그녀의 아이 동호까지 함께 데리고 유랑하면서 송화에게는 소리를, 동호에게는 북을 가르친다.
위기	송화는 의붓아비에게 순종하면서 소리를 배우지만 동호는 떠돌이 소리꾼 생활에 싫증을 느끼고 두 사람 곁을 떠나간다. 유봉은 송화가 소리에 전념하게 하기 위해 송화의 눈을 멀게 한다.
절정	세월이 흘러 유봉은 병으로 죽고, 눈이 먼 송화는 한 주막집 사내에게 몸을 의탁한다. 어느 날 주막집에 수소문 끝에 송화의 거처를 알아낸 동호가 찾아온다. 이들은 자신들이 지녀 온 아픔과 한을 밤새워 소리로써 풀어낸다.
대단원	날이 밝자 동호는 자신이 누구인지 밝히지 않은 채 길을 떠나고, 송화 역시 그가 동생이라는 것을 알면서도 내색하지 않고 정처 없는 유랑길에 오른다.

바로바로 체크

❶ 이 글은 영화나 드라마로 상영을 목적으로 한 (　　)이다.

❷ '유봉'은 '송화'의 (　　)을 위해 일부러 눈을 멀게 하였다.

❸ 이 글의 주제는 '(　　)의 예술적 승화'이다.

정답 ❶ 시나리오 ❷ 득음 ❸ 한(恨)

적중! 출제 예상 문제

19 이와 같은 글의 성격으로 적절하지 않은 것은?

① 장면(scene)을 단위로 하고 있다.
② 시・공간적 제약에서 비교적 자유롭다.
③ 극적인 사건을 대사와 지문으로 표현한다.
④ 인물 제시 방법은 서술자에 의한 '말해주기'이다.

20 이 글을 영화로 만들기 위해 논의한 내용으로 적절하지 않은 것은?

① 촬영지는 서편제가 성행했던 전라도 일대가 좋을 것 같아.
② 영화에 삽입될 판소리는 줄거리와 어울리는 것을 선택해야 해.
③ '송화' 역에는 한국적인 얼굴에 쓸쓸해 보이는 표정을 가진 사람이 좋겠어.
④ '유봉' 역을 맡은 사람은 반항적이면서 애절한 눈빛 연기를 보여 줘야 해.

21 ㉠에 담긴 송화의 심리 상태로 가장 알맞은 것은?

① 반성
② 분노
③ 순응
④ 실망

정답 및 해설 별책 16p

더 읽어보기

원고지

이근삼

(졸음이 오는 지루한 음악과 더불어 철문(鐵門) 도어가 무겁게 열리며 교수 등장, 아래위 양복이 원고지를 덧붙여 만든 것처럼 이것도 원고지 칸 투성이다. 손에는 큼직한 낡은 가방을 들고 있다. 허리에 쇠사슬을 두르고 있는데, 허리를 돌고 남은 줄이 마루에 줄줄 끌려 다닌다. 쇠사슬이 도어 밖까지 나가 있어 끝이 없다. 도어를 닫고 소파에 힘들게 앉는다. 여전히 쇠사슬을 끌고 다니면서, 가방은 자기 옆에 놓고 처음으로 전면을 바라본다. 중년에 퍽 마른 얼굴, 이마에는 주름살이 가고, 찌푸린 얼굴은 돌 모양 변화가 없다. 잠시 후, 피곤하다는 듯이 두 손을 옆으로 뻗치면서 크게 기지개를 한다. '아아' 하고 토하는 큰 하품은 무엇에 두드려맞아 죽는 비명같이 비참하게 들려, 오히려 관객들을 놀라게 한다. 장녀가 플랫폼에 나타난다.)

(아래위 양복이 원고지를 덧붙여 만든 것처럼: 교수의 삶을 상징하는 소품)
(비명같이 비참하게 들려: 교수의 피곤한 삶 강조)

장녀 : 저의 아버지랍니다. 밖에서 돌아오시면 늘 이렇게 달콤한 하품을 하신답니다.

(달콤한 하품을 하신답니다: 가족 간의 무관심)

(교수는 머리를 기대고 자고 있다. 코를 고는데, 흡사 고양이 우는 소리다.)

인제 어머님이 돌아오셔요. 어머님은 늘 아버지의 건강을 염려하세요.

(적당한 곳에서 처가 나타난다. 과거에는 살도 쪘었지만, 현재는 몸이 거의 헝클어져 있다. 퇴색한 옷을 입고 있다. 소리를 안 내고 들어와, 잠자는 교수의 주머니를 샅샅이 턴다. 돈을 한 주먹 쥐고, 이어 교수의 가방을 턴다. 돈 부스러기를 몇 장 찾아내고 그 액수가 적음에 실망한다. 잠시 후, 교수를 흔들어 깨운다.)

〈중략〉

핵/심/정/리

- 갈래 : 희곡, 부조리극
- 성격 : 풍자적, 반어적
- 주제 : 현대인의 무의미한 일상과 인간 소외의 현실 풍자
- 특징 ❶ 특별한 사건 전개나 뚜렷한 갈등 없이 극 중 상황만을 전개한 실험적 기법을 사용함.
  ❷ 무대 장치, 소품, 인물의 분장, 대사, 행동 등에 희극적 과장, 풍자, 반어 등을 사용함.

교수 : (신문을 혼자 읽는다.) 참 비가 많이 왔군. 강원도 쪽이 눈이 광장한 모양인데, 또 살인이야. 이번엔 두 살 난 애가 자기 애비를 죽였대. 참, 지프 차가 동대문을 들이받아 동대문이 완전히 무너졌군. 지프차는 도망가 버리구. 이것 봐, 내 '개성을 잃은 노동자'라는 번역품이 착취사에서 다시 나왔어. 이씨가 또 당선됐군. 신경통에 듣는 한약이 새로 나왔는데. 끔찍해라, 남편이 자기 아내한테 또 매맞았군.

비현실적 사건, 사회의 부조리 상징

(처가 신문지를 한 장 다시 접는다. 날짜를 보더니)

처 : 당신두 참, 그건 옛날 신문이에요. 오늘 것은 여기 있는데.

부조리한 사회 현상의 반복

교수 : (보던 신문 날짜를 읽고) 오라, 삼 년 전 신문을 읽고 있었군. 오늘 신문 이리 주시오.

(오늘 신문을 받아 가지고 다시 읽는다.)

참 비가 많이 왔군. 강원도 쪽의 눈이 굉장한 모양인데. 또 살인이야. 이번엔 두 살 난 애가 자기 애비를 죽였대. 참, 지프차가 동대문을 들이받아 동대문이 완전히 무너졌군. 지프차는 도망가 버리구, 이것 봐, 내 '개성을 잃은 노동자'라는 번역품이 악마사에서 다시 나왔어. 이씨가 또 당선됐군. 신경통에 듣는 한약이 새로 나왔는데 끔찍해라, 남편이 자기 아내한테 또 매맞았군.

처 : 참, 세상도 무척 변했군요. 삼 년 전만 해도 그런 일이 없었는데, 당신 피곤하시죠?

장녀 : (옆방에서 화장을 하며, 장남에게) 얘, 시계가 좀 늦은데 일어선 김에 밥이나 좀 줘라.

(장남 시계에 밥을 준다.)

처 : 여기 좀 계세요. 저 밥을 좀 지을게요.

교수 : 괜찮아, 밥 먹었어.

처 : 어디서요?

교수 : 여기서 먹었던가? 아니야, 거리서 먹었던 것 같기도 하구.

처 : 언제요?

교수 : 오늘 아침에도 먹었구, 점심두…. 글쎄… 그러다 보니 밥을 먹었는지 안 먹었는지 분간을 못 하겠군.

처 : 지금 하시는 번역은 언제 끝나요?

교수 : 지금 하는 번역이 몇 가지나 있지?

처 : 그러니까 밤낮 원고료를 짤리우지요. '자존심의 문제', '예술에 있어서의 창조성', '검둥이와 미녀', '어떤 여자의 고백' 이렇게 넷뿐인가요?

교수 : 그렇겠지, 아이 피곤해.

처 : 어떤 것이건 빨리 끝내야지, 어떻게 해요. 집도 수리해야겠구,
교수를 돈벌이 수단으로 여기는 태도
축음기도 사야겠구, 또 이달에 아버지 생일도 있잖아요.

교수 : 밤낮 생일을 치르고 있으니 어떻게 된 거요? 어제도 아버지 생일 잔치를 했는데.

처 : 당신두 참! 어제 당신 아버지가 생신이었어요. 이번엔 우리 아버지 생일이구.

교수 : 그저께도 누구 아버지 생일이라구 해서 돈 만 환을 내지 않았소?

처 : 그건 대식이 동생 사촌의 며느리뻘 되는 여자의 아버지 생일이래서 그랬지우.

교수 : 그 바로 전날에도 누구 아버지 생일이라고 해서 돈을 냈는데.

처 : 그건 순자 언니 조카뻘 되는 며느리 시누이의 아버지…….

교수 : 됐어, 됐어. (크게 하품을 하며) 아이 피곤해.

핵/심/정/리
- 갈래 : 경수필
- 성격 : 체험적, 교훈적, 사색적
- 제재 : 난초
- 주제 : 무소유의 참된 의미와 정신적 자유의 소중함.
- 특징 ❶ 깊이 있는 철학적 주제를 담담한 어조로 쉽게 제시함.
  ❷ 인용과 예시를 통해 자신의 생각을 뒷받침함.

더 읽어보기

무소유

법정

지난해 여름 장마가 개인 어느 날 봉선사로 운허 노사를 뵈러 간 일이 있었다. 한낮이 되자 장마에 갇혔던 햇볕이 눈부시게 쏟아져 내리고 앞개울 물소리에 어울려 숲 속에서는 매미들이 있는 대로 목청을 돋우었다.

아차! 이때에야 문득 생각이 난 것이다. 난초를 뜰에 내놓은 채 온 것이다. 모처럼 보인 찬란한 햇볕이 돌연 원망스러워졌다. 뜨거운 햇볕에 늘어져 있을 난초 잎이 눈에 아른거려 더 지체할 수 없었다. 허둥지둥 그 길로 돌아왔다. 아니나 다를까. 잎은 축 늘어져 있었다. 안타까워하며 샘물을 길어다 축여 주고 했더니 겨우 고개를 들었다. 하지만 어딘지 생생한 기운이 빠져 버린 것 같았다.

나는 이때 온몸으로, 그리고 마음속으로 절절히 느끼게 되었다. 집착이 괴로움인 것을. 그렇다, 나는 난초에게 너무 집념해 버린 것이다. 이 집착에서 벗어나야겠다고 결심했다. 난을 가꾸면서도 산철–승가(僧家)의 유행기(遊行期)–에도 나그네 길을 떠나지 못한 채 꼼짝 못하고 말았다. 밖에 볼일이 있어 잠시 방을 비울 때면 환기가 되도록 들창문을 조금 열어 놓아야 했고, 분(盆)을 내놓은 채 나가다가 뒤미처 생각하고는 되돌아와 들여놓고 나간 적도 한두 번이 아니었다. 그것은 정말 지독한 집착이었다.

며칠 후, 난초처럼 말이 없는 친구가 놀러 왔기에 선뜻 그의 품에 안겨 주었다. 비로소 나는 얽매임에서 벗어난 것이다. 날을 듯 홀가분한 해방감. 삼 년 가까이 함께 지낸 '유정(有情)'을 떠나보냈는데도 서운하고 허전함보다 홀가분한 마음이 앞섰다. 이때부터 나는 하루 한 가지씩 버려야겠다고 스스로 다짐을 했다. 난을 통해 무소유(無所有)의 의미 같은 걸 터득하게 됐다고나 할까.

인간의 역사는 어떻게 보면 소유사처럼 느껴진다. 보다 많은 자기네 몫을 위해 끊임없이 싸우고 있는 것 같다. 소유욕에는 한정도 없고 휴일도 없다. 그저 하나라도 더 많이 갖고자 하는 일념으로 출렁거리고 있는 것이다. 물건만으로는 성에 차질 않아 사람까지 소유하려 든다. 그 사람이 제 뜻대로 되지 않을 경우는 끔찍한 비극도 불사하면서 제 정신도 갖지 못한 처지에 남을 가지려 하는 것이다. 소유욕은 이해와 정비례한다. 그것은 개인뿐 아니라 국가 간의 관계에서도 마찬가지이다. 어제의 맹방들이 오늘에는 맞서게 되는가 하면, 서로 으르렁대던 나라끼리 친선 사절을 교환하는 사례를 우리는 얼마든지 보고 있다. 그것은 오로지 소유에 바탕을 둔 이해관계 때문인 것이다. 만약 인간의 역사가 소유사(所有史)에서 무소유사(無所有史)로 그 향(向)을 바꾼다면 어떻게 될까. 아마 싸우는 일은 거의 없을 것이다. 주지 못해 싸운다는 말은 듣지 못했다.

간디는 또 이런 말도 했다.

"내게는 소유가 범죄처럼 생각된다……."

그가 무엇인가를 갖는다면 같은 물건을 갖고자 하는 사람들이 똑같이 가질 수 있을 때 한한다는 것. 그러나 그것은 거의 불가능한 일이므로 자기 소유에 대해서 범죄처럼 자책하지 않을 수 없다는 것이다. 우리들의 소유 관념이 때로는 우리들의 눈을 멀게 한다. 그래서 자기의 분수까지도 돌볼 새 없이 들뜨게 되는 것이다. 그러나 우리는 언젠가 한 번은 빈손으로 돌아갈 것이다. 내 이 육신마저 버리고 훌훌히 떠나갈 것이다. 하고 많은 물량일지라도 우리를 어떻게 하지 못할 것이다.

크게 버리는 사람만이 크게 얻을 수 있다는 말이 있다. 물건으로 인해 마음을 상하고 있는 사람들에게는 한 번쯤 생각해 볼 말씀이다. 아무것도 갖지 않을 때 비로소 온 세상을 갖게 된다는 것은 무소유(無所有)의 역리(逆理)*이니까.

역리(逆理)
추리의 오류, 모순

PART 01 기출문제 체크

정답 및 해설 별책 18p

[01~03] 다음 글을 읽고 물음에 답하시오.

> ㉠ 죽는 날까지 하늘을 우러러
> 한 점 부끄럼이 없기를,
> 잎새에 이는 바람에도
> 나는 괴로워했다.
>
> 별을 노래하는 마음으로
> 모든 죽어가는 것을 사랑해야지.
> 그리고 나한테 주어진 길을
> 걸어가야겠다.
>
> 오늘 밤에도 별이 바람에 스치운다.
>
> – 윤동주, 「서시」 –

01 위 시에 대한 설명으로 가장 적절한 것은?

① 말을 주고받는 형식을 취하고 있다.
② 명사로 끝맺으며 여운을 남기고 있다.
③ 의지를 표현하는 어미를 사용하고 있다.
④ 후렴구를 삽입하여 운율을 형성하고 있다.

02 〈보기〉를 참고할 때 밑줄 친 시구 중 '밤'과 의미가 가장 유사한 것은?

> 보기
> 「서시」는 광복 후 간행된 윤동주의 유고 시집 『하늘과 바람과 별과 시』에 수록된 작품으로 일제 강점기 억압적 상황 속에서 겪어야 했던 지식인의 고뇌를 노래하고 있다.

① 산에는 꽃피네 / 꽃이 피네
– 김소월, 「산유화」 –
② 매운 계절의 채찍에 갈겨 / 마침내 북방으로 휩쓸려 오다.
– 이육사, 「절정」 –
③ 넓은 벌 동쪽 끝으로 / 옛 이야기 지줄대는 실개천이 휘돌아 나가고
– 정지용, 「향수」 –
④ 남으로 창을 내겠소. / 밭이 한참갈이 괭이로 파고 / 호미론 김을 매지요.
– 김상용, '남으로 창을 내겠소' –

03 ㉠의 화자와 〈보기〉의 화자가 갖는 공통점은?

> 보기
> 내일이나 모레나 그 어느 즐거운 날에
> 나는 또 한 줄의 참회록(懺悔錄)을 써야 한다.
> – 그때 그 젊은 나이에
> 왜 그런 부끄런 고백(告白)을 했던가.
>
> 밤이면 밤마다 나의 거울을
> 손바닥으로 발바닥으로 닦아보자.
>
> – 윤동주, 「참회록(懺悔錄)」 –

① 자기 자신을 돌아보며 성찰하고 있다.
② 지난 날들을 회상하며 즐거워하고 있다.
③ 사명을 완수한 것에 대해 자랑스러워하고 있다.
④ 보다 넓은 세상으로 나가는 것을 기뻐하고 있다.

[04~06] 다음 글을 읽고 물음에 답하시오.

폭포는 곧은 절벽을 무서운 기색도 없이 떨어진다.

규정할 수 없는 물결이
무엇을 향하여 떨어진다는 의미도 없이
계절과 주야를 가리지 않고
고매한 정신처럼 쉴 사이 없이 떨어진다.

금잔화도 인가도 보이지 않는 밤이 되면
폭포는 곧은 소리를 내며 떨어진다.

곧은 소리는 소리이다.
곧은 소리는 곧은
소리를 부른다.

번개와 같이 떨어지는 물방울은
취할 순간조차 마음에 주지 않고
나타[1]와 안정을 뒤집어 놓은 듯이
높이도 폭도 없이
떨어진다.

– 김수영, 「폭포」 –

1) 나타(懶惰) : 나태. 행동, 성격 따위가 느리고 게으름

04 윗글의 표현상 특징으로 적절하지 않은 것은?

① 비유법이 나타난다.
② 특정 시어가 반복된다.
③ 현재형 종결 어미가 나타난다.
④ 계절의 변화에 따라 시상이 전개된다.

05 다음 설명의 밑줄 친 부분과 성격이 다른 것은?

이 작품은 폭포를 통해 부정한 현실에 타협하지 않으려는 화자의 의지와 정신을 표현하고 있다.

① 곧은 소리
② 나타와 안정
③ 규정할 수 없는 물결
④ 번개와 같이 떨어지는 물방울

06 윗글에 대한 감상으로 가장 적절한 것은?

① 1연에서는 '폭포'에 대한 화자의 원망이 드러나는군.
② 3연에서는 명령적 어조를 사용하여 긴장감을 유발하는군.
③ 4연에서는 '폭포'의 선구자적인 모습이 드러나는군.
④ 5연에서는 '떨어진다'는 시어를 통해 폭포의 정적(靜的)인 모습이 드러나는군.

[07~09] 다음 글을 읽고 물음에 답하시오.

우리가 물이 되어 만난다면
㉠ 가문 어느 집에선들 좋아하지 않으랴.
우리가 키 큰 나무와 함께 서서
우르르 우르르 비 오는 소리로 흐른다면.

흐르고 흘러서 저물녘엔
저 혼자 깊어지는 강물에 누워
㉡ 죽은 나무뿌리를 적시기도 한다면.
아아, 아직 처녀인
부끄러운 바다에 닿는다면

그러나 지금 우리는
불로 만나려 한다.
벌써 ㉢ 숯이 된 뼈 하나가
세상에 불타는 것들을 쓰다듬고 있나니

[A]
만 리 밖에서 기다리는 그대여
저 불 지난 뒤에
㉣ 흐르는 물로 만나자.
푸시시 푸시시 불 꺼지는 소리로 말하면서
올 때는 인적 그친
넓고 깨끗한 하늘로 오라.

– 강은교, 「우리가 물이 되어」 –

07 윗글의 표현상 특징으로 적절하지 않은 것은?

① 설의적 표현으로 화자의 생각을 강조하고 있다.
② 가정법을 반복하여 소망의 간절함을 표현하고 있다.
③ 명령형으로 종결하여 화자의 불안감을 드러내고 있다.
④ 의성어를 사용하여 상황을 더욱 실감나게 표현하고 있다.

08 ㉠~㉣ 중 함축적 의미가 가장 이질적인 것은?

① ㉠　② ㉡
③ ㉢　④ ㉣

09 [A]에서 화자가 추구하는 삶의 모습과 가장 가까운 것은?

① 타인에게 의지하지 않는 독립적인 삶
② 자신의 이익을 추구하는 개인적인 삶
③ 끊임없이 노력하여 경쟁력을 갖추는 삶
④ 서로에게 생명력을 북돋우며 화합하는 삶

[10~12] 다음 시를 읽고 물음에 답하시오.

나는 북관에 혼자 앓아누워서
어느 아침 의원을 뵈이었다.
의원은 ㉠ 여래 같은 상을 하고 관공의 수염을 드리워서
먼 옛적 어느 나라 ㉡ 신선 같은데
새끼손톱 길게 돋은 손을 내어
묵묵하니 한참 맥을 짚드니
문득 물어 고향이 어데냐 한다.
평안도 정주라는 곳이라 한즉
그러면 ㉢ 아무개 씨 고향이란다.
그러면 아무개 씨 아느냐 한즉
㉣ 의원은 빙긋이 웃음을 띠고
막역지간이라며 수염을 쓸는다.
나는 아버지로 섬기는 이라 한즉
의원은 또다시 넌지시 웃고
말없이 팔을 잡아 맥을 보는데
손길은 따스하고 부드러워
고향도 아버지도 아버지의 친구도 다 있었다.

– 백석, 「고향」 –

10 윗글을 이해한 것으로 가장 적절한 것은?

① '나'는 지금 아버지와 함께 있군.
② '나'는 아파서 고향으로 돌아갔군.
③ '나'는 오래 전부터 의원과 막역지간이군.
④ '나'는 의원의 손길에서 고향을 떠올렸군.

11 윗글의 표현상 특징으로 가장 적절한 것은?

① 의성어를 반복하였다.
② 명령적 어조로 표현하였다.
③ 촉각적 심상이 나타나 있다.
④ 반어적 표현 기법을 사용하였다.

12 ㉠~㉣ 중 의미하는 바가 다른 것은?

① ㉠　　② ㉡
③ ㉢　　④ ㉣

[13~14] 다음 글을 읽고 물음에 답하시오.

(가) 어져 내 일이야 그릴 줄을 모르던가
있으라 하더면 가랴마는 제 구태여
보내고 그리는 정(情)은 나도 몰라 하노라

– 황진이 –

(나) ᄇᆞ람도 쉬여 넘는 고기 구름이라도 쉬여 넘는 고기
산진이* 수진이* 해동청* 보라매* 쉬여 넘는 고봉 장성령 고기
그 너머 님이 왓다 ᄒᆞ면 나는 아니 ᄒᆞᆫ 번도 쉬여 넘어가리라

– 작자 미상 –

*산진이 : 산에서 자란 매
*수진이 : 집에서 기른 매
*해동청 : 송골매
*보라매 : 사냥매

13 (가), (나)에 나타난 공통점으로 가장 적절한 것은?

① 양반의 횡포를 비판하고 있다.
② 사랑하는 이를 그리워하고 있다.
③ 신의를 잃어버린 세태를 풍자하고 있다.
④ 자연에 살고 싶은 마음을 드러내고 있다.

14 (가), (나)에 대한 설명으로 적절하지 않은 것은?

① (가)는 의문형 진술을 사용하고 있다.
② (나)는 열거법을 사용하고 있다.
③ (가)는 (나)와 달리 3장의 형태를 유지한다.
④ (나)는 (가)에 비해 중장이 더 길다.

[15~17] 다음 글을 읽고 물음에 답하시오.

(가) 가시리 가시리잇고 나ᄂᆞᆫ
㉠ ᄇᆞ리고 가시리잇고 나ᄂᆞᆫ
위 증즐가 大平盛代(대평셩ᄃᆡ)

㉡ 날러는 엇디 살라ᄒᆞ고
ᄇᆞ리고 가시리잇고 나ᄂᆞᆫ
위 증즐가 大平盛代(대평셩ᄃᆡ)

잡ᄉᆞ와 두어리마ᄂᆞᄂᆞᆫ
㉢ 선ᄒᆞ면 아니 올셰라.
위 증즐가 大平盛代(대평셩ᄃᆡ)

셜온 님 보내ᅀᆞᆸ노니 나ᄂᆞᆫ
가시ᄂᆞᆫ ᄃᆞᆺ 도셔 오쇼셔 나ᄂᆞᆫ
㉣ 위 증즐가 大平盛代(대평셩ᄃᆡ)

– 작자 미상, 「가시리」 –

(나) 출하리 믈ᄀᆞ의 가 ᄇᆡ 길히나 보쟈 ᄒᆞ니
ᄇᆞ람이야 믈결이야 어둥졍[1] 된뎌이고.
샤공은 어ᄃᆡ 가고 븬 ᄇᆡ만 걸렷ᄂᆞ니.
강텬(江天)의 혼쟈 셔서 디ᄂᆞᆫ[2] ᄒᆡᄅᆞᆯ 구버보니
님다히 쇼식(消息)이 더옥 아득ᄒᆞᆫ뎌이고.
모쳠(茅簷)[3] ᄎᆞᆫ 자리의 밤듕만 도라오니
반벽쳥등(半壁靑燈)[4]은 눌 위ᄒᆞ야 ᄇᆞᆯ갓ᄂᆞᆫ고.
오ᄅᆞ며 ᄂᆞ리며 헤쓰며[5] 바니니[6]
져근덧 역진(力盡)ᄒᆞ야 픗ᄌᆞᆷ을 잠간 드니
졍셩(精誠)이 지극ᄒᆞ야 ᄭᅮᆷ의 님을 보니
옥(玉) ᄀᆞᄐᆞᆫ 얼굴이 반(半)이나마 늘거셰라.
ᄆᆞᄋᆞᆷ의 머근 말ᄉᆞᆷ 슬ᄏᆞ장[7] ᄉᆞᆲ쟈[8] ᄒᆞ니
눈믈이 바라 나니 말인들 어이ᄒᆞ며
졍(情)을 못다ᄒᆞ야 목이조차 메여ᄒᆞ니
오뎐된[9] 계셩(鷄聲)의 ᄌᆞᆷ은 엇디 ᄭᆡ돗던고.
어와, 허ᄉᆞ(虛事)로다. 이 님이 어ᄃᆡ 간고.
결의 니러 안자 창(窓)을 열고 ᄇᆞ라보니
어엿븐 그림재 날 조ᄎᆞᆯ ᄲᅮᆫ이로다.
출하리 ᄉᆡ여디여[10] 낙월(落月)이나 되야이셔
님 겨신 창(窓) 안히 번드시 비최리라.
각시님 ᄃᆞᆯ이야ᄏᆞ니와 구ᄌᆞᆫ 비나 되쇼셔.

– 정철, 「속미인곡」 –

1) 어둥졍 : 어리둥절. 어수선하게
2) 디ᄂᆞᆫ : 지는
3) 모쳠(茅簷) : 띠로 지붕을 이은 초가
4) 반벽쳥등(半壁靑燈) : 벽 가운데 달린 등불
5) 헤쓰며 : 마음이 초조하여 허둥거리며
6) 바니니 : 부질없이 왔다갔다 하니
7) 슬ᄏᆞ장 : 실컷
8) ᄉᆞᆲ쟈 : 사뢰려고. 아뢰려고
9) 오뎐된 : 방정맞은
10) ᄉᆡ여디여 : 죽어서

15 (가)에 대한 설명으로 가장 적절한 것은?

① 화자는 임과의 재회를 바라고 있다.
② 의인화를 통해 시상을 전개하고 있다.
③ 4음보의 규칙적인 율격을 활용하고 있다.
④ 자연경관을 제시한 후 감정을 노래하고 있다.

16 (가)에서 화자가 임을 보내 주려는 이유가 드러난 부분은?

① ㉠　　② ㉡
③ ㉢　　④ ㉣

17 (나)의 화자에 대한 설명으로 적절하지 않은 것은?

① 'ᄭᅮᆷ' 속에서 임을 보았다.
② '믈ᄀᆞ'에서 사공을 만났다.
③ '강텬(江天)'에서 지는 해를 바라보고 있다.
④ '낙월(落月)'이라도 되어 임 계신 곳을 비추고 싶어 한다.

[18~19] 다음 글을 읽고 물음에 답하시오.

(가) 살어리 살어리랏다. 청산에 살어리랏다.
㉠ 멀위랑 ᄃᆞ래랑 먹고 청산에 살어리랏다.
얄리얄리 얄랑셩 얄라리 얄라

(나) 우러라 우러라 새여 자고 니러 우러라 새여
㉡ 널라와[1] 시름 한[2] 나도 자고 니러 우니로라
얄리얄리 얄라셩 얄라리 얄라

(다) 이링공 뎌링공 ᄒᆞ야 나즈란 디내와손뎌
㉢ 오리도 가리도 업슨 바ᄆᆞ란 ᄯᅩ 엇디 호리라.
얄리얄리 얄라셩 얄라리 얄라

(라) 가다니 배부른 도긔 설진[3] 강수를[4] 비조라
㉣ 조롱곳[5] 누로기 ᄆᆡ와 잡ᄉᆞ와니 내 엇디 ᄒᆞ리잇고
얄리얄리 얄라셩 얄라리 얄라

– 작자 미상, 「청산별곡」 –

1) 널라와 : 너보다
2) 한 : 많은
3) 설진 : 덜 익은 또는 (술의 농도가) 진한
4) 강수를 : 강한 술을
5) 조롱곳 : 노롱박꽃

18 윗글에 대한 설명으로 적절하지 않은 것은?

① 후렴구를 통해 연을 나누고 있다.
② 계절의 순서에 따라 시상을 전개하고 있다.
③ 반복을 사용해 화자의 소망을 강조하고 있다.
④ 'ㄹ, ㅇ' 음을 사용하여 리듬감을 형성하고 있다.

19 ㉠~㉣에 대한 설명으로 적절하지 않은 것은?

① ㉠ : 소박한 삶을 동경하고 있다.
② ㉡ : 시적 대상과 자신을 비교하고 있다.
③ ㉢ : 외로운 상황 속에서 힘겨워하고 있다.
④ ㉣ : 힘겨운 현실을 적극적으로 극복하고 있다.

[20~21] 다음 글을 읽고 물음에 답하시오.

강호(江湖)애 병(病)이 깁퍼 듁님(竹林)의 누엇더니,
관동(關東) 팔빅(八百) 니(里)에 방면(方面)을 맛디시니,
어와 셩은(聖恩)이야 가디록 망극(罔極)ᄒᆞ다.
연츄문(延秋門) 드리ᄃᆞ라 경회(慶會) 남문(南門) ᄇᆞ라보며,
하직(下直)고 믈너나니 옥절(玉節)이 알ᄑᆡ 셧다.
평구역(平丘驛) ᄆᆞᆯ을 ᄀᆞ라 흑슈(黑水)로 도라드니,
셤강(蟾江)은 어듸메오 티악(雉岳)이 여긔로다.
쇼양강(昭陽江) ᄂᆞ린 믈이 어드러로 든단 말고.
고신거국(孤臣去國)에 ᄇᆡᆨ발(白髮)도 하도 할샤.
동쥬(東洲) ᄇᆞᆷ 계오 새와 븍관뎡(北寬亭)의 올나ᄒᆞ니,
삼각산(三角山) 뎨일봉(第一峰)이 ᄒᆞ마면 뵈리로다.
궁왕(弓王) 대궐(大闕) 터희 오쟉(烏鵲)이 지지괴니,
쳔고(千古) 흥망(興亡)을 아ᄂᆞᆫ다 몰ᄋᆞᄂᆞᆫ다.
회양(淮陽) 녜 일홈이 마초아 ᄀᆞᄐᆞᆯ시고.
급댱유(汲長孺) 풍치(風彩)를 고텨 아니 볼 게이고.

– 정철, 「관동별곡」 –

20 윗글에 대한 설명으로 가장 적절한 것은?

① 공간의 이동에 따라 시상을 전개하고 있다.
② 전절과 후절의 대립 구조가 나타나 있다.
③ 3음보의 율격이 반복되고 있다.
④ 10구체 형식이 사용되고 있다.

21 윗글의 화자에 대한 설명으로 적절하지 않은 것은?

① 역사 속 인물을 언급하며 관리로서의 포부를 다짐하고 있다.
② 성현의 말을 인용하여 자신의 역할을 점검하고 있다.
③ 자신에게 소임을 맡긴 임금에게 감사하고 있다.
④ 옛 왕조의 성터에서 무상함을 느끼고 있다.

[22~25] 다음 글을 읽고 물음에 답하시오.

| 앞부분 줄거리 | '나'는 아내와 함께 고향을 찾는다. 노인은 집을 고치고 싶은 마음이 있지만 아들에게 쉽게 표현하지 않는다. 가족에게 경제적으로 도움을 받지 못했다고 생각한 '나'는 노인에게 진 빚이 없다고 생각하며 그것을 외면한다. 그러던 중 '나'는 잠결에 노인과 아내의 대화를 듣게 된다.

"눈길을 혼자 돌아가다 보니 그 길엔 아직도 우리 둘 말고는 아무도 지나간 사람이 없지 않았겠냐? 눈발이 그친 신작로 눈 위에 저하고 나하고 둘이 걸어온 발자국만 나란히 이어져 있구나."

"그래서 어머님은 그 발자국 때문에 아들 생각이 더 간절하셨겠네요?"

[A] "간절하다뿐이었겠냐? 신작로를 지나고 산길을 들어서도 굽이굽이 돌아온 그 몹쓸 발자국들에 아직도 도란도란 저 아그의 목소리나 따뜻한 온기가 남아 있는 듯만 싶었제. 산비둘기만 푸르륵 날아올라도 저 아그 넋이 새가 되어 다시 되돌아오는 듯 놀라지고, 나무들이 눈을 쓰고 서 있는 것만 보아도 뒤에서 금세 저 아그 모습이 뛰어나올 것만 싶었지야. 하다 보니 나는 굽이굽이 외지기만 한 그 산길을 저 아그 발자국만 따라 밟고 왔더니라. 내 자석아, 내 자석아, 너하고 둘이 온 길을 이제는 이 몹쓸 늙은 것 혼자서 너를 보내고 돌아가고 있구나!"

〈중략〉

"어머님도 이젠 돌아가실 거처가 없으셨던 거지요?"

한동안 조용히 입을 다물고 있던 아내가 이제 더 이상 참을 수가 없어진 듯 갑자기 노인을 추궁하고 나섰다. 그녀의 목소리는 이제 울먹임 때문에 떨리고 있었다. 나 역시도 이젠 더 이상 노인을 참을 수가 없었다. 이제나마 노인을 가로막고 싶었다. 아내의 추궁에 대한 그 노인의 대꾸가 너무도 두려웠다. 노인의 대답을 들을 수가 없었다. 하지만, 그 역시도 불가능한 일이었다.

나는 아직도 눈을 뜰 수가 없었다. 불빛 아래 눈을 뜨고 일어날 수가 없었다. 사지가 마비된 듯 가라앉아 있는 때문만이 아니었다. 졸음기가 아직 아쉬워서도 아니었다. 눈꺼풀 밑으로 뜨겁게 차오르는 것을 아내와 노인 앞에 보일 수가 없었다. 그것이 너무도 부끄러웠기 때문이었다.

– 이청준, 「눈길」 –

22 윗글에 대한 설명으로 적절하지 않은 것은?

① 구체적인 지명을 제시하고 있다.
② 비유적인 표현을 사용하고 있다.
③ 감각적 이미지를 활용하고 있다.
④ 과거를 회상하는 내용이 들어 있다.

23 [A]의 상황을 '노인'이 일기로 썼다고 할 때, ㉠~㉣ 중 적절하지 않은 것은?

> ○○○○년 ○월 ○일
> 오늘 ㉠ 아들을 보내고 돌아왔다. 산비둘기를 보아도 아들 생각, ㉡ 눈 쌓인 나무를 보아도 아들 생각이 났다. 돌아오는 산길에 눈은 녹아 ㉢ 아들의 발자국은 보이지 않았고, 굽이굽이 ㉣ 외진 산길을 혼자서 되돌아왔다.

① ㉠　　② ㉡
③ ㉢　　④ ㉣

24 윗글에서 눈길이 갖는 의미로 가장 적절한 것은?

① 어머니가 집을 고치고 싶게 된 계기
② 아내의 어린 시절 추억을 환기하는 대상
③ 몰락한 집안을 일으키고자 하는 아내의 의지
④ 자식을 향한 어머니의 사랑을 드러내는 공간

25 윗글에 대한 감상으로 가장 적절한 것은?

① 부모에게 의존하려는 자식의 태도를 비판하였군.
② 사라져 가는 전통 예술에 대한 애정이 드러나고 있군.
③ '나'의 눈물은 자신의 감정이 동요하는 것과 관련 있겠군.
④ 농촌을 떠나는 젊은이가 증가하는 현실을 개탄하고 있군.

[26~30] 다음 글을 읽고 물음에 답하시오.

> | 앞부분 줄거리 | 의사가 된 아들은 병원을 확장하기 위해 시골에 있는 농토를 팔려는 생각으로 고향에 내려온다. 아버지는 나무다리가 새로 놓인 뒤 동네 사람들에게 잊혀가던 돌다리를 고치기 위해 애를 쓰고 있다.
>
> 아들은, 의사인 아들은, 마치 환자에게 치료 방법을 이르듯이, 냉정히 차근차근히 이야기를 시작하였다. 외아들인 자기가 부모님을 진작 모시지 못한 것이 잘못인 것, 한집에 모이려면 자기가 병원을 버리기보다는 부모님이 농토를 버리시고 서울로 오시는 것이 순리인 것, 병원은 나날이 환자가 늘어 가나 입원실이 부족되어 오는 환자의 삼분지 일밖에 수용 못 하는 것, 지금 시국에 큰 건물을 새로 짓기란 거의 불가능의 일인 것, 마침 교통 편한 자리에 삼층 양옥이 하나 난 것, 인쇄소였던 집인데 전체가 콘크리트여서 방화 방공으로 가치가 충분한 것, 삼층은 살림집과 직공들의 합숙실로 꾸미었던 것이라 입원실로 변장하기에 용이한 것, 각층에 수도·가스가 다 들

어온 것, 그러면서도 가격은 염한[1] 것, 염하기는 하나 삼만이천 원이라, 지금의 병원을 팔면 일만오천 원쯤은 받겠지만 그것은 새집을 고치는 데와, 수술실의 기계를 완비하는 데 다 들어갈 것이니 집값 삼만이천 원은 따로 있어야 할 것, 시골에 땅을 둔대야 일 년에 고작 삼천 원의 실리가 떨어질지 말지하지만 땅을 팔아다 병원만 확장해 놓으면, 적어도 일 년에 만 원 하나씩은 이익을 뽑을 자신이 있는 것, 돈만 있으면 땅은 이담에라도, 서울 가까이라도 얼마든지 좋은 것으로 살 수 있는 것……. 아버지는 아들의 의견을 끝까지 잠잠히 들었다. 그리고,

"점심이나 먹어라. 나두 좀 생각해 봐야 대답허겠다."

하고는 다시 개울로 나갔고, 떨어졌던 다릿돌을 올려놓고야 들어와 그도 점심상을 받았다.

점심을 자시면서였다.

"원, 요즘 사람들은 힘두 줄었나 봐! ㉠ 그 다리 첨 놀 제 내가 어려서 봤는데 불과 여남은이서 거들던 돌인데 장정 수십 명이 한나잘을 씨름을 허다니!"

"㉡ 나무다리가 있는데 건 왜 고치시나요?"

[A]
"너두 그런 소릴 허는구나. 나무가 돌만 허다든? 넌 그 다리서 고기 잡던 생각두 안 나니? 서울루 공부 갈 때 그 다리 건너서 떠나던 생각 안 나니? 시쳇사람들은 모두 인정이란 게 사람헌테만 쓰는 건 줄 알드라!

내 할아버니 산소에 상돌을 그 다리로 건네다 모셨구, 내가 천잘[2] 끼구 그 다리루 글 읽으러 댕겼다. 네 어미 두 그 다리루 가말 타구 내 집에 왔어. 나 죽건 그 다리루 건네다 묻어라……. 난 서울 갈 생각 없다."

— 이태준, 「돌다리」 —

1) 염하다(廉--) : 값이 싸다.
2) 천잘 : 천자문을

26 윗글에서 아들이 아버지를 설득하기 위해 제시한 근거가 아닌 것은?

① 병원에 오는 환자가 줄고 있다.
② 나중에라도 좋은 땅을 다시 살 수 있다.
③ 마침 병원으로 쓰기에 적당한 건물이 나왔다.
④ 땅보다 병원에서 더 큰 이익을 얻을 자신이 있다.

27 ㉠과 ㉡에 대한 설명으로 가장 적절한 것은?

① ㉠은 아버지가 어릴 적부터 봐 왔다.
② ㉠을 고치는 것에 대해 아들과 아버지의 생각이 같다.
③ ㉡에는 아버지의 애정이 깃들어 있다.
④ ㉡으로 인해 마을 장정들과 아들이 갈등하고 있다.

28 다음을 참조하여 윗글을 감상할 때 가장 적절한 것은?

> 이 작품은 서구 자본주의 문화의 영향으로 근대적 가치관이 확산된 시기를 배경으로 한다. 당시 근대적 가치관을 받아들인 젊은 세대와 기존의 전통적 가치관을 지닌 기성 세대 간의 갈등을 다루고 있다.

① 장정 수십 명이 다리를 고침으로써 서구 자본주의 문화를 확산시켰다.
② 의사가 된 아들이 아버지를 만나게 되면서 전통적 가치관을 옹호하게 되었다.
③ 아버지가 그 다리를 고치는 이유는 근대적 가치관을 받아들이기 위해서이다.
④ 땅을 팔기를 원하는 아들과 서울로 갈 생각이 없는 아버지의 모습에서 세대 간 갈등이 드러난다.

29 [A]에서 드러나는 '아버지'의 생각으로 적절하지 <u>않은</u> 것은?

① '나 죽거든 그 다리로 건너서 묻어 줘.'
② '그 다리가 좋긴 해도 나무다리만 못해.'
③ '그 다리에 내 지나 온 삶의 추억이 담겨 있어.'
④ '요즘 사람들은 사물에도 인정이 깃들어 있다는 걸 몰라.'

30 [A]의 밑줄 친 부분과 어울리는 속담으로 가장 적절한 것은?

① 가는 날이 장날이다.
② 발 없는 말이 천 리 간다.
③ 낮말은 새가 듣고 밤말은 쥐가 듣는다.
④ 새 도랑 내지 말고 옛 도랑 메우지 말라.

[31~34] 다음 글을 읽고 물음에 답하시오.

| 앞부분 줄거리 | 황만근이 없어지자 마을 사람들이 회관 앞에 모였다.

먼저 **이장**이 입을 열었다.

"만그인지 반그인지 그 바보 자석 하나 때문에 소여물도 못 하러 가고 이기 뭐라. 스무 바리나 되는 소가 한꺼분에 밥 굶는 기 중요한가, 바보 자석 하나가 어데 가서 술 처먹고 집에 안 오는 기 중요한가, 써그랄."

마을에서 연장자 축에 들고 가장 ㉠ <u>학식</u>이 높아 해마다 한 번씩 지내는 용왕제에 축을 초하는 **황재석** 씨가 받았다.

"그래도 질래 있던 사람이 없어지마 필시 ㉡ <u>연유</u>가 있는 기라. 사람이 바늘이라, 모래라, 기양 없어지는 기 어디 있어. 암만 그래도 우리 동네 사람 아이라. 반그이, 아이다, 만그이가 여게서 나서 사는 동안 한 분도 밖에서 안 들어온 적이 없는데 말이라."

"아이지요, 어르신. 가가 군대 간다 캤을 대 여운지 토깨인지하고 밤새도록 싸우니라고 하루는 안 들어왔심다."

용왕제에서 집사 역을 하는 **황동수**가 우스개처럼 말을 이었다. 아침밥을 먹기도 전 황만근의 아들이 찾아와 황만근이 집에 돌아오지 않았다그 하길래 얼결에 동네 사람들을 불러 모으는 역할을 하게 된 민 씨는 분위기가 이상하게 돌아간다 생각하고 참견을 했다.

"어제 ㉢ <u>궐기</u> 대회 한다 하고 간 사람이 누구누구십니까. 황만근 씨하고 같이 간 사람은요? 궐기 대회 하는 동안 본 사람은 없나요?"

자리에 모인 대여섯 명의 황씨들은 서로의 얼굴을 마주 보더니 모두 고개를 흔들었다.

"사람이라고 몇 밍이나 되나. 군 전체 사람이 모도 모있다는 기 백 밍이 될라나 말라나 한데 반그이는 돼지고기 반 근만 해서 그런지 안 보이더타칸께."

이장은 계속 빈정거리듯 말을 이었다. 민 씨는 이장이 궐기 대회 전날 황만근을 따로 불러 무슨 말을 건네던 것을 기억해 냈다.

"그제 밤에 내일 궐기 대회 한다고 사람들 모였을 때 이장님이 황만근 씨에게 뭐라고 하셨죠. 모임 끝난 뒤에."

이장은 민 씨를 흘기듯 노려보았다.

"왜, 농민보고 농민 궐기 대회 꼭 나오라 캤는데, 뭐가 잘못됐나."

민 씨는 자신도 모르게 따지는 어조가 되었다.

"군 전체가 모두 모여도 몇 명 안 되었다면서요. 그런 자리에 황만근 씨가 꼭 가야 합니까. 아니, 황만근 씨만 가야 할 이유라도 있습니까. 따로 황만근 씨한테 부탁을 할 정도로."

"이 사람이 뭐라 카는 기라. 이장이 동민한테 농가 부채 ㉣ 탕감 촉구 전국 농민 총궐기 대회가 있다, 꼭 참석해서 우리의 입장을 밝히자 카는데 뭐가 잘못됐다 말이라."

"잘못이라는 게 아니고요. 다른 사람들은 다 돌아왔는데 왜 황만근 씨만 못 오고 있나 하는 겁니다."

– 성석제, 「황만근은 이렇게 말했다」 –

31 위와 같은 글을 읽기 위한 방법으로 적절한 것을 〈보기〉에서 고른 것은?

보기

ㄱ. 주장과 근거를 구분하며 읽는다.
ㄴ. 인물 간 갈등 관계를 확인하며 읽는다.
ㄷ. 사건 중심으로 줄거리를 파악하며 읽는다.
ㄹ. 글쓴이의 경험이 사실인지 확인하며 읽는다.

① ㄱ, ㄴ
② ㄴ, ㄷ
③ ㄴ, ㄹ
④ ㄷ, ㄹ

32 윗글의 서술상 특징으로 적절한 것은?

① 방언을 사용하였다.
② 공간적 배경이 전환되었다.
③ 1인칭 주인공 시점이 나타난다.
④ 인물의 외양 묘사가 두드러진다.

33 윗글을 읽고 이해한 것으로 가장 적절한 것은?

① 이장은 황만근의 실종을 안타까워하면서 빨리 찾으려고 생각한다.
② 황재석은 황만근이 별다른 이유 없이 집을 나갔다고 생각한다.
③ 황동수는 황만근이 없어진 것을 중요한 사건으로 받아들이고 있다.
④ 민 씨는 황만근의 행방이 이장이 황만근에게 한 말과 관련이 있다고 생각한다.

34 ㉠~㉣의 사전적 의미로 적절하지 <u>않은</u> 것은?

① ㉠ 학식(學識) : 배워서 얻은 지식
② ㉡ 연유(緣由) : 일의 까닭
③ ㉢ 궐기(蹶起) : 시간, 힘, 정열 등을 헛되이 다 써 버림
④ ㉣ 탕감(蕩減) : 빚이나 요금, 세금 따위의 물어야 할 것을 덜어줌

[35~37] 다음 글을 읽고 물음에 답하시오.

윤 직원 영감은 자기 혼자서 탔으면 꼬옥 알맞을 버스 한 채를 만원 이상의 승객과 같이 탔으니 남이야 어찌 되었든 간에 윤 직원 영감 당자도 무척 고생입니다. 그럴 뿐 아니라, 갓을 버스 천장에다가 치받치지 않으려고 허리를 구부정하고 섰자니, 공간을 더 많이 차지해야 됩니다. 그 대신 춘심이는 윤 직원 영감의 겨드랑 밑에 가 박혀 있어 만약 두루마기 자락으로 가리기만 하면 찻삯은 안 물어도 될 성싶습니다.

겨우겨우 총독부 앞 종점에 당도하여 다들 내리는데 섞여 윤 직원 영감도 춘심이로 더불어 내리는데, 버스에 탔던 사람들은 기념이라도 하고 싶은 듯이 제가끔 한 번씩 쳐다보고 갑니다.

윤 직원 영감은 버스에서 내려서 대견하게 숨을 돌린 뒤에, 비로소 염낭끈을 풀어 천천히 돈을 꺼낸다는 것이 십 원짜리 지전입니다.

"그걸 어떡허라구 내놓으세요? 거스를 돈 없어요!"

여차장은 그만 소갈머리가 나서 보풀떨이를 합니다.

"그럼 어떡허넝가? 이것두 돈은 돈인디 ……."

"누가 돈 아니래요? 잔돈 내세요!"

"잔돈 읎어!"

"지끔 주머니 속에서 잘랑잘랑 소리가 나든데 그러세요? 괜히 ……."

"으응, 이거?"

윤 직원 영감은 염낭을 흔들어 그 잘랑잘랑 소리를 들려 주면서,

"…… 이건 못 쓰넌 돈이여, 사전이여 …… 정 그렇다면 못 쓰넌 돈이라두 그냥 받을 티여?"

하고 방금 끈을 풀려고 하는 것을, 여차장은 오만상을 찡그리고는,

"몰라요! 속상해 죽겠네 ……! 어디꺼정 가세요?"

하면서 참으로 구박이 자심합니다.

"정거장."

"그럼, 전차에 가서 바꾸세요!"

"그러까?"

잔돈을 두어두고도 십 원짜리를 낸 것이며, 부청 앞에서 내릴 테면서 정거장까지 간다그 한 것이며가, 모두 요량이 있어서 한 짓입니다.

무사히 공차를 탄 윤 직원 영감은 총독부 앞에서부터는 춘심이를 앞세우고 부민관까지 천천히 걸어서 갑니다.

"좁은 뽀수 타니라구 고생헌 값을 이렇기 도루 찾는 법이다."

그는 이윽고 공차 타는 기술을 춘심이한테도 깨우쳐 주던 것인데, 그런 걸 보면 아마 청기와 장수는 아닌 모양입니다.

– 채만식, 「태평천하」 –

35 윗글에 나타난 서술상의 특징은?

① 승객의 회상을 통해 사건을 설명하고 있다.
② 여차장이 자신의 경험을 직접 진술하고 있다.
③ 서술자가 직접 개입하여 자신의 생각을 드러내고 있다.
④ 춘심이의 독백을 통해 사건의 전달을 독자에게 전달한다.

36 '윤 직원 영감'에 대한 설명으로 적절한 것은?

① 고집스럽게 규범을 지키려 한다.
② 눈앞의 이익을 위해 주도면밀함을 보인다.
③ 타인에게는 관대하고 자신에게는 냉정하다.
④ 말주변이 없어서 자신의 입장을 제대로 밝히지 못한다.

37 윗글에서 외적 갈등의 원인이 되는 소재는?

① 찻삯 ② 염낭끈
③ 정거장 ④ 부민관

[38~40] 다음 글을 읽고 물음에 답하시오.

(가) (중모리)

흥보가 기가 막혀, 나가란 말을 듣더니마는, 섰든 자리여가 꿇어 엎져서,

"아이고, 형님! 형님, 이게 웬 말이오? 이 엄동 설한풍에 수다헌 자식덜을 다리고, 어느 곳으로 가서 산단 말이오? 형님, 한 번 통촉을 하옵소서."

"이놈, 내가 너를 갈 곳까지 일러 주랴? 잔소리 말고 나가거라!"

몽둥이를 추켜들고 추상같이 어르는구나. 흥보가 깜짝 놀래 안으로 들어가며,

"아이고, 여보, 마누라! 형님이 나가라 허니, 어느 영이라 어기오며, 어느 명령이라고 안 가겄소? 자식들을 챙겨 보오. 큰자식아, 어디 갔나? 두채놈아, 이리 오느라."

이삿짐을 챙겨 지고, 놀보 앞에 가 꿇어 엎져,

"형님, 갑니다. 부대 안녕히 계옵시오."

(나) (아니리)

이렇게 흥보가 울며불며 나가, 그렁저렁 이리 갔다가 저리갔다 허는디, 아, 살 디가 없이니까 거 동네 앞에 물방아실도 자기 안방이요, 이리저리 돌아댕기다가 생현동 복덕촌을 당도하였것다. 여러 날, 흥보 자식들이 잘 묵다가 굶어 노니, 모도 아사지경이 되야 가지고, 하루는 음석 노래로 이놈들이 죽 나와서 조르넌디, 한 놈이 썩 나서며,

[A]
"아이고, 어머니! 아이고, 어머니! 배는 고파 못 살겄소. 나 육개장국에 사리쌀밥 많이 먹었으면."

"어따, 이 자석아. 저 입맛 도저하게[1] 아네. 육개장국에 사리쌀밥이 어디 있단 말이냐, 이 자석아. 너 입맛 한번 도저허게 잘 아는다 와[2]."

또 한 놈이 나앉으며,

"아이고, 어머니! 나는 용미봉탕[3]에 잣죽 좀 먹었으면 좋겄소."

"어따, 이 자석아. 아이, 보리밥도 없는디, 용미봉탕에 잣죽이 또 어디 있단 말이냐? 느그들 난시[4] 못 살겄다, 못 살겄어."

– 강도근 창, 「흥부가」 –

1) 도저(到底)하게 : 완벽한 정도에 가깝게. 매우 훌륭하게
2) 아는다 와 : 아는구나 응. '와'는 감탄의 의미를 가진 말로, 호남지역의 방언임.
3) 용미봉탕(龍味鳳湯) : 맛이 매우 좋은 음식을 비유적으로 이르는 말
4) 난시 : '때문에'의 사투리

38 [A]에 나타난 특징으로 가장 적절한 것은?

① 배경 묘사를 통해 사건을 전개하고 있다.
② 속담을 인용하여 자신의 처지를 드러내고 있다.
③ 양반에 대한 원망을 직설적으로 나타내고 있다.
④ 어구를 반복하여 가난한 상황을 강조하고 있다.

39 (가)와 (나)를 판소리로 공연한다고 할 때, 고려할 사항으로 적절하지 않은 것은?

① (가) : 제시된 장단에 맞게 창을 한다.
② (가) : 계절감을 살려 매미 소리를 넣는다.
③ (나) : 지역 방언으로 향토색을 드러낸다.
④ (나) : 인물의 성격이 잘 드러나도록 연기한다.

40 〈보기〉의 '아우'가 [형님]에게 충고할 수 있는 말로 가장 적절한 것은?

보기

형제가 금덩이 두 개를 주워 나눠 가졌는데 갑자기 아우가 금덩이를 강에 던졌다. 형이 이유를 묻자, "형의 금덩이까지 갖고 싶은 욕심 때문에 형이 미워질까 봐 그랬어요."라고 했다. 이에 깨달은 바가 있어 형도 금덩이를 강에 던졌다.

－「형제투금설화(兄弟投金說話)」－

① 임금에게 충성해야 한다.
② 부모에게 효도해야 한다.
③ 형제간에 우애가 있어야 한다.
④ 친구 사이에 믿음이 있어야 한다.

[41~43] 다음 글을 읽고 물음에 답하시오.

사람들이 물을 건널 때 머리를 쳐들고 있는 건, 하늘에 기도를 올리는 게 아니라 아예 물을 피하여 쳐다보지 않으려는 것이다.

[A] 이토록 위험한데도 사람들은 도두 하나같이 이렇게 말한다.

"요동 벌판은 평평하고 넓기 때문에 강물이 절대 성난 소리로 울지 않아."

하지만 이것은 사람들이 강을 몰라서 하는 말이다. 요하(遼河)는 울지 않은 적이 없었다. 단지 사람들이 밤에 건너지 않았을 뿐이다. 낮에는 강물을 볼 수 있으니까 위험을 직접 보며 벌벌 떠느라 그 눈이 근심을 불러온다. 그러니 어찌 귀에 들리는 게 있겠는가. 지금 나는 한밤중에 강을 건너느라 눈으로는 위험한 것을 볼 수 없다. 그러니 위험은 오로지 듣는 것에만 쏠리고, 그 바람에 귀는 두려워 떨며 근심을 이기지 못한다.

나는 이제야 도(道)를 알았다. ㉠ 깊고 지극한 마음이 있는 사람은 귀와 눈이 마음의 누(累)가 되지 않고, ㉡ 귀와 눈만을 믿는 사람은 보고 듣는 것이 더욱 섬세해져서 갈수록 병이 된다. 지금 내 마부는 말에 밟혀서 뒤 수레에 실려 있다. 그래서 결국 말의 재갈을 풀어 주고 강물에 떠서 안장 위에 무릎을 꼰 채 발을 옹송그리고 앉았다. 한번 떨어지면 강물이다. 그땐 물을 땅이라 생각하고, 물을 옷이라 생각하고, 물을 내 몸이라 생각하고, 물을 내 마음이라 생각하리라.

[B] 그렇게 한번 떨어질 각오를 하자 마침내 내 귀에는 강물 소리가 들리지 않았다. 무릇 아홉 번이나 강을 건넜건만 아무 근심 없이 자리에서 앉았다 누웠다 그야말로 자유자재한 경지였다.

옛날 우 임금이 강을 건너는데 ㉢ 황룡이 배를 등에 짊어져서 몹시 위험한 지경이었다. 그러나 삶과 죽음에 대한 판단이 먼저 마음속에 뚜렷해지자 용이든 지렁이든 눈앞의 크고 작은 것에 개의치 않게 되었다. 소리와 빛은 외물이다. 외물은 언제나 귀와 눈에 누가 되어 사람들이 보고 듣는 바른길을 잃어버리도록 한다. 하물며 사람이 세상을 살아갈 때, 그 험난하고 위험하기가 강물보다 더 심하여 보고 듣는 것이 병통이 됨에 있어서랴. 이에, 내가 사는 산속으로 돌아가 문 앞 시냇물 소리를 들으면서 다시금 곱씹어 볼 작정이다. 이로써 몸가짐에 재빠르고 ㉣ 자신의 총명함만을 믿는 사람들을 경계하는 바이다.

– 박지원, 「일야구도하기(一夜九渡河記)」 –

41 [A]와 [B]에 대한 내용으로 가장 적절한 것은?

① [A] : 낮에 강을 건너는 사람들은 요하가 성난 소리로 울지 않는다고 말했다.
② [A] : 밤에 강을 건너는 사람들은 위험한 것을 눈으로 확인할 수 있었다.
③ [B] : 나는 강을 건너면서 두려움으로 인해 강물에 떨어졌다.
④ [B] : 강을 아홉 번 건너면서 나에게는 강물 소리가 점점 크게 들렸다.

42 윗글에서 말하고자 하는 것으로 가장 적절한 것은?

① 외물을 통해 바른길을 찾을 수 있다.
② 몸가짐이 재빠른 사람이 되어야 한다.
③ 크고 작은 사물을 섬세하게 들여다보아야 한다.
④ 보고 듣는 것에만 의지하여 판단하는 것을 경계해야 한다.

43 ㉠~㉣ 중 글쓴이가 지향하는 삶의 모습을 지닌 대상으로 가장 적절한 것은?

① ㉠ ② ㉡
③ ㉢ ④ ㉣

[44~46] 다음 글을 읽고 물음에 답하시오.

[A] 내가 집이 가난해서 말이 없으므로 혹 빌려서 타는데, 여위고 둔하여 걸음이 느린 말이면 비록 급한 일이 있어도 감히 채찍질을 가하지 못하고 조심조심하여 곧 넘어질 것같이 여기다가, 개울이나 구렁을 만나면 곧 내려 걸어가므로 후회하는 일이 적었다. 발이 높고 귀가 날카로운 준마로서 잘 달리는 말에 올라타면 의기양양하게 마음대로 채찍질하여 고삐를 놓으면 언덕과 골짜기가 평지처럼 보이니 심히 장쾌하였다. 그러나 어떤 때에는 위태로워서 떨어지는 근심을 면치 못하였다.

아! 사람의 마음이 옮겨지고 바뀌는 것이 이와 같을까? 남의 물건을 빌려서 하루 아침 소용에 대비하는 것도 이와 같거든, 하물며 참으로 자기가 가지고 있는 것이랴.

그러나 사람이 가지고 있는 것이 어느 것이나 빌리지 아니한 것이 없다. 임금은 백성으로부터 힘을 빌려서 ㉠ 높고 부귀한 자리를 가졌고, 신하는 임금으로부터 권세를 빌려 은총과 귀함을 누리며, 아들은 아비로부터, 지어미는 지아비로부터, 비복(婢僕)은 상전으로부터 ㉡ 힘과 권세를 빌려서 가지고 있다.

그 빌린 바가 또한 깊고 많아서 대개는 자기 소유로 하고 끝내 반성할 줄 모르고 있으니, 어찌 미혹(迷惑)한 일이 아니겠는가?

그러다가도 혹 잠깐 사이에 그 ㉢ 빌린 것이 도로 돌아가게 되면, 만방(萬邦)의 임금도 외톨이가 되고, 백승(百乘)을 가졌던 집도 ㉣ 외로운 신하가 되니, 하물며 그보다 더 미약한 자야 말할 것이 있겠는가?

맹자가 일컫기를

"남의 것을 오랫동안 빌려 쓰고 있으면서 돌려주지 아니하면, 어찌 그것이 자기의 소유가 아닌 줄 알겠는가?"

하였다. 내가 여기에 느낀 바가 있어서 차마설을 지어 그 뜻을 넓히노라.

– 이곡, 「차마설(借馬說)」 –

44 윗글의 서술상 특징으로 적절하지 않은 것은?

① 대화 장면을 삽입하고 있다.
② 경험한 일을 포함하고 있다.
③ 의문형 문장을 사용하고 있다.
④ 권위 있는 사람의 말을 인용하고 있다.

45 ㉠~㉣ 중 문맥상 의미가 다른 것은?

① ㉠　② ㉡
③ ㉢　④ ㉣

46 [A]에서 확인할 수 없는 것은?

① 작자는 집이 가난하여 간혹 말을 빌려 탔다.
② 작자는 어떤 때에는 준마 위에서 떨어질지 모른다고 걱정했다.
③ 작자는 잘 달리는 준마에 올라탔을 때는 마음대로 채찍질했다.
④ 작자는 둔하고 걸음이 느린 말을 탈 때면 항상 말에서 떨어졌다.

[47~49] 다음 글을 읽고 물음에 답하시오.

남자 : 잠깐만요, 덤…….
여자 : (멈칫 선다. 그러나 얼굴은 남자를 외면한다.)
남자 : 가시는 겁니까, 나를 두고서?
여자 : (침묵)
남자 : 덤으로 내 말을 조금 더 들어 봐요.
여자 : 당신은…… 사기꾼이에요.
남자 : 그래요, 난 사기꾼입니다. 이 세상 것을 잠시 빌렸었죠. 그리고 시간이 되니까 하나 둘씩 되돌려 줘야 했습니다. 이제 난 본색이 드러나 이렇게 빈털터리입니다. 그러나 덤, 여기 있는 사람들에게 물어봐요. 누구 하나 자신 있게 이건 내 것이다, 말할 수 있는가를. 아무도 없을 겁니다. 없다니까요. 모두들 덤으로 빌렸지요. (관객석으로 가서 관객들이 갖고 있는 물건을 가리키며) 이게 당신 겁니까? 정해진 시간이 얼마지요? 잘 아꼈다가 그 시간이 되면 꼭 돌려주십시오. 덤, 이젠 알겠어요?

(여자, 얼굴을 외면한 채 걸어 나간다. 하인, 서서히 남자에게 다가온다. 남자는 뒷걸음질을 친다. 그는 마지막으로 절규하듯이 여자에게 말한다.)

남자 : 덤, 난 가진 것 하나 없습니다. 모두 빌렸던 겁니다. 그런데 덤, 당신은 어떻습니까? 당신이 가진 건 뭡니까? 무엇이 정말 당신 것입니까? (㉠ 넥타이를 빌렸었던 남성 관객에게) 내 말을 들어 보시오. 그럼 당신은 나를 이해할 겁니다. 내가 당신에게서 넥타이를 빌렸을 때, 내가 당신 물건을 어떻게 다루던가요? 마구 험하게 했습니까? 어딜 당가뜨렸습니까? 아닙니다. 오히려 빌렸던 것이니까 소중하게 아꼈다가 되돌려 드렸지요. 덤, 당신은 내 말을 듣고 있어요? 여기, 증인이 있습니다. 이 증인 앞에서 약속하지만, 내가 이

세상에서 덤 당신을 빌리는 동안에, 아끼고, 사랑하고, 그랬다가 언젠가 끝나는 그 시간이 되면 공손하게 되돌려 줄 테요. 덤! 내 인생에서 당신은 나의 소중한 ⓐ 덤입니다. 덤! 덤! 덤!

(남자, 하인의 구둣발에 걷어차인다. 여자, 더 이상 참을 수 없다는 듯 다급하게 되돌아와서 남자를 포옹한다.)

여자 : 그만해요!

남자 : 이제야 날 사랑합니까?

여자 : 그래요! 당신 아니고 또 누굴 사랑하겠어요!

남자 : 어서 결혼하러 갑시다. 구둣발에 차이기 전에!

여자 : 이래서요. 어머니도 말짱한 사기꾼과 결혼했었다던데…….

남자 : 자아, 빨리 갑시다!

여자 : 네, 어서 가요!

— 이강백, 「결혼」 —

47 윗글을 연극으로 공연할 때, 연출자가 지시할 수 있는 사항으로 가장 적절한 것은?

① 분장 담당은 여자의 일인이역 역할에 대비해 주세요.

② 하인 역을 맡은 배우는 대사가 없으니 유의해 주세요.

③ 무대 담당은 배경이 자주 바뀌니 철저히 준비해 주세요.

④ 여자 역을 맡은 배우는 방백 위주로 대사를 처리해 주세요.

48 밑줄 친 ㉠에 대한 설명으로 가장 적절한 것은?

① 여자가 사기꾼임을 나타낸다.

② 남자와 하인 간의 화해 수단이다.

③ 하인의 순종적인 성격을 드러낸다.

④ 관객의 참여를 유도하는 매개체이다.

49 윗글에서 ⓐ가 갖는 함축적 의미는?

① 값어치 없는 것

② 영원히 소유할 수 있는 것

③ 내 것이기에 함부로 할 수 있는 것

④ 자신이 지닌 동안 아끼고 소중히 다루어야 하는 것

[50~53] 다음 글을 읽고 물음에 답하시오.

마당이 있는 집에 산다고 하면 다들 채소를 심어 먹을 수 있어서 좋겠다고 부러워한다. 나도 첫해에는 열무하고 고추를 심었다. 그러나 매일 하루 두 번씩 오는 채소 장수 아저씨가 단골이 되면서 채소 농사가 시들해졌고 작년부터는 아예 안 하게 되었다. 트럭에다 각종 야채와 과일을 싣고 다니는 순박하고 건강한 아저씨는 싱싱한 채소를 아주 싸게 판다.

멀리서 그 아저씨가 트럭에 싣고 온 온갖 채소 이름을 외치는 소리가 들리면 ⓐ 뭐라도 좀 팔아 주어야 할 것 같아서 마음보다 먼저 엉덩이가 들썩들썩한다. 그를 기다렸다가 뭐라도 팔아 주고 싶어 하는 내 마음을 아는지 아저씨도 ㉮ 손이 크다.

너무 많이 줘서, "왜 이렇게 싸요?" 소리가 절로 나올 때도 있다. 그러면 아저씨는 물건을 사면서 싸다고 하는 사람은 처음 봤다고 웃는다. 내가 싸다는 건 딴 물가에 비해 그렇다는 소리지 얼마가 적당한 값인지 알고 하는 소리는 물론 아니다.

트럭 아저씨는 다듬지 않은 채소를 넉넉하게 주기 때문에 그걸 손질하는 것도 일이다. 많이 주는 것 같아도 다듬어 놓고 나면 그게 그걸 거라고, 우리 식구들은 내 수고를 별로 달가워하지 않는 것 같다. 뒤란으로 난 툇마루에 퍼더버리고 앉아 흙 묻은 야채를 다듬거나 콩이나 마늘을 까는 건 내가 좋아서 하는 일이지 누가 시켜서 하는 건 아니다.

뿌리째 뽑혀 흙까지 싱싱한 ㉠ 야채를 보면 야채가 아니라 푸성귀라고 불러 주고 싶어진다. 손에 흙을 묻혀 가며 푸성귀를 손질하노라면 같은 흙을 묻혔다는 걸로, 그걸 씨 뿌리고 가꾼 사람들과 연대감을 느끼게 될 뿐 아니라 흙에서 낳아 자란 그 옛날의 시골 계집애와 현재의 나와의 지속성까지를 확인하게 된다. 그것은 아주 기분 좋고 으쓱한 느낌이다. 어쩌다 슈퍼에서 깨끗이 손질되어 스티로폼 용기에 담긴 ㉡ 야채를 보면 공장의 자동 운반 장치를 타고 나온 공산품 같지, 푸성귀 같지는 않다.

다들 조금씩은 마당이 딸린 땅집 동네라 화초와 채소를 같이 가꾸는 집이 많다. 경제적인 이점은 미미하지만 청정 야채를 먹는 재미가 쏠쏠하다고 한다. 그것도 약간은 부럽지만 나에게는 대다수 보통 사람들이 먹고사는 대로 먹고사는 게 제일 속 편하고 합당한 삶일 듯싶다. ⓑ 무엇보다도 내 단골 트럭 아저씨에게는 불경기가 없었으면 좋겠다.

– 박완서, 「트럭 아저씨」 –

50 윗글의 내용과 일치하는 것은?

① '나'는 현재까지도 채소 농사를 짓고 있다.
② '나'는 트럭 아저씨의 채소 가격에 부담을 느낀다.
③ '나'의 동네는 화초와 채소를 같이 가꾸는 집이 많다.
④ 식구들은 채소를 다듬고 있는 '나'의 모습을 좋아한다.

51 ㉮와 같이 관용적 표현이 사용된 예로 적절하지 않은 것은?

① 동생은 환절기마다 목이 아프다.
② 언니는 작품을 고르는 눈이 높다.
③ 오빠는 발이 넓어서 아는 사람이 많다.
④ 누나는 귀가 얇아서 남의 말을 쉽게 믿는다.

52 ㉠과 ㉡에 대한 글쓴이의 생각으로 적절한 것은?

① ㉠은 손질의 기쁨을 누릴 수 있다.
② ㉠은 직접 심고 키우는 보람을 느끼게 한다.
③ ㉡은 어린 시절의 '나'를 떠올리게 한다.
④ ㉡은 씨 뿌리고 가꾼 이들과 연대감을 갖게 한다.

53 ⓐ와 ⓑ에서 알 수 있는 글쓴이의 성품은?

① 무심하다. ② 까다롭다.
③ 인정스럽다. ④ 계산적이다.

[54~55] 다음 글을 읽고 물음에 답하시오.

말뚝이 : (벙거지를 쓰고 채찍을 들었다. 굿거리장단에 맞추어 양반 삼 형제를 인도하여 등장.)
양반 삼 형제 : (말뚝이 뒤를 따라 굿거리장단에 맞추어 점잔을 피우나, 어색하게 춤을 추며 등장. 양반 삼 형제 맏이는 샌님, 둘째는 서방님, 끝은 도련님이다. 샌님과 서방님은 흰 창옷에 관을 썼다. 도련님은 남색 쾌자에 복건을 썼다. 샌님과 서방님은 언청이이며(샌님은 언청이 두 줄, 서방님은 한 줄이다.) 부채와 장죽을 가지고 있고, 도련님은 입이 삐뚤어졌고 부채만 가졌다. 도련님은 일절 대사는 없으며, 형들과 동작을 같이하면서 형들의 면상을 부채로 때리며 방정맞게 군다.)
말뚝이 : (가운데쯤에 나와서) 쉬이. (음악과 춤 멈춘다.) 양반 나오신다아! 양반이라고 하니까 노론, 소론, 호조, 병조, 옥당을 다 지내고 삼정승, 육판서를 다 지낸 퇴로 재상으로 계신 양반인 줄 아지 마시오. 개잘량이라는 '양' 자에 개다리소반이라는 '반' 자 쓰는 양반이 나오신단 말이오.
양반들 : 야아, 이놈, 뭐야아!
말뚝이 : 아, 이 양반들, 어찌 듣는지 모르갔소. 노론, 소론, 호조, 병조, 옥당을 다 지내고 삼정승, 육판서 다 지내고 퇴로 재상으로 계신 이 생원네 삼 형제분이 나오신다고 그리하였소.
양반들 : (합창) 이 생원이라네. (굿거리장단으로 모두 춤을 춘다. 도령은 때때로 형들의 면상을 치며 논다. 끝까지 그런 행동을 한다.)
말뚝이 : 쉬이. (반주 그친다.) 여보, 구경하시는 양반들, 말씀 좀 들어 보시오. 짤따란 곰방대로 잡숫지 말고 저 연죽전으로 가서 돈이 없으면 내게 기별이래도 해서 양칠간죽, 자문죽을 한 발가웃씩 되는 것을 사다가 육모깍지 희자죽, 오동수복 연변죽을 이리저리 맞추어 가지고 저 재령 나무리 거이 낚시 걸듯 죽 걸어 놓고 잡수시오.
양반들 : 뭐야아!
말뚝이 : 아, 이 양반들, 어찌 듣소. 양반 나오시는데 담배와 휜화를 금하라 그리하였소.
양반들 : (합창) 휜화를 금하였다네. (굿거리장단으로 모두 춤을 춘다.)
말뚝이 : 쉬이. (춤과 반주 그친다.) 여보, 악공들 말씀 들으시오. 오음 육률 다 버리고 저 버드나무 홀뚜기 뽑아다 불고 바가지장단 좀 쳐 주오.
양반들 : 야아, 이놈 뭐야!

– 작자 미상, 「봉산 탈춤」 –

54 윗글에 대한 설명으로 적절하지 않은 것은?

① 비슷한 재담 구조가 반복되고 있다.
② 음악과 춤으로 분위기를 조성하고 있다.
③ 서술자의 설명을 통해 사건이 묘사되고 있다.
④ 인물의 대화와 행동을 통해 극이 진행되고 있다.

55 인물에 대한 이해로 가장 적절한 것은?

① 말뚝이는 양반을 조롱하고 있다.
② 양반들은 악공을 비판의 대상으로 삼고 있다.
③ 샌님은 삼 형제의 막내답게 방정맞게 행동하고 있다.
④ 도련님은 짤따란 곰방대로 양반의 권위를 높이고 있다.

PART

02

독서

이 단원에서는 독서 영역과 관련된 주요 내용들을 다룬다. 우선 다양한 독서 방법에 대해 살펴본 후 여러 분야에 걸친 독서(글 읽기)에 대해 알아본다. 독서 방법의 핵심 개념들을 익히고, 인문・예술 분야, 사회・문화 분야, 과학・기술 분야의 글들을 실제로 읽어본다. 이를 통해 독서 영역에 대한 자신감과 실전 대응 능력을 기른다.

01 독서의 방법

• 다양한 독서 방법에 대해 알아본다.

비법 전수

독서는 수동적으로 글의 의미를 이해하는 데에서 그치는 것이 아니라 독자가 능동적으로 글의 의미를 재구성하는 활동입니다. 이러한 독서의 방법으로는 사실적 읽기, 추론적 읽기, 비판적 읽기, 감상적 읽기로 구분할 수 있습니다. 다양한 지문에 대해 위의 독서 방법을 적용하여 글의 특성에 맞는 글 읽기 활동을 연습해야 합니다.

1 사실적 읽기

(1) 사실적 읽기의 개념

① 글에 드러난 정보를 사실적으로 확인하여 읽는 활동

② 글을 이해하는 데 가장 중요하고 기본적인 독서 단계로, 다음 단계인 추론적 읽기, 비판적 읽기, 감상적 읽기 등으로 나아가는 바탕

(2) 사실적 읽기의 특징

① 가장 기본적인 읽기 활동으로 글 중심의 읽기 방법임.

② 글의 내용 측면에서는 글에 제시된 정보와 중심 내용을 파악하는 활동임.

③ 글의 형식 측면에서는 글의 구조, 글의 전개 방식을 파악해야 함.

(3) 사실적 읽기의 방법

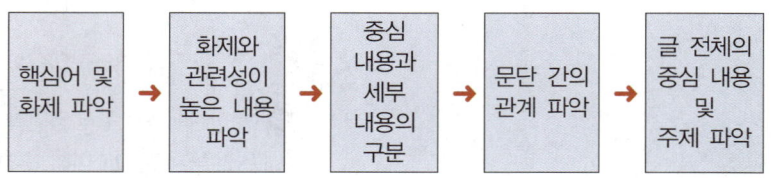

핵심어 및 화제 파악 → 화제와 관련성이 높은 내용 파악 → 중심 내용과 세부 내용의 구분 → 문단 간의 관계 파악 → 글 전체의 중심 내용 및 주제 파악

(4) 글의 구조와 전개 방식 파악하기

① 글의 구조는 종류에 따라 다를 수 있으므로, 글의 종류와 그에 따른 글 전체의 논리를 주의 깊게 살펴야 함.

② 글의 내용 전개 방식을 파악하면 글의 내용을 체계적으로 이해할 수 있음.

③ 전개 방식에는 정의, 예시, 비교, 대조, 분류, 분석, 인과 등이 있음.

〈글의 전개 방식〉

정의	대상의 뜻을 명확하게 풀이하여 설명하는 방법 예 씨름은 모래판에서 두 사람이 서로의 샅바를 잡고 싸우는 경기이다.
예시	대상에 대해 구체적인 예를 들어 설명하는 방법 예 설날에 하던 놀이에는 윷놀이, 연날리기 등이 있다.
비교	둘 이상의 대상에 대해 공통점을 중심으로 설명하는 방법 예 문어와 오징어는 모두 위급한 상황에서 먹물을 뿌린다.
대조	둘 이상의 대상에 대해 차이점을 중심으로 설명하는 방법 예 김홍도의 그림은 남성적이고, 신윤복의 그림은 여성적이다.
분류	어떤 대상을 일정한 기준에 따라 종류별로 묶어 설명하는 방법 예 소설은 분량에 따라 장편, 중편, 단편 소설로 나뉜다.
분석	어떤 대상의 구성 요소를 각각 설명하는 방법 예 혈액은 고형 성분인 혈구와 액체 성분인 혈장으로 구성되어 있다.
인과	어떤 일이나 현상에 대해 원인과 결과를 설명하는 방법 예 지구의 기온이 상승하면 남극과 북극의 빙하가 녹게 된다.

2 추론적 읽기

(1) 추론적 읽기의 개념

① 글에 드러난 내용 이외의 것들을 추측하며 읽는 활동

② 사실적 읽기가 글의 표면에 명시적으로 제시된 내용을 파악하는 활동이라면, 추론적 읽기는 글에서 생략되어 있거나 암시된 내용을 찾는 활동임.

(2) 추론적 읽기의 필요성

글쓴이는 독자가 알고 있다고 생각하는 내용은 생략하기도 하고, 글을 쓴 의도나 주제를 의도적으로 숨기기도 함.

➜ 독자는 글에 숨겨진 정보, 의미, 의도, 주제를 적극적으로 추론하며 읽어야 함.

(3) 추론적 읽기의 방법

① 생략된 내용 추론하기

㉠ 담화 표지, 글의 문맥 등을 종합적으로 활용해 생략되거나 암시된 내용을 추론함.

㉡ 독자는 자신의 경험과 배경 지식을 적극적으로 활용하여 내용을 추론해야 함.

추론하며 읽기의 예시

"아이 때문에 퇴근한다고 눈치 주지 마세요. 일과 가정의 양립, 우리 모두의 일입니다."
– 라디오 공익 광고 중에서 –

이 글을 통해 전달하고자 하는 주제는?

일과 가정의 양립을 위해서는 사람들의 배려와 협조가 필요하다.

➜ 글의 내용과 종류를 활용하여 글의 주제를 추론할 수 있다.

◆ 개념 확인 OX

❶ 추론적 읽기는 숨겨진 내용을 찾아야 하므로, 적극적인 사고가 필요한 활동이다. ( )

❷ 추론적 읽기를 할 때에는 글의 종류, 문맥, 배경지식을 종합적으로 활용해야 한다. ( )

❸ 문학 작품은 추론적 읽기의 대상에 해당하지 않는다. ( )

정답 ❶ ○ ❷ ○ ❸ ×

② 글쓴이의 의도나 목적 추론하기

㉠ 글쓴이의 의도나 목적은 정보 전달, 설득, 정서 표현, 친교나 상호 작용 등으로 분류됨.

㉡ 글 전체의 내용과 글의 맥락을 종합적으로 고려하여 글쓴이의 의도나 목적을 추론함.

㉢ 글의 의도나 목적, 그리고 직접적으로 관련된 글의 형식을 알면 추론에 도움이 됨.

③ 숨겨진 주제 추론하기 : 광고문, 정치 담화문, 시사 평론과 같이 주제가 겉으로 잘 드러나지 않는 글은 글쓴이의 입장, 글의 예상 독자, 글의 화제나 대상을 대하는 태도 등을 종합하여 숨겨진 주제를 추론함.

3 비판적 읽기

(1) 비판적 읽기의 개념

글의 내용, 글의 표현 방법, 글쓴이의 관점, 글의 배경이 되는 사회·문화적 이념 등을 독자가 판단하며 읽는 활동

(2) 비판적 읽기의 필요성

① 글의 내용, 글의 표현 방법, 인용 자료 등에는 과장과 왜곡된 부분이 있을 수 있음.

② 독자는 균형감 있고 올바르게 세상을 이해하기 위해 타당성, 공정성, 신뢰성, 적절성 등을 파악하여 글을 읽을 필요가 있음.

(3) 비판적 읽기의 방법

① 글쓴이의 관점과 글의 내용 판단하기

내용의 타당성	글에 제시된 정보가 객관적인 사실을 바탕으로 한 것인지, 글쓴이의 관점이나 주장이 논리적으로 타당하고 사회적으로 수용될 수 있는 것인지 판단함.
내용의 공정성	글의 주제나 내용이 어느 한쪽에 치우치지 않고 공정하게 다루어졌는지 판단함.
자료의 신뢰성	글에 제시된 자료가 객관적인 사실과 일치하고, 출처가 명확하며 인용 과정에서 잘못은 없는지 판단함.
자료의 적절성	글에 사용된 자료가 내용에 적합하며, 필요한 형태로 관련 위치에 적절한 수준으로 들어갔는지 판단함.

② 글의 표현 방법 판단하기 : 글에 쓰인 표현 방법이 글의 목적과 내용, 글이 쓰인 상황에 비추어 적절한지, 그리고 효과적인지 등을 판단하며 읽어야 함.

◆ 개념 확인 OX

❶ 비판적 읽기는 내용의 타당성, 형식적 적절성 등을 평가하며 읽는 활동이다. ( )

❷ 내용의 타당성은 자료의 출처를 통해 확인할 수 있다. ( )

❸ 글에 반영된 사회·문화적 맥락을 판단하는 것도 비판적 읽기에 포함된다. ( )

정답 ❶ ○ ❷ × ❸ ○

③ 숨겨진 의도나 사회・문화적 이념 판단하기 : 글에 숨겨진 의도, 글에 전제되거나 글쓴이가 의도적으로 반영된 사회・문화적 이념을 판단하며 읽어야 함.

4 감상적 읽기

(1) 감상적 읽기의 개념

① 글에 대해 정서적으로 반응하면서 읽는 활동

② 독자가 글의 내용에 공감하거나 감동을 느끼거나, 글에 나타난 생각과 가치를 수용하는 태도로 읽는 독서 활동

(2) 감상적 읽기의 특징

① 글을 읽고 기쁨, 즐거움, 슬픔 등 다양한 감정을 느낌으로써 감정을 정화할 수 있음.

② 글에 나타난 생각과 가치를 통해 삶의 교훈이나 깨달음을 얻을 수 있음.

③ 정서적・심미적인 반응이 일어난 읽기이므로 주로 문학 작품을 대상으로 하지만, 새로운 것을 알게 되는 즐거움과 깨달음을 얻을 수 있다는 점에서 정보 전달이나 설득을 목적으로 하는 글도 감상적 읽기의 대상이 될 수 있음.

(3) 감상적 읽기의 방법

① 공감하거나 감동을 느낀 부분 찾기

공감과 감동은 글을 감상하는 과정에서 일어나는 가치 있는 심적 변화로서 글을 통해 독자가 겪는 정서적 경험임.	→	자신의 정서적 반응에 유의하며, 글에서 공감하거나 감동을 느낀 부분을 찾아 그 의미를 생각함.

② 깨달음이나 즐거움 얻기

글에는 글쓴이의 지적 성취나 다양한 정서적 경험이 담김.	→	독서를 통해 삶의 교훈이나 깨달음, 사롭고 재미있는 정보와 지식 등을 얻을 수 있음.

③ 글을 독자 자신의 것으로 받아들이기

글에는 다양한 지식, 사고, 정서, 가치, 규범, 태도 등이 나타남.	→	공감하거나 감동을 느낀 부분을 중심으로 독자 자신에게 의미 있다고 여기는 것을 수용함.

감상적 읽기의 예시

연탄재 함부로 차지 마라.
너는
누구에게 한 번이라도
뜨거운 사람이었느냐.

이 글을 감상적으로 읽은 반응의 예

① 누군가에게 뜨거운 사랑을 베푼 적이 있는지 생각해 본다.

② 누군가를 위해 스스로를 희생하는 연탄의 태도에 깊은 감동을 느꼈어.

③ 연탄재라는 일상적 소재로 큰 교훈을 줄 수 있다는 사실이 놀라웠어.

→ 감상적 읽기를 통해 자신의 삶을 성찰하고 내면화할 수 있다.

◆ 개념 확인 OX

❶ 감상적 읽기는 글에 나타난 글쓴이의 생각이나 정서 등에 정서적으로 반응하며 읽는 것이다. ( )

❷ 감상적 읽기에서는 글을 읽으며 느끼는 기쁨, 슬픔 등의 다양한 감정의 타당성을 평가한다. ( )

❸ 정보 전달이나 설득을 위한 글은 감상적 읽기의 대상이 될 수 없다. ( )

정답 ❶ ○ ❷ × ❸ ×

5 창의적 읽기

(1) 창의적 읽기의 개념

① 글의 내용과 글쓴이의 생각을 바탕으로 하여 독자가 자신의 생각과 경험을 더해 새로운 의미를 만들어 내는 활동

② 글에 나타난 글쓴이의 생각을 독자 자신의 관점에 따라 재구성하는 활동임.

(2) 창의적 읽기의 특징

① 글에 제시된 글쓴이의 생각을 넘어서서 독자가 자신만의 독창적인 생각을 구성한다는 점에서 사실적 읽기, 추론적 읽기와 다름.

② 문제 해결의 방법을 찾거나 보완·대체할 방안을 생각해 내는 수준 높은 독서 활동임.

③ 독자가 자신이 해결하고자 하는 문제와 관련해 글쓴이의 생각을 논리적으로 재구성하여 읽음으로써 문제 해결의 실마리를 얻을 수 있음.

(3) 창의적 읽기의 방법

① 개인과 사회 문제를 해결하는 읽기

개인과 사회가 겪고 있는 문제를 파악함.

↓

문제 해결에 도움이 되는 글이나 책을 고름.

↓

문제를 해결하는 방법을 모색함.

↓

해결 방법을 적용해 보고 그 결과를 평가함.

② 대안을 찾으며 능동적으로 읽기

자신이나 사회가 겪는 문제를 확인함.

↓

글쓴이가 그 문제에 대해 어떤 해결 방안을 제시하는지 파악함.

↓

해결 방안을 타당성, 실현 가능성, 실효성 등을 기준으로 평가함.

↓

글쓴이의 해결 방안을 수정하거나 보완하여 새로운 해결 방안을 찾음.

◆ 개념 확인 OX

❶ 창의적 읽기는 글에 제시된 문제에 대한 해결 방법이나 대안을 찾으며 읽는 활동이다. ( )

❷ 창의적 읽기에서 글과 관련된 새로운 의미를 떠올릴 때에는 글쓴이의 관점을 벗어나지 않아야 한다. ( )

❸ 창의적 읽기의 과정에서 독자는 글에 대한 글쓴이의 생각을 재구성하며 읽는다. ( )

정답 ❶ ○ ❷ × ❸ ○

천 년을 가는 한지의 비밀 _ 김형자

(가) 세계에서 가장 오래된 목판 인쇄물인 무구정광대다라니경 두루마리. 석가탑 사리함 안 비단보에 싸여 있던 그 두루마리는 닥나무 껍질을 원료로 한 한지로 만들어졌다. 1966년에 발견되어 세상을 놀라게 했던 무구정광대다라니경이 만들어진 시기는 704년에서 751년경으로 알려져 있다. 무구정광대다라니경은 자그마치 1,200년 남짓을 좀벌레에 시달리면서도 두루마리 일부만 닳아 떨어졌을 뿐 그 형체를 온전히 유지하고 있었다.

(나) 한지(韓紙)란 주로 닥나무 껍질에서 뽑아낸 섬유를 원료로 하여 우리나라 고유의 제조법으로 만든 종이를 이르는 말이다. 조히(종이), 조선종이, 창호지, 문종이, 참종이, 닥종이 등으로 불렸던 우리 종이가 한지로 불리기 시작한 것은 20세기 초·중반, 서양 종이, 즉 양지(洋紙)가 들어와 많이 쓰이기 시작하면서부터였다.

(다) 한지는 질기고 수명이 오래간다는 것 외에도 보온성과 통풍성이 뛰어나다. 이런 한지의 우수성은 양지와 비교해 보면 금방 알 수 있다. 한지는 빛과 바람, 그리고 습기와 같은 자연 현상에 대한 친화력이 강해 창호지로 많이 쓰인다. 한지를 창호지로 쓰면 문을 닫아도 바람이 잘 통하고 습기를 잘 흡수해서 습도 조절의 역할까지 한다. 흔히 한지를 '살아 있는 종이'라고 하는 이유도 여기에 있다. 반면 양지는 바람이 잘 통하지 않고 습기에 대한 친화력도 한지에 비해 약하다.

(라) 한지가 천 년의 수명을 가질 수 있는 또 다른 이유는 화학 반응에 잘 견디는 중성지라는 점 때문이다. 신문지나 오래된 교과서가 누렇게 색깔이 변하는 이유는 종이의 원료가 산성이기 때문이다. 양지는 산성지로서 고작 50~100년 정도만 지나도 누렇게 변하여 삭아 버린다. 그러나 한지는 중성지로서 세월이 가면 갈수록 결이 고와지고 수명이 오래간다.

(마) 한지의 질을 향상시킨 조상들의 비법은 여기에 그치지 않는다. 한지 제조의 마무리 작업인 '도침(搗砧)'이 바로 그것이다. 도침이란 종이 표면을 매끄럽게 하기 위해 풀칠한 종이를 여러 장씩 겹쳐 놓고 디딜방아 모양의 도침기로 골고루 내리치는 과정을 말한다. 이 도침 기술은 우리 조상들이 세계 최초로 고안한 종이의 표면 가공 기술이다.

핵/심/정/리
- 갈래 : 설명문
- 성격 : 해설적, 객관적, 대조적
- 제재 : 한지의 우수성
- 주제 : 한지의 우수성과 한지에 담긴 조상들의 지혜
- 특징 ❶ 간결하고 객관적인 문장으로 대상에 대한 독자의 이해를 도움.
  ❷ 한지와 양지의 차이점을 대조하여 한지의 특징이 분명하게 드러남.

적중! 출제 예상 문제

01 다음 중 위의 글과 대체로 비슷한 성격을 가진 글의 종류는?

① 안내문　　② 신문 사설
③ 광고문　　④ 연설문

02 윗글을 읽고 내용을 정리한 것으로 옳지 않은 것은?

① 한지는 질기고 수명이 길어서 살아 있는 종이라고 한다.
② 도침 기술은 우리 조상들이 세계 최초로 고안한 종이의 표면 가공 기술이다.
③ 한지가 오랜 세월이 지나도 오히려 결이 좋아지는 이유는 중성지이기 때문이다.
④ 세계 최고(最古)의 목판 인쇄물인 '무구정광대다라니경' 두루마리는 한지로 만들어졌다.

03 글 (다)에서 두드러지게 쓰인 설명 방법은?

① 정의　　② 대조
③ 분석　　④ 예시

04 '도침'에 대한 설명 중 잘못된 것은?

① 종이 표면 가공 기술이다.
② 한지 제조의 마무리 작업이다.
③ 얇은 종이를 만드는 데 유리한 방법이다.
④ 우리 선조들이 최초로 고안한 종이 가공 기술이다.

05 다음 중 한지의 우수성으로 보기 어려운 것은?

① 수명이 길다.
② 희귀한 재료를 사용한다.
③ 세월이 가면 결이 고와진다.
④ 바람이 잘 통하고 습기를 잘 흡수한다.

정답 및 해설 별책 24p

보이는 것이 전부가 아니다 _ 정민

(가) 옛날부터 그림과 시는 아주 가까운 사이였다. 시는 모양이 없는 그림이고, 그림은 소리가 없는 시라는 말도 있었다. 그럼 이야기를 통해 시를 이해하는 공부를 해 보기로 하자.

(나) 시인은 자신이 하고 싶은 말을 직접 하지 않는다. 사물을 데려와서 사물이 대신 말하게 한다. 그러니까 한 편의 시를 읽는 것은 시인이 말하고 싶었지만 말하지 않고 시 속에 숨겨 둔 말을 찾아내는 일이다. 이것은 숨은그림찾기 또는 보물찾기 놀이와도 비슷하다.

(다) 이 점은 화가도 마찬가지이다. 화가는 풍경이나 사물을 그린다. 이때 화가는 화면 속에 자신의 느낌을 직접 표현할 수가 없다. 그림은 사진과 다르다. 화가는 색채나 풍경의 표정을 통해 자신의 생각을 담는다.

이제부터 살펴볼 몇 가지 이야기는 그림이 시와 얼마나 가까운 사이인지 잘 보여 준다.

(라) 옛날 중국의 송나라에 휘종 황제가 있었다. 그는 그림을 무척 사랑했다. 그림을 사랑했을 뿐 아니라 그 자신이 훌륭한 화가였다. 휘종 황제는 자주 궁중의 화가들을 모아 놓고 그림 대회를 열었다. 그때마다 황제는 직접 그림의 제목을 정했다. 그 제목은 보통 유명한 시의 한 구절에서 따온 것이었다. 한번은 '꽃을 밟고 돌아가니 말발굽에서 향기가 난다.'라는 제목이 걸렸다.

말을 타고 꽃밭을 지나가니까 말발굽에서 꽃향기가 난다는 말이다. 황제는 화가들에게 말발굽에 묻은 꽃향기를 그림으로 그려 보라고 한 것이다. 꽃향기는 코로 맡아서 아는 것이지 눈으로는 볼 수가 없다. 보이지도 않는 향기를 어떻게 그릴 수 있을까? 화가들은 모두 고민에 빠졌다. 꽃이나 말을 그리라고 한다면 어렵지 않겠는데, 말발굽에 묻은 꽃향기만은 도저히 그릴 수가 없었다.

(마) 모두들 그림에 손을 못 대고 쩔쩔매고 있었다. 그때였다. 한 젊은 화가가 그림을 제출하였다. 사람들의 눈이 일제히 그 사람의 그림 위로 쏠렸다. 말 한 마리가 달려가는데 그 꽁무니를 나비 떼가 뒤쫓아 가는 그림이었다. 말발굽에 묻은 꽃향기를 나비 떼가 대신 말해 주고 있었다.

핵/심/정/리
- 갈래 : 설명문
- 성격 : 분석적, 예시적
- 제재 : 그림과 시
- 주제 : 표현상의 공통점을 바탕으로 시와 그림 이해하기
- 특징 ❶ 용어의 개념을 정의하고 있음.
  ❷ 한시의 기법적 특징을 동양화의 화법과 관련지어 제시함.
  ❸ 한시와 동양화의 표현 방법을 예를 들어 설명함.

(바) 젊은 화가는 말을 따라가는 나비 떼로 꽃향기를 표현했다. 이런 것을 한시에서는 '입상진의'라고 한다. 이 말은 '형상을 세워서 나타내려는 뜻을 전달한다.'라는 뜻이다. 다시 말해 나비 떼라는 형상으로 말발굽에 묻은 향기를 충분히 전달할 수 있다는 것이다. 여기서 말하는 형상을 시에서는 이미지라는 말로 표현한다. 시인은 결코 직접 말하지 않는다. 이미지를 통해서 말한다. 그러니까 한 편의 시를 읽는 것은 바로 이미지 속에 담긴 의미를 찾는 일과 같다.

〈중략〉

(사) 정말 소중한 것은 눈에 잘 보이지 않는다. 눈에 보이는 것이 전부가 아니다. 뛰어난 화가는 그리지 않고서도 다 그린다. 훌륭한 시인은 말하지 않으면서 다 말한다. 좋은 독자는 화가가 감춰 둔 그림과 시인이 숨겨 둔 보물을 가르쳐 주지 않아도 잘 찾아낸다.

그러자면 많은 연습과 훈련이 필요하다.

적중! 출제 예상 문제

06 윗글의 내용과 일치하지 않는 것은?

① 예부터 그림과 시는 아주 가까운 사이였다.
② 시인은 자신의 말을 사물을 통해 직접적으로 말한다.
③ 시인은 시 읽는 것은 숨은그림찾기 또는 보물찾기 놀이 같다고 말한다.
④ 화가는 자신의 생각을 그림 속 색채, 풍경의 표정을 통해 표현한다.

07 글쓴이가 말하는 시와 그림에 대한 설명으로 적절하지 않은 것은?

① 시를 읽는 것은 시 속에 숨겨 둔 말을 찾아내는 일이다.
② 시를 읽는 것은 숨은그림찾기 또는 보물찾기 놀이와도 비슷하다.
③ 시 읽기는 함축적인 의미, 주제 등을 파악하는 일이라 할 수 있다.
④ 시인과 화가는 자신의 생각이나 느낌을 표현하는 근본적인 방법 자체가 다르다.

08 (라)에 나타난 휘종 황제의 모습으로 적절하지 않은 것은?

① 그는 그림을 사랑했고, 유명한 시를 즐겨 읽었다.
② 그의 그림 솜씨는 매우 뛰어났으며, 그는 훌륭한 화가였다.
③ 그는 대회를 열어 눈으로 볼 수 없는 꽃향기를 그리라 했다.
④ 그는 발상의 전환을 필요로 하는 문제를 제시하곤했다.

09 (사)에 나타난 글을 정리한 내용으로 적절하지 않은 것은?

① 중요한 의미를 파악하기 위해선 숨은 의미를 파악해야 한다.
② 직접 표현하지 않아도 속뜻을 간접적으로 드러낼 수 있다.
③ '화가가 감춰 둔 그림'은 화가가 그리지 않아도 그릴 수 있는 경지이다.
④ '시인이 숨겨 둔 보물'은 시인이 시를 통해 표현하고자 하는 주제를 말한다.

정답 및 해설 별책 24p

핵/심/정/리
- 갈래 : 설명문
- 성격 : 사실적, 체계적
- 제재 : 커피
- 주제 : 커피의 가공법
- 특징 ❶ 커피의 가공 과정을 과정, 분류 등 다양한 방식을 활용하여 설명함.
  ❷ 커피에 대한 정보를 사실적으로 서술함.

커피 이야기 _ 김성윤

(가) 우리가 마시는 커피와 생물학적 커피는 엄연히 구분된다. 우리가 만나는 인간과 생물학적 인간이 전혀 별개인 것과 마찬가지다. 생물학적 커피는 커피나무에 매달린 체리(커피 열매)의 씨앗, 즉 생두를 의미한다. 그러나 갓 수확한 생두는 옅은 회색을 띤 흰색에 향도 거의 없이 쓰기만 하다. 꽃향기에서 풀 냄새, 초콜릿에 이르는 풍부한 향을 포괄하고, 시고 쓰고 떫은맛을 아우르며, 황토색에서 검은색에 가까운 짙은 갈색까지 다양한 갈색의 스펙트럼을 아우르는 커피는 말리고 볶는 가공 과정을 통해 탄생한다.

(나) 건식법과 습식법을 통해 얻은 생두는 수출되기 직전에 큐어링(curing)이라고 하는 단계를 거친다. 마지막까지 남아 있던 은색 막이 이 과정에서 벗겨지고 먼지와 불순물이 제거된다. 눈으로는 감지할 수 없는 결점을 지닌 것은 기계를 사용해 솎아 낸다. 도매상들이 선택하고 주문할 수 있도록 생두에는 품질에 따라 이름과 등급이 매겨진다.

(다) 이렇게 길고 복잡한 가공 과정을 거쳤는데도 이것은 아직 우리가 알고 있는 커피의 모습이 아니다. 회색빛을 띤 흰색에 풋내가 나는 상태이다. 생두는 로스팅(roasting) 또는 배전이라고 하는 볶는 과정을 거친 후에야 비로소 커피 원두로 재탄생한다. 로스팅이란 생두를 12~20분간 섭씨 180~ 250도에서 볶으면, 생두에 들어 있는 과당 등의 당분이 캐러멜화하면서 커피 기름으로 알려진 물질을 만드는 과정이다. ㉠ 캐러멜화는 어린 시절 불량 식품의 대명사 '뽑기'를 연상하면 이해하기 쉽다. 설탕을 쇠로 된 주걱에 담아 불 위에 올리면 설탕이 녹으면서 구수한 향기가 나는 갈색 액체로 변하는데, 이것이 바로 캐러멜화이다.

(라) 커피 원두는 로스팅의 강도에 따라 다양한 맛과 향을 얻는다. 로스팅은 대략 아홉 가지 강도로 나뉘는데, 이에 따라 원두의 색은 황토색에서부터 검은 갈색에 이르기까지 다양하게 바뀐다. 또 커피를 끓였을 때 쓴맛, 단맛, 신맛 등 조금씩 다른 맛을 느낄 수 있게 된다. 로스팅은 수출국보

다는 소비국에서 주로 이루어진다. 이는 소비자들의 입맛에 맞게 로스팅하기 위해서이기도 하지만, 브라질을 제외한 대부분의 커피 생산국들이 로스팅 기술을 보유하지 못했기 때문이기도 하다. 로스팅을 마친 커피 원두를 다시 드립*이나 에스프레소* 등의 방식으로 추출하면 이제 우리가 마실 수 있는 음료인 커피가 된다.

세계에서 하루에 소비되는 커피의 양은 무려 25억 잔이라고 한다. 인간이 물 다음으로 많이 마시는 음료 가운데 하나인 커피는 이처럼 복잡한 과정을 거쳐 우리 손에 전달되는 것이다.

드립(drip)
커피 열매를 볶은 후 갈거나 빻은 가루에, 끓는 물을 약간 식힌 후 부으면서 걸러나는 방식

에스프레소(espresso)
고온, 고압하에서 곱게 간 커피 가루에 물을 가해, 30초 이내에 추출한 커피

적중! 출제 예상 문제

10 (가)~(마)에 대한 설명으로 적절하지 않은 것은?

① (가)에서는 독자들을 위해 어려운 개념을 정리해 주고 있다.
② (나)에서는 큐어링을 하지 않은 원두를 수출할 때 발생하는 문제점을 구체적으로 드러내고 있다.
③ (다)에서는 로스팅하는 과정을 독자들의 과거 경험과 연결하여 설명하고 있다.
④ (라)에서는 로스팅한 커피 원두의 특성을 다양한 감각을 통해 생생하게 느끼게 하고 있다.

11 ㉠에 사용된 글의 전개 방식이 쓰인 것은?

① 인생은 긴 마라톤에 도전하는 것과 같다.
② 분식에는 라면, 떡볶이, 김밥 등이 있다.
③ 시계는 분침, 시침, 초침, 톱니바퀴로 이루어져 있다.
④ 동물은 종에 따라 조류, 포유류, 양서류, 파충류로 묶을 수 있다.

12 〈보기〉 의 ⓐ, ⓑ, ⓒ에 들어갈 말을 나열한 것으로 적절한 것은?

보 기

우리가 마시는 커피는 생물학적 커피인 (ⓐ)(이)가 아니다. 우리는 건식법이나 습식법을 통해 (ⓑ)에서 (ⓒ)(을)를 얻어 내고 이것을 다시 큐어링하고 로스팅하여 다양한 맛과 향을 지닌 커피를 맛보게 되는 것이다.

	ⓐ	ⓑ	ⓒ
①	원두	체리	생두
②	원두	생두	원두
③	생두	원두	체리
④	생두	체리	생두

13 로스팅이 커피의 수출국보다는 소비국에서 주로 이루어지는 이유로 적절한 것은?

① 로스팅한 커피는 가치가 떨어지기 때문에
② 소비자들이 로스팅한 원두를 원하지 않기 때문에
③ 소비자들의 입맛에 맞게 로스팅을 하기 위해서
④ 로스팅한 원두는 쉽게 상하기 때문에

정답 및 해설 별책 24p

앎과 힘의 뿌리, 문화유산 _ 윤구병

(가) 지지난해부터 모으기 시작한 항아리가 큰 것, 작은 것 합해서 지금은 600개가 넘게 장독대를 가득 채우고 있다. 옛 항아리들을 모으기 시작한 동기는 단순하다. 지난 1970년대부터 농촌 살림이 어려워지면서 도시로 떠난 이들이 무척 많은데, 이분들이 떠날 때 빈집에 남기고 가는 대표적인 세간이 큰 항아리다. 깨지기도 쉽고, 가져가 보아야 이삿짐만 늘 뿐 아니라 둘 곳도 마땅치 않아 장독대에 두고 떠나는 것이다. 장독대에서 빈집을 지키는 항아리들은 얼마 지나지 않아 밑이 빠지거나 깨져서 못 쓰게 되는 일이 많다.

항아리를 빚은 옹기장이의 공력*도 공력이거니와 아름드리 소나무를 베어 1,200도가 넘는 높은 온도에서 구운 소중한 그릇이 아무 데도 쓰이지 못하고 버림받는 게 안타까워 이 숨 쉬는 항아리들에 간장, 고추장, 식초, 효소, 젓갈을 담아 익히면 어려운 살림에 보탬이 될 날이 오리라는 기대 속에서 모은 것인데, 장독대를 크게 만들어 앉혀 놓고 보니 그렇게 아름다울 수가 없다. 처음에는 솜씨가 뛰어난 것과, 서툰 것이 가려지고 모양이 예쁜 것과, 안 예쁜 것이 비교되어 이것은 더 낫고, 이것은 별로이고 하는 분별지가 생기더니, 두고 보면 볼수록, 그리고 항아리들을 하나하나 채운 여러 발효 식품의 냄새가 코끝을 스치면 스칠수록 그런 구별이 없어지고 잘생기면 잘생긴 대로, 못생기면 못생긴 더로의 아름다움이 때로는 햇빛 속에, 때로는 달빛 속에, 때로는 나무 그늘 사이로 짙게 묻어난다.

(나) 지난 200년 동안 자본이 숨은 주체가 되어 빚어낸 '만드는 문화'의 거센 물결에 휩쓸려 수천 년 동안 자연이 숨은 주체가 되어 키워 온 '기르는 문화'의 유산들이 낡은 생활 양식의 찌꺼기로 치부*되고 여기저기 함부로 버려지는 것을 볼 때마다 가슴앓이를 하는데, ㉠ 이 가슴앓이가 다만 지난날에 대한 향수에서 비롯된 것이라고는 믿지 않는다. 수천 년, 수백 년의 세월에 걸쳐 대대로 전승되어 우리네 살림의 기둥이자 버팀벽 노릇을 해 왔던 그 많은 유산을 상속받지 못하면 나날의 삶을 사람답게 꾸려 갈 앎도 힘도 잃어버리지 않을까, 그렇게 되면 우리가 당장 살길이 막힐 뿐만 아니라 우리 후손들이 살길조차 없애 버리는 꼴이 되지 않을까 하는 걱정이 눈앞을 가린다.

핵/심/정/리
- 갈래 : 수필
- 성격 : 체험적, 사색적, 교훈적
- 제재 : 문화유산
- 주제 : 우리 문화유산 전승의 가치와 중요성
- 특징 ❶ 글쓴이의 인생관을 추론할 수 있는 경험과 생각들을 소개함.
  ❷ 농촌 생활에서 겪었던 경험과 그에 따른 생각의 변화 등이 쉽게 제시되어 있음.
  ❸ 우리 문화유산에 대한 가치를 그와 상반되는 대상에 비교하여 서술함.

공력(功力)
애써서 들이는 정성과 힘

치부(置簿)
마음속으로 그러하다고 보거나 여김.

적중! 출제 예상 문제

14 (가)에서 항아리에 대한 글쓴이의 태도로 적절하지 않은 것은?

① 처음에는 어려운 살림에 보탬이 될 것을 기대하고 모으기 시작했다.
② 농촌에서 도시로 떠난 이들이 버리고 간 항아리들을 보고 안타까운 마음에 모으기 시작했다.
③ 장독대를 크게 만들어 발효 식품을 담은 항아리를 앉혀 놓고 비로소 항아리의 아름다움을 느끼게 되었다.
④ 솜씨가 뛰어난 것과 서툰 것을 분별하지 못하다가 나중에는 솜씨가 뛰어난 것만 선별하여 모을 수 있었다.

15 (나)에서 언급한 '만드는 문화'와 '기르는 문화'의 의미를 적절하게 추론한 것은?

① '만드는 문화'는 자본의 흐름과 욕구에 따라 인위적으로 만드는 물건 등을 의미할 것이다.
② '기르는 문화'는 비교적 짧은 시간에 기존의 문화와 생활 양식에 변화를 가져왔을 것이다.
③ '기르는 문화'는 오래되고 낡은 것으로 더 이상 가치를 찾을 수 없어 버려진 것들을 의미할 것이다.
④ '기르는 문화'는 '만드는 문화'에 비해 역사와 전통이 짧은 최신의 문화와 생활 양식 등을 의미할 것이다.

16 ㉠에서 추론할 수 있는 글쓴이의 문제의식으로 가장 적절한 것은?

① '만드는 문화'를 온전하게 지켜 내지 못하는 젊은 세대들에게 경각심을 일깨워 주고자 한다.
② '만드는 문화'와 '기르는 문화'를 비교하면서 과거에만 얽매이고 앞으로 나아가지 못하는 현대인을 비판하고자 한다.
③ '만드는 문화'의 의미와 가치를 제대로 이해하지 못하고 시대를 역행하려는 일부 현대인들의 잘못을 지적하고자 한다.
④ '기르는 문화'의 유산을 잃어버리는 것이 후손들의 생존에 필요한 소중한 것을 잃어버리는 일임을 경계하고자 한다.

정답 및 해설 별책 24p

육지의 배설물은 바다에 쌓인다 _ 남종영

(가) '육지의 쓰레기는 육지로, 바다의 쓰레기는 바다로' 버리는 게 원칙이다. 우리나라도 이 원칙을 적용하고 있다. 그래서 수산물 가공 공장에서 나오는 생선 기름이나 생선 찌꺼기들은 바다에 버려도 된다. 수산물 시장에서 나오는 조개껍데기나 수산물 폐수도 마찬가지다.

하지만 여전히 원칙이 적용되지 않는 것들이 있다. 소나 돼지 등의 축사에서 나오는 가축 분뇨와 일반 가정에서 나오는 음식물 쓰레기다. 이것들은 불과 2012년까지도 합법적으로 바다에 버려졌다. 우리가 남은 음식물을 음식물 쓰레기통에 버리면, 지방 자치 단체의 수거 차량이 '음식물 자원화 시설'로 가져간다. 음식물 자원화 시설은 이것을 가지고 가축의 사료나 농경지의 퇴비로 만든다. 하지만 거기서 자원화되지 않고 남는 것들이 있다. 이 쓰레기들이 폐기물 운반선을 타고 바다로 가서 버려지는 것이다.

(나) 그렇다면 바다 아무 데나 버리는 걸까? 그렇지 않다. 정부는 1993년부터 동・서해 연안에서 멀리 떨어진 바다 3개 구역을 '바다의 쓰레기장'으로 선정해 운영하고 있다. '서해 병', '동해 병', '동해 정' 구역이 그것이다. '서해 병' 구역은 군산 서쪽 200킬로미터 지점에 있는 지역으로 수심은 80미터다. '동해 병' 구역은 포항에서 동쪽으로 125킬로미터 떨어진 수심 200~2,000미터 지역이다. '동해 정' 구역은 울산에서 남동쪽으로 불과 63킬로미터밖에 떨어지지 않았다. 수심은 약 150미터 정도다. '동해 병' 구역은 전체 폐기물의 60퍼센트 가량을 담당하는 우리나라 최대의 바다 쓰레기장이고, '서해 병' 구역과 '동해 정' 구역은 각각 전체 폐기물의 27퍼센트와 13퍼센트를 담당한다.

이렇게 많은 쓰레기가 바다에 버려진 것은 음식물 쓰레기의 육상 매립이 금지된 이후다. 이에 따라 음식물 자원화 시설에서 최대한 많은 양을 사료나 퇴비로 재활용해야 하는데, 기술 부족 등의 이유로 성공하지 못하고 바다로 버려진다. 또한, 축사에서 나오는 분뇨를 깨끗하게 만드는 정화 시설도 많이 짓지 못했다. 힘이 들더라도 환경 정화를 위해 새로운 기술을 개발하고 투자하는 대신, 바다에 버리는 손쉬운 방법을 택한 우리에게 잘못이 있다.

핵/심/정/리
- 갈래 : 논설문
- 성격 : 설명적, 설득적
- 제재 : 북태평양 환류대에 형성된 쓰레기 섬
- 주제 : 해양 오염의 심각성과 해양 오염을 방지하기 위한 노력의 필요성
- 특징 ❶ 흥미로운 일화를 소개하며 글을 시작하여 독자의 관심과 흥미를 이끌어 냄.
  ❷ 과학적 근거 자료를 제시하여 글의 신뢰성을 높임.
  ❸ 인과, 문제-해결 구조를 사용하여 글을 전개함.

적중! 출제 예상 문제

17 이와 같은 글의 특징으로 적절하지 <u>않은</u> 것은?

① 논리성　　② 타당성
③ 주관적　　④ 객관적

18 윗글에서 알 수 있는 내용이 <u>아닌</u> 것은?

① 동해 병 구역은 우리나라 최대의 바다 쓰레기장이다.
② 음식물 자원화 시설은 음식물 쓰레기를 가축의 사료나 농경지의 퇴비로 만든다.
③ 육지에서 나온 쓰레기는 육지에, 바다에서 나온 쓰레기는 바다에 버리는 것이 원칙이다.
④ 축사에서 나오는 가축 분뇨와 가정의 음식물 쓰레기는 현재까지도 합법적으로 바다에 버릴 수 있다.

19 (가)와 (나)에 대한 설명으로 적절하지 <u>않은</u> 것은?

① (가)에서는 바다로 버려지는 폐기물의 종류와 그 과정을 소개하고 있다.
② (가)에서는 바다에 버려지는 폐기물 처리 방법의 기술 발전 과정을 설명하고 있다.
③ (나)에서는 이 글에서 제시한 문제 상황에 대한 원인을 분석하고 있다.
④ (나)에서는 바다로 버려지는 폐기물이 바다의 어느 위치에 버려지는지를 알려 주고 있다.

20 많은 양의 쓰레기가 바다에 버려진 이유로 적절하지 <u>않은</u> 것은?

① 음식물 쓰레기의 육상 매립이 금지되었기 때문이다.
② 음식물 자원화 시설에서는 자원화되지 않고 남는 쓰레기들이 있기 때문이다.
③ 수산물 가공 공장에서 나오는 생선 기름이나 생선 찌꺼기들을 바다에 버리는 것이 문제가 되었기 때문이다.
④ 기술이 부족하여 음식물 쓰레기를 사료나 퇴비로 모두 재활용하지는 못했기 때문이다.

정답 및 해설 별책 24p

02 독서의 분야

• 독서의 다양한 분야에 대해 알아본다.

1 인문 · 예술 분야의 글 읽기

(1) 인문 · 예술 분야의 글의 특성

① 인문 분야의 글 : 인간의 사유와 경험, 사건 등 인간을 탐구 대상으로 하여 정신적 가치나 의미를 밝히는 글

② 예술 분야의 글 : 예술 철학, 미학 등 예술론이나 음악, 미술, 연극 등 다양한 예술 분야를 다루는 글

③ 인문 · 예술 분야의 글에는 인문학적 세계관, 예술과 삶에 대한 인간의 태도, 인간과 세계에 대한 글쓴이의 성찰, 개성적인 시각 등이 드러나 있음.

(2) 인문 · 예술 분야의 글이 다루는 세부 분야

① 인문 분야의 글 : 문학, 역사, 철학, 언어, 종교 등

② 예술 분야의 글 : 미술, 음악, 연극, 무용, 건축 등

(3) 인문 · 예술 분야의 글을 읽는 방법

- 화제와 관련된 자신의 배경지식을 활용하여 읽음.
- 구체적인 현실 혹은 작품들과 연계하며 읽음.
- 글의 내용을 자신의 상황에 적용하거나 평가하며 읽음.

↓

글에 담긴 인간과 세계에 대한 관점을 정확하게 파악하기

2 사회 · 문화 분야의 글 읽기

(1) 사회 · 문화 분야의 글의 특성

① 인간이 모여 구성하는 사회와 그 사회 안에서 이루어지는 다양한 현상을 탐구하는 글

② 사회 현상이나 사회적 행동을 다룸.

③ 사회 · 문화 현상을 관찰하고 그 성격을 규정하며, 관련된 문제를 제기하고 그 해결 방안을 제시하는 경우가 많음.

(2) 사회 · 문화 분야의 글이 다루는 세부 분야

법, 정치, 경제, 언론, 문화, 사회, 지리, 심리, 교육 등

비법 전수

독서의 분야는 주제별로 인문 · 예술, 사회 · 문화 분야, 과학 · 기술 분야로 나눌 수 있다. 분야별 독서를 통해 다양한 분야에 대한 지식을 획득하고, 이를 삶에 어떻게 적용해야 하는지 끊임없는 고민을 해야 한다. 이를 위해서는 다양한 분야의 글을 골고루 폭넓게 읽으면서 중요한 정보를 획득하고 사고하는 연습을 하는 것이 좋다.

◆ 개념 확인 OX

❶ 인문 · 예술 분야의 글은 사회적 문제의 해결 방안을 제시하는 경우가 많다. ( )

❷ 인문 · 예술 분야의 글을 읽을 때는 구체적인 현실이나 작품들과 연계하며 읽으면 좋다. ( )

❸ 인문 · 예술 분야의 글을 읽으면 삶을 성찰하고 인간을 이해하는 데 도움이 된다. ( )

정답 ❶ × ❷ ○ ❸ ○

(3) 사회 · 문화 분야의 글을 읽는 방법

① 글쓴이의 관점이나 이념에 따라 사회 현상의 성격, 원인, 대책 등이 다르게 제시될 수 있으므로 글쓴이의 주장이 논리적이고 타당한지 비판하면서 읽음.

② 사회 · 문화에 접근하는 방식, 글에 반영된 사회적 요구와 신념을 파악하며 읽음.

③ 역사적 인물과 사건을 파악할 때는 그와 관계있는 사회 · 문화적 맥락도 이해하며 읽음.

④ 동일한 사회 현상에 대해 다룬 여러 글을 비교하며 읽음으로써 특정 사회 현상에 대한 이해를 심화시키고 좀 더 바람직한 대안을 생각하게 됨.

3 과학 · 기술 분야의 글 읽기

(1) 과학 · 기술 분야의 글의 특성

① 과학 분야의 글 : 자연 현상이나 물리적 세계를 대상으로 하여 그 대상의 구조나 변화의 원리를 논리적 · 객관적으로 서술하는 글

② 기술 분야의 글 : 과학의 연구 성과를 실생활에 응용한 기술의 구조나 원리를 논리적 · 객관적으로 서술하는 글

③ 사실이나 법칙을 인과적으로 설명하는 경우가 많고, 도덕적 · 주관적 가치 판단은 최소화함.

④ 글의 구성은 체계적이고, 내용은 분석적인 경향이 있음.

(2) 과학 · 기술 분야의 글이 다루는 세부 분야

물리, 화학, 천문, 생명 과학, 지구 과학, 전자 공학, 기계 공학, 우주 항공, 정보 통신, 컴퓨터 등

(3) 과학 · 기술 분야의 글을 읽는 방법

① 용어와 개념을 정확하게 이해하며 읽음.

② 서술의 대상을 확인하고 설명의 인과 관계를 잘 파악하며 읽음.

③ 사용된 자료가 정확하고 믿을 만한지 판단하며 읽음.

④ 도표, 그림, 사진 등 보조 자료를 글의 내용과 관련지어 이해하며 읽음.

⑤ 글에 담긴 지식과 정보의 객관성, 논거의 타당성, 과학적 원리의 응용과 한계 등을 비판적으로 이해하며 읽음.

◆ 개념 확인 OX

❶ 과학 · 기술 분야의 글에서는 제시된 자연 현상의 특징과 인과 관계가 글쓴이의 가치관에 따라 달라진다. ( )

❷ 과학 · 기술 분야의 글을 읽을 때에는 논거를 입증하는 과정이 논리적인지, 논거가 타당한지 등을 살피며 읽어야 한다. ( )

❸ 과학 · 기술 분야의 글은 물리, 화학, 전자 공학, 우주 항공 등의 화제를 다룬다. ( )

정답 ❶ × ❷ ○ ❸ ○

순자의 성악설 _ 김교빈 • 이현구

(가) 순자는 인간의 본성을 악하다고 했습니다. 그러면 무슨 근거로 인간의 본성을 악하다고 한 것일까요? 순자도 맹자와 마찬가지로 인간의 본성을 선천적인 것으로 규정합니다. 본성이란 배우거나 노력해서 만들어지는 것이 아니라는 것입니다. 그렇지만 인간의 도덕적인 측면에 주목한 맹자와 달리 순자는 배고프면 먹고 싶고, 추우면 따뜻하게 하고 싶고, 피곤하면 쉬고 싶은 인간의 자연적이고 생리적인 욕구에 주목했습니다. 이 욕구는 귀가 좋은 소리를 듣고 싶어 하고 눈이 좋은 빛깔을 보고 싶어 하는 것 같은, 감각 기관의 이기적 욕구와도 통합니다. 순자는 이러한 생리적 욕구를 바탕으로 한 이기심이 누구에게나 있다고 생각했습니다. 그리고 이 욕구대로 간다면 다툼이 생길 수밖에 없다는 것입니다. 순자가 볼 때 이러한 인간의 본성이 그대로 나타난 것이 춘추 전국 시대의 혼란이었습니다. 그래서 인간의 본성을 악하다고 한 것입니다. 그러나 실제로는 사람들이 악한 행위만 하는 것은 아닙니다. 오히려 그 반대로 행동하는 경우가 얼마든지 있습니다. 그렇다면 이처럼 스스로 자신의 악한 본성을 거스르는 착한 행위는 어디에서 오는 것일까요?

(나) 순자는 인간의 마음 작용을 성(性), 정(情), 려(慮), 위(僞)의 네 부분으로 나누었습니다. 이 네 부분은 마음이 움직이는 순서이기도 합니다. 이 네 단계가 구체적으로 무엇이며, 어떻게 작용하는지를 살펴봅시다.

첫 단계인 ㉠ '성'은 사람의 가장 기본적인 부분으로서, 삶의 자연스러운 본질이자 날 때부터 지닌 본성입니다. 앞에서 보았듯이 배고프면 먹고 싶고, 목마르면 마시고 싶고, 피곤하면 쉬고 싶은 생리적 본성입니다. 둘째 단계인 '정'은 밖에 있는 사물들과 만나서 생기는 감정입니다. 좋다, 나쁘다, 노엽다, 슬프다, 즐겁다 하는 것들이 여기에 해당합니다. 셋째 단계인 '려'는 구체적인 감정이 생긴 뒤에 어떻게 할 것인가를 선택하는 문제입니다. 사람의 사고 작용에 해당하는 셈입니다. 넷째 단계인 ㉡ '위'는 선택이 끝난 뒤 실행해 나가는 의지적인 실천입니다.

핵/심/정/리
- 갈래 : 설명문
- 성격 : 대조적, 예시적
- 제재 : 순자의 성악설
- 주제 : 순자의 성악설에서 설명한 인간의 마음 작용
- 특징 ❶ 대조적인 관점을 지닌 주장과 비교하여 그 차이점을 부각함.
  ❷ 구체적인 상황을 가정하여 예를 듦으로써 설명 대상에 대한 이해를 도움.

• 본문 이해하기

오늘날 '성악설'이 지니는 가치

중국의 유학자 순자는 공자나 맹자와 달리, 중세 시대에는 권위를 얻지 못했으나 오늘날에는 법질서와 더불어 인간이 지켜야 할 예의를 강조함으로서 사회 문제를 해결하는 데 해법을 제시해 줄 수 있는 학설로 여겨져 그 가치를 인정받고 있다.

(다) 순자는 본성대로 가면 결과가 악이고, 본성을 거스르는 의지적 실천대로 가면 선이기 때문에, 성은 악이고 위는 선이라고 합니다. 순자가 인간의 본성을 악하다고 보았다고 해서 본성대로 살자고 한 것은 아닙니다. 그에게는 의지적 실천을 통해 본성이 가져올 악한 결과를 어떻게 변화시켜 나갈 것인가가 문제였습니다. 따라서 순자의 철학은 '위'에 그 가치가 있으며, 그런 점에서 순자의 철학은 의지에 기초한 실천 철학이라고 할 수 있습니다.

적중! 출제 예상 문제

01 윗글의 서술 방식으로 적절한 것은?

① 역사적인 상황이 새로운 사상을 만들어 내는 과정을 보여주고 있다.
② 두 사상의 차이점을 대조의 방식으로 드러내어 논의를 분명히 하고 있다.
③ 구체적인 예시를 들어 개념이 대립되는 접점이 지니는 의미를 설명하고 있다.
④ 반어적인 표현을 사용하여 글쓴이가 전달하고자 하는 바의 표현 효과를 극대화하고 있다.

02 윗글의 내용과 일치하는 것은?

① 맹자는 인간의 본성을 태생적이고 선천적인 경향을 지닌다고 보았다.
② 인간이 지니는 이기심으로 인해 모든 사람들이 악한 행위만 한다.
③ 맹자는 배가 고플 때 밥을 먹고자 하는 것은 도덕적인 행위의 일환으로 보았다.
④ 순자는 인간이 지니는 악한 마음은 배움을 통해 완성되는 것이라고 보았다.

03 ㉠, ㉡의 특징으로 적절하지 않은 것은?

	㉠	㉡
①	악	선
②	욕구	의지
③	당위적	타율적
④	선천적	후천적

정답 및 해설 별책 26p

로봇에도 인권이 있을까 _ 김용석

(가) 실제로 일본의 유명한 로봇 과학자인 시게오 히로세는, 지능을 갖도록 설계된 로봇이라면 그 어떤 로봇도 도덕적 존재가 될 수 있다고 주장한다. 무엇보다도 로봇은 생물학적 생존을 위해 투쟁할 필요가 없으므로, 로봇을 이기적이지 않게 만들 수 있다. 그는 예의 바르고, 똑똑하고, 심지어 성인(聖人) 같은 로봇을 만들 수 있다고 주장한다. 이는 인간을 해치지 않을 로봇을 염두에 둔 것이다. 이처럼, 로봇이 이기적이거나 인간으로부터 완전히 독립적인 존재가 될까 염려하는 것은 결국 '인간을 위한 로봇'이라는 개념을 전제하기 때문이다.

(나) 모든 창조 행위에는 조물주의 통제를 벗어나는 묘한 자유의 영역이 있다. 이는 조물주 신화를 담고 있는 종교의 창세기에서도 알 수 있다. 우리는 조물주인 신의 명령을 거역한 최초 인간의 자유 행위와 그 결과로 낙원에서 쫓겨난 이야기를 잘 알고 있지 않은가. 하물며 인간이라는 창조자가 자신의 피조물을 완벽히 통제할 수 있다는 생각은 공허한 희망일 것이다.

(다) 로봇(robot)이라는 말은 원래 '강제 노동'을 뜻하는 체코어 '로보타(robota)'에서 유래했다. 이 명칭은 1920년대 초 카렐 차페크의 연극 〈로섬의 만능 로봇〉에서 처음 쓰였는데, 이 작품은 로봇이 노동자를 대체하는 미래 사회를 그리고 있다. 로섬의 공장은 인간 대신에 천하고 힘든 일을 하게 될 '인공 노예'를 생산하는 곳이다.

(라) 하지만 오늘날 로봇들은 이미 단순한 공장 노동자 이상의 역할을 한다. 청소 로봇이나 가정부 로봇처럼 주로 인간이 하는 노동을 대신하는 로봇도 있지만, 인간의 동반자 역할을 하는 로봇 또한 인공 지능 발명 계획의 목록에서 날로 늘고 있다. 애완동물 로봇은 이미 상용화되고 있고, 간병인 로봇이나 가정 교사 로봇 또는 배우 로봇 등도 개발 중이다. 다시 말해, 오늘날 로봇 공학은 노예나 단순 노동자보다는 삶의 동반자 역할이 강조되는 로봇을 개발하려는 경향을 보인다.

(마) 로드니 브룩스는 언젠가 로봇이 인간과 같은 정도의 지능과 의식을 갖게 될 것이라고 믿고 있다. 브룩스는 이것이 현실이 될 때, 인간을 위해 이들 로봇을 인공 노예나 대체 노동자로 부리는 것은 비윤리적인 일이 될 것이라고 말한다. 우리가 우리의 창조물을 노예처럼 취급해서는 안 된다는 것이다.

핵/심/정/리

- 갈래 : 논설문
- 성격 : 설명적, 예시적, 설득적
- 제재 : 인간과 로봇의 관계
- 주제 : 로봇에게 인권을 부여해야 하는가의 문제에 대한 철학적 과제와 인간의 존재에 대한 성찰의 필요성
- 특징 ❶ 로봇 과학자들의 주장을 인용하여 미래 사회에 로봇과 관련하여 야기될 문제를 제기하고 있음.
  ❷ 로봇의 어원을 밝히면서 미래 사회에 로봇을 대하는 인간의 태도가 달라져야 함을 강조함.

적중! 출제 예상 문제

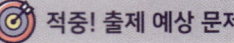

04 윗글을 읽고 할 수 있는 추가적인 질문으로 적절하지 <u>않은</u> 것은?

① 로봇이라는 말은 어디에서 유래했을까?
② 로봇을 어떻게 도덕적인 존재로 만들 수 있을까?
③ 로봇이 인간 삶의 진정한 동반자가 될 수 있을까?
④ 피조물은 왜 조물주의 통제에서 벗어나려는 것일까?

05 윗글의 흐름상 〈보기〉가 들어갈 위치로 가장 적절한 것은?

보 기

동화 속 피노키오의 이야기는 매우 행복한 결말에 이른다. 그러나 우리의 미래도 그럴까? 미래 세대와 동등한 권리로 살아갈지도 모를 인공 생명들이 모두 '착한 로봇'일까? 어떤 사람들은 '모두 착한 로봇으로 만들면 되지!'라고 반박할지도 모른다.

① (가)의 앞 ② (나)의 앞
③ (다)의 앞 ④ (라)의 앞

06 〈보기〉는 시게오 히로세와 로드니 브룩스가 나눈 가상의 대화이다. 대화 내용으로 적절하지 <u>않은</u> 것은?

보 기

시게오 히로세 : 지능을 가진 로봇은 모두 도덕적 존재가 될 수 있어요.
로드니 브룩스 : 그러므로 로봇을 인간을 위한 노예로 취급해서는 안 됩니다. ········· ㉠
시게오 히로세 : 물론이지요. 훌륭한 성인 같은 로봇도 만들 수 있는 걸요. ········· ㉡
로드니 브룩스 : 그러니 로봇이 인간과 비슷한 지능과 의식을 갖게 될 날이 어서 오길 바랍니다. ········· ㉢
시게오 히로세 : 그렇게 되면 인간과 흡사한 로봇이 탄생해 인간을 위협할 수도 있으니 이를 경계해야지요. ········· ㉣

① ㉠ ② ㉡
③ ㉢ ④ ㉣

정답 및 해설 별책 26p

정치 논리와 경제 논리 _ 김승옥

(가) 한 사회의 정치・경제와 관련된 문제는 정치적으로 접근하느냐 경제적으로 접근하느냐에 따라 보는 시각이 달라진다. 정치 논리에서는 (㉠)을 중시하고 경제 논리에서는 (㉡)을 중시하는데, 두 기준 가운데 어느 것을 더 중요시하느냐에 따라 문제 인식과 해법이 크게 달라진다.

(나) 정치 논리는 '누구에게 얼마를'이라는 식의 자원 ⓐ 배분의 논리로서 주로 분배 측면을 중시한다. 반면에 경제 논리는 효율성 혹은 '최소의 비용으로 최대의 효과'를 얻고자 하는 경제 원칙에 ⓑ 입각한 자원 배분의 논리이다.

(다) 정치 논리와 경제 논리는 일반적으로 정치인과 경제인에게서 잘 드러난다. 여기서 정치인은 사회적 ⓒ 의사 결정에 합법적인 ⓓ 권한을 갖고 있는 공직자를 말하고, 경제인은 공공 정책의 분석・진단・수립 및 평가 등을 담당하는 경제 전문가를 의미한다. 물론 사회적 쟁점에 대해 모든 정치인이 정치 논리만을 주장하거나 모든 경제인이 경제 논리만을 주장하는 것은 아니며, 경제 논리를 내세우는 정치인이나 정치 논리에 좌우되는 경제인도 있을 수 있다. 그러나 여기서는 정치인과 경제인의 일반적 속성에 비추어 그들이 각각 정치 논리와 경제 논리에 기초한다고 본다. 이를 통해 정치인과 경제인의 기본 발상과 환경 속성을 비교해 본다면 그들의 주장에 담긴 정치 논리와 경제 논리의 차이점을 살펴볼 수 있을 것이다.

핵/심/정/리

- 갈래 : 설명문
- 성격 : 분석적, 대조적
- 제재 : 정치 논리와 경제 논리
- 주제 : 정치 논리와 경제 논리의 차이점 및 적절한 활용의 필요성
- 특징 ❶ 정치 논리와 경제 논리의 이해를 돕기 위해 정치인과 경제인의 속성을 분석함.
  ❷ 정치인과 경제인, 정치 논리와 경제 논리를 대조하여 설명함.

적중! 출제 예상 문제

07 윗글에 제시된 부분에 대한 설명으로 적절한 것은?

① 구체적인 상황을 예로 들어 설명하고 있다.
② 대조의 방식을 활용하여 두 대상의 차이점을 강조하고 있다.
③ 인과의 방식을 활용하여 현상의 원인을 분석하고 있다.
④ 객관적인 근거를 통해 글쓴이의 주장을 타당하게 하고 있다.

08 ㉠, ㉡에 들어갈 말로 적절하게 짝지어진 것은?

	㉠	㉡
①	공평성	효율성
②	공평성	합법성
③	합법성	효율성
④	효율성	합법성

09 ⓐ~ⓓ의 사전적 의미로 적절하지 <u>않은</u> 것은?

① ⓐ : 몫몫이 나누어 줌
② ⓑ : 어떤 사실이나 주장 따위에 근거를 두어 그 입장에 섬
③ ⓒ : 어떤 대상에 대하여 가지는 생각
④ ⓓ : 어떤 사람이나 기관의 권리나 권력이 미치는 범위

10 윗글의 내용과 일치하지 <u>않는</u> 것은?

① 정치 논리와 경제 논리의 선택은 서로 다른 문제의식과 해법을 가지고 온다.
② 정치인은 사회적 의사 결정에 권한을 지니고 있는 자로, 주로 공직자이다.
③ 경제인은 공공 정책의 분석, 평가 등을 담당한다.
④ 특정 사회적 쟁점은 언제나 정치인의 역할과 경제인의 역할이 분리되어 있다.

정답 및 해설 별책 26p

근대 감옥의 원리와 사회 _ 미셸 푸코

(가) 벤담의 '패놉티콘'(일망 감시 감옥)의 원리는 잘 알려져 있다. 주위는 원형의 건물이 에워싸고 있고, 그 중심에는 탑이 하나 있다. 탑에는 원형 건물의 안쪽으로 향해 있는 여러 개의 큰 창문들이 뚫려 있다. 주위의 건물은 독방들로 나누어져 있고, 독방 하나하나는 건물의 앞면에서부터 뒷면까지 내부의 공간을 모두 차지한다.

(나) 독방에는 두 개의 창문이 있는데, 하나는 안쪽을 향하여 탑의 창문과 마주하는 위치에 나 있고, 다른 하나는 바깥쪽에 있어서 빛이 독방에 구석구석 스며들 수 있다. 따라서 중앙의 탑 속에는 감시인을 한 명 배치하고, 각 독방 안에는 광인이나 병자, 죄수, 노동자, 학생 등 누구든지 한 사람씩 감금할 수 있게 되어 있다. 역광선의 효과를 이용하여 주위 건물의 독방 안에 있는 수감자의 윤곽이 정확하게 빛 속에 떠오르는 모습을 탑에서 파악할 수 있게 한 것이다.

각각의 수많은 감방은 바로 완전히 개체화되고 항상 밖의 시선에 노출되어 있어서 마치 한 사람의 배우가 연기하고 있는 수많은 작은 무대들이 나열된 것과 같다. 일망 감시의 이 장치는 끊임없이 대상을 바라볼 수 있고, 즉각적으로 판별할 수 있는, 그러한 공간적 단위들을 구획 정리한다.

(다) 요컨대 이곳에서는 지하 감옥의 원리가 뒤바뀌어 있다. 지하 감옥의 세 가지 기능, 즉 감금하고, 빛을 차단하고, 숨겨 두는 기능 중에서 첫 번째만 남겨 놓고 뒤의 두 가지를 없애 버린 형태다. 일망 감시 감옥에서는 충분한 빛과 감시자의 시선이, 지하 감옥에서 보호 구실을 하던 어둠의 상태보다 훨씬 수월하게 상대를 포착할 수 있게 한다.

(라) 이러한 형태는 무엇보다 저 감금 시설 속에 밀집해 있으면서 혼잡하고 소란스러운 대중의 모습을 보지 않게 해 준다. 사람들은 저마다 감시자가 정면으로 바라볼 수 있는 독방 안에 감금된 처 자기 자리를 지키고 있다. 그러나 양쪽의 벽은 수감자가 동료들과 접촉하는 것을 차단하는 역할을 한다. 감시자는 수감자를 볼 수 있지만, 수감자가 감시자를 볼 수는 없다. ㉠ 그는 정보의 대상이 되기는 해도, 정보 소통의 주체가 되지는 못한다.

핵/심/정/리
- 갈래 : 논설문
- 성격 : 설명적, 묘사적, 분석적
- 제재 : 일망 감시 감옥(패놉티콘)
- 주제 : 일망 감시 감옥의 원리와 권력의 작동 방식은 밀접한 관련이 있음.
- 특징 ❶ 패놉티콘의 구조를 분석하여 감시 원리를 체계적으로 설명함.
  ❷ 패놉티콘의 감시 원리를 권력 구조에 적용함.

▲ 일망 감시 감옥(패놉티콘)

(마) 이로부터 일망 감시 감옥의 효과가 생겨난다. 감금된 자는 권력의 자동적인 기능을 보장해 주는 가시성의 지속적이고 의식적 상태로 이끌려 들어간다. 감시 작용을 중단하더라도 그 효과는 계속되며, 권력의 완성이 그 행사의 현실성을 점차 약화시킨다. 이러한 건축적 장치는 권력을 행사하는 사람과 상관없이 어떤 권력 관계를 새로 만들고 이를 유지하는 기계장치가 된다. 요컨대 수감자는 스스로 그 상황을 유지하는 어떤 권력적 상황속으로 편입된다.

적중! 출제 예상 문제

11 윗글을 읽고 알 수 있는 패놉티콘에 대한 설명으로 적절하지 <u>않은</u> 것은?

① 패놉티콘은 벤담이 고안한 감옥 건축 양식이다.
② 패놉티콘은 지하 감옥과 같은 원리로 작동한다.
③ 패놉티콘 안에는 수감자가 한 사람씩 갇혀 있다.
④ 패놉티콘에 갇힌 수감자는 감시자를 관찰할 수 없다.

12 (가)~(라) 중, 〈보기〉의 밑줄 친 부분과 같은 표현 방법이 사용된 단락은?

> 보 기
>
> 그날 해가 떠오르던 아침 바다는 <u>마치 이제 막 닦아낸 깨끗한 거울처럼</u> 티 없이 맑아서 붉은 햇살을 오롯이 비춰 냈다.

① (가) ② (나)
③ (다) ④ (라)

13 ㉠에 해당하는 사람이 <u>아닌</u> 것은?

① 광인 ② 죄수
③ 감시자 ④ 노동자

14 '일망 감시 감옥'의 특징으로 적절하지 <u>않은</u> 것은?

① 수감자는 자동적 권력 구조 안에 포섭된다.
② 감시자가 누구냐에 따라 권력의 작동 방식이 달라진다.
③ 수감자는 원형 건물 안에서 바깥을 볼 수 없다.
④ 감시자는 중앙 탑 안에서 건물 안을 볼 수 있다.

정답 및 해설 별책 26p

편의점, 욕망을 검색하는 도시의 야경꾼 _ 김찬호

핵/심/정/리
- 갈래 : 설명문
- 성격 : 설명적, 분석적, 비판적
- 제재 : 편의점
- 주제 : 편의점을 둘러싼 소비문화 현상의 특징과 그 이면에 숨은 편의점 운영 시스템에 대한 비판
- 특징 ❶ 편의점을 도시 문화의 산물이자 도시인들에게 잘 어울리는 상업 공간으로 파악함.
  ❷ 편의점의 운영 시스템 이면에 존재하는 주인과 점원의 기계적 노동을 비판적으로 분석함.

(가) 한때 편의점은 잘나가는 사업 항목으로서 한 달에 3백만 원 이상의 수입이 넉넉히 보장되던 시절이 있었다. 그러나 최근에 들어와서는 사정이 완전히 달라졌다. 조기 퇴직자, 부업으로 편의점을 경영하려는 사람들이 늘면서 가맹 희망자들이 줄을 이었고, 본사들은 예상 매출액을 부풀려 개업을 적극적으로 권장했다. 그 결과 가까운 거리에 많은 편의점이 들어서서 제 살 깎기를 하는 실정이다. 적자를 보는 가게들도 적지 않다. 그러나 쉽게 그만둘 수도 없는 것이 기간 만료 전에 계약을 해지하면 엄청난 손실금을 물어야 하기 때문이다. 본사가 가맹점들과 매우 불공정한 조건으로 계약을 맺었기 때문에 (㉠)(으)로 장사를 계속하는 이들도 있다. 급기야 일부 점주들은 최근 계약 조건이 일방적이고 불합리하다며, 본사의 '편의'대로 작성된 약관을 바로잡기 위해 연대 행동에 들어갔다.

(나) 주인 못지않게 힘겨운 것이 아르바이트 점원들의 신세이다. 그들은 비정규직으로서 가맹점에 공통으로 제공되는 옷을 입고 시급 3천 원 정도의 저임금을 받으며 하루 10시간 정도 노동을 한다. 물건이 들어올 때마다 검수하고 옮기는 일, 창고를 정리하고 상품을 진열하는 일, 가게 안팎을 청소하는 일, 인수인계 때마다 판매된 전체 물품과 계산된 총액의 일치 여부를 꼼꼼히 확인하는 일 등 여러 가지 업무를 수행한다. 특히 밤을 꼬박 새우는 것이 매우 피곤한데 밤중에 술 취한 손님이 들어와 행패를 부리면 난감하기 짝이 없다. 낮에도 가장 힘든 일은 까다로운 손님을 상대하는 것이다.

(다) 편리함을 뜻하는 영어 단어 '컨비니언스(convenience)'는 '함께 있음'이라는 뜻의 라틴어에서 왔다. 편의점은 이제 일상의 자연스러운 일부분으로 자리 잡았다. 사람들은 그 깔끔하고 환한 공간을 자기의 방만큼이나 친밀하게 느낀다. 고독하고 힘겹게 살아가는 사람들에게 편의점은 '도시의 성좌'처럼 위안을 준다. 늦은 밤 온라인을 배회하다가 출출한 배를 채우고 싶을 때 언제나 찾아갈 수 있는 곳이 편의점이다. 수많은 물품을 진열하고 24시간 연중무휴로 열려 있는 것이 너무 고맙다. 그러나 그곳

을 드나드는 소비자들의 욕망은 체계적으로 검색되고 관리된다. 그리고 그 주인과 점원의 업무도 주어진 지침 속에서 기계적으로 영위된다. 일상의 편리함은 거저 얻어지는 것이 아니다. 고객의 편의를 위해 엄청난 불편을 감내해야 하는 이들이 있다. 구멍가게와 슈퍼마켓을 밀어내고 촘촘히 들어서는 편의점은 문명의 외롭고 고달픈 속살을 드러내고 있다.

적중! 출제 예상 문제

15 윗글을 읽고 알 수 있는 내용이 아닌 것은?

① 편의점의 수익이 줄어드는 이유
② 영어 단어 'convenience'의 어원
③ 소비자가 편의점에 대해 느끼는 감정
④ 편의점이 소비자의 욕망을 관리하는 구체적인 방법

16 윗글의 흐름으로 보아 ㉠에 들어갈 속담으로 가장 적절한 것은?

① 울며 겨자 먹기
② 계란으로 바위 치기
③ 다 된 죽에 코 풀기
④ 손바닥으로 하늘 가리기

17 이 글을 통해 알 수 있는 편의점의 특징으로 적절하지 않은 것은?

① 점원의 업무가 굉장히 다양하고 체계적이다.
② 많은 퇴직자, 부업을 희망하는 자들이 가맹을 희망한다.
③ 외로운 도시의 삶에서 인간의 정을 느낄 수 있는 곳이다.
④ 소비자들의 욕망을 체계적으로 분석하고 실현시키는 곳이다.

정답 및 해설 별책 26p

'우리'를 위한 기술, 적정 기술 _ 지은지

핵/심/정/리

- 갈래 : 강연문
- 성격 : 설명적, 해설적
- 제재 : 적정 기술
- 주제 : 더불어 사는 삶을 실천하는 적정 기술 개발의 필요성
- 특징 ❶ 실생활과 연관된 다양한 질문을 통해 청중의 흥미와 관심을 유발하고 있음.
  ❷ 스스로 묻고 답하는 방식으로 내용을 전개하고 있음.
  ❸ 적정 기술의 구체적 사례를 제시하고 있음.

(가) 적정 기술 운동은 마하트마 간디가 맨 처음 시작했습니다. 그는 지역을 중심으로 하는 작은 기술을 개발하려고 노력했습니다. 인도의 각 마을이 독립적으로 경제 활동을 할 수 있게 하기 위해서였습니다. 그는 이윤 증대를 위한 대량 생산 기술, 그리고 소수의 사람만 이익을 볼 수 있는 기술을 싫어했습니다.

(나) '항아리 냉장고'는 전기 시설이 열악한 아프리카 지역의 주민들을 위한 냉장고입니다. 이름에서도 알 수 있듯이 작은 항아리를 큰 항아리에 넣는 간단한 구조인데요, 두 개의 틈 사이에는 모래를 채워 넣고 물을 부어 줍니다. 마지막으로 작은 항아리 속에 농작물이나 음식물을 넣고 젖은 천으로 덮으면 항아리 냉장고가 완성됩니다. 이런 간단한 구조로, 보통 이틀이면 상하는 음식을 3주 동안이나 보관할 수 있다고 합니다.

(다) 전기도 없이 3주간 신선함을 유지할 수 있다니, 이게 어떻게 가능한 일일까요? 물이 수증기가 되려면 열에너지가 필요합니다. 물이 열을 계속해서 흡수해 공기 중으로 증발하기 때문에 항아리 속 온도는 낮아집니다. 주기적으로 항아리에 물을 뿌려 주면 항아리 속 온도를 항상 낮게 유지할 수 있습니다.

그런데 왜 하필 물일까요? 주위에서 쉽게 구할 수 있어서이기도 하지만, 더 중요한 이유는 물 분자 사이의 결합(수소 결합)이 다른 액체보다 특이하기 때문입니다. 물 분자 간의 결합을 끊어 내려면 다른 분자 간 결합을 끊어 내는 것보다 더 많은 열에너지가 필요합니다. 이를 기화열*이 높다고 하는데요. 따라서 다른 액체보다 많은 열을 가지고 수증기로 날아가 좀 더 오랫동안 항아리 속을 차갑게 유지할 수 있는 것입니다.

기화열(氣化熱)
액체가 기체로 변할 때 흡수하는 열량

(라) 값싸고 검안사 없이도 쉽게 초점이 조절되며 한 번 사서 평생을 쓸 수 있는 안경은 없을까요? 사람들에게 또렷한 세상을 선물한 산타할아버지 같은 기업이 있습니다.

그 기업에서는 '스스로 도수를 조절할 수 있는 안경'을 개발했습니다.

우리는 근시에는 빛을 퍼뜨려 주는 오목 렌즈를, 원시에는 빛을 모아 주는 볼록 렌즈를 사용해야 한다는 것을 과학 시간에 배웠습니다. 원시인 사람도 근시인 사람도 스스로 도수를 조절할 수 있는 안경이란 정말 가능할까요? 안경의 렌즈는 딱딱한데 그것을 어떻게 순식간에 조절할 수 있을까요?

(마) 개발자들은 (㉠), 즉 고체가 불가능하면 액체로 렌즈를 만들면 된다고 생각했습니다. 안경의 양다리에 있는 액체를 주사기로 조절해 투여하면 투명한 막 사이로 실리콘 오일이 들어와 막의 볼록한 정도를 바꿀 수 있도록 만든 것이죠. 막을 통해 들어오는 빛의 굴절 역시 바뀌는데요. 이를 이용하면 오일을 얼마나 주입하느냐에 따라 안경 도수를 언제든지 바꿀 수 있습니다. 또 실리콘 오일은 증발이 잘 안 되어 안경을 한 번 사면 반영구적으로 사용할 수 있습니다. 이 안경의 가격은 15달러이지만 가격을 5달러 이하로 낮추기 위해 부단히 노력하고 있다고 합니다.

(바) 위에서 다룬 적정 기술 이외에도 많은 기업과 과학자가 더 나은 환경을 만들어 가기 위해 기술 개발에 힘쓰고 있습니다. 또 많은 일반인도 기부를 통해 개발 도상국 사람들이 가난과 질병에서 벗어날 수 있도록 돕고 있지요. 세상에는 함께 살아간다는 의미를 깨닫게 해 주는 과학 기술이 많이 있습니다. 여러분도 과학을 공부해 어려운 이들을 도울 수 있는 획기적인 발명품들을 만들어 보세요. 저도 그 길에 동참하겠습니다.

적중! 출제 예상 문제

18 (가)~(라)의 중심 내용으로 적절하지 않은 것은?

① (가) : 마하트마 간디의 적정 기술 운동
② (나) : 항아리 냉장고의 개발 목적과 구조
③ (다) : 항아리 냉장고의 과학적 원리
④ (라) : 도수 조절 안경이 지닌 문제점

19 ㉠에 들어가기에 알맞은 관용 표현은?

① 가뭄에 콩 나듯
② 울며 겨자 먹기로
③ 이가 없으면 잇몸으로
④ 신 신고 발바닥 긁기로

20 윗글을 읽은 학생의 반응으로 적절한 것은?

① 간디는 대량 생산 기술보다는 소수의 사람을 위한 기술을 개발하려 했군.
② 물은 다른 액체보다 분자 간의 결합을 끊는 데 적은 열에너지를 필요로 하는군.
③ 도수 조절 안경을 쓰기만 하면 자동적으로 사용자의 시력에 맞게 도수가 조절되는군.
④ 간디의 입장에서는 항아리 냉장고가 지역을 중심으로 하는 작은 기술에 해당한다고 생각할 수 있겠군.

정답 및 해설 별책 26p

인류 역사와 함께한 질병, 결핵 _ 예병일

(가) 1906년 프랑스의 칼메트와 게랭은 백신을 개발함으로써 결핵 예방의 길을 텄다. 세균학자인 칼메트는 파스퇴르의 접종법 원리, 즉 독성을 약하게 만든 균을 인체에 주사하는 방법을 이용하려 했다. ㉠ 우두를 앓으면 치명적인 천연두가 예방되는 것처럼 소 결핵을 가볍게 앓으면 사람 결핵이 예방되므로 소 결핵균이 백신으로 만들기에 적당했다. 하지만 소 결핵균도 인체에 유해하므로 독성을 줄여야 했고, 칼메트는 수의사 게랭과의 공동 연구를 통해 소 결핵균을 수대에 걸쳐 연속 배양하여 1921년에 비로소 독성을 완전히 제거한 소 결핵균을 배양해 낼 수 있었다. 이는 '칼메트-게랭의 소 결핵균'이라 명명되었고, 이 이름을 줄인 비시지(BCG)는 오늘날 결핵 예방 접종에 사용하는 백신의 이름이다.

(나) 수천 년간 인류를 괴롭혀 온 결핵의 원인균과 예방법을 알아냈지만, 결핵을 치료하기까지는 좀 더 기다려야 했다. 미국의 미생물학자인 왁스먼은 흙이 들어 있는 용액에 노출된 세균이 죽어 버리는 현상을 발견하고, 흙 속에서 세균을 죽이는 물질을 찾아내기 위한 연구를 진행했다. 왁스먼은 흙 속에서는 눈에 보이지 않는 미생물이 자신의 영역을 지키기 위해 끊임없이 자리다툼을 하며, 토양이라는 환경에 가장 잘 적응한 존재들만이 살아남게 된다는 사실을 알게 되었다. 사람을 죽게 하는 결핵균조차도 토양이라는 환경에서는 살아남지 못했다. 왁스먼은 토양에 다양한 미생물이 있으며, 그 수가 아주 많다는 사실에 착안했다. 그리하여 토양의 미생물 가운데 병원균을 사멸시키는 물질을 분비하는 미생물이 존재할 것이라는 가설을 세우고, 가설을 검증하기 위한 연구를 진행했다.

(다) 왁스먼은 다양한 성질을 지닌 토양을 채취해 완충 용액에 혼합한 다음 토양 속에 있는 미생물을 멸균하고, 그 생성물에서 항생제 능력을 지닌 물질을 분리하는 일을 하루도 빠짐없이 실행했다. 실험 대상이 워낙 광범위했으므로 고된 작업이었지만 왁스먼은 쉬지 않고 실험을 계속했다. 그러던 중 그는 어느 방선균에서 뽑아낸 특이한 물질이 장티푸스균, 포도상 구균을 비롯한 여러 병원성 세균에 대해 살균 효과가 있다는 사실

핵/심/정/리
- 갈래 : 설명문
- 성격 : 객관적, 분석적
- 제재 : 결핵
- 주제 : 결핵 치료법을 찾아내기 위한 과학자들의 치열한 연구
- 특징 : 과학자들의 연구 과정을 인과 관계에 따라 분석적으로 제시함.

을 발견했다. 방선균이 생산하는 물질 가운데 항균 효과를 지닌 물질은 스무 가지가 넘었다. 그러나 왁스먼이 찾아낸 추출물로 동물 실험을 한 결과 약리효과는 아주 낮게 나타났다.

(라) 이에 굴하지 않고 왁스먼은 살균 효과가 있는 천 개 정도의 물질을 추출하고, 어느 물질이 가장 좋은 효과를 지녔는지 알아내는 실험을 해 가면서 후보 물질의 수를 점점 줄여 나갔다. 몇 년이 지난 어느 날, 왁스먼은 시험관 속에서 창자에 병을 일으키는 병원균 한 가지가 죽어 있는 것을 발견했다. 그 시험관에 있던 미생물은 방선균의 일종인 스트렙토미세스였는데, 왁스먼은 이 미생물을 집요하게 파고들기 시작했다.

이 미생물의 배양액에서 추출한 항생 물질은 페니실린으로 해결할 수 없던 여러 가지 균에 효과가 있었으며, 특히 결핵 치료제로서 주목받았다. 1943년 방선균에서 항생제를 추출하는 데 성공한 왁스먼은 다음 해에 스트렙토마이신이라고 이름을 붙인 약을 세상에 공개했다. 이때부터 사용하기 시작한 스트렙토마이신은 지금까지도 결핵 치료제의 대표 약으로 많은 환자에게 도움을 주고 있다. 왁스먼은 스트렙토마이신을 발견한 공로를 인정받아 1952년 노벨 생리 의학상을 수상했다.

적중! 출제 예상 문제

21 ㉠의 원리와 가장 유사한 것은?

① 마취가 풀린 후에는 마취가 풀리기 전보다 더 극심한 통증을 유발한다.
② 수면 유도제를 먹고 나서 수술한 한 이후에는 잠시 동안 머리가 몽롱한 상태에 있다.
③ 소화제를 습관적으로 먹게 되면 약에 대한 내성이 생기게 되어, 실제 소화가 더 더디게 된다.
④ 한번 감기에 크게 걸린 사람은 다음에는 비슷한 상황에서도 좀처럼 감기에 잘 걸리지 않는다.

22 이 글의 제목으로 적절한 것은?

① 방선균의 효용
② 토양과 미생물의 관계
③ 방선균의 역할과 종류
④ 왁스먼의 병원균 치료 물질 발견 과정

23 왁스먼이 결핵 치료제 개발 중에 제기했을 질문이 <u>아닌</u> 것은?

① 흙이 든 용액에 노출된 세균은 왜 죽을까?
② 결핵균을 줄이는 미생물도 존재하지 않을까?
③ 토양에는 미생물이 적으니 치료제를 금방 찾지 않을까?
④ 방선균에서 추출한 물질 중에 결핵균을 죽이는 물질이 있지 않을까?

24 '스트렙토마이신'에 대한 내용으로 적절하지 <u>않은</u> 것은?

① 왁스먼이 개발한 결핵 치료 물질이다.
② 스트렙토미세스가 포함된 복합 물질이다.
③ 페니실린으로 해결할 수 없던 균에 효과가 있었다.
④ 왁스먼은 이것을 발견한 공로로 노벨 생리 의학상을 수상하였다.

정답 및 해설 별책 26p

PART 02 기출문제 체크

정답 및 해설 별책 29p

[01~03] 다음 글을 읽고 물음에 답하시오.

서구에서는 오랜 기간 동안 동물을 이성적 영혼이 없는 존재로 여기는 철학적 관념이 우세했다. 근세에 이르기까지도 동물 복지와 같은 것은 사실상 없었다고도 할 수 있다. 17세기 철학자인 르네 데카르트는 동물을 마치 시계와 같이 어떤 것도 전혀 느끼지 못하는 기계처럼 여겼다. 그래서 그 시대에는 완전히 ㉠ 의식이 있는 상태의 동물들을 마취나 진통제 처치도 하지 않고 생체 해부를 하는 일도 있었다. 그러한 경향이 오늘날까지 영향을 미쳐 동물을 마치 기계인 양 취급하는 공장식 농장의 출현을 가져왔다고 할 수 있다.

사실 우리는 데카르트의 주장처럼, 동물이 쾌락이나 고통을 느낀다는 것을 명백하게 입증하지 못한다. 그러나 따지고 보면 우리는 이웃이 어떤 느낌을 느끼며 사는지 역시 정확히 알지 못한다. 설령 그들이 어떤 상황에서 기쁨이나 고통을 나타내는 소리나 언어를 사용하는 등의 행동을 하더라도 그것이 우리가 느끼는 종류의 기쁨과 고통과 동일한 것인지, 혹은 꾸며서 그러는 것인지 어떻게 확신할 수 있는가? 그럼에도 불구하고 우리는 서로에게 최소한 어떤 일을 해서는 안 된다는 것을 사회적 약속으로 삼고 살아간다. 동물에게도 마찬가지이다. 우리는 동물의 쾌락과 고통을 명백히 입증하지는 못하지만, 인간뿐 아니라 동물에 대해서도 어떤 일은 해도 되지만, 어떤 일은 해서는 안 된다는 사회적 합의가 존재한다. 이 합의는 바로 동물에게도 '복지'가 있다는 생각에 근거하는 것이다. 이것은 현대 사회에서 동물의 권리에 대해 어떤 생각을 가지고 있든 최소한 공유되고 있는 생각이다.

〈중략〉

그러므로 불필요한 고통은 배제하고 사람을 위하여 필요한 경우라도 고통을 최소화하기 위해 노력하는 것이 인도적인 행위이다. 이는 사람과 일정한 관계를 유지하고 살아가는 동물과 건전하고 바람직한 관계를 정립하는 측면에서 마땅히 지녀야 할 자세이다. 결국 동물의 복지를 책임져야 하는 것은 바로 인간이며, 이는 인간을 보다 인간답게 하는 일이 될 것이다.

– 김진석, 「동물의 복지를 생각한다」 –

01 윗글을 읽을 때 유의할 점이 아닌 것은?

① 주장의 논리성을 따져야 한다.
② 사실과 의견을 구분해야 한다.
③ 전제나 가정이 올바른지 확인해야 한다.
④ 등장인물의 심리 변화를 고려해야 한다.

02 공장식 농장의 출현을 가져온 생각은?

① 동물은 이성적 영혼을 지니고 있다.
② 동물은 인간과 동일한 감각을 가졌다.
③ 동물은 쾌락이나 고통을 느끼지 못한다.
④ 동물은 인간과 동반자적 관계를 맺고 있다.

03 ㉠과 문맥적 의미가 가장 가까운 것은?

① 너는 특권 의식을 버려야 한다.
② 그는 올바른 의식을 갖춘 사람이다.
③ 그는 마취가 덜 깼는지 의식이 흐릿했다.
④ 최근에 환경을 보호하려는 의식이 높아졌다.

[04~06] 다음 글을 읽고 물음에 답하시오.

지구의 자전축이 23.5° 기울어져 있기 때문에 북반구에서 해는 여름에 높이 뜨고 겨울에 낮게 뜬다. 땅 위에 서 있는 집을 기준으로 얘기하면 여름에는 햇빛이 수직에 가깝게 내리꽂히고 겨울에는 낮은 각도로 완만하게 비춘다. 한옥은 햇빛을 다스리기 위해 여름과 겨울의 햇빛이 처마와 만나 이루는 각도의 중간 지점에 창을 낸다. 여름에 귀찮은 햇빛을 물리치고 겨울에는 고마운 햇빛을 끌어들이기 위해서다.

햇빛을 조절하는 방법은 두 가지다. 하나는 지붕 처마를 적절히 돌출시키는 것이다. 이렇게 하면 여름에는 처마가 햇빛을 막아 튕겨 내고 겨울에는 햇빛을 통과시킨다. 다른 하나는 방의 깊이를 조절하는 방법이다. 특히 추운 겨울, 처마를 통과해 방 안으로 들어오는 햇빛의 양을 조절하기 위해 방을 깊지 않게 짓는다. 덕분에 햇빛이 방 끝까지 기분 좋게 들어오고, 난방과 소독에도 일조한다.

〈중략〉

한옥은 바람의 집이기도 하다. 한반도 여름에는 남동풍이, 겨울에는 북서풍이 분다. 우리 조상들은 바람이 절실히 필요한 여름을 위해 한옥에 남동 방향으로 바람길을 만들었다. 바람길은 시원하고 '통(通)' 크게 나 있다. 약간의 인색함도, 머뭇거림도 없이 집의 끝에서 끝까지 일직선으로 뚫려 있다. 바람 보고 돌아가라거나 쉬어 가라거나 꺾어 가라거나 하는 따위의 실례를 범하는 법이 절대 없다.

또한 바람길은 하나가 아니다. 이쪽에서 바람길, 저쪽에서 바람길이다. x축과 y축이 이루는 십(十)자 구도를 기본으로 여러 개의 사선이 교차한다. 한옥의 바람길을 열어 주는 것은 창과 문이다. 한옥의 창문은 아무렇게나 난 것 같지만 사실 그렇지 않다. 창문만 선으로 연결하면 꼬치에 낀 산적처럼 한 줄로 늘어선다. 창의 위치가 모두 일직선으로 놓여있기 때문이다.

– 임석재, 「지혜가 담긴 집 한옥」 –

04 윗글에 언급된 한옥에 대한 설명으로 적절하지 <u>않은</u> 것은?

① 햇빛이 대청과 만나는 지점에 창을 낸다.
② 겨울철 햇빛은 한옥의 난방과 소독에 일조한다.
③ 지붕 처마를 적절히 돌출시켜 햇빛을 조절한다.
④ 추운 겨울, 방 안으로 들어오는 햇빛의 양을 조절하기 위해 방을 깊지 않게 짓는다.

05 윗글의 내용 전개 방식으로 가장 적절한 것은?

① 한옥과 양옥의 장단점을 비교하고 있다.
② 한옥의 발전 과정을 시간 순으로 나열하고 있다.
③ 지역에 따른 한옥의 크기를 예를 들어 제시하고 있다.
④ 햇빛과 바람을 고려한 한옥 구조의 원리를 분석하고 있다.

06 다음 물음에 대한 답으로 가장 적절한 것은?

> 한옥을 지을 때 여름에 바람이 잘 통하게 하기 위해서는 어떻게 하는 것이 좋을까?

① 바람길을 이리저리 꺾는다.
② 창과 문의 개수를 일치시킨다.
③ 남서쪽으로만 바람길을 만든다.
④ 바람길이 생기도록 창과 문을 낸다.

[07~09] 다음 글을 읽고 물음에 답하시오.

활활 타오르는 모닥불 속에 썩은 통나무 한 개비를 집어 던졌다. 그러나 미처 그 통나무 속에 개미집이 있다는 것을 나는 몰랐다. 통나무가 우지직, 소리를 내며 타오르자 별안간 개미들이 떼를 지어 쏟아져 나오며 안간힘을 다해 도망치기 시작한다. 그들은 통나무 뒤로 달리더니 넘실거리는 불길에 휩싸여 ㉠ 경련을 일으키며 타 죽어 갔다. 나는 황급히 통나무를 낚아채서 모닥불 밖으로 내던졌다. 다행히 많은 개미들이 생명을 건질 수 있었다. 어떤 놈은 모래 위로 달려가기도 하고 어떤 놈은 솔가지 위로 기어오르기도 했다. 그러나 이상한 일이다. ⓐ 개미들은 좀처럼 불길을 피해 달아나려고 하지 않는다. 가까스로 공포를 이겨 낸 개미들은 다시 방향을 바꾸어 통나무 둘레를 빙글빙글 돌기 시작했다. 그 어떤 힘이 그들을 내버린 고향으로 다시 돌아오게 한 것일까?

〈중략〉

사회 생물학은 인간을 포함한 모든 동물들의 사회적 행동의 ㉡ 진화를 연구하는 학문이다. 그리고 사회 생물학 연구의 가장 중심에 놓인 질문은 바로 이타성에 관한 것이다. 생물이란 모름지기 누구나 자기를 위해 사는 이기적 존재인 것 같은데 솔제니친이 관찰한 개미들은 왜 스스로 목숨까지 버리며 희생을 마다하지 않는 것일까? 영국 옥스퍼드 대학의 생물학자 리처드 도킨스가 "이기적 유전자"에서 명쾌하게 설명한 사회 생물학 이론에 따르면, 겉으로는 이타적으로 보이는 개미의 행동도 유전자의 수준에서 보면 보다 많은 복사체를 ㉢ 후세에 남기려는 이기적 행동의 ㉣ 산물이다. 솔제니친의 수필 '모닥불과 개미'가 이끌어 준 학문인 사회 생물학은 내게 세상을 보는 전혀 새로운 렌즈를 제공했다.

– 최재천, 「과학자의 서재」 –

07 윗글에 대한 설명으로 적절하지 않은 것은?

① 주요 개념을 소개하고 있다.
② 전문가의 의견을 언급하고 있다.
③ 질문을 던지고 답을 제시하고 있다.
④ 통계 자료를 근거로 활용하고 있다.

08 사회 생물학의 관점에서 ⓐ를 이해한 내용으로 가장 적절한 것은?

① 큰 재난에 자포자기했기 때문이다.
② 밝은 불빛을 향하려는 본능 때문이다.
③ 종족의 번식이 끊기는 것을 막기 위함이다.
④ 공포에 눌려 달아난다는 비난을 피하기 위함이다.

09 ㉠~㉣의 사전적 의미로 적절하지 않은 것은?

① ㉠ 경련 : 근육이 별다른 이유 없이 떨게 되는 현상
② ㉡ 진화 : 불이 난 것을 끄는 것
③ ㉢ 후세 : 다음에 오는 세상 혹은 다음 세대의 사람들
④ ㉣ 산물 : 어떤 일의 과정이나 결과로 생긴 사물이나 사실

[10~12] 다음 글을 읽고 물음에 답하시오.

활자로 인쇄된 종이 책을 서점에서 값을 치르고 사와서 집에서 혼자 눈으로 읽는 독서 방식은 보편적인 것도 영원불변한 것도 아니다. 현재 이러한 독서는 매우 흔하지만, 우리나라를 비롯하여 전 세계적으로 20세기에 들어서고 나서야 일반화되었다. 근대 이전에는 평범한 사람들이 책을 소유하는 것이 쉬운 일이 아니었다. 글자를 아예 읽을 수 없는 문맹자들도 많았으며, 신분이나 성별에 따른 차별 때문에 누구나 교육을 받을 수도 없었다.

옛사람들에게 책은 지금보다 훨씬 귀하고 비싼 물건이었다. 인쇄 기술이 발달하지 않았고 책을 쓰고 읽는 일 자체를 아무나 할 수 없었기 때문이다. 그래서 옛사람들의 독서와 공부 방법은 요즘과 달랐다. 그들은 책을 수없이 반복해서 읽었고, 통째로 외는 방법으로 공부했다. 그리고 글을 쓸 때면 책에 담긴 이야기와 성현의 말씀을 인용하며 자기주장을 폈다.

조선 중기의 관료이자 시인인 김득신은 어렸을 때 천연두를 심하게 앓아 총기(聰氣)를 잃고 말았다. 그래서 김득신은 남들이 두어 번만 읽으면 아는 글을 수십 수백 번, 수천수만 번씩 읽고 외웠다. 결국, 김득신은 과거에도 급제하고 시인이 되었다. 이 일화는 노력을 통해 목표를 성취한 사람의 감동적인 이야기일 뿐만 아니라, 조선 시대의 독서 문화를 상징적으로 보여 주는 예이기도 하다. 고전이나 그에 버금가는 글을 수없이 읽고 암송하고 그것을 펼쳐 내는 일이 곧 지성을 갖추고 표현하는 일이었다.

– 천정환, 「시대에 따른 독서 문화」 –

10 윗글의 서술상 특징으로 가장 적절한 것은?

① 설문 결과를 활용하고 있다.
② 역사 속 인물을 예로 들고 있다.
③ 전문가의 견해를 인용하고 있다.
④ 공간의 변화에 따라 진술하고 있다.

11 윗글을 읽는 방법으로 적절하지 않은 것은?

① 배경지식을 활용하며 읽는다.
② 여정과 견문을 구분하며 읽는다.
③ 사전에서 모르는 단어의 뜻을 찾으며 읽는다.
④ 중요한 정보와 그렇지 않은 정보를 구별하며 읽는다.

12 윗글을 읽고 이해한 것으로 적절하지 않은 것은?

① 김득신은 총명해서 남들보다 쉽게 과거에 급제했다.
② 근대 이전에는 평범한 사람들이 책을 소유하기 어려웠다.
③ 옛날 사람들은 책을 반복해서 읽고 외는 방법으로 공부했다.
④ 근대 이전에는 신분, 성별 등의 이유로 교육 기회가 제한되었다.

[13~15] 다음 글을 읽고 물음에 답하시오.

진화 생물학은 자연계에 적자생존의 원칙이 존재한다고 말합니다. 하지만 적자생존이란 어떤 형태로든 잘 살 수 있는, 적응을 잘하는 존재가 살아남는다는 것이지 꼭 남을 꺾어야만 한다는 뜻은 아닙니다.

그동안 우리는 자연을 그저 경쟁 일변도로만 여겨 온 것 같습니다. 그야말로 너 죽고 나 살자는, 이에는 이 눈에는 눈이라는 식이었지요. 자연을 연구하는 생태학자들도 십 몇 년 전까지는 이것만이 자연의 법칙인 줄 알았습니다. 그런데 이 세상을 둘러보니 살아남은 존재들은 무조건 전면전을 벌이면서 상대를 꺾는 데만 주력한 생물이 아니라 자기 짝이 있는, 서로 공생하면서 사는 종이라는 사실을 발견했습니다.

〈중략〉

인류는 오랜 진화 과정을 거쳐 온 결과 생각하는 사람, 현명한 인간이라는 뜻의 호모 사피엔스라는 학명이 붙었습니다. 저는 이게 지나친 자만이라고 생각합니다. 우리가 정말 현명한 인간이라면 우리의 집인 환경을 망가뜨리면서 살아오진 말았어야죠. 돌이키기 힘들 정도로 환경을 훼손해 놓고 현명하다고 자화자찬하고 있는 것이 지금 우리의 모습입니다.

물론 인간은 똑똑합니다. 굉장히 머리가 좋죠. 그런데 이대로 가면 ㉠ 제 꾀에 제가 넘어가는 헛똑똑이가 되고 말 것입니다. 우리가 정말 지구에서 오래도록 살아남으려면 현명한 인간이라는 오만함을 버리고 다른 동물, 다른 식물과 함께 사는 길을 모색하고 이를 적극적으로 실천에 옮겨야 할 것입니다. 우리 모두가 현명한 인간이라는 자만에서 벗어나 더불어 사는 공생인으로 거듭나 환경의 위기를 극복하는 삶을 실천할 수 있으면 좋겠습니다.

– 최재천, 「더불어 사는 공생인으로 거듭나기」 –

13 윗글의 내용으로 적절하지 않은 것은?

① 경쟁만이 자연의 법칙이라고 하는 생태학자들이 있었다.
② 살아남은 생물은 상대방과 무조건적인 전면전만 한 것은 아니었다.
③ 인류는 돌이키기 힘들 정도로 환경을 훼손해 놓고 자신을 현명하다고 여긴다.
④ 인간은 현명하기 때문에 다른 동식물들을 지배하면서 사는 것이 당연하다.

14 ㉠의 모습에 가장 가까운 것은?

① 거듭된 실패로 다들 포기했지만 계속 도전하여 마침내 전구를 발명해 내었다.
② 터널 대신 우회로를 건설해 비용이 증가했지만 멸종 위기 동물의 서식지를 보존할 수 있었다.
③ 살충제 개발로 해충을 없애 식량 증산을 이루었지만 토양오염으로 인류의 생명까지 위협 받게 되었다.
④ 세탁기가 자동화되면서 익혀야 될 사용법은 늘어났지만 한 번에 빨래에서 헹굼, 탈수까지 할 수 있게 되었다.

15 윗글을 읽을 때 적절하지 않은 독서 전략은?

① 사실과 의견을 구분하기
② 사소한 내용은 왜곡하여 읽기
③ 주장과 근거가 합리적인지 판단하기
④ 정보나 자료가 믿을 만한지 따져 보기

[16~18] 다음 글을 읽고 물음에 답하시오.

가장 흔히 볼 수 있는 거미줄의 형태는 중심으로부터 ㉠ 방사형으로 뻗어 나가는 둥근 그물로, 짜임이 어찌나 완벽한지 곤충의 입장에서는 마치 빽빽하게 펴 놓은 튼튼한 고기잡이 그물과 다름없다. 이 둥근 그물을 짜기 위해 거미는 먼저 두 물체 사이를 팽팽하게 이어주는 '다리실'을 만든다. 그다음 몇 가닥의 실을 뽑아내 별 모양으로 주변 사물들과 중심부를 연결한다. 두 번째 작업으로, 거미는 맨 위에 설치한 다리실에서부터 실을 뽑아내 거미줄의 가장자리 틀을 완성한다. 그런 후 중심과 가장자리 사이를 왔다갔다 하며 세로줄을 친다. 세 번째 작업은 ㉡ 임시 가로줄을 치는 것이다. 이 가로줄은 거미가 돌아다닐 때 발판으로 쓰기 위한 것이기 때문에 점성이 없어 달라붙지 않고 튼튼하다. 나중에 거미줄을 완성하고 쓸모가 없어지면 다니면서 먹어 치웠다가 필요할 때 다시 뽑아내 재활용한다. 마지막으로 영그적이고 끈끈한 가로줄을 친다. 중심을 향해 가로줄을 친 후 다시 바깥쪽으로 꼼꼼히 치기도 하면서 끈끈하고 ㉢ 탄력 있는 사냥용 거미줄을 짠다. 거미는 돌아다닐 때 이 가로줄을 밟지 않으려고 각별히 조심한다고 한다. 거미의 발끝에 기름칠이 되어 있어 이 실에 달라붙지 않는다는 설도 있다. 이렇게 거미줄을 완성하면 거미는 가만히 앉아 먹잇감을 기다리기만 하면 된다. 거미줄을 완성하는 데 걸리는 시간은 한 시간 반이 안 되며 사용되는 실의 길이는 최대 30미터다.

거미줄은 거미와 곤충 사이에 벌어지는 끊임없는 생존 경쟁이 낳은 진화의 산물이다. 일례로 그물을 이루는 견사(실)는 눈에 거의 띄지 않게끔 진화했다. 그래서 1초에 자기 몸길이의 57배만큼 날아가는 초파리의 경우 몸길이의 세 배 거리까지 접근하기 전에는 눈앞의 재앙을 ㉣ 감지하지 못한다.

– 리처드 코니프, 「거미줄, 죽음을 부르는 실」 –

16 윗글을 통해 알 수 있는 내용으로 적절하지 <u>않은</u> 것은?

① 거미줄 치기의 첫 번째 작업은 다리실을 만드는 것이다.

② 거미는 이동을 위해 점성이 없는 임시 가로줄을 친다.

③ 사냥용 거미줄은 거미가 돌아다닐 때 발판으로 쓰인다.

④ 거의 눈에 띄지 않는 거미줄은 생존을 위해 진화된 결과이다.

17 윗글에 대한 읽기 전략으로 가장 적절한 것은?

① 여정과 견문을 이해하고 감상에 공감하며 읽는다.

② 새로운 정보를 파악하고 사실인지 확인하며 읽는다.

③ 필자의 주장을 파악하고 근거의 타당성을 따지며 읽는다.

④ 글의 미적 구조를 이해하고 인물의 정서를 파악하며 읽는다.

18 ㉠~㉣의 사전적 의미로 적절하지 <u>않은</u> 것은?

① ㉠ 방사형 : 중앙의 한 점에서 사방으로 뻗어나간 모양

② ㉡ 임시 : 미리 얼마 동안으로 정하지 않은 잠시동안

③ ㉢ 탄력 : 용수철처럼 튀거나 팽팽하게 버티는 힘

④ ㉣ 감지 : 감추어진 사실을 깊이 살피어 조사하는 것

[19~20] 다음 글을 읽고 물음에 답하시오.

> 마지막으로 전문적 읽기가 있다. 이는 직업이나 학업과 관련하여 전문적으로 글을 읽는 방법을 말하는데, 주제 통합적 독서와 과정에 따른 독서가 여기에 포함된다.
>
> 주제 통합적 독서는 어떤 문제를 해결하려고 주제와 관련된 다양한 글을 서로 비교하여 읽고 자신의 관점을 정리하는 것을 말한다. 보고서를 쓰려고 주제와 관련된 여러 자료를 서로 비교하면서 읽는 것을 그 예로 들 수 있다.
>
> ㉠ <u>과정에 따른 독서</u>는 '훑어보기, 질문 만들기, 읽기, 확인하기, 재검토하기' 등과 같은 순서로 읽는 방법을 말한다. 훑어보기 단계에서는 제목이나 목차, 서론, 결론, 삽화 등을 보고 내용을 예측하면서 대략적으로 훑어본다. 질문하기 단계에서는 훑어보기를 바탕으로 궁금하거나 알고 싶은 내용들을 스스로 질문한다. 질문은 육하원칙(누가, 무엇을, 언제, 어디서, 왜, 어떻게)을 활용하고, 메모해 두는 것이 좋다. 읽기 단계에서는 훑어보기와 질문하기 내용을 염두에 두고 실제로 글을 읽어 나간다. 확인하기 단계에서는 앞의 질문하기 단계에서 제기한 질문들에 대한 내용을 확인하거나 메모한다. 재검토하기 단계에서는 지금까지 진행한 모든 단계들을 종합하여 주요 내용들을 재검토하여 정리하고 확인한다.

19 윗글의 중심 화제로 가장 적절한 것은?

① 읽기의 계획과 검토 방법
② 독서의 개념과 원리
③ 질문의 원칙과 절차
④ 전문적 읽기 방법

20 ㉠에 대한 설명으로 적절하지 <u>않은</u> 것은?

① 훑어보기 - 제목이나 목차 등을 보고 대략적으로 살펴보는 단계이다.
② 질문하기 - 훑어본 내용을 바탕으로 알고 싶은 내용을 자문한다.
③ 읽기 - 훑어보고 질문한 내용을 바탕으로 글을 읽어 나간다.
④ 확인하기 - 처음으로 되돌아가 다시 훑어보고 질문하는 과정을 거친다.

PART

03

화법과 작문

01 화법

02 작문

이 단원에서는 화법과 작문 영역과 관련된 주요 내용들을 다룬다. 일종의 말하기와 글쓰기에 해당하는 영역으로, 화법의 다양한 방법과 형태에 대해 살펴본 후 작문 단계와 작문 관습에 대해 알아본다. 핵심 개념들을 실제 출제된 자료들을 통해 배움으로써 화법과 작문 영역에 대한 자신감과 실전 대응 능력을 기른다.

01 화법

• 화법 영역의 빈출 개념을 이해하며, 화법의 출제 유형을 분석하고 연습한다.

1 대화

(1) 대화의 원리

① 협력의 원리 : 대화 참여자가 대화의 목적에 성공적으로 도달하기 위해 지켜야 하는 것

㉠ 양의 격률* : 대화의 목적에 필요한 만큼의 정보를 제공하라.

㉡ 질의 격률 : 타당한 근거를 들어 진실을 말하라.

㉢ 관련성의 격률 : 대화의 목적이나 주제와 관련된 것을 말하라.

㉣ 태도의 격률 : 모호하거나 중의적인 것을 피하고, 간결하고 조리있게 말하되 언어 예절을 지켜 말하라.

② 공손성의 원리 : 상대방에게 공손하지 않은 표현은 최소화하고 공손한 표현은 극대화하는 것

㉠ 요령의 격률 : 상대방에게 부담이 되는 표현은 최소화하고 이익을 극대화하는 표현을 최대화하라.

㉡ 관용의 격률 : 화자 자신에게 이익을 주는 표현은 최소화하고 부담을 주는 표현을 최대화하라.

㉢ 칭찬(찬동)의 격률 : 다른 사람에 대한 비방은 최소화하고 칭찬을 극대화하라.

㉣ 겸양의 격률 : 자신에 대한 칭찬은 최소화하고 비방을 극대화하라.

㉤ 동의의 격률 : 자신의 의견과 다른 사람의 의견 사이의 다른 점은 최소화하고 일치점을 극대화하라.

(2) 대화의 방법

① 공감적 듣기

소극적인 들어주기*	적극적인 들어주기*
상대방에게 관심을 보이면서 상대방이 대화를 계속할 수 있도록 격려하기 • 맞장구 치기 • 고개 끄덕이기	상대방의 말을 요약·정리하고 반영하여 상대방이 문제를 스스로 해결할 수 있도록 도와주며 들어주기 • 상대방의 말을 그대로 재진술하기 • 상대방의 말을 요약하기

비법 전수
상대방과 대화를 원활하게 하기 위한 조건, 그리고 '잘 듣는 방법'을 생각하며 대화의 원리와 '공감하며 듣기' 개념을 이해합니다. '화법'은 실생활과 연결시켜 개념을 이해하고 문제를 푸는 것이 중요합니다.

격률(格率)
행위의 규범을 말함.

소극적 들어주기의 예시
A : 어제 너무 속상한 일이 있었어.
B : 무슨 일이 있었는데?
A : 학교에서 모둠 활동이 있어서 조금 늦게 집에 갔는데, 들어가자마자 부모님께서 화를 내시는 거야.
B : 그랬구나. 많이 속상했겠다.

② 다양한 소통 맥락 고려하기

상황 맥락 고려하기	사회 · 문화적 맥락 고려하기
• 대화가 이루어지는 상황 • 대화를 나누는 시간 · 공간적 배경, 대화 상대 예 '안녕하세요?' 일상 : 친교를 위한 인사말 조문 : 실례가 되는 말	• 나라와 민족에 따라 서로 다른 사회 · 문화적 맥락 예 엎드려 절하는 행위 우리나라 : 공경과 예의 다른 나라 : 항복, 복종

2 토의

(1) 개념

여러 사람이 모여서 공동의 문제를 해결하기 위해 협의하는 말하기

(2) 토의 사회자의 역할과 태도

① 토의 문제 규정, 주의 사항 제시, 토의 내용 요약

② 발언 기회의 공평한 배분, 갈등과 의견 충돌 조정

③ 토의 내용 정리 및 보고

(3) 토의 참여자의 역할과 태도

① 토의 문제에 대한 사전 지식 준비, 해결 방안 준비

② 토의 절차 숙지 및 토의 질서 준수

③ 다른 참여자의 말을 경청하고 토의 예절 지키기

④ 어법에 맞게 조리 있고 예의 바르게 주장하기

3 토론

(1) 개념

어떤 논제*에 대해 찬성 측 토론자와 반대 측 토론자가 각각 논거를 들어 자신의 주장이 옳음을 내세우고, 상대방의 주장이나 논거가 부당하다는 것을 명백히 밝히는 말하기

(2) 토론 사회자의 역할과 태도

① 논제 소개, 규칙 알려 주기 및 공정한 토론 진행

② 질문 및 쟁점 정리 등을 통한 진행 돕기

적극적 들어주기의 예시

A : 어제 너무 속상한 일이 있었어. 학교에서 모둠 활동을 하다가 늦었는데, 집에 가자마자 부모님께서 화를 내시는 거야.

B : <u>모둠 활동 때문에 늦게 들어갔는데 부모님께서 화부터 내셨으니 많이 속상했겠다.</u>

논제

논의의 주제

(3) 토론자의 역할과 태도
① 상대방의 주장을 논리적으로 반박하며, 자신의 주장을 조리 있고 분명하게 말하기
② 토론 규칙 지키기, 논리적 오류 범하지 않기
③ 윤리에 어긋하는 행동 하지 않기

(4) 청중의 역할과 태도
① 객관적인 입장에서 찬성자와 반대자의 발언 듣기
② 논거의 정확성, 타당성, 신뢰성 평가하기
③ 주장의 일관성, 토론 규칙의 준수 여부 살펴 토론자 평가하기

4 발표 · 연설

(1) 개념
여러 사람 앞에서 자신의 생각이나 의견 또는 어떤 사실에 대해서 진술하는 공적인 말하기

(2) 발표 · 연설의 절차

도입	• 청중의 관심 유발 • 화제나 주제, 목적, 배경 설명
전개	• 본격적인 내용 제시 • 뒷받침 자료 제시
정리	• 핵심 내용 정리 • 강조할 내용 반복 • 질의 응답

(3) 발표 · 연설의 방법
① 핵심 내용 중심으로 정해진 시간에 맞게 말하기
② 다양한 자료와 매체를 효과적으로 활용하기
③ 반언어적, 비언어적 표현을 효과적으로 활용하기

(4) 청중과의 상호 작용
① 표면적으로는 발표자의 말하기가 중심이 되지만, 실제로는 발표자와 청중의 상호 작용이 중요한 역할을 한다.
② 발표자는 청중의 반응을 고려하며 성실한 태도로 발표해야 한다.
③ 청중은 발표 내용의 핵심과 문제점을 파악하며 들어야 한다.

적중! 출제 예상 문제

[01~02] 다음은 어머니와 딸의 대화이다. 물음에 답하시오.

딸 : (냄새를 맡으며) 오늘 저녁 반찬이 뭐예요?
어머니 : 입맛 돋게 냉이 무치고 달래 넣고 된장국 끓였단다.
딸 : (기운 없는 목소리로) 그럼 오늘 반찬은 나물에 된장국이네요. 전 불고기가 먹고 싶었는데…….
어머니 : 그래도 봄에는 냉이나 달래 같은 봄나물을 먹어야지. 게다가 이건 할머니께서 들에서 손수 캐서 보내 주신 거야.
딸 : 그래도 난 고기가 좋다고 생각하는데……. ㉠ 예전엔 고기를 많이 먹어야 체력도 좋아지고 키도 큰다고 하셨잖아요.
어머니 : 고기도 좋지만 나물도 먹어야 균형 잡힌 식생활을 할 수 있거든. ㉡ 책에서 읽었는데 제철 음식이 영양소가 풍부해서 우리 몸에 참 좋다더구나.
[A] 딸 : 엄마, 나물이 몸에 좋다고 해서 꼭 먹어야 하는 건 아니잖아요. 어른들은 왜 나물, 나물 하는지 저는 이해가 안 돼요.
어머니 : ㉢ 사실 엄마도 어릴 땐 너처럼 나물 반찬이 싫다고 할머니께 투정을 부리곤 했는데, 녹두 나물에 맛을 들이고부터는 나물의 참맛을 알게 됐어. 엄마가 정성껏 준비한 반찬인데 냉이 무침 한 번 먹어 보렴. 향긋할 거야.
딸 : (한 입 먹어 보며) 저번에 먹던 것과는 맛이 다르네요.
어머니 : (밝은 표정으로) 그래, 맛있지? 땅속에서 추운 겨울을 보내고 봄에 솟아나는 나물이야말로 좋은 먹거리야. 땅내 맡고 햇살 받아서 영양 만점에 다 향도 맛도 좋아. 먹으면 기운이 쑥쑥 나지.
딸 : ㉣ (고개를 끄덕이며) 먹어 보니 생각보다 맛있는데요. 할머니 손맛을 닮아서 그런지 엄마 나물 무치는 솜씨도 최고인 것 같아요.
어머니 : (미소 지으며) 너무 비행기 태우는 거 아니야? 엄만 할머니 손맛 따라가려면 아직 멀었지. 그래도 딸이 인정해 주니 기분 좋은데.

01 ㉠~㉣의 말하기 방식에 대한 이해로 적절하지 않은 것은?

① ㉠ : 상대방의 과거 발언으로 자신의 생각을 뒷받침하고 있다.
② ㉡ : 배경지식을 활용하여 자신의 생각을 효과적으로 전달하고 있다.
③ ㉢ : 개인적 경험을 활용하여 상대방의 생각에 공감하고 있다.
④ ㉣ : 비언어적 표현을 사용하여 언어적 표현의 의미를 강화하고 있다.

정답 및 해설 별책 31p

02 〈보기〉의 조언에 따라 [A]를 수정한 것으로 가장 적절한 것은?

> 보 기
>
> 의사소통을 할 때에는 상대방을 이해하고 배려하는 태도가 필요하단다. 자신의 생각이 상대방과 다를 때에는 상대방의 생각에 동의하는 점을 최대한 드러내고, 자신의 생각과 그렇게 생각한 이유를 설명하는 것이 바람직해.

① 제철 음식이 몸에 좋다는 말은 맞는 것 같아요. 그렇지만 제철 나물을 먹으라고 너무 강요하지 않으셨으면 좋겠어요.
② 제가 읽은 책에서는 자기 입맛에 맞는 음식이 최고의 음식이라고 했어요. 그 책의 내용이 엄마 말씀보다 더 공감이 돼요.
③ 저도 나물 반찬이 몸에 좋다고 생각해요. 그렇지만 하굣길에 친구가 불고기 얘길 해서 그런지 불고기가 먹고 싶어서 그랬어요.
④ 뉴스를 보니 오염된 환경에서 자란 나물에는 몸에 해로운 성분이 있을 수 있대요. 그러니까 나물이 꼭 좋다고만 말할 수 없을 것 같아요.

[03~05] 다음은 토의의 일부이다. 물음에 답하시오.

학생회장 : 우리 학교 축제에 대해 설문한 결과, 축제 프로그램이 다양하지 않았다는 점이 우리가 함께 해결해야 할 가장 큰 문제로 나타났습니다. 이에 축제 프로그램이 다양하지 못한 원인과 개선 방안에 대해 토의하겠습니다. 먼저 원인부터 말씀해 주십시오.

문화부장 : 가장 큰 원인은 준비 기간이 짧았다는 것입니다. 축제를 한 달 앞두고 기획했기 때문에 다양한 프로그램을 체계적으로 준비하지 못했습니다. 동아리별 축제 계획서를 받은 후에 장소 협의만 한 번 했고, 공연 섭외, 홍보, 물품 준비 등을 한꺼번에 급히 추진하느라 새로운 프로그램을 구상하기 어려웠습니다.

총무부장 : 동아리들이 수익 사업에만 치중한 것도 프로그램을 다양하지 못하게 한 원인으로 보입니다. 수익금 전액을 동아리 활동비로 사용할 수 있도록 승인해 주다 보니 대부분의 동아리가 먹거리 판매나 게임 등의 수익성 프로그램에 치중했습니다.

학생회장 : 축제 준비 기간의 부족과 동아리들이 수익 사업에만 치중했다는 점이 원인으로 지적되었습니다. 이 문제를 어떻게 개선하면 좋을까요?

문화부장 : 우선 충분한 축제 준비 기간을 확보해야 다양한 프로그램에 대한 체계적인 기획이 가능합니다. 축제 3개월 전부터 공연팀과 전시팀 등으로 구성된 기획팀을 꾸려 프로그램을 다채롭게 준비하면 좋겠습니다.

정답 및 해설 별책 31p

총무부장 : 패션쇼, 창작 가요제 등 새로운 프로그램도 기획하려면 그 정도의 준비 기간이 필요합니다. 그리고 수익 사업과 관련된 프로그램은 별도의 판매 행사팀을 신설하여 관리했으면 합니다.

학생회장 : 판매 행사팀이요? 구체적으로 설명해 주시겠습니까?

총무부장 : 판매 행사팀에 수익 사업을 신청해서 승인 받은 동아리들만 알뜰 장터, 먹거리 판매, 게임 마당 등을 운영하게 하는 것입니다. 더불어 수익금 용도도 생각해 보았는데요, 전액 동아리 활동비로만 쓸 수 있게 하는 것보다 일부는 동아리 활동비, 일부는 이웃 돕기 성금으로 쓰는 것이 좋을 것 같습니다.

문화부장 : ([가]) 그러므로 동아리들이 수익 사업 신청을 할 때 판매 수익금 전액을 이웃 돕기 성금으로 기부하는 것에 동의하도록 하면 좋겠습니다.

총무부장 : 거기까지는 미처 생각하지 못했네요. 그렇게 하면 축제 프로그램의 다양화도 유도할 수 있고 기부 문화도 조성할 수 있어서 더 뜻깊은 축제가 될 것 같습니다.

학생회장 : 축제 프로그램의 다양화를 위해 충분한 기간을 두고 기획팀에서 체계적인 준비를 해야 한다는 방안과, 수익 사업은 판매 행사팀의 승인을 거친 동아리들만 운영할 수 있도록 하되 수익금 전액을 이웃 돕기 성금으로 기부하도록 하자는 방안이 제안되었습니다. 다음 주 회의에서는 오늘 마련된 방안을 시행할 구체적인 방법에 대해 논의하겠습니다.

03 '학생회장'의 말하기로 적절하지 않은 것은?

① 토의 참여자들의 발언 내용을 요약하고 있다.
② 토의 참여자들이 논의해야 할 안건을 제시하고 있다.
③ 토의 결과를 정리한 후 다음 토의의 안건을 예고하고 있다.
④ 자신의 의견을 근거와 함께 논리적으로 전달하고 있다.

04 위 토의에 대한 설명으로 적절하지 않은 것은?

① '학생회장'은 학교 축제 프로그램의 다양성이 부족한 것을 공동의 문제로 제시하고 있다.
② '문화부장'은 프로그램을 체계적으로 기획하고 준비할 기간이 짧았던 것을 문제의 원인으로 제시하고 있다.
③ '총무부장'은 동아리들이 승인 없이 수익금 전액을 동아리 활동비로 사용했던 것을 문제의 원인으로 제시하고 있다.
④ '문화부장'은 충분한 준비 기간을 확보하고 축제 기획팀을 중심으로 다양한 프로그램을 추진할 것을 제안하고 있다.

정답 및 해설 별책 31p

05 토의의 흐름과 〈보기〉를 참고할 때, [가]에 들어갈 내용으로 가장 적절한 것은?

보 기

토의에서 상대의 의견을 비판할 때는 발화 맥락을 고려하여 협력적인 의사 결정을 목표로 발언해야 한다. 이때 비판은 상대 의견의 긍정적인 면을 언급한 뒤 문제점을 지적하는 것이 효과적인 방법이다.

① 기부 활동을 통해 축제에 의미를 부여하는 것도 가치 있는 일입니다. 하지만 기부 활동이 동아리 고유 활동을 활성화할지에는 의문이 생깁니다.
② 판매 행사팀에서 동아리의 신청을 받아 수익 사업을 운영하는 것은 효율적인 방법입니다. 하지만 그렇게 할 경우 동아리들끼리 의견을 조율할 수 없게 됩니다.
③ 판매 행사팀에서 활동비를 확보하려고 하면 또 다른 부작용이 발생할 것입니다. 다만 의견 조율을 위해 판매 행사팀을 두어 프로그램을 운영하는 것은 좋은 방법입니다.
④ 수익금의 일부를 기부하는 것도 의미 있는 일이라고 생각합니다. 하지만 일부만 기부하게 되면 동아리들은 여전히 활동비를 확보하려고 수익 사업에 치중할 우려가 있습니다.

[06~07] 다음은 학생의 발표이다. 물음에 답하시오.

안녕하십니까. 이○○입니다. 잠시 화면을 보십시오. (화면의 웃는 얼굴 그림을 가리키며) 저는 이와 같은 이모티콘을 소재로 말씀드리겠습니다. '이모티콘'은 '감정(emotion)'과 '아이콘(icon)'의 합성어로, 감정을 나타내는 기호를 말합니다. 저는 국립국어원에서 순화어로 제시한 '그림말'이라는 용어를 사용하겠습니다.

여러분, 하루에 그림말을 몇 번 정도 사용하세요? (대답을 듣고) 매우 자주 쓰시네요. 통계에 따르면 문자 대화가 일곱 번 정도 오갈 때마다 한 번씩 그림말이 등장한다고 합니다. 그림말을 왜 쓸까요? 그래프를 보십시오. 고등학생 400여 명을 대상으로 설문 조사한 결과를 보면, '감정 전달을 위해서'가 62%였습니다. 그림말을 쓰면 글로 쓸 때보다 시간을 줄이면서 감정이나 생각을 쉽게 전달할 수 있기 때문에 나타난 결과일 것입니다.

하지만 그림말 사용이 긍정적인 면만 있을까요? (화면에서 특이한 이미지의 그림말을 가리키며) 이 그림말은 언제 쓸까요? (반응을 보고) 대답이 다양하네요. 이렇게 생소한 그림말을 사용하면 오해를 불러일으킬 수도 있습니다. 여러분도 알다시피 실제로 얼마 전에 우리 학교 친구들 사이에서 그림말의 뜻을 잘못 이해해서 말다툼이 일어났습니다. 기억나시죠? 여러분 모두 기억하시는군요. 그 일은 상대방을 고려하지 않고 그림말을 사용하면 오히려 소통이 원활하게 이루어지지 않아 갈등이 생길 수 있다는 것을 보여 주는 사례입니다.

정답 및 해설 별책 31p

또, 많은 전문가들이 그림말에 지나치게 의존해 자신의 생각이나 감정을 표현하면 언어 표현 능력이 떨어지게 된다고 말하고 있습니다. 여러분, 생각이나 감정을 표현하려고 하는데 어떻게 해야 할지 몰라 막연했던 적 있으시죠? 저는 제 생각이나 감정을 글로 쓰려 할 때마다 매번 끙끙댑니다. 전문가들은 생각과 감정을 구체적인 언어로 표현하려고 고민하는 과정에서 사고력과 언어 표현력이 향상될 수 있다고 합니다. 그런데 표현이 손쉽다는 이유로 그림말에만 의존하면 결과적으로 이러한 능력 향상에 방해가 된다는 것입니다.

(말 한 마디 한 마디에 힘을 주며) '과유불급'이라는 말이 있죠? 그림말도 지나치게 사용하면 문제가 될 수 있습니다. (목소리를 높여서) 그림말, 한 번 더 생각해 보고 보내세요.

06 **다음은 학생의 발표 계획이다. 위 발표에 반영되지 않은 것은?**

① 시각 자료를 활용해서 발표 화제를 제시하자.
② 전문가의 견해를 토대로 그림말 사용의 문제점을 언급하자.
③ 청중에게 질문을 던지고 대답을 유도해 청중과 상호작용하자.
④ 구체적인 수치를 근거로 그림말 사용자의 증가 추세를 보여주자.

07 **〈보기〉는 위 발표를 들은 후 학생들이 보인 반응을 분석한 것이다. 적절하지 않은 것은?**

보 기

학생 1 : 신문 기사를 통해, 어느 모바일 대화방의 그림말이 500여 종에 이르다 보니 의사소통 과정에서 오해가 생길 수 있다는 사실을 알고 있었어. 사람에 따라 그림말의 의미를 제각각 이해하는 경우에 유의해야 해.
학생 2 : 제시한 자료의 출처를 밝히지 않아서 통계 자료가 믿을 만한지 의문이 들어.
학생 3 : 그림말만으로 쉽게 감정을 표현하려는 것은 신중하지 못한 태도가 아닐까 하고 의문을 품은 적이 있어. 그 생각이 다시 떠올랐어.
학생 4 : 문자로 대화를 할 때 그림말을 사용하면 분위기를 부드럽게 만들 수도 있고 감정을 즉각적으로 드러낼 수도 있는데, 발표자가 너무 부정적인 견해에 치우쳐 있다는 생각이 들었어.

① 학생 1은 발표 내용과 관련지어 자신의 배경지식을 떠올리며 들었다.
② 학생 2는 발표에 사용한 자료의 신뢰성을 점검하며 들었다.
③ 학생 3은 발표 내용을 통해 자신의 배경지식이 잘못되었음을 알게 되었다.
④ 학생 4는 발표 내용의 공정성을 평가하며 들었다.

정답 및 해설 별책 31p

02 작문

• 작문 영역의 빈출 개념을 이해하고, 출제 유형을 분석하고 연습한다.

비법 전수
작문의 개념과 문제 유형은 모두 '작문의 과정'에 대한 이해에서 출발합니다. 이를 바탕으로 개념과 개념에 대응하는 문제 유형을 살펴보시면 '작문' 출제 원리를 파악하실 수 있습니다.

1 작문의 일반적인 과정

계획하기 → 내용 생성하기 → 내용 조직하기 → 표현하기 → 고쳐쓰기

(1) 계획하기 단계
① 문제를 발견하고 분석하여 글의 주제와 유형을 계획한다.
② 글감은 어떻게 찾을지, 글의 내용은 어떻게 생성할지 구상한다.
③ 글쓰기 과정 전체를 가늠해 보고 제목과 대략적인 방향을 결정한다.

(2) 내용 생성하기 단계
① 글을 쓰기 위해 주제와 관련된 경험과 지식 등 다양한 생각을 떠올린다.
② 불확실하고 혼란스러운 생각을 다듬어 정교하게 발전시킨다.
③ 여러 매체를 통해 글감을 탐색하고 자료를 수집한다.

(3) 내용 조직하기 단계
① 작문의 맥락과 내용의 위계, 구조, 비중, 순서 등을 고려하여 내용을 조직하고 전개한다.
② 통일성과 응집성을 고려하여 내용을 조직하고 전개한다.

(4) 표현하기 단계
① 작문 상황에 맞는 정확한 어휘와 문장을 어법에 맞게 표현한다.
② 적절한 표현 기법을 통해 효과적이고 개성적인 문체를 사용한다.
③ 그림, 도표 등의 시각적 자료를 활용한다.

(5) 고쳐쓰기 단계
① 글의 목적, 주제나 중심 내용, 예상 독자 등의 작문 맥락을 고려하여 수정한다.
② 내용의 생성, 조직, 표현의 작문 과정을 고려하여 수정한다.
③ 글의 통일성과 응집성을 고려하여 적절하지 않은 부분을 수정한다.

• 수준별 고쳐쓰기
다음을 고려하여 글 ➜ 단어 수준으로 고쳐 씀.

글	주제, 목적, 예상 독자
문단	문단의 이동 및 삭제
문장	문장의 호응과 문법 요소
단어	단어의 적절성 및 맞춤법

2 작문 관습

(1) 작문 관습의 필요성

작문은 글쓴이와 독자의 상호작용이며, 독자와 효과적으로 소통하기 위해 따라야 할 관습이 있다.

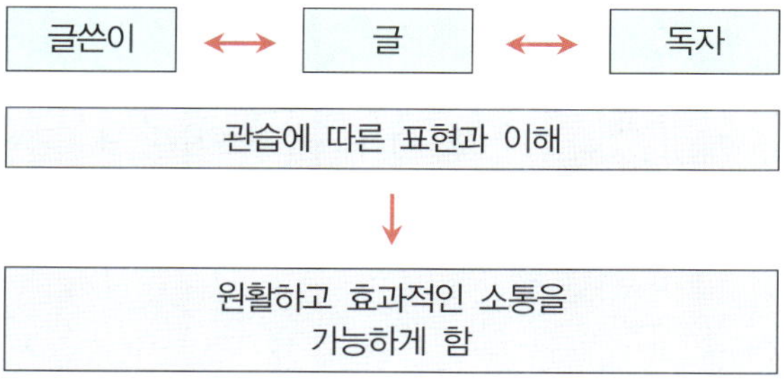

(2) 작문 관습의 유형

① 형식적 측면 : 다양한 갈래의 글들은 오랜 세월에 걸쳐 고유한 표현 양식이나 형식과 같은 관습을 지니게 된다.

글의 형식	• 처음 – 중간 – 끝 • 선경후정(先景後情) 등
구성 요소	• 이야기글 : 인물, 사건, 배경 • 주장하는 글 : 주장, 근거, 추론 • 기사문 : 육하원칙 등
문체의 표현	• 설명문 : 객관적이고 딱딱한 문체 • 수필 : 부드럽고 개성적인 문체 등

② 태도적 측면 : 작문이 미치는 영향의 범위(개인, 사회, 국가, 인류)를 고려하여 글쓴이는 정직성을 바탕으로 공동체의 규범과 가치를 파악하고 글을 써야 한다.

㉠ 신뢰를 줄 수 있는 정직한 정보를 제공해야 한다.

㉡ 다른 사람을 공격하거나 비하하는 표현을 삼가야 한다.

㉢ 다른 사람의 글이나 생각을 인용할 때는 출처를 밝혀야 한다.

적중! 출제 예상 문제

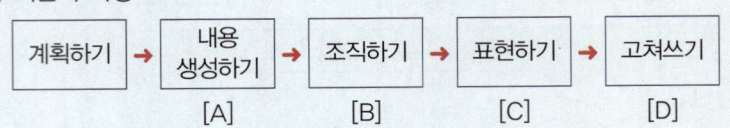

[01~02] (가)는 작문의 과정이고, (나)는 이를 적용하여 인터넷 블로그에 게시할 여행 소감문의 초고를 작성한 것이다. 물음에 답하시오.

(가) 작문의 과정

계획하기	→	내용 생성하기	→	조직하기	→	표현하기	→	고쳐쓰기
		[A]		[B]		[C]		[D]

(나) 학생의 초고

실레 마을에서 김유정을 만나다!

지난 주말, 설레는 마음으로 춘천 '김유정 문학촌'에 다녀왔다. 문학촌을 가기 위해 내린 곳은 바로 김유정역! 이 역은 우리나라 최초로 작가의 이름을 붙인 기차역이라고 한다.

김유정 문학촌으로 가는 길가에 늘어서 있는 나무에는 노랗고 작은 꽃들이 피어 있었다. 호기심에 다가가 보니 생강나무라는 팻말이 붙어 있었다. 지나가는 사람들이 동백꽃이라고 말해 주었다. 이게 동백꽃이라니. 그동안 나는 김유정의 소설 속 동백꽃이 남쪽 지방에서 피는 빨갛고 큰 꽃으로 알고 있었는데…….

5분 정도를 걸어 올라가니 김유정 문학촌 입구가 나타났다. 그곳에 서서 둘러보니 마을이 여간 산자락에 포근히 안긴 것처럼 보였다. 아, 실레 마을! 그 옛날, 마을 형세가 '떡시루' 같다고 해서 붙여진 이름이다.

끝내 김유정 문학촌에 들어서자 마당에는 소설 「동백꽃」에서 닭싸움을 부치는 점순이의 모습, 그리고 「봄・봄」에서 미처 자라지 못한 점순이의 키를 재고 있는 장인어른의 모습을 재미있게 재현한 청동상이 나를 반긴다. 김유정의 생가를 둘러보고 전시관으로 발길을 돌렸다. 그곳에는 김유정의 삶과 문학이 옮겨져 있었다. 두 살 연상의 여인을 사랑했지만 거절당하고, 가난과 병마에 시달리다 스물아홉 살 꽃다운 나이에 생을 마감했던 그의 삶이 안타깝게 느껴졌다.

정답 및 해설 별책 32p

전시관에서 마을로 향하는 도로 가에는 김유정 소설을 바탕으로 이름을 붙인 둘레 길 안내판이 서 있다. 〈점순이가 '나'를 꼬시던 동백 숲길〉, 〈장인 입에서 할아버지 소리 나오던 데릴사위 길〉 등등. 이 재미있는 이름이 붙은 이야기 길을 걷다 보면, 호드기를 불며 닭싸움을 시키던 점순이가 되고, 장가를 들지 못해 안달하는 '나'가 된다.

한동안 즐겁게 소설 속을 거닐었더니 배가 고프다. 실레 마을에서 춘천의 명물인 막국수를 맛있게 먹었다. 웃으면서 들어오는 나를 맞이하는 주인 아주머니의 후한 인심이 실레 마을을 둘러싼 산자락처럼 푸근했다.

봄을 만끽하고 소설을 맛있게 읽고 싶다면 춘천 김유정 문학촌을 추천한다. 이 봄, 김유정과 함께 노랗고 알싸한 동백꽃 향기를 맡아보기를…….

01 (가)의 작문의 과정 [A] ~ [C]에서 구상한 내용이 (나)에 반영되지 <u>않은</u> 것은?

① [A] : 김유정 문학촌과 관련된 시각 자료를 찾아 그에 어울리도록 글의 내용을 생성해야겠군.
② [A] : 여행을 통해 새롭게 알게 된 사실과 배경지식을 조합하여 글의 내용을 마련하여야겠군.
③ [B] : 김유정 문학촌을 방문하면서 보고 들은 내용들을 공간의 이동에 따라 제시하여야겠군.
④ [C] : 김유정역에 도착하였을 때 느낀 설렘을 비유적 표현을 활용하여 드러내야겠군.

02 (가)의 [D]를 수행하기 위한 방안으로 적절하지 <u>않은</u> 것은?

	〈 수준 〉	〈 방안 〉
①	단어	'부치는'이라는 단어는 맞춤법에 맞지 않으므로 '붙이는'으로 바꾼다.
②	문장	'여간'은 문장 성분 간의 호응이 어색하므로 '마치'로 고친다.
③	문장	'웃으면서'의 주체가 중의적이므로 주체를 '주인 아주머니'로 하여 '들어오는 나를 웃으면서 맞이하는'으로 수정한다.
④	문단	'끝내'는 앞뒤 문단의 의미 연결을 어색하게 하므로 '결국'으로 대체한다.

정답 및 해설 별책 32p

[03~04] 다음은 작문 상황에 따라 학생이 쓴 글의 초고이다. 물음에 답하시오.

작문 상황

• 예상 독자 : 학교 친구들
• 작문 목적 : 학교 누리집에 양성 평등 실천을 촉구하는 글쓰기

학생의 초고

얼마 전 텔레비전 뉴스에서 우리나라 학생들의 양성 평등 의식에 대한 조사 결과를 봤습니다. 뉴스에 따르면, '양성 평등 의식을 가져야 한다'는 응답이 93.5%로 나타나 작년보다 1.8% 높아졌다고 했습니다. ㉠ 그래서 학생들이 양성 평등을 생활 속에서 잘 실천하고 있는지는 의문입니다.

그러면 우리 학교 학생들은 어떨까요? 교지 특집 기사를 싣기 위하여 '우리 학교 학생들의 양성 평등 의식과 실천 정도'에 대해 설문 조사를 했습니다. '양성 평등 의식을 가져야 한다'는 응답률은 91.3%로 뉴스 결과와 크게 차이가 나지 않았지만, ㉡∨ 조사한 항목에 대한 평균 응답률은 57%로 나타나 실천율은 높지 않았습니다. 좀 더 자세히 살펴보면, 우리 학교 학생의 48.7%는 남녀가 해야 할 일을 ㉢ 분석해서 행동한다고 응답했습니다. 성차별에 해당하는 말을 한 경험이 있다고 답한 학생도 51.9%나 되었습니다. ㉣ 학교생활에 대한 우리 학교 학생들의 만족도도 낮았습니다. 이 결과를 통해 우리 학교 학생들이 양성 평등 의식은 높지만, 이를 실천하는 노력은 부족한 것으로 분석할 수 있었습니다.

양성 평등 사회로 나아가기 위하여 남녀 모두 양성 평등에 대하여 인식하고 이를 실천할 수 있어야 합니다. 양성 평등은 힘들고 고된 숙제가 아닙니다. 우리 학교 학생들이 생활 속에서 얼마든지 실천할 수 있는 평범한 일입니다.

03 작문 상황을 고려할 때, 초고에 활용한 글쓰기 전략으로 적절한 것은?

① 문제를 제기하기 위하여 통계 자료를 활용한다.
② 독자의 흥미를 끌기 위하여 새로운 개념을 소개한다.
③ 관심 촉구를 강조하기 위하여 문헌 자료를 제시한다.
④ 해결 방안을 제시하기 위하여 자신의 경험을 예로 든다.

정답 및 해설 별책 32p

04 ㉠~㉣을 고쳐 쓰기 위한 방안으로 적절하지 <u>않은</u> 것은?

① ㉠은 문장의 연결 관계가 어색하므로 '그러므로'로 고친다.
② ㉡은 문장의 완결성을 고려하여 '양성 평등 실천율'을 추가한다.
③ ㉢은 단어의 사용이 잘못되었으므로 '구분해서'로 고친다.
④ ㉣은 통일성에 어긋나므로 문장을 삭제한다.

[05~06] 다음은 '우리나라 청소년의 신체 활동 증진 방안'을 주제로 글을 쓰기 위해 수집한 자료이다. 이를 바탕으로 물음에 답하시오.

(가) 신문기사(○○일보)

요즘 건강에 대한 관심이 높아지면서 '신체 활동'이라는 새로운 개념이 주목받고 있다. 여기서 '신체 활동'은 심장 박동이 평상시보다 증가하거나 숨이 찬 정도의 다양한 활동을 모두 포함하는 것이다. 하지만 우리나라 청소년 중에서 하루 60분, 주 5일 이상의 '신체 활동'을 실천하는 학생은 전체의 14.2%로 7명 중 1명에 불과했다.

청소년들이 '신체 활동'을 하지 않는 이유로는 '신체 활동을 할 시간이 부족해서'가 45.2%로 가장 높게 나타났다. 이는 학업 부담으로 '신체 활동'을 할 시간이 부족하고, TV나 컴퓨터, 스마트폰 등 IT 기기에 집중하는 시간이 많아졌기 때문이다. 그 다음으로 '청소년 대상 신체 활동 프로그램이 부족해서'가 21.8%로 나타났으며 그 외에 '학교 체육 시설이 없어서', '운동을 좋아하지 않아서' 등이 있었다.

(나) 수집 자료

1. 청소년의 하루 시간 활용(출처 : 통계청)

구분	활동 시간
전체 여가 활동 시간	3시간 42분
IT 기기 사용 시간	1시간 3분
⋮	⋮
신체 활동 시간	13분
⋮	⋮

정답 및 해설 별책 32p

2. 외국의 청소년 신체 활동 증진 프로그램

국가	내용
독일	'스포츠 배지 제도' – 1912년부터 시행하는 제도로, 신체 및 체력 수준을 검사하여 등급에 따라 배지를 수여함.
싱가포르	'T.A.F.(Trim And Fit) Program' – 1992년부터 시행하는 교육부 주도의 학생 체력 향상 프로그램으로, 매일 참여하면 다양한 혜택을 줌.

(다) 전문가 의견

신체 활동을 하루 60분, 주 5일 이상 꾸준히 하면 체력이 좋아지고 스트레스 해소에도 도움이 됨은 물론, 자아존중감이 높아질 수 있습니다. 청소년기에는 운동의 효과가 성인보다 빨리 나타나며 지속 기간도 훨씬 길기 때문에 국민 건강을 위해서는 청소년들의 신체 활동이 필수적입니다. 그러나 현재 우리나라에는 청소년을 대상으로 한 다양한 신체 활동 프로그램이 부족한 상황이므로 국가 차원의 프로그램 마련이 시급합니다.

05 〈보기〉와 같이 개요를 작성하였을 때 자료 활용 방안으로 적절하지 않은 것은?

보 기

Ⅰ. 도입 : 우리나라 청소년의 신체 활동 실태
Ⅱ. 전개
  1. 청소년 신체 활동 부족의 원인
    가. 개인적 차원 …… ㉠
    나. 제도적 차원 …… ㉡
  2. 청소년 신체 활동 증진 방안
    가. 개인적 차원 …… ㉢
    나. 제도적 차원 …… ㉣
Ⅲ. 마무리 : 청소년 신체 활동의 중요성 강조

① ㉠에서는 (나)–1을 활용하여, 신체 활동 시간이 부족함을 원인으로 제시한다.
② ㉡에서는 (다)를 활용하여, 청소년들이 활용할 다양한 신체 활동 프로그램이 부족함을 원인으로 제시한다.
③ ㉢에서는 (나)–1과 (다)를 활용하여, IT 기기 사용 시간을 줄이고 대신 신체 활동 시간을 늘리고 이를 꾸준히 실천할 것을 강조한다.
④ ㉣에서는 (나)–2와 (다)를 활용하여, 외국의 프로그램과 우리나라의 신체 활동 프로그램의 장단점을 비교한다.

정답 및 해설 별책 32p

06 **자료를 바탕으로 '청소년 신체 활동 증진'을 위한 홍보 문구를 만들고자 한다. 〈보기〉의 조건에 맞게 쓴 것으로 가장 적절한 것은?**

보 기

- '청소년 신체 활동 증진'이라는 의도를 드러낼 것
- 대조적 표현을 활용할 것

① TV 전원 끄기, 컴퓨터 전원 끄기. 여러분의 몸과 마음에 휴식이 필요합니다.

② 게임할 시간은 늘어나는 데 운동할 시간은 줄어듭니다. 정신 건강에는 해롭습니다.

③ 신체 활동할 시간은 없고 스마트폰 할 시간은 있나요? 매일 꾸준한 신체 활동이 청소년의 건강을 지킵니다.

④ 신체 활동을 하는 청소년은 7명 중 1명. 앉아 있는 학생이 늘어납니다. 허약한 청소년도 늘어납니다.

정답 및 해설 별책 32p

PART 03 기출문제 체크

정답 및 해설 별책 32p

01 다음은 '인터넷 실명제 도입'을 주제로 한 토론의 일부이다. ㉮에 들어갈 말로 가장 적절한 것은?

> 학생 1 : 저는 인터넷 실명제 도입에 반대합니다. 인터넷에서 글쓴이의 익명성이 보장되어야 자유로운 표현이 가능하기 때문입니다.
>
> 학생 2 : (　　㉮　　) 그러나 저는 인신공격 등 악성 댓글을 막기 위해서는 인터넷 실명제가 필요하다고 생각합니다.

① 토론 주제와 상관이 없는 주장입니다.
② 그런 점만 생각하면 반대할 수도 있습니다.
③ 우리 생활과 현실적으로 무관한 주장입니다.
④ 반대 측은 주장에 대한 근거를 제시하지 않고 있습니다.

02 ㉮에 들어갈 공감하며 말하기로 가장 적절한 것은?

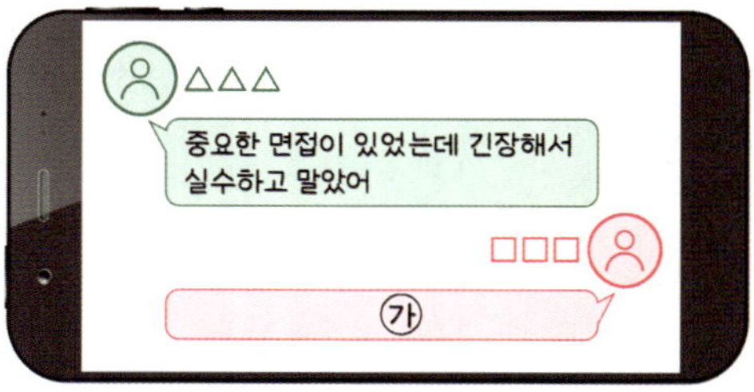

① 그런 변명하지 마.
② 그건 실수가 아니라 실력이야.
③ 넌 정말 제대로 하는 게 하나도 없구나.
④ 중요한 면접인데 실수해서 속상하겠구나.

[03~04] 다음 글을 읽고 물음에 답하시오.

> 안녕! 나는 연극 ㉠ 동아리에게 무대 장치를 담당하고 있어. 내 꿈은 ㉡ 배우로서 성공하는 것이었지만 무대 공포증 때문에 배우가 되기를 포기했지. 그래도 연극에 동참할 방법을 찾다가 무대 장치를 맡게 되었어. 내 손으로 만든 무대 위에서 부원들이 ㉢ 공연을 연기하는 모습에 보람을 느껴. 친구들아! ㉣ 저번에 우리 동아리 정기 공연이 있을 거야.
> (　　　　　　㉮　　　　　　)

03 ㉠~㉣을 문맥에 맞게 고쳐 쓴 것으로 적절하지 않은 것은?

① ㉠ : 동아리에서
② ㉡ : 배우로써
③ ㉢ : 공연하는
④ ㉣ : 이번에

04 ㉮에 들어갈 내용으로 〈조건〉을 모두 만족하는 것은?

> 조건
> • 관객을 초대하는 의도를 드러낼 것
> • 의문형 어미를 활용할 것

① 공연을 방해할 친구들! 제발 오지 마.
② 너희들의 도움이 절실해. 많이 관람하자.
③ 무대 공포증을 극복하고 싶어. 방법이 없을까?
④ 너희들의 많은 관람을 기대할게. 꼭 와 줄 거지?

05 다음은 '지역민을 위한 휴식 공간 조성'에 대한 글쓰기 개요이다. ㉠에 들어갈 내용으로 가장 적절한 것은?

주제문 : 지역민을 위한 휴식 공간을 조성하자.
Ⅰ. 서론 : 지역의 휴식 공간 실태
Ⅱ. 본론
  1. 휴식 공간 조성의 필요성
    가. 휴식 공간의 부족에 대한 지역민의 불만 증대
    나. 여가를 즐길 수 있는 공간에 대한 지역민의 요구 증가
  2. [㉠]
    가. 휴식 공간을 조성할 지역 내 장소 부족
    나. 비용 마련의 어려움
  3. 해결 방안
    가. 휴식 공간을 조성할 지역 내 장소 확보
    나. 지역 공동체와의 협력을 통한 비용 마련
Ⅲ. 결론 : 지역민을 위한 휴식 공간 조성 촉구

① 휴식 공간 조성의 장애 요인
② 휴식에 대한 사회적 인식 확산
③ 생활 체육 활성화를 위한 대책 마련
④ 청소년 직업 체험 프로그램의 필요성

[06~07] 다음 글을 읽고 물음에 답하시오.

초콜릿이 어떻게 만들어지는지 아시나요?

소비자 여러분, 초콜릿은 달콤하지만 만드는 과정은 쓰다는 것을 아시나요? 초콜릿을 만들기 위한 ㉠ 소재인 카카오를 생산하는 데에 광범위한 아동의 노동이 포함되어 있습니다. 카카오 농사를 짓는 집 아이들은 학교 구경조차 하지 못한 ㉡ 체 온종일 카카오 농장에서 일합니다. 일부 카카오 농장에서 일하는 아이들 중에는 원하지 않게 팔려 온 경우도 있습니다. ○○○○의 연구 결과에 따르면 매년 아프리카에서 20만 명의 아이들이 그런 경우를 당하고 있다고 합니다. ㉢ 불과 열두어 살 정도의 아이들이 밥도 제대로 먹지 못하고 낮은 ㉣ 자금을 받으며 초콜릿을 만들고 있는 것입니다.

06 윗글에 반영된 작문 계획이 아닌 것은?

① 연구 결과를 근거로 활용하자.
② 제목을 의문형으로 해서 시선을 끌자.
③ 아프리카 아동의 노동 착취 현실을 소개하자.
④ 농장에서 일하는 아이들을 주요 독자로 삼자.

07 ㉠~㉣을 고쳐 쓴 것으로 적절하지 않은 것은?

① ㉠ : 재료　　② ㉡ : 채
③ ㉢ : 무려　　④ ㉣ : 임금

08 다음에서 '여자'의 말하기에 나타난 문제점으로 가장 적절한 것은?

> 남자 : 이 사과 어디에서 샀어?
> 여자 : 색깔이 붉고, 윤기가 흐르며, 과육이 단단한 사과가 나는 좋아. 새콤달콤하고 아삭아삭하면 더 맛있어. 우리 가족은 매일 아침에 사과를 꼭 먹어. 건너편 가게에서 살 수 있을 거야. 그 집 귤도 참 맛있어.

① 필요 이상의 정보를 제공하고 있다.
② 객관적인 사실만을 선택하여 제시하고 있다.
③ 자신의 잘못을 상대방의 탓으로 돌리고 있다.
④ 관심 없는 대상에 대해 억지 칭찬을 하고 있다.

09 ㉠에 들어갈 내용으로 가장 적절한 것은?

말		행동		의미
그러게 말이에요. 그럼요	+	고개를 끄덕이며	⇨	공감 표현
저런. 쯧쯧. 안됐군요	+	㉠	⇨	동정 표현

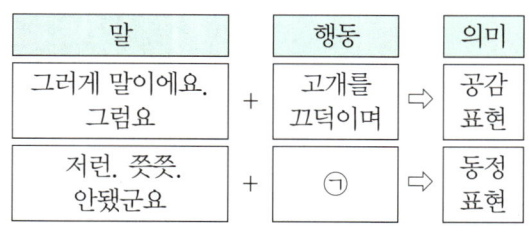

① 차갑게 외면하며
② 무섭게 인상 쓰며
③ 엄지손가락을 치켜들며
④ 안타까운 표정을 지으며

[10~11] 다음 글을 읽고 물음에 답하시오.

> 주제문 : 도서관 이용을 활성화하자.
> Ⅰ. 서론 : 도서관의 이용 실태
> Ⅱ. 본론
> 1. 도서관 이용의 문제점
> 가. 내부가 어두워서 책을 읽기 힘듦.
> 나. 서가 배치가 잘못되어 공간 활용이 비효율적임.
> 다. 도서가 부족하여 정보를 찾기 어려움.
> 2. 해결 방안
> ㉠
> Ⅲ. 결론 : 도서관 이용 활성화 촉구 ········· ㉡

10 ㉠에 들어갈 내용으로 적절하지 <u>않은</u> 것은?

① 책 읽기가 편하도록 조명을 밝게 함.
② 도서관 개방 시간을 야간까지 연장함.
③ 서가를 재배치하여 공간 활용도를 높임.
④ 예산을 확보하여 다양한 종류의 책을 구입함.

11 ㉡을 효과적으로 전달하기 위해 표어를 제작하려 한다. 다음의 조건을 만족하는 것은?

> 비유법과 청유형을 모두 활용하여 주제를 강조할 것

① 도서관에서 성적도 높이고, 지식도 쌓고!
② 도서관에서 찾은 지식, 생활 속에 도움 된다.
③ 도서관으로 오세요. 세상의 모든 것이 있어요.
④ 도서관은 보물 창고! 함께 찾아봅시다.

12 감사 표현으로 가장 적절한 것은?

① 많이 편찮으셨죠? 속히 나으시길 기원합니다.
② 얼마나 상심이 크십니까. 삼가 조의를 표합니다.
③ 제가 늦었습니다. 회의에 참석하지 못해 죄송합니다.
④ 도와주셔서 고맙습니다. 저 혼자였다면 힘들었을 겁니다.

13 다음을 읽고 ㉠에 들어갈 말로 가장 적절한 것은?

동의의 격률
상대와의 의견 차이를 최소화하기 위해 상대와의 의견의 일치점을 극대화하여 표현한다.

〈사 례〉
A : 날씨가 덥지만, 지금 산책할까?
B : (　　　㉠　　　)

① 혼자 가면 어때? 나는 집에 가야 할 것 같아.
② 나는 갈 마음이 없어. 다른 친구한테 물어볼래?
③ 글쎄, 나는 별로야. 이렇게 더운데 누가 산책하니?
④ 좋은 생각이야. 하지만 조금 시원해지면 가는 게 어때?

[14~15] (가)는 (나)의 개요이다. 다음 글을 읽고 물음에 답하시오.

(가)

제목 : 화장품을 제대로 알고 사용하자.
주제 : 화장품의 화학 성분을 잘 파악하고 사용하자.
- 처음 : 화장품의 화학 성분에 대한 호기심 유발
- 중간
  - 화장품에 사용되는 화학 성분의 역할
  - (　　　㉠　　　)
- 끝 : 화장품에 대한 바른 이해와 올바른 사용 당부

(나)

여러분은 화장품의 다양한 향과 색을 만들어 내기 위해 과일이나 꽃을 넣었다고 생각하신 적이 있나요? ㉡ 비록 화장품에 과일이나 꽃을 넣는다면 제조, 유통, 보관 과정이 그리 쉽진 않겠죠? 여러 가지 이유로 화장품에는 각종 성분이 첨가되는데요. 그중 화학 성분이 인체에 미치는 영향에 대해 살펴보겠습니다.

화장품에 사용되는 화학 성분은 자외선을 차단하고 변색을 방지하며 부패를 막거나 절대 섞일 수 없는 물과 기름을 하나로 모아 주는 역할을 합니다. 또한 향기를 오래 지속시켜 주기도 하고 화장품이 부드럽게 발리게 하며 피부를 윤기있고 촉촉하게 보이게 해 줍니다. ㉢ 그래서 저는 화장을 하지 않으면 외출을 하지 않습니다.

하지만 화장품의 화학 성분 중에는 유해 물질이 포함된 것도 있습니다. 이것이 몸속으로 스며들어 여러 가지 질병을 일으키기도 합니다. 또한 피부에 맞지 않는 화장품을 사용하게 될 경우 피부 트러블 등의 ㉣ 반작용이 발생할 수도 있습니다. 화장품의 부패를 막기 위해 사용하여 파라벤은 피부의 알레르기 반응을 유발하는 것으로 알려져 있고, 그 외에도 일부 화학 물질은 내분비계 장애를 일으키는 것으로 의심되어 사용이 금지되기도 하였습니다.

화장품은 피부를 보호해 주고 아름답게 가꾸어 줍니다. 이런 화장품에 어떤 화학 성분이 ⓜ 첨가하고 있는지를 잘 파악하고 올바르게 사용함으로써 피부의 아름다움뿐만 아니라 건강도 지키시길 바랍니다.

14 (가)의 ㉠에 들어갈 내용으로 가장 적절한 것은?

① 화장품 용기의 종류
② 화장품의 기원 및 역사
③ 화장품 사용의 심리적 효과
④ 화장품에 사용되는 화학 성분의 유해성

15 (나)에서 고쳐쓰기가 옳지 않은 것은?

① ㉡은 문맥을 고려하여 '설마'로 고쳐 쓴다.
② ㉢은 내용상 불필요하므로 삭제한다.
③ ㉣은 문맥을 고려하여 '부작용'으로 고쳐 쓴다.
④ ㉤은 '첨가되어 있는지를'로 고쳐 쓴다.

[16~17] (나)는 (가)를 토대로 작성한 글이다. 물음에 답하시오.

(가)

제목 : 떡볶이의 어제와 오늘

Ⅰ. 처음 : 떡볶이의 유래에 대한 호기심 유발
Ⅱ. 중간
  1. 떡볶이의 유래인 조선 시대 궁중 떡볶이
  2. [ⓐ]
Ⅲ. 끝 : 세계적으로 인기를 얻고 있는 떡볶이

(나)

떡볶이는 우리나라 사람들이 가장 사랑하는 음식 중 하나이다. 떡볶이는 언제 처음 만들어졌을까?

떡볶이는 본래 조선 시대 궁궐에서 만들어 먹던 요리였다. 조선 시대의 떡볶이는 궁중 요리인 잡채와 유사한 음식이었다. 당면 대신 쌀떡을 넣고, 쇠고기와 각종 나물을 넣어 간장으로 양념을 한 것이다. ㉠ 떡볶이 외에도 조선 시대 궁중 요리로 유명한 것은 신선로가 있다.

궁중 요리였던 떡볶이는 1950년대부터 시중에 팔리면서 대중 음식이 되었다. 그 후로도 떡볶이에 시대상이 반영되면서 떡볶이는 여러 차례 변모했다. 가스가 ㉡ 공급하기 시작한 1970년대부터는 즉석에서 요리할 수 있어 길거리에서도 떡볶이를 팔기 시작했다. 2000년대에는 프랜차이즈 시스템이 등장하여 떡볶이에도 상표가 ㉢ 달렸는데, 다양한 소스・메뉴가 개발되면서 떡볶이는 한국을 대표하는 먹거리가 되었다.

떡볶이는 이제 한국인의 ㉣ 입맛 뿐 아니라 세계인의 입맛도 사로잡고 있다. 떡볶이는 비빔밥, 김치와 더불어 한식의 대표 주자로 전 세계의 한식 열풍을 이끌고 있다. 떡볶이가 앞으로도 계속 발전하여 세계인의 입맛을 사로잡기를 기대해 본다.

16 (나)의 내용을 고려할 때, (가)의 ⓐ에 들어갈 내용으로 가장 적절한 것은?

① 시대에 따른 떡볶이의 변모 과정
② 1950년대 떡볶이의 인기 요인 분석
③ 떡볶이 프랜차이즈화의 장점과 단점
④ 길거리에서 파는 떡볶이의 종류와 특징

17 ㉠~㉣의 고쳐쓰기 방안으로 적절하지 <u>않은</u> 것은?

① ㉠ : 글 전체의 내용과 상관없는 문장이므로 삭제한다.
② ㉡ : 주어와의 호응을 고려하여 '공급되기'로 바꾼다.
③ ㉢ : 문맥을 고려하여 '달렸지만'으로 바꾼다.
④ ㉣ : 띄어쓰기가 잘못되어 있으므로 '입맛뿐'으로 고친다.

EBS 교육방송교재

고졸 검정고시 국어

PART

04

문법

이 단원에서는 문법 영역과 관련된 주요 내용들을 다룬다. 문법의 가장 기초적인 부분인 음운을 살펴본 후 다양한 문법 요소, 어문 규범, 국어의 역사까지 순서대로 알아본다. 문법의 핵심 개념들을 철저하게 익히고, 실제 출제 문제들을 통해 확인함으로써 문법 영역에 대한 자신감과 실전 대응 능력을 기른다.

01 음운

• 문법 중 음운에 대해 알아본다.

비법 전수
평소에 당연하게 여기고 지나쳤던 자음과 모음의 발음 원리를 이해하고, 표기와 발음의 차이를 느끼면서 음운의 변동을 통해 쉽고 편리하게 발음할 수 있음을 이해합니다.

분절 음운
소리마디의 경계가 명확한 음운. 자음과 모음

비분절 음운
소리마디의 경계를 정확히 구분할 수 없음. 소리의 장단

1 음운의 체계

(1) 음운의 개념
말의 뜻을 구별해 주는 소리의 가장 작은 단위

(2) 종류

분절 음운*	자음 (19개)	공기의 흐름에 장애를 받아서 만들어지는 소리
	모음 (21개)	공기의 흐름에 장애를 받지 않고 만들어지는 소리
비분절 음운*	장단	예 눈[눈] : 신체의 일부 눈[눈ː] : 하늘에서 내리는 얼음 결정체

(3) 음운 체계
① 자음 체계
㉠ 자음 : 공기의 흐름에 장애를 받아서 만들어지는 소리(19개)
㉡ 자음을 분류하는 기준
ⓐ 소리 나는 위치 : 입술소리, 잇몸(윗잇몸 혀끝)소리, 센입천장소리, 여린입천장소리, 목청소리
ⓑ 소리 내는 방법 : 파열음, 파찰음, 마찰음, 비음, 유음
ⓒ 발음 기관 구조도

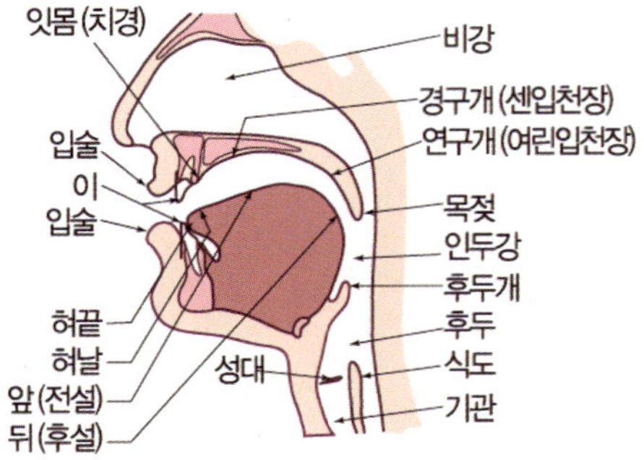

ⓓ 공기의 세기 : 예사소리, 된소리, 거센소리

소리 내는 방법 \ 소리 내는 위치		입술 (순음)	잇몸 (치음)	센입천장 (경구개음)	여린입천장 (연구개음)	목청 (후음)
파열음	예사소리	ㅂ	ㄷ		ㄱ	
	된소리	ㅃ	ㄸ		ㄲ	
	거센소리	ㅍ	ㅌ		ㅋ	
파찰음	예사소리			ㅈ		
	된소리			ㅉ		
	거센소리			ㅊ		
마찰음	예사소리		ㅅ			ㅎ
	된소리		ㅆ			
비음		ㅁ	ㄴ		ㅇ	
유음			ㄹ			

② 모음 체계

㉠ 모음 : 공기의 흐름에 장애를 받지 않고 만들어지는 소리(21개)

㉡ 모음의 종류

ⓐ 단모음 : 발음할 때 입술 모양이나 혀의 위치가 변하지 않음(10개).

ⓑ 단모음을 나누는 세 가지 기준 : 혀의 높낮이, 혀의 최고점의 앞뒤 위치, 입술 모양

혀의 높이 \ 입술의 모양 \ 혀의 앞뒤	전설 모음		후설 모음	
	평순	원순	평순	원순
고모음	ㅣ	ㅟ	ㅡ	ㅜ
중모음	ㅔ	ㅚ	ㅓ	ㅗ
저모음	ㅐ		ㅏ	

ⓒ 이중모음 : 발음할 때 입술 모양이나 혀의 위치가 변함(11개).

ㅑ, ㅕ, ㅛ, ㅠ, ㅒ, ㅖ, ㅘ, ㅙ, ㅝ, ㅞ, ㅢ

2 음운의 변동

(1) 개념과 의의

개념	음운과 음운이 만나 소리가 변하는 현상
의의	음운의 변동을 통해 좀 더 편하고 자연스럽게 발음할 수 있음.

(2) 종류

① 교체 : 한 음운이 다른 음운으로 바뀌는 현상

㉠ 음절의 끝소리 규칙 : 음절의 끝에서 발음되는 자음은 'ㄱ, ㄴ, ㄷ, ㄹ, ㅁ, ㅂ, ㅇ'의 일곱 개뿐이며, 이외의 자음이 음절의 끝에 오면 이 일곱 자음 중의 하나로 바뀌어 발음됨.

음절 끝소리	발음	예시
ㄲ, ㅋ	[ㄱ]	밖[박], 부엌[부억]
ㅌ, ㅅ, ㅆ, ㅈ, ㅊ, ㅎ	[ㄷ]	솥[솓], 옷[옫], 낮[낟], 꽃[꼳]
ㅍ	[ㅂ]	잎[입]

㉡ 자음 동화 : 음절의 끝 자음이 그 뒤에 오는 자음과 만날 때, 어느 한쪽이 다른 쪽을 닮아서 그와 비슷하거나 같은 소리로 바뀌거나, 양쪽이 서로 닮아서 두 소리가 모두 바뀌는 현상

ⓐ 비음화 : 비음(ㅁ, ㄴ, ㅇ)이 아닌 자음이 비음으로 소리 나는 현상

예 밥물[밤물], 종로[종노], 백로 → [백노] → [뱅노]

ⓑ 유음화 : 'ㄴ'이 유음 'ㄹ'의 앞이나 뒤에서 'ㄹ'로 바뀌어 발음되는 현상

예 달나라[달라라], 신라[실라], 닳는[달른]

㉢ 구개음화 : 'ㄷ, ㅌ'이 형식 형태소 'ㅣ'나 반모음 'ㅣ'와 만나 구개음 'ㅈ, ㅊ'으로 바뀌는 현상

예 굳이[구지], 같이[가치], 닫히다 → [다티다] → [다치다]

㉣ 된소리되기 : 안울림 예사소리가 특정 환경에서 된소리로 바뀌어 발음되는 현상

음운 환경	예시
파열음 'ㄱ, ㄷ, ㅂ' 뒤에 'ㄱ, ㄷ, ㅂ, ㅅ, ㅈ'이 오면 된소리로 바뀌어 발음됨.	국밥[국빱], 밥그릇[밥끄륻], 옆집[엽찝]
어간 받침 'ㄴ(ㄵ), ㅁ(ㄻ) / ㄼ, ㄾ' 뒤에 오는 어미 'ㄱ, ㄷ, ㅅ, ㅈ'은 된소리로 바뀌어 발음됨.	신고[신꼬], 얹다[언따], 닮고[담꼬], 넓게[널께]

• 동화의 분류

❶ 동화의 방향

순행 동화	뒤소리가 앞소리를 닮게 되는 것 예 칼날[칼랄]
역행 동화	앞소리가 뒷소리를 닮게 되는 것 예 입는[임는]
상호 동화	앞소리와 뒷소리가 서로 닮게 되는 것 예 독립[동닙]

❷ 동화의 정도

완전 동화	완전히 같아지게 되는 것 예 원리[월리]
불완전 동화	비슷하게 닮는 것 예 왕릉[왕능]

• 구개음화의 조건

구개음화는 형식 형태고인 조사나 접미사, 어미에 의해서만 일어남. 그러므로 'ㄷ, ㅌ' 뒤에 실질 형태소가 결합하면 구개음화가 일어나지 않음.

예 곧이어[고디어]
밭이랑[반니랑]

한자어에서 'ㄹ' 받침 뒤에 'ㄷ, ㅅ, ㅈ'이 오면 된소리로 바뀌어 발음됨.	갈등(葛藤)[갈뜽], 필승(必勝)[필씅]
관형사형 어미 '-(으)ㄹ' 뒤에 'ㄱ, ㄷ, ㅂ, ㅅ, ㅈ'이 오면 된소리로 바뀌어 발음됨.	할 것을[할꺼슬], 갈 데가[갈떼가]

② 축약 : 두 음운이 하나의 새로운 음운으로 줄어드는 현상

㉠ 거센소리되기 : 예사소리 'ㄱ, ㄷ, ㅂ, ㅈ'이 앞이나 뒤의 'ㅎ'과 만나 거센소리 'ㅋ, ㅌ, ㅍ, ㅊ'으로 줄어들어 발음되는 현상

음운 환경	예시
ㄱ + ㅎ / ㅎ + ㄱ → [ㅋ]	국화[구콰], 좋고[조코]
ㄷ + ㅎ / ㅎ + ㄷ → [ㅌ]	맏형[마텽], 많다[만타]
ㅂ + ㅎ → [ㅍ]	법학[버팍], 좁히다[조피다]
ㅈ + ㅎ / ㅎ + ㅈ → [ㅊ]	꽂히다[꼬치다], 닿지[다치]

㉡ 모음 축약 : 두 개의 단모음이 연속되어 만나면 하나의 이중 모음으로 줄어드는 현상

→ 두 음절이 한 음절로 줄어들 때에 어느 하나의 모음은 반모음으로 바뀜.

음운 환경	예시
ㅣ + ㅓ → ㅕ	먹- + -이어 → 먹여
ㅗ + ㅣ → ㅚ	보- + -이다 → 뵈다
ㅗ + ㅏ → ㅘ	오- + -아서 → 와서
ㅚ + ㅓ → ㅙ	되- + -었다 → 됐다

③ 탈락 : 둘 이상의 음운이 만나 하나의 음운이 없어지는 현상

㉠ 자음 탈락

자음군 단순화	음절 끝에서 겹받침의 자음 중 하나가 탈락하는 현상 예 몫[목], 값[갑], 젊다[점따], 짧고[짤꼬]
'ㄹ' 탈락	'ㄹ'이 끝소리인 어근이 다른 어근이나 접사와 결합하거나 'ㄹ'이 끝소리인 어간이 일부 어미와 결합할 때 'ㄹ'이 탈락하는 현상 예 바늘 + -질 → [바느질], 살- + -니 → 사니
'ㅎ' 탈락	어간에서 음절의 끝 자음 'ㅎ'이 모음으로 시작하는 형식 형태소와 결합할 때 탈락하는 현상 예 넣어[너어], 쌓이다[싸이다], 않으니[아느니]

㉡ 모음 탈락

'으' 탈락	어간의 끝소리 '으'가 '아, 어'로 시작하는 어미 앞에서 탈락하는 현상 예 담그- + -아라 ➜ [담가라], 쓰- + -어서 ➜ [써서]
동음 탈락	어간 말 모음 'ㅏ/ㅓ'와 뒤에 오는 어미의 모음이 동일할 때 하나가 탈락하는 현상 예 가- + -아서[가서], 타- + -았- + -다[탔다]

④ 첨가 : 두 음운이 만날 때 없던 음운이 새로 생기는 현상

'ㄴ' 첨가	파생어나 합성어에서, 또는 단어와 단어상에서 앞말이 자음으로 끝나고 뒷말이 'ㅣ'나 반모음 'ㅣ'로 시작할 때 'ㄴ'이 그 사이에 덧붙는 현상 예 맨입[맨닙], 솜이불[솜니불], 색연필[생년필]
반모음 첨가	반모음 'ㅣ'가 덧붙는 현상으로 반모음 'ㅣ'를 붙여 발음해도 허용됨. 예 피어[피어/피여], 아니오[아니오/아니요]

적중! 출제 예상 문제

01 다음 중 음운에 대한 설명으로 적절한 것은?

① 문장을 이루는 기본 요소이다.
② 말의 뜻을 구별해 주는 소리의 가장 작은 단위이다.
③ 자립하여 홀로 쓰일 수 있는 말의 단위이다.
④ 실질적인 의미를 가진 소리의 가장 작은 단위이다.

02 모음에 대한 설명으로 적절한 것은?

① 공기의 흐름이 장애를 받으며 나오는 소리이다.
② 'ㅏ, ㅓ, ㅚ, ㅟ'는 단모음, 'ㅐ, ㅔ, ㅙ, ㅞ'는 이중모음이다.
③ 입술이나 혀가 움직이면서 발음되는 모음을 이중모음이라 한다.
④ 단모음은 11개, 이중모음은 10개로 모음의 개수는 총 21개이다.

03 자음에 대한 설명으로 적절한 것은?

① 'ㄴ, ㄹ, ㅁ, ㅇ'은 안울림소리이다.
② 자음은 혀의 최고점의 위치, 입술 모양에 따라 분류할 수 있다.
③ 공기 흐름의 장애로 인해 만들어진 소리이다.
④ 공기의 흐름이 장애를 받지 않고 순조롭게 나오는 소리를 자음이라 한다.

04 낱말 옆에 있는 음운의 개수가 옳은 것은?

① 웃음 : 4개 ② 놀부 : 4개
③ 주걱 : 6개 ④ 형수 : 6개

05 음절의 끝소리 규칙에 따른 발음 중 바르게 발음된 것은?

① 낱[낫] ② 낮[낟]
③ 밖[밖] ④ 값을[가블]

정답 및 해설 별책 35p

06 음절의 끝소리 규칙에 대한 설명으로 옳은 것은?

① 끝소리 'ㄷ, ㅌ, ㅅ, ㅆ'은 [ㄷ]으로 발음된다.
② '불', '발', '말', '감', '밤', '몸' 등은 표기와 발음이 서로 다르다.
③ '값을', '값은', '값만'은 각각 [가블], [갑쓴], [갑만]으로 발음된다.
④ '닭이', '맑다', '넓다'는 각각 [닥이], [말따], [널따]로 발음된다.

07 다음 중 자음 동화 현상이 없는 것은?

① 종로　② 칼날
③ 넓다　④ 백로

08 다음 중 구개음화 현상이 일어나지 않는 것은?

① 해맞이 공원으로 놀러 갔다가 시계를 잃어 버렸다. 공원을 ② 낱낱이 뒤져 보았으나 찾을 수 없었다. ③ 볕이 쨍쨍 내리쬐는 공원을 ④ 땀받이용 손수건 하나 없이 찾아 다녔다. 나와 같이 간 친구도, 나도 결국은 녹초가 되고 말았다.

09 〈보기〉와 같은 음운 변동이 일어나는 단어는?

보 기

바늘 + 질 → 바느질

① 묵호　② 식혜
③ 박하　④ 소나무

10 〈보기〉의 단어에 대한 설명으로 알맞은 것은?

보 기

㉠ 맞추(다) + -어 → 맞춰
㉡ 크(다) + -어 → 커

① ㉠은 음운의 탈락을 보여준다.
② ㉠은 두 음운이 합쳐져서 하나의 음운으로 줄어 소리 나는 음운변동 현상이다.
③ ㉡은 표기할 때만 'ㅡ'가 탈락한다.
④ ㉠과 ㉡은 표기와 발음이 다른 현상이다.

정답 및 해설 별책 35p

02 단어

• 문법 중 단어에 대해 알아본다.

1 단어의 형성과 짜임

(1) 단어의 개념

① 문장을 이루는 가장 기본적인 요소

② 홀로 쓰일 수 있는 말이나, 자립할 수 있는 말 뒤에 붙어서 쉽게 분리할 수 있는 말

③ 조사는 홀로 쓰일 수 없지만 쉽게 분리되기 때문에 단어로 인정

(2) 형태소

① 개념

㉠ 뜻을 가진 가장 작은 말의 단위

㉡ 하나 이상의 형태소가 결합하여 단어를 이룬다.

㉢ 홀로 쓰일 수 있는 형태소는 단어가 될 수 있다.

② 종류

자립 형태소	홀로 쓰일 수 있는 형태소
의존 형태소	반드시 다른 말에 기대어 쓰이는 형태소
실질 형태소	구체적인 대상이나 상태를 나타내는 실질적 의미가 있는 형태소
형식 형태소	문법적 관계를 나타내는 형태소

(3) 단어의 짜임

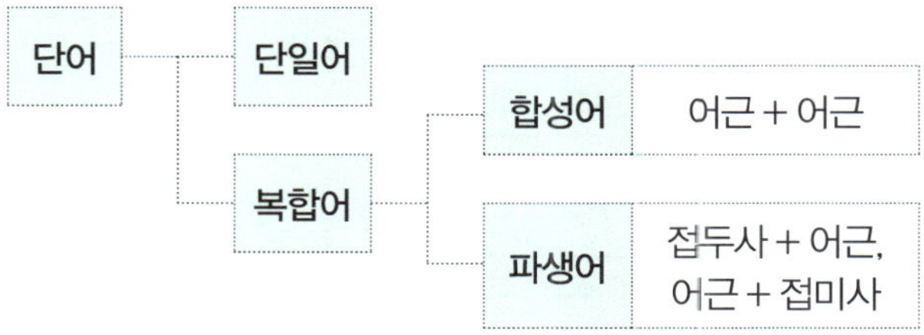

비법 전수

우리가 사용하는 단어가 어떻게 만들어지고, 어떤 성격과 의미를 지니는지 알면 더욱 정확하게 단어를 사용할 수 있습니다.

• 형태소의 분류 예시

아기/가/ 귀엽/다.

• 자립 형태소 : 아기
• 의존 형태소 : 가, 귀엽-, -다
• 실질 형태소 : 아기, 귀엽-
• 형식 형태소 : 가, -다

• 단어의 구성 요소

어근	단어의 실질적인 의미를 나타냄. 예 '풋사과'의 '사과', '덧신'의 '신'
접사	어근과 결합하여 그 뜻을 제한함. 예 '풋사과'의 '풋-', '덧신'의 '덧-'

① 단일어 : 하나의 어근으로 이루어진 단어

예 산, 우리, 사랑, 여섯, 높다, 웃다, 매우

② 복합어

㉠ 둘 이상의 어근, 혹은 어근과 파생 접사로 이루어진 단어

㉡ 단어 형성 방법에 따라 합성어와 파생어로 나뉜다.

<table>
<tr><td rowspan="3">합성어</td><td colspan="2">어근 + 어근
예 봄비, 손수건, 팔다리, 돌다리 등</td></tr>
</table>

합성어	어근 + 어근 예 봄비, 손수건, 팔다리, 돌다리 등	
파생어	접두사 + 어근 어근 + 접미사	
	접두사	접두사는 어근의 앞에 붙어 특정한 뜻을 더하거나 강조한다. 예 되살리다, 되새기다, 되풀다
	접미사	접미사는 어근의 뒤에 붙어 의미를 더하여 새로운 말을 만들어 내거나 어근의 품사를 바꾸기도 한다. 예 놀이, 깜빡이, 어른스럽다, 고집스럽다

• 비통사적 합성어

어근의 결합 순서나 방식이 우리말의 일반적인 어순, 단어 배열법과 일치하지 않는 합성어

❶ 용언의 어간 + 체언

예 덮밥

❷ 용언의 어간 + 용언

예 검붉다

❸ 부사 + 체언

예 부슬비

• 결합 관계에 따른 분류

❶ 대등 합성어

예 흑백, 오가다

❷ 종속 합성어

예 꽃밭, 돌다리

❸ 융합 합성어

예 강산 → 국토

춘추 → 나이

2 품사

(1) 개념

성질이 비슷한 단어들을 모아 분류해 놓은 단어의 각 갈래

(2) 품사의 종류와 특성

① 형태의 변화 여부에 따른 분류

불변어	문장에서 쓰일 때 형태가 변하지 않는 단어 예 별, 거기, 다섯, -가(조사) 등
가변어	문장에서 쓰일 때 형태가 변하는 단어 예 읽다, 보다, 작다 등

② 문장에서의 기능에 따른 분류

체언	문장에서 주로 주체가 되는 구실을 하는 단어
수식언	체언과 용언의 앞에 놓여 뜻을 분명히 해주는 기능을 하는 단어
독립언	문장에서 독립적으로 쓰이는 단어
관계언	문장에 쓰인 다른 말과의 관계를 나타내 주는 단어
용언	문장의 주체가 되는 체언을 서술하는 기능을 하는 단어

• 용언의 특징

❶ 활용할 때 변하지 않는 어간과 변하는 어미로 이루어짐.

예 먹-(어간) + -다(어미)

❷ 쓰임에 따라 활용하므로 형태가 변함.

예 먹다/먹는다/먹느냐

• 본용언과 보조 용언

'본용언 + 본용언'인 경우와 달리 '본용언 + 보조 용언'인 경우에는 그 사이에 다른 문장 성분이 들어갈 수 없음.

예 본용언 + 본용언

→ 라면을 끓여 먹었다.

본용언 + 보조 용언

→ 라면을 먹어 치웠다.

③ 단어들의 의미에 따른 분류

명사	구체적인 대상의 이름이나 추상적인 대상의 이름을 나타내는 단어 예 민호, 별, 책 등
대명사	사람, 사물, 장소의 이름을 대신하여 가리키는 단어 예 너, 거기, 그것 등
수사	수량이나 순서를 가리키는 단어 예 다섯, 첫째 등
관형사	체언을 꾸며 주는 단어 예 헌, 온갖, 저 등
부사	용언, 부사, 문장 전체를 꾸며 주는 단어 예 빨리, 매우 등
감탄사	말하는 이의 놀람, 느낌, 부름이나 대답을 나타내는 단어 예 어머나, 이봐, 네 등
조사	문장에 쓰인 다른 말과의 관계를 나타내 주는 단어 예 가, 를, 이다(서술격 조사) 등
동사	사람이나 사물의 움직임을 나타내는 단어 예 먹다, 가다 등
형용사	사람이나 사물의 상태나 성질을 나타내는 단어 예 예쁘다, 깊다 등

• 의존 명사
앞에 꾸며 주는 말이 있어야만 쓰일 수 있는 명사
예 것, 데, 만큼

적중! 출제 예상 문제

01 다음 중 하나의 형태소로 이루어진 단어로 가장 적절한 것은?

① 나리꽃　　② 밥그릇
③ 이슬비　　④ 바구니

02 다음 〈보기〉의 문장을 형태소로 나눈 것으로 가장 적절한 것은?

보 기
바다가 넓다.

① 바다가/넓다　　② 바다/가/넓다
③ 바다/가/넓/다　　④ 바/다/가/넓/다

03 다음 중 그 성격이 <u>다른</u> 하나는?

① 맨입　　② 먹보
③ 날짐승　　④ 군소리

04 다음 중 접사와 그 의미의 연결이 적절하지 <u>않은</u> 것은?

① 불– : 몹시 심한
② 맨– : 아무것도 더하지 않은
③ 치– : 위로 향하게 또는 위로 올려
④ –개 : 그것을 나타내는 속성을 가진 사람

05 다음 합성어 중 형태소의 개수가 <u>다른</u> 것은?

① 군밤　　② 소고기
③ 메밀묵　　④ 책상

06 다음 중 접사의 위치가 <u>다른</u> 것은?

① 개나리　　② 풋사랑
③ 군침　　④ 지우개

정답 및 해설 별책 36p

07 **다음 단어의 분류 기준은?**

- 밝다, 짜다, 먹다, 붉다
- 하늘, 단풍, 설악산, 학교

① 형태의 변화 여부　② 문장에서의 위치
③ 형태소의 개수　④ 단어의 의미

08 **다음 중 품사가 다른 하나는?**

① 한 사람 한 사람의 힘이 필요하다.
② 신발 한 켤레가 필요하다.
③ 포도 한 송이면 세상을 얻은듯하다.
④ 우리 집 첫째는 울음이 많다.

09 **다음 설명에 해당하는 말이 아닌 것은?**

불변어이며 다른 단어와 관계를 맺지 않고 독립적인 역할을 한다.

① 찬호야! 받아　② 야! 공 좀 이리 던져!
③ 악! 맞았잖아!　④ 어머! 미안해.

10 **밑줄 친 단어 중 다음 설명에 해당하는 것은?**

앞말이 그 문장의 다른 말에 대해서 가지는 관계를 나타내거나, 앞말에 특별한 뜻을 더해 주는 단어이다.

① 그는 눈물을 글썽거렸다.
② 월요일이 명수의 생일이었다.
③ 그들은 정말 착한 학생이다.
④ 체육 시간에 친구들과 춤을 추었다.

11 **밑줄 친 단어 중 체언이 아닌 것은?**

① 바다가 참 넓구나.　② 첫째, 인사를 잘 하자.
③ 내일 여기에서 만나자.　④ 자동차 두 대가 지나간다.

12 **밑줄 친 단어 중 품사가 다른 하나는?**

① 화가가 자화상을 그렸다.　② 교실 밖이 매우 캄캄했다.
③ 나뭇잎이 바람에 떨어진다.　④ 소년이 그 모습을 보고 달려간다.

정답 및 해설 별책 36p

03 문장

• 문법 중 문장에 대해 알아본다.

비법 전수
'우리의 생각이나 의도를 완결된 형태로 나타내는 문장!' 어떤 성분이 반드시 포함되어야 하는지, 문장을 논리적으로 확장하는 방법, 정확한 문장 표현 모두 '문장'에 대한 출제 기준이 됩니다.

1 문장 종결 방식에 따른 분류

(1) 문장을 이루는 문법 단위

문장	• 우리의 생각이나 감정을 완결된 내용으로 표현하는 최소의 언어 형식 • 의미상으로 완결된 내용을 나타내며, 구성상으로는 주어와 서술어의 관계를 갖추고, 형식상으로는 문장이 끝났음을 나타내는 표지가 있음.
절	• 두 개 이상의 어절이 모여 하나의 의미 단위를 이룸. • 주어와 서술어의 관계를 갖는 단위를 설정할 수 있음. • 더 큰 문장 속에 들어 있음.
구	• 둘 또는 그 이상의 어절이 어울려서 하나의 단어와 동등한 기능을 함. • 주어와 서술어 관계를 가지지 못함.
어절	• 띄어쓰기 단위와 일치 • 조사나 어미와 같이 문법적 기능을 하는 요소들이 앞의 말에 붙어 한 어절을 이룸.

(2) 문장의 종류

평서문	듣는 이에게 하고 싶은 말을 단순하게 진술하는 문장 예 철수가 학교에 가다.
의문문	듣는 이에게 질문하여 그에 대한 대답을 요구하는 문장 예 철수가 학교에 갔니?
명령문	듣는 이에게 어떤 행동을 하라고 요구하는 문장 예 철수야 학교에 가라.
청유문	듣는 이에게 어떤 행동을 함께 하자고 요청하는 문장 예 철수야 학교에 가자.
감탄문	말하는 이가 자신의 느낌을 표현하는 문장 예 철수가 학교에 가는구나!

2 문장의 구조

(1) 문장의 기본 구조

주어부	서술부
누가 / 무엇이	무엇이다(체언+이다)
누가 / 무엇을	어찌하다(동사)
누가 / 무엇이	어떠하다(형용사)

(2) 문장 성분 : 문장을 이루는 각 구성 요소

주성분	• 문장을 이루는 데 꼭 필요한 성분 • 주어, 목적어, 서술어, 보어
부속 성분	• 문장에서 주성분을 꾸며 주는 성분 • 관형어, 부사어
독립 성분	• 다른 성분들과 직접적인 관계를 맺지 않고 독립적으로 쓰이는 문장 성분 • 독립어

(3) 문장의 확대

① 개념 : 홑문장이 결합하여 겹문장이 되는 것

홑문장	주어와 서술어의 관계가 한 번만 나타나는 문장
겹문장	주어와 서술어의 관계가 두 번 이상 나타나는 문장

② 겹문장의 종류

㉠ 이어진 문장 : 홑문장이 이어져서 여러 겹으로 된 문장

대등하게 이어진 문장	홑문장들의 의미 관계가 대등한 경우 예 • 선택 : 집에 가든지 학교에 가든지 해라. • 나열 : 이것은 사과이고, 저것은 배이다. • 대조 : 나는 떡볶이를 좋아하지만 서경이는 순대를 좋아한다.
종속적으로 이어진 문장	홑문장들의 의미 관계가 독립적이지 못하고 종속적인 경우 예 • 원인 : 군것질을 많이 해서 살이 쪘다. • 조건 : 겨울이 오면, 눈이 온다. • 목적 : 공부하러 도서관에 간다. • 양보 : 시험이 아무리 어렵더라도 나는 자신이 있다.

• 문장의 기본 구조 예시

누가/무엇이 + 무엇이다.

예 나의 학생이다.

누가/무엇을 + 어찌하다.

예 나는 빵을 먹었다.

누가/무엇이 + 어떠하다.

예 꽃이 예쁘다.

PART 04

㉡ 안은문장 : 홑문장이 다른 홑문장을 하나의 문장 성분처럼 안고 있는 겹문장

명사절을 안은문장	절 전체가 문장에서 주어, 목적어 등의 기능을 하는 문장 예 나는 그가 범인임을 알았다.
관형절을 안은문장	절 전체가 문장에서 관형어의 기능을 하는 문장 예 나는 입이 뾰족한 고양이를 보았다.
부사절을 안은문장	절 전체가 문장에서 부사어의 기능을 하는 문장 예 그는 밥 먹듯이 거짓말을 했다.
인용절을 안은문장	다른 사람의 말을 인용한 것이 절의 형식으로 안긴 문장 예 철수는 영수가 좋다고 말했다.
서술절을 안은문장	절 전체가 문장에서 서술어의 기능을 하는 문장 예 철수는 얼굴이 동그랗다.

3 정확하고 자연스러운 문장

(1) 문장 성분 간의 호응으로 인한 비문

주어와 서술어의 호응	비문	내가 하고 싶은 말은 공부도 중요하지만 건강도 중요하다.
	수정문	내가 하고 싶은 말은 공부도 중요하지만 건강도 중요하다는 것이다.
목적어와 서술어의 호응	비문	나는 시간이 나면 음악이나 영화를 본다.
	수정문	나는 시간이 나면 음악을 듣고, 영화를 본다.
부사어와 서술어의 호응	비문	과제는 절대로 직접 만든 작품을 제출해야 한다.
	수정문	과제는 반드시 직접 만든 작품을 제출해야 한다.

(2) 중의적인 표현으로 인한 비문

동음이의어	비문	나는 배가 좋다.
	수정문	나는 과일 중 배가 좋다.
주어와 목적어의 범위	비문	나는 영호와 유은이를 만났다.
	수정문	• 나는 영호와 함께 유은이를 만났다. • 나는 영호와 유은이 둘을 만났다.
수식의 범위	비문	아름다운 그녀의 친구를 만났다.
	수정문	• 아름다운, 그녀의 친구를 만났다. • 그녀의 아름다운 친구를 만났다.
부정의 범위	비문	나는 영화를 안 보았다.
	수정문	• 내가 아닌 누나가 영화를 보았다. • 나는 영화가 아닌 책을 보았다. • 나는 영화를 본 것이 아니라, 예매만 하였다.
비교의 범위	비문	형은 나보다 강아지를 더 좋아한다.
	수정문	• 형은 나를 좋아하기보다는 강아지를 더 좋아한다. • 형은 내가 강아지를 좋아하는 것보다 더 강아지를 좋아한다.
동작상의 범위	비문	언니는 교복을 입고 있다.
	수정문	• 언니는 교복을 입고 있는 상태이다. • 언니는 교복을 입고 있는 중이다.

PART 04

적중! 출제 예상 문제

01 문장의 종결 방식과 그 예가 옳지 않은 것은?

① 평서문 – 국어 공부를 열심히 한다.
② 명령문 – 국어 공부를 열심히 해라.
③ 감탄문 – 국어 공부를 열심히 합시다.
④ 의문문 – 국어 공부를 열심히 하니?

02 다음 중 밑줄 친 부분이 같은 역할을 하는 문장 성분이 아닌 것은?

① 비행기가 높이 난다.
② 아기가 새 옷을 입었다.
③ 나는 조용한 음악을 좋아한다.
④ 확실히 오늘 경기는 별로였다.

03 다음 중 주성분만으로 이루어진 문장은?

① 하늘이 매우 맑다.
② 나는 친구를 만났다.
③ 나는 조용한 음악을 좋아한다.
④ 민수는 교실을 깨끗이 청소했다.

04 밑줄 친 부분의 문장 성분이 바르게 연결된 것은?

① 날개가 아주 크다. – 보어
② 절대로 나를 믿지마! – 주어
③ 나는 그를 사랑한다. – 목적어
④ 아이가 크게 웃는다. – 관형어

05 다음 중 홑문장이 아닌 것은?

① 코끼리는 코가 길다.
② 우정은 보석과 같다.
③ 그 아이는 아주 똑똑하다.
④ 나는 꽃을 너에게 주었다.

정답 및 해설 별책 37p

06 다음 중 이어진 문장이 아닌 것은?

① 나는 오늘 낮잠을 자서 지각을 했다.
② 민수는 친절하고, 예진이는 다정하다.
③ 지금부터 청소를 하거나 책을 읽어라.
④ 그곳은 꽃이 아름답게 장식되어 있었다.

07 다음 중 문장의 확대 방식이 다른 것은?

① 우리는 그가 정당했음을 깨달았다.
② 나는 김치찌개를 좋아하고 아빠는 된장찌개를 좋아하신다.
③ 지금은 중학생이 집에 가기에 늦은 시간이다.
④ 나는 할머니께서 집에 오신다는 소식을 들었다.

08 다음 중 대등하게 이어진 문장으로 알맞은 것은?

① 네가 없으면 나는 쓸쓸하다.
② 나는 늦잠을 자서 지각했다.
③ 공부를 하다가 잠이 들었다.
④ 눈이 왔지만 날씨가 따뜻했다.

09 다음 중 문장의 확대 방식이 <보기>와 같은 것은?

보 기

비가 오면 길이 질척질척하다.

① 꽃이 피고 새가 운다.
② 이 책은 내가 읽던 책이다.
③ 고양이는 울음소리가 귀엽다.
④ 태호가 예고도 없이 나타났다.

10 다음 중 중의적 표현이 아닌 것은?

① 친구들이 다 오지 않았다.
② 지원이가 관우와 승주를 기다린다.
③ 선생님을 보고 싶어 하는 학생이 많다.
④ 내가 사랑하는 친구의 여동생을 만났다.

정답 및 해설 별책 37p

04 문법 요소

• 다양한 문법 요소들에 대해 알아본다.

비법 전수
시제, 높임 표현, 피동, 사동, 부정문 등은 일상생활에서 가장 자주 표현하는 요소들입니다. 평소 사용하던 표현 습관이나 양식을 떠올려 비교합니다.

1 시제

(1) 개념

① 시간을 인위적으로 구분한 문법 범주

② 말하는 시간을 기준으로 어떤 사건이나 사실이 일어난 시간상의 위치를 나타내는 시간 표현

(2) 종류

① 발화시와 사건시

발화시	화자가 말을 하는 시점
사건시	사건이 일어나는 시점

② 과거, 현재, 미래

과거	사건시가 발화시보다 앞선 시점 예 나는 지난주에 그 책을 읽었다.
현재	사건시와 발화시가 같은 시점 예 나는 지금 그 책을 읽는다.
미래	발화시가 사건시보다 앞선 시점 예 나는 내일 그 책을 읽을 것이다.

(3) 시간 표현의 실현 방법

구분	선어말어미	관형사형 어미	시간 부사어
과거	-았-, -었-, -더-	-(으)ㄴ, -던	어제, 옛날, 일찍이, 전에, 그제
현재	-ㄴ-, -는- (형용사, 서술격 조사는 기본형)	-는, -(으)ㄴ	지금, 현재, 이제, 오늘, 올해
미래	-겠-, -(으)리-	-(으)ㄹ (형용사, 서술격 조사에서는 사용 ×)	내일, 장차, 모레, 앞으로, 후에

2 높임 표현

(1) 개념

말하는 이가 어떤 대상에 대하여 높고 낮은 정도에 따라 구별하여 표현하는 방식

(2) 높임 표현의 종류와 실현

주체 높임	서술의 주체를 높이는 방법 예 선생님께서 오신다. 아버지께서 이야기를 들려주셨다.	
	직접높임	주체를 직접 높이는 표현
	간접높임	주체와 관련 있는 대상(신체, 소유물, 가족 등)을 높임으로써 주체를 간접적으로 높이는 표현 예 할아버지께서는 귀가 밝으시다.
	실현	• 주체 높임 선어말 어미 : -(으)시- • 높임 주격 조사 : 께서 • 높임 접미사 : -님 • 특정 용언 : 계시다, 잡수시다, 주무시다 등
상대 높임	말하는 이가 듣는 이에 대해 높이거나 낮추어 말하는 방법 예 선생님, 어서 오세요. 오빠, 우리 같이 밥 먹어요.	
	실현	• 종결 어미
객체 높임	서술의 객체를 높이는 방법 예 과일을 큰아버지께 가져다 드려라. 내일 할머니를 모시고 병원에 다녀오렴.	
	실현	• 높임 부사격 조사 : 께 • 높임 접미사 : -님 • 특정 동사 : 드리다, 여쭈다, 모시다 등

• 상대 높임법의 실현

격식체	하십시오체 예 오십시오.
	하오체 예 오시오.
	하게체 예 오게.
	해라체 예 와라.
비격식체	해요체 예 와요.
	해체 예 와.

3 사동 표현

(1) 개념

주동문	주어가 동작이나 행동을 직접 하는 문장 예 아기가 잔다.
사동문	주어가 다른 대상에게 어떤 동작이나 행동을 시키는 문장 예 엄마가 아기를 재운다. 엄마가 아기를 자게 한다.

(2) 주동문을 사동문으로 바꾸는 방법

① 새로운 주어를 추가하고, 주동 표현의 주어를 목적어나 부사어로 만든다.

② 주동을 나타내는 동사에 '-이-', '-히-', '-리-', '-기-', '-우-', '-구-', '-추-' 등의 접사를 붙인다.

③ 주동을 나타내는 동사에 '-게 하다', '-시키다'를 붙인다.

(3) 사동문의 의미 차이

어머니가 딸에게 옷을 입혔다.	• 어머니가 딸에게 직접 옷을 입혀 주었다는 의미 (직접 사동) • 어머니가 딸에게 옷을 입도록 시켰다는 의미 (간접 사동)
어머니가 딸에게 옷을 입게 하였다.	• 어머니가 딸이 스스로 옷을 입도록 시켰다는 의미 (간접 사동)

• 파생적 사동문의 예

❶ 밝다 → 밝히다
철수가 등불을 밝히다.

❷ 쓰다 → 씌우다
어머니가 아이에게 모자를 씌우다.

❸ 돌다 → 돌리다
팔을 빙빙 돌리다.

❹ 낮다 → 낮추다
의자를 낮추다.

❺ 돋다 → 돋구다
흥을 돋구다.

• 파생적 피동문의 예

❶ 낚다 → 낚이다
물고기가 낚이다.

❷ 밟다 → 밟히다
낙엽이 밟히다.

❸ 듣다 → 들리다
음악이 들리다.

❹ 담다 → 담기다
따뜻한 음식이 담기다.

4 피동 표현

(1) 개념

능동문	주어가 어떤 동작이나 행동을 제 힘으로 하는 문장 예 민수가 고무줄을 끊었다.
피동문	주어가 어떤 대상에 의해 동작이나 행동을 당하는 문장 예 (민수에 의해) 고무줄이 끊겼다. (민수에 의해) 고무줄이 끊어졌다.

(2) 능동문을 피동문으로 바꾸는 방법

① 능동문의 주어를 부사어로, 목적어를 주어로 바꾼다.

② 능동을 나타내는 동사에 '-이-', '-히-', '-리-', '-기-' 등을 붙인다.

③ 능동을 나타내는 동사에 '-게 되다', '-어지다', '-되다'를 붙인다.

5 부정 표현

(1) 개념

긍정문	긍정의 뜻을 나타내는 문장
부정문	부정의 뜻을 나타내는 문장

(2) 종류

① '안' 부정문(의지 부정) : 주어의 의지에 의해서 어떤 일이 일어나지 않는다.

짧은 부정문	'안'을 붙임. 예 그는 술을 안 먹는다.
긴 부정문	'-지 아니하다'를 붙임. 예 그는 술을 먹지 않는다.

② '못' 부정문(능력 부정) : 주어의 의지가 아닌 능력이나 그 밖의 다른 이유로 어떤 일이 일어나지 못한다.

짧은 부정문	'못'을 붙임. 예 늦잠을 자서 소풍에 못 갔다.
긴 부정문	'-지 못하다'를 붙임. 예 늦잠을 자서 소풍에 가지 못했다.

• 명령문과 청유문의 부정문

❶ 창문을 열어라.
⇔ 창문을 열지 마라.

❷ 영화 보러 가자.
⇔ 영화 보러 가지 말자.

적중! 출제 예상 문제

01 **주체 높임법에 대한 설명으로 적절하지 <u>않은</u> 것은?**

① 문장에서 서술의 주체를 높이는 방법이다.
② 서술어에 '-(으)시-'가 붙어서 실현된다.
③ 서술의 주체는 보통 문장의 서술어로 나타난다.
④ 주체 높임법의 종류에는 직접 높임과 간접 높임이 있다.

02 **높임 표현 중 <u>잘못된</u> 것은?**

① 선생님께서 교실에 계시다.
② 어머니께서 그 책을 읽으셨다.
③ 부모님의 의견이 타당하십니다.
④ 할아버지께서는 걱정거리가 계시다.

03 **다음 중 시간 표현이 <u>잘못</u> 쓰인 것은?**

① 나는 곧 떠났다.
② 언니는 요즘 매우 바쁘다.
③ 지금 책을 재미있게 읽는다.
④ 우리는 지금 그를 만나러 간다.

04 **시간 표현에 대한 설명 중 <u>잘못된</u> 것은?**

① 미래 시제는 서술어에 '-겠-'을 사용하여 나타낸다.
② 과거 시제는 서술어에 '-았-/-었-'을 사용하여 나타낸다.
③ 현재 시제는 '지금'과 같이 시간을 나타내는 부사어를 사용한다.
④ 말하고자 하는 사건이 말하는 시점 이전에 일어난 것을 미래 시제라 한다.

05 **다음 설명 중 <u>잘못된</u> 것은?**

① 피동 표현은 주어가 다른 주체에 의해 동작을 당하게 되는 문장이다.
② 사동 표현은 동작을 하도록 시키는 주체를 강조하고 싶을 때 사용한다.
③ 피동 표현은 행동의 주체를 감추어 책임을 피하고 싶은 경우에 사용한다.
④ 사동 표현은 '-게 되다', '-되다', '-어지다' 등을 활용하여 만들 수 있다.

정답 및 해설 별책 38p

06 다음 중 피동 표현이 쓰인 것은?

① 내가 친구를 웃긴다.
② 경찰이 도둑을 잡았다.
③ 드디어 우리가 꿈을 이루었다.
④ 아름다운 노랫소리가 우리에게 들렸다.

07 다음 중 사동 표현이 쓰이지 않은 문장은?

① 형이 동생을 울린다.
② 목수가 지붕을 낮춘다.
③ 아기가 엄마에게 안겼다.
④ 어른이 아이들을 의자에 앉힌다.

08 능동 표현을 피동 표현으로 바꾼 것 중 잘못된 것은?

① 영구가 모기를 잡았다. → 모기가 영구에게 잡혀졌다.
② 주민들이 민원을 접수했다. → 민원이 주민들에 의해 접수되었다.
③ 아이가 별을 본다. → 별이 아이에게 보인다.
④ 드디어 우리가 꿈을 이루었다. → 드디어 꿈이 우리에 의해 이루어졌다.

09 부정 표현에 대한 설명으로 적절하지 않은 것은?

① 형용사의 상태나 성질을 부정할 때는 대체로 '못, 못하다'를 사용한다.
② 주어의 의지에 의해 행동을 하지 않을 때는 '안, 아니하다'를 사용한다.
③ 명령문과 청유문에는 '아니하다, 못하다' 대신에 '마/마라, 말자'를 사용한다.
④ '안, 못'을 사용하는 짧은 형태와 '아니하다, 못하다'를 사용하는 긴 형태가 있다.

10 다음 중 부정 표현을 잘못 사용한 것은?

① 그는 독서의 재미를 몰라서 책을 안 읽는다.
② 이웃집에서 떠드는 소리가 들려서 잠을 자지 못했다.
③ 동생은 배탈이 심하게 나서 차가운 것을 안 먹는다.
④ 내일까지 숙제를 끝내기로 마음먹어서 잠을 자지 않았다.

정답 및 해설 별책 38p

05 어문 규범

• 국어 생활에서 우리가 지켜야 할 어문 규범들에 대해 알아본다.

비법 전수
평소에 쓰고 말하며 헷갈렸던 표현에 대해 어문 규범을 중심으로 정확하게 구분해 봅니다.

1 어문 규범

언어생활에서 따르고 지켜야 할 공식적인 기준으로 표준어 규정, 한글 맞춤법, 외래어 표기법, 국어의 로마자 표기법을 아우르는 말

2 표준어

(1) 개념
한 나라에서 모든 국민들이 공통으로 사용하도록 정한 공용어

(2) 필요성과 의의
방언의 차이로 인한 의사소통의 불편을 해소하고, 모든 사람이 원활하게 의사소통을 할 수 있도록 공용어로서의 표준어를 정한다.

(3) 표준어 사정의 원칙
우리나라에서 표준어는 '교양 있는 사람들이 두루 쓰는(계층적 조건) 현대(시대적 조건) 서울말(지역적 조건)'로 정한다.

• 헷갈리는 표준어
❶ 설레다(○), 설레이다(×)
❷ 쌍둥이(○), 쌍동이(×)
❸ 멍게(○), 우렁쉥이(○)
❹ 서울나기(×), 서울내기(○)
❺ 아지랑이(○), 아지랭이(×)

3 한글 맞춤법

(1) 맞춤법
말을 글자로 적을 때 일정한 규칙에 맞도록 쓰는 법

(2) 한글 맞춤법의 대원칙

제1항	한글 맞춤법은 표준어를 소리대로 적되, 어법에 맞도록 함을 원칙으로 한다.
제2항	문장의 각 단어는 띄어 씀을 원칙으로 한다.

① 한글 맞춤법 제1항
　㉠ 소리대로 적는다 : 표준어의 발음대로 적는다는 원칙
　　예 하늘 → [하늘], 땅 → [땅]
　㉡ 어법에 맞도록 함 : 형태소의 원형을 밝혀 적는다는 원칙
　　예 꽃이 → [꼬치], 꽃도 → [꼳또], 꽃만 → [꼰만]
② 한글 맞춤법 제2항
　㉠ 단어는 띄어 쓰되, 조사는 앞말에 붙여 쓴다.
　　예 토끼가 꽃만 먹는다.
　㉡ 의존 명사는 띄어 쓴다.
　　예 먹을 것이 없다.

(3) 남북한 맞춤법
① 차이점

구분	남한	북한
두음 법칙	인정함. 예 노인, 여자	인정하지 않음. 예 로인, 녀자
의존 명사	띄어 씀. 예 먹을 것	붙여 쓰는 경우가 많음. 예 먹을것
본용언과 보조 용언	띄어 씀. 예 먹어 봐.	붙여 쓰는 경우가 많음. 예 먹어봐.
외래어	그대로 사용하는 경우가 많음. 예 아이스크림	대체로 우리말로 바꾸어 사용함. 예 얼음보숭이

② 차이가 생긴 이유
　㉠ 남한과 북한으로 분단된 후 많은 시간이 흘렀다.
　㉡ 남한과 북한 사이의 교류가 오랫동안 중단되었다.
　㉢ 지역적 차이에서 생겨난 방언의 차이가 존재한다.
　㉣ 남한과 북한의 이념과 정치 체제가 다르다.
　㉤ 남한과 북한에서 추진하는 언어 정책의 방향이 다르다.
③ 차이 극복 방법
　㉠ 남북한 인사들의 만남이 활발히 이루어져야 한다.
　㉡ 북한의 언어, 정치, 사회에 대해 이해하도록 노력해야 한다.
　㉢ 학술 교류 및 언어학 학회를 통해 남북한의 언어 연구 자료를 교환한다.
　㉣ 남북한 공동 연구 기관을 만들어, 언어를 다듬고 신조어 작업을 하여 대중에게 보급한다.

4 외래어 표기법

(1) 개념

외래어(외국에서 들어와 국어처럼 쓰이는 말)를 한글 자모로 표기하는 방법

(2) 외래어 표기법의 원칙

① 외래어는 국어에서 현재 쓰이는 24자모만으로 적는다.

예 우리말에 없는 영어의 f, v음을 적기 위해 새로운 문자를 만들지 않는다.

② 외래어의 1음운은 원칙적으로 1기호이다.

예 fighting : 화이팅(×) ➜ 파이팅(○)

③ 외래어의 받침에는 'ㄱ, ㄴ, ㄹ, ㅁ, ㅂ, ㅅ, ㅇ'만을 적는다.

예 coffee shop : 커피숖(×) ➜ 커피숍(○)

④ 파열음 표기에는 된소리를 쓰지 않는 것을 원칙으로 한다.

예 bus : 뻐스(×) ➜ 버스(○)

⑤ 이미 굳어진 외래어는 관용을 존중한다.

예 radio : 레이디오(×) ➜ 라디오(○)

5 국어의 로마자 표기법

(1) 개념

우리의 인명이나 지명 등 고유 명사를 외국인들이 읽을 수 있도록 국어를 로마자로 적는 방법

(2) 국어의 로마자 표기의 기본 원칙

① 국어의 표준 발음법에 따라 적는 것을 원칙으로 한다.

예 종로[종노] Jongno

② 로마자 이외의 부호는 되도록 사용하지 않는다.

적중! 출제 예상 문제

01 어문 규범에 관한 설명으로 옳지 않은 것은?

① 외래어는 국어의 현용 24자모만으로 적는다.
② 로마자 표기법에서 이름은 붙여 쓰는 것을 원칙으로 한다.
③ 표준어는 교양 있는 사람들이 두루 쓰는 현대 서울말로 정한다.
④ 외래어 표기 시 받침에는 'ㄱ, ㄴ, ㄷ, ㄹ, ㅁ, ㅂ, ㅇ'만을 쓴다.

02 밑줄 친 단어가 표준어인 것은?

① 너의 좌석은 윗쪽이야.
② 요즘은 대장쟁이를 찾아보기 힘들어.
③ 양털은 숫양의 털이 더 부드럽지 않을까?
④ 김장철에 무우의 생산량이 너무 많아 가격이 떨어졌어.

03 다음 표준어 규정에 의하여 〈보기〉의 '표준어'에 (○) 표시를 한 것이다. 옳은 표시만을 〈보기〉에서 있는 대로 고른 것은?

[표준어 규정] 제1부 표준어 사정 원칙
▶ 제2장 발음 변화에 따른 표준어 규정
제1절 제7항 수컷을 이르는 접두사는 '수'로 통일한다.
제2절 제8항 양성 모음이 음성 모음으로 바뀌어 굳어진 단어는 음성 모음 형태로 표준어로 삼는다.
제2절 제9항 'ㅣ' 역행 동화 현상에 의한 발음은 원칙적으로 표준 발음으로 인정하지 아니한다.
[붙임 2] 기술자에게는 '장이', 그 외에는 '쟁이'가 붙는 형태를 표준어로 삼는다.
제2절 제12항 '웃' 및 '윗'은 명사 '위'에 맞추어 '윗'으로 통일한다.
다만1. 된소리나 거센소리 앞에서는 '위'로 한다.
다만2. '아래, 위'의 대립이 없는 단어는 '웃'으로 발음되는 형태를 표준어로 삼는다.
제3절 제14항 준말이 널리 쓰이고 본말이 잘 쓰이지 않는 경우에는, 준말만을 표준어로 삼는다.

정답 및 해설 별책 39p

보기

ㄱ. 무 (○), 무우 ( )
ㄴ. 숫꿩 (○), 수꿩 ( )
ㄷ. 위층 (○), 윗층 ( )
ㄹ. 웃어른 (○), 윗어른 ( )
ㅁ. 윗입술 (○), 웃입술 ( )
ㅂ. 아지랭이 (○), 아지랑이 ( )
ㅅ. 깡총깡총 (○), 깡충깡충 ( )

① ㄱ, ㄴ, ㅅ
② ㄱ, ㄷ, ㄹ, ㅁ
③ ㄱ, ㄴ, ㄷ, ㄹ, ㅁ
④ ㄱ, ㄷ, ㄹ, ㅁ, ㅅ

04 한글 맞춤법의 원칙을 이해한 것으로 적절하지 않은 것은?

[한글 맞춤법] 제1장 총칙
제1항 한글 맞춤법은 표준어를 소리대로 적되, 어법에 맞도록 함을 원칙으로 한다.
제2항 문장의 각 단어는 띄어 씀을 원칙으로 한다.

① 소리대로 적는다는 것은 표준어의 발음 형태대로 적는다는 뜻이다.
② 우리말의 조사는 하나의 단어로 다루어지고 있지만 앞말에 붙여 쓴다.
③ 조사는 형식 형태소이며 의존 형태소이므로 그 앞의 단어에 붙여 쓰는 것이다.
④ 어법에 맞도록 한다는 것은 발음의 편의를 위하여 각 형태소의 본 모양을 밝혀 적는다는 뜻이다.

05 다음 중 띄어쓰기가 바르게 된 문장은?

① 네가∨먹을만큼∨먹어라.
② 나도∨친구들∨처럼∨줄넘기를∨할∨수∨있다.
③ 우리∨집∨주변에는∨공원,∨초등학교,∨상점등이∨있다.
④ 지우개∨한∨개와∨연필∨두∨자루를∨상품으로∨받았다.

06 다음 중 맞춤법이 옳은 문장은?

① 내가 사과를 갖다 줄께.
② 깍뚜기를 맛있게 먹었다.
③ 자료를 연도별로 정리했다.
④ 갑자기 튀어나와서 놀랬잖아.

정답 및 해설 별책 39p

07 다음 중 외래어 표기법에 맞게 표기한 것은?

① cat : 캣
② gap : 개프
③ jazz : 째즈
④ rocket : 로케트

08 다음 중 외래어 표기가 바른 것은?

① 매니아, 째즈, 콘셉트
② 버스, 더블, 내레이션
③ 빠리, 로켓, 악세서리
④ 쵸콜릿, 커피숍, 케이크

09 다음 중 로마자 표기법에 맞게 표기한 것은?

① 구미 : Gumi
② 백마 : Baekma
③ 독립문 : Doklipmun
④ 제주도 : Jeju island

10 다음 로마자 표기법을 참고하여 표기한 내용으로 적절한 것은?

[로마자 표기법] 제2장 표기 알람

제1항 모음은 다음 각호와 같이 적는다.

ㅏ	ㅓ	ㅗ	ㅜ	ㅡ	ㅣ	ㅐ	ㅔ	ㅚ	ㅟ
a	eo	o	u	eu	i	ae	e	oe	wi

ㅑ	ㅕ	ㅛ	ㅠ	ㅒ	ㅖ	ㅘ	ㅙ	ㅝ	ㅞ	ㅢ
ya	yeo	yo	yu	yae	ye	wa	wae	wo	we	ui

제2항 자음은 다음 각호와 같이 적는다.

ㄱ	ㄲ	ㅋ	ㄷ	ㄸ	ㅌ	ㅂ	ㅃ	ㅍ
g, k	kk	k	d, t	tt	t	b, p	pp	p

ㅈ	ㅉ	ㅊ	ㅅ	ㅆ	ㅎ	ㄴ	ㅁ	ㅇ
j	jj	ch	s	ss	h	n	m	ng

[붙임 1] ‘ㄱ, ㄷ, ㅂ’은 모음 앞에서는 ‘g, d, b’로, 자음 앞이나 어말에서는 ‘k, t, p’로 적는다.

[붙임 2] ‘ㄹ’은 모음 앞에서는 ‘r’로, 자음 앞이나 어말에서는 ‘l’로 적는다. ‘ㄹㄹ’은 ‘ll’로 적는다.

① 경기도 : Gyeoki-do
② 감자탕 : Kamjatang
③ 산 낙지 : San-nakji
④ 반월동 : Banwor-dong

정답 및 해설 별책 39p

PART 04

EBS 교육방송교재

06 국어의 역사

• 국어의 역사에 대해 알아본다.

비법 전수
우리말과 글의 역사, 즉 과거의 모습을 알아보는 내용입니다. 현대의 말과 글을 기준으로 어떤 점이 다른지 살펴봅니다.

1 국어의 시대 구분

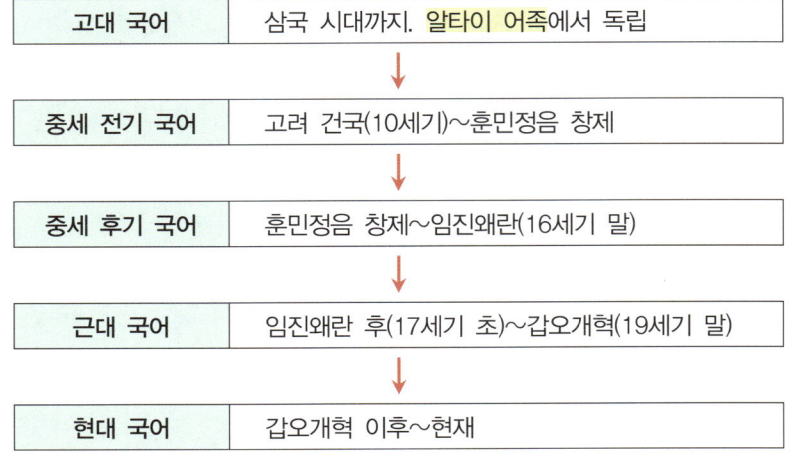

고대 국어	삼국 시대까지. 알타이 어족에서 독립
↓	
중세 전기 국어	고려 건국(10세기)~훈민정음 창제
↓	
중세 후기 국어	훈민정음 창제~임진왜란(16세기 말)
↓	
근대 국어	임진왜란 후(17세기 초)~갑오개혁(19세기 말)
↓	
현대 국어	갑오개혁 이후~현재

2 고대 국어의 특징

(1) 서기체
조사・어미의 표기 없이 우리말 어순에 따라 적는 표기법이다.

(2) 구결
한문 원문을 그대로 살리되 구절 뒤에 해석을 돕는 토를 차자 표기로 덧붙인 표기법이다.

(3) 이두
한자를 국어의 문장 구조에 따라 배열하고 조사와 어미까지 표기하여 문자의 의미를 분명하게 한 표기법이다.

(4) 향찰
신라 시대에 한자의 음과 뜻을 빌려 우리말 문장 전체를 적기 위해 고안된 표기법으로, 실질적인 부분은 한자의 뜻을 빌려 표기하고 문법적인 요소는 한자의 소리를 빌려 표기하였다.

표기	善	化	公	主	主	隱
소리	선	화	공	주	주	은
뜻	착하다	되다	귀인	님	님	숨다
해석	선	화	공	주	님	은
차자 표기	음차	음차	음차	음차	훈차	음차

3 중세 국어의 특징

(1) 음운

① 'ㆆ, ㅸ, ㅿ, ㆁ, ㆍ'가 모두 쓰인다.

② 모음 조화가 철저히 지켜진다.

③ 어두자음군을 사용한다.

④ 구개음화와 원순모음화가 나타나지 않는다.

(2) 어휘

① 고유어와 한자어의 경쟁에서 한자어가 많이 쓰인다.

② 몽골어와 여진어 등의 외래어가 들어온다.

③ 현대 국어와 다른 의미로 쓰인 어휘가 있다. ➜ 의미 축소, 의미 이동

(3) 문법

① 주격 조사는 '이/ㅣ/∅'만 사용된다.

② 명사형 어미 '-옴/-움'이 규칙적으로 사용된다.

③ 비교부사격 조사 '에'가 사용된다.

(4) 표기

① '동국정운식' 한자음을 표기한다.

② 이어적기가 보편적이다.

4 근대 국어의 특징

(1) 음운

① 성조가 사라지면서 방점 표기가 사라진다.

② 'ㅿ'이 사라진다.

③ 어두자음군이 'ㅅ'계 된소리 표기로 통일된다.

④ 'ㆍ'의 음가가 첫 음절에서도 소멸된다.

⑤ 원순모음화, 전설모음화가 나타난다.

(2) 어휘

① 한자어와 외래어의 침투로 고유어가 점차 소멸된다.

② 서구 신문명어들이 대량 유입된다.

(3) 문법

① 주격 조사 '가'가 쓰이기 시작한다.

② 명사형 어미 '-옴/-움'과 더불어 '-기'가 활발하게 쓰인다.

(4) 표기

① 분철(끊어적기)이 확대된다.

② 연철(이어적기)이 지속적으로 나타난다.

③ 중철(거듭적기)이 사용된다.

5 한글의 제자 원리

(1) 초성(자음)의 제자 원리

제자 / 오음(五音)	상형	가획		이체
	발음 기관의 모양을 본뜸	소리의 세기에 따라 기본 글자에 획을 더함		기본 글자의 모양을 달리함
어금닛소리	ㄱ	ㅋ		ㆁ
혓소리	ㄴ	ㄷ	ㅌ	ㄹ
입술소리	ㅁ	ㅂ	ㅍ	
잇소리	ㅅ	ㅈ	ㅊ	ㅿ
목구멍 소리	ㅇ	ㆆ	ㅎ	

(2) 중성자(모음)의 제자 원리

① 기본 글자

상형의 원리	하늘을 본뜸	땅을 본뜸	사람을 본뜸
기본 글자	·	ㅡ	ㅣ

② 초출자와 재출자

기본 글자의 합성	초출자	재출자
· + ㅡ	ㅗ	ㅛ
ㅣ + ·	ㅏ	ㅑ
ㅡ + ·	ㅜ	ㅠ
· + ㅣ	ㅓ	ㅕ

적중! 출제 예상 문제

[01~03] 다음 글을 읽고 물음에 답하시오.

> 世·솅 宗종 御·엉 製·졩 訓·훈民민正·졍音ᅙᅳᆷ
>
> 나·랏:말ᄊᆞ·미 中듕國·귁·에 달·아 文문字·ᄍᆞᆼ·와·로 서르 ᄉᆞᄆᆞᆺ·디 아·니ᄒᆞᆯ·ᄊᆡ·이런 젼·ᄎᆞ·로 어·린 百·ᄇᆡᆨ姓·셩·이 니르·고·져·홇·배 이·셔·도 ᄆᆞ·ᄎᆞᆷ:내 제·ᄠᅳ·들 시·러 펴·디 :몯홇·노·미 하·니·라·내·이·ᄅᆞᆯ 爲·윙·ᄒᆞ·야 :어엿·비 너·겨·새·로·스·믈여·듧 字·ᄍᆞᆼ·ᄅᆞᆯ ᄆᆡᇰ·ᄀᆞ노·니 :사ᄅᆞᆷ:마·다 :ᄒᆡ·ᅇᅧ :수·ᄫᅵ 니·겨·날·로 ⓐ <u>·ᄡᅮ·메</u> 便뼌安ᅙᅡᆫ·킈 ᄒᆞ·고·져 홇 ᄯᆞᄅᆞ·미니·라
>
> – '훈민정음(訓民正音)', 세조(世祖) 5년(1459) –

01 ⓐ를 보고 중세 국어에 대해 판단한 내용으로 적절하지 <u>않은</u> 것은?

① 일반적으로 이어적기 방식이 사용되었다.
② 명사형 어미를 붙이는 과정에 모음 조화가 지켜졌다.
③ 입술가벼운 소리를 이어 쓰는 방법이 널리 사용되었다.
④ 오늘날과 동일한 형태의 처소 부사격 조사가 존재했다.

02 윗글에서 알 수 있는 훈민정음 창제의 배경과 취지로 적절하지 <u>않은</u> 것은?

① 문어와 구어가 다른 우리말을 중국의 말을 본떠 만들려고 시작되었다.
② 백성들은 문자를 알지 못해서 불편한 문자 생활을 하고 있었다.
③ 백성들을 불쌍하게 여기는 세종의 마음이 드러나 있다.
④ 우리말에 맞는 스물여덟 글자를 만들었다.

03 위에 드러난 훈민정음 창제 정신의 설명으로 적절하게 연결되지 <u>않은</u> 것은?

① 자주 정신 : 우리말에 맞는 우리 문자의 필요성을 인식하였다.
② 애국 정신 : 나라의 역사를 바로 쓰기 위해서 창작했다.
③ 창조 정신 : 스물여덟 글자로 새로운 문자를 창조했다.
④ 실용정신 : 쉽게 익혀 쓰기에 편리한 문자 생활을 도모했다.

정답 및 해설 별책 41p

[04~06] 다음 글을 읽고, 물음에 답하시오.

홍ᄉᆡᆨ이 거룩ᄒᆞ야 븕은 긔운이 하ᄂᆞᆯ을 쒸노더니 이랑이 소ᄅᆡ를 놉히ᄒᆞ야 나를 불러 져긔 믈밋ᄎᆞᆯ 보라 웨거ᄂᆞᆯ 급히 눈을 드러 보니 믈밋 홍운을 헤앗고 큰 실오리 ᄀᆞᆺᄒᆞᆫ 줄이 븕기 더옥 긔이ᄒᆞ며 긔운이 진홍 ᄀᆞᆺᄒᆞᆫ 것이 ᄎᆞᄎᆞ 나 손바닥 너ᄇᆡ ᄀᆞᆺᄒᆞᆫ 것이 그믐밤의 보는 숫불빗 ᄀᆞᆺ더라 ᄎᆞᄎᆞ 나오더니 그 우흐로 젹은 회오리밤 ᄀᆞᆺᄒᆞᆫ 것이 븕기 호박구슬 ᄀᆞᆺ고 ᄆᆞᆰ고 통낭ᄒᆞ기ᄂᆞᆫ 호박도곤 더 곱더라 그 븕은 우흐로 흘흘 움ᄌᆞᆨ여 도ᄂᆞᆫᄃᆡ 처엄 낫던 븕은 긔운이 ᄇᆡᆨ지 반쟝 너ᄇᆡ만치 반ᄃᆞ시 비최며 밤 ᄀᆞᆺ던 긔운이 ᄒᆡ 되야 ᄎᆞᄎᆞ 커가며 큰 ᄌᆡᆼ반만 ᄒᆞ여 븕웃븕웃 번듯번듯 쒸놀며 젹ᄉᆡᆨ이 왼 바다희 씨치며 몬져 븕은 기운이 ᄎᆞᄎᆞ 가ᄉᆡ며 ᄒᆡ 흔들며 쒸놀기 더욱 ᄌᆞ로 ᄒᆞ며 항 ᄀᆞᆺ고 독 ᄀᆞᆺᄒᆞᆫ 것이 좌우로 쒸놀며 황홀이 번득여 냥목이 어즐ᄒᆞ며 븕은 긔운이 명낭ᄒᆞ야 첫 홍ᄉᆡᆨ을 헤앗고 텬듕의 ᄌᆡᆼ반 ᄀᆞᆺᄒᆞᆫ 것이 수레박희 ᄀᆞᆺᄒᆞ야 믈속으로셔 치미러 밧치ᄃᆞ시 올나 븟흐며 항독 ᄀᆞᆺᄒᆞᆫ 긔운이 스러디고 처엄 븕어 겻ᄎᆞᆯ 빗최던 거ᄉᆞᆫ 모혀 소혀텨로 드리워 믈속의 풍덩 ᄡᆞ디ᄂᆞᆫ듯 시브더라 일ᄉᆡᆨ이 됴요ᄒᆞ며 믈결의 븕은 긔운이 ᄎᆞᄎᆞ 가ᄉᆡ며 일광이 청낭하니 만고 텬하의 그런 장관은 ᄃᆡ두할ᄃᆡ 업슬ᄃᆞᆺᄒᆞ더라

04 다음 〈보기〉의 설명에 해당하는 변화가 일어난 것을 윗글에서 찾아 바르게 연결한 것은?

보 기

근대 국어에서는 중세 국어에 있었던 ⓐ 유성 마찰음(ㅸ, ㅿ)이 나타나지 않으며, ⓑ 어두자음군이 된소리로 변하는 경향을 보였다. 또한 ⓒ 모음 'ㆍ'의 소실은 2음절 이하에서 시작되어 어두 음절로 확대된다. 또, 17세기와 18세기의 교체기에 ⓓ 'ㄷ, ㅌ'의 구개음화가 일어나 'ㅈ, ㅊ'으로 표기된 사실과, 'ㅡ'의 원순모음화가 일어나서 'ㅜ'로 바뀐 것이 특기할 만하다.

① ⓐ : 처엄 ② ⓑ : 낫던
③ ⓒ : 긔운 ④ ⓓ : 텬듕

정답 및 해설 별책 41p

05 윗글을 다음 〈보기〉와 비교할 때, 지적할 수 있는 차이로 가장 적절한 것은?

> **보 기**
>
> 불휘 기픈 남ᄀᆞᆫ ᄇᆞᄅᆞ매 아니 뮐ᄊᆡ 곶 됴코 여름 하ᄂᆞ니 ᄉᆡ미 기픈 므른 ᄀᆞᄆᆞ래 아니 그츨ᄊᆡ 내히 이러 바ᄅᆞ래 가ᄂᆞ니
>
> – 「용비어천가」 제2장 –

① 두음법칙이 엄격하게 적용되었다.
② 연철표기가 분철표기로 바뀌었다.
③ 모음조화 현상이 엄격히 적용되었다.
④ 원순모음화 현상이 나타나게 되었다.

06 윗글에서 다음 〈보기〉의 밑줄 친 부분과 가장 유사한 장면을 찾는다면?

> **보 기**
>
> 日일出츌을 보리라 밤듕만 니러ᄒᆞ니
> 祥샹雲운이 집픠ᄂᆞᆫ 동 六뉵龍뇽이 바퇴ᄂᆞᆫ 동
> 바다ᄒᆡ ᄯᅥ날 제ᄂᆞᆫ 萬만國국이 일위더니
> <u>天텬中듕의 티ᄠᆞ니 毫호髮발을 혜리로다</u>
>
> – 정철, 「관동별곡(關東別曲)」 –

① 일광이 청낭하니
② ᄆᆞᆰ고 통낭ᄒᆞ기ᄂᆞᆫ 호박도곤 더 곱더라
③ 밤 ᄀᆞᆺ던 긔운이 ᄒᆡ 되야 ᄎᆞᄎᆞ 커가며
④ 항독 ᄀᆞᆺᄒᆞᆫ 긔운이 스러디고

07 초성이 만들어진 원리로 적절하지 <u>않은</u> 것은?

① 이체자와 병서는 초성 17자에서 제외된다.
② 기본자를 제외한 초성은 가획의 원리가 적용되었다.
③ 초성은 발음되는 위치 다섯 개를 바탕으로 기본자가 만들어졌다.
④ 이체자는 가획의 원리에 예외를 두어 모양이 다른 글자를 만드는 것이다.

정답 및 해설 별책 41p

08 중성의 대한 설명으로 적절하지 않은 것은?

① 중성의 기본자는 '•, ㅡ, ㅣ'이다.
② 중성은 종성부용초성의 방법이 사용되었다.
③ 중성의 삼재로는 천(天), 지(地), 인(人)이 있다.
④ 중성 글자들은 상형을 했지만 대상이 달랐다.

09 훈민정음의 제자 원리를 설명한 것으로 적절하지 않은 것은?

① 중성 합성자는 기본자를 변형하여 만들어졌다.
② 초성의 상형자는 발음 기관의 모양을 본떴다.
③ 중성 상형자는 하늘, 땅, 사람의 모양을 본떴다.
④ 종성은 종성부용초성의 원칙이 사용되었다.

10 훈민정음이 지니는 가치에 대한 설명으로 적절하지 않은 것은?

① 중국의 한문을 참고하여 새롭게 창조해낸 문자이다.
② 민족 문화 발전의 바탕을 마련하였다.
③ 민족 고유의 문자로 독창성을 지닌다.
④ 외국의 문자보다 배우기 쉽고 사람의 말소리를 정확하게 표현할 수 있다.

정답 및 해설 별책 41p

PART 04

기출문제 체크

정답 및 해설 별책 42p

01 ㉠~㉣ 중 다음 규정에 따르지 않은 표기는?

> 〈외래어 표기법 제1장〉
> 제3항 받침에는 'ㄱ, ㄴ, ㄹ, ㅁ, ㅂ, ㅅ, ㅇ'만을 쓴다.

> - 해변 ㉠ 커피숍 메뉴 -
> 녹차 홍차 커피
> ㉡ 잼과 빵 ㉢ 초콜릿 ㉣ 케잌
> 망고 주스 토마토 주스

① ㉠ ② ㉡ ③ ㉢ ④ ㉣

[02~03] 다음 글을 읽고 물음에 답하시오.

> 훈민정음 스물여덟 자는 각각 그 모양을 본떠서 만들었다. 초성은 모두 열일곱 자이다. 아음(牙音, 어금닛소리) ㄱ은 혀뿌리가 목구멍을 닫는 모양을 본뜨고, 설음(舌音, 혓소리) ㄴ은 혀(끝)가 윗잇몸에 붙는 모양을 본뜨고, 순음(脣音, 입술 소리) ㅁ은 입 모양을 본뜨고, 치음(齒音, 잇소리) ㅅ은 이 모양을 본뜨고, 후음(喉音, 목구멍소리) ㅇ은 목구멍의 모양을 본뜬 것이다.
> (㉮)은 ㄱ에 비하여 소리가 세게 나는 까닭으로 획을 더하였다. ㄴ에서 ㄷ, ㄷ에서 ㅌ으로, ㅁ에서 ㅂ, ㅂ에서 ㅍ으로, ㅅ에서 ㅈ, ㅈ에서 ㅊ으로, ㅇ에서 ㆆ, ㆆ에서 ㅎ으로 소리(의 세기)를 바탕으로 획을 더한 뜻이 모두 같다. 그러나, 오직 ㆁ은 다르다. 반설음 ㄹ과 반치음 ㅿ 역시 혀와 이의 모양을 본떠서 그 모양을 달리했지만, 획을 더한 의미는 없다.
>
> -「훈민정음 해례본 제자해」-

02 윗글의 내용과 일치하지 <u>않는</u> 것은?

① ㄴ은 획을 더한 글자이다.
② ㄷ은 획을 더한 글자이다.
③ ㅁ은 입 모양을 본뜬 글자이다.
④ ㅅ은 이 모양을 본뜬 글자이다.

03 ㉮에 들어갈 초성으로 가장 적절한 것은?

① ㅋ ② ㄲ
③ ㄸ ④ ㅸ

04 밑줄 친 낱말을 바르게 사용한 것은?

① 재산을 <u>늘이다</u>.
② 바지를 <u>다리다</u>.
③ 규모를 <u>주리다</u>.
④ 홍정을 <u>부치다</u>.

05 다음 한글 맞춤법 규정을 잘못 적용한 것은?

> **제11항** 한자음 '랴, 려, 례, 료, 류, 리'가 단어의 첫머리에 올 적에는, 두음 법칙에 따라 '야, 여, 예, 요, 유, 이'로 적는다.
> 다만, 모음이나 'ㄴ' 받침 뒤에 이어지는 '렬, 률'은 '열, 율'로 적는다.

① 규율(規律)　② 선율(旋律)
③ 백분율(百分率)　④ 시청율(視聽率)

[06~07] 다음 글을 읽고 물음에 답하시오.

> 나·랏:말ᄊᆞ·미 中듕國·귁·에 ㉠달·아 文문字·ᄍᆞᆼ·와·로 서르 ㉡ᄉᆞᄆᆞᆺ·디 아·니ᄒᆞᆯ·ᄊᆡ ·이런 젼·ᄎᆞ·로 어·린 百·ᄇᆡᆨ姓·셩·이 니르·고·져 ·홇 ·배 이·셔·도 ᄆᆞ·ᄎᆞᆷ:내 제 ·ᄠᅳ·들 시·러펴·디 :몯ᄒᆞᇙ ·노·미 하·니·라 ·내 ·이·ᄅᆞᆯ 爲·윙·ᄒᆞ·야 :어엿·비 너·겨 ·새·로 ·스·믈여·듧 字·ᄍᆞᆼ·ᄅᆞᆯ ㉢ᄆᆡᇰ·ᄀᆞ노·니 :사ᄅᆞᆷ :마·다 :ᄒᆡ·ᅇᅧ :수·ᄫᅵ ㉣니·겨 ·날·로 ·ᄡᅮ·메 便뼌安ᅙᅡᆫ·킈 ᄒᆞ·고·져 ᄒᆞᇙ ᄯᆞᄅᆞ·미니·라
>
> – 훈민정음 언해본 어제 서문 –

06 ㉠~㉣의 문맥상 의미를 현대 국어로 바르게 활용한 것은?

① ㉠ : 이곳의 기후가 우리나라와 달라 비가 많이 온다.
② ㉡ : 진정한 충신은 두 임금을 섬기지 않아.
③ ㉢ : 산속 공기가 맑으니 상쾌한 기분이 들어.
④ ㉣ : 우리 편이 상대편을 이겨 기분이 좋아.

07 윗글에 나타난 표기의 특징으로 적절하지 않은 것은?

① 어두자음군이 사용되었다.
② 한글과 한자가 혼용되었다.
③ 주격 조사 '가'가 쓰였다.
④ 방점으로 성조를 나타내었다.

[08~09] 다음 글을 읽고 물음에 답하시오.

> **불·휘** ㉠기·픈 남·ᄀᆞᆫ ㉡ᄇᆞᄅᆞ·매 아·니 :뮐·ᄊᆡ **곶** :됴·코 **여·름** ·하ᄂᆞ·니
> :ᄉᆡ·미 기·픈 ·므·른 ·ᄀᆞᄆᆞ·래 **아·니** 그·츨·ᄊᆡ
> ㉢:내·히 이·러 바·ᄅᆞ·래 ㉣·가ᄂᆞ·니
>
> – 용비어천가 –

08 ㉠~㉣에 나타난 중세 국어의 특징으로 적절하지 않은 것은?

① ㉠에는 이어 적기가 사용되었다.
② ㉡에는 모음조화가 사용되었다.
③ ㉢에는 어두자음군이 사용되었다.
④ ㉣에는 현재는 소실된 'ㆍ'가 사용되었다.

09 현대어 풀이로 적절하지 않은 것은?

① 불·휘 → 뿌리　② 곶 → 꽃
③ 여·름 → 여름　④ 아·니 → 아니

10 다음 규정으로 발음하지 않는 것은?

> [표준 발음법]
> 제20항 'ㄴ'은 'ㄹ'의 앞이나 뒤에서 [ㄹ]로 발음한다.

① 생산량　② 대관령
③ 신라　④ 천리

11 밑줄 친 한자어를 고유어로 풀이한 것으로 적절하지 않은 것은?

① 언어폭력을 근절(根絕)해야 한다.
→ 뿌리째 없애야

② 곳곳에서 백성들이 봉기(蜂起)하였다.
→ 세차게 일어났다.

③ 나는 그의 만행을 방관(傍觀)하고 있었다.
→ 옆에서 부추기고

④ 그는 나에게 어려움을 토로(吐露)하였다.
→ 모두 털어놓았다.

12 다음 문장과 동일한 오류가 드러난 것은?

> 그녀는 웃으면서 들어오는 친구에게 인사를 했다.

① 뜰에 핀 꽃이 여간 탐스럽다.
② 선생님께서 너 오시라고 했어.
③ 내가 하고 싶은 말은 너를 사랑한다.
④ 한결같이 어려운 이웃을 돕는 사람이 많다.

13 다음 중 한글 맞춤법이 옳은 문장은?

① 깍뚜기가 맛있게 보인다.
② 구름이 걷히자 파란 하늘이 드러났다.
③ 나는 참치를 넣은 김치찌게를 좋아한다.
④ 몇일 동안 친구를 만나지 못해서 소식이 궁금하다.

14 다음 규정의 ㉠에 해당하는 예로 알맞은 것은?

> 한글 맞춤법
>
> [제30항] 사이시옷은 다음과 같은 경우에 받치어 적는다.
> 1. 순우리말로 된 합성어로서 앞말이 모음으로 끝난 경우
>
> ⋮
>
> 2. 순우리말과 한자어로 된 합성어로서 앞말이 모음으로 끝난 경우
> (1) 뒷말의 첫소리가 된소리로 나는 것
> (2) 뒷말의 첫소리 'ㄴ, ㅁ' 앞에서 'ㄴ' 소리가 덧나는 것 ……………… ㉠
> (3) 뒷말의 첫소리 모음 앞에서 'ㄴㄴ' 소리가 덧나는 것

① 냇물　② 잇몸
③ 아랫니　④ 제삿날

EBS 교육방송교재

고졸 검정고시 국어

PART

05

실전모의고사

EBS 교육방송교재

제 1 회 실전모의고사

정답 및 해설 별책 44p

01 다음 대화에서 의사소통이 잘 이루어지지 않은 이유로 적절한 것은?

> 주원 : 선생님, 요즘 모둠 활동이 너무 힘들어서 걱정이에요.
> 선생님 : 왜 힘들지?
> 주원 : 서로 취존이 잘 안 되거든요. 네가 고른 거 노잼일 것 같다느니, 취향이 안습이라느니, 그런 말이 오가서 기분도 안 좋고요.
> 선생님 : (어리둥절하여) 응? 무슨 말이니?

① 주원이가 지역 방언을 사용했기 때문이다.
② 선생님이 주의 깊게 듣지 않았기 때문이다.
③ 주원이가 상대방을 고려하지 않고, 줄임말을 쓰기 때문이다.
④ 선생님께서 주원이의 말에 어울리지 않는 비언어적 표현을 사용하기 때문이다.

02 다음 중 말하기의 자세로 적절하지 않은 것은?

① 사과할 때에는 자신의 잘못을 구체적으로 밝혀야 한다.
② 부탁할 때에는 상대방의 처지를 살피기 전에 자신의 요구 사항을 먼저 분명하게 밝혀야 한다.
③ 언어 예절을 갖추어 대화하려면 말하는 이와 듣는 이 사이의 관계, 대화 상황 등을 고려해야 한다.
④ 부탁하는 까닭을 설명하지 않은 채 무턱대고 부탁하면 상대방이 부담을 느낄 수 있다.

03 다음 문장에 대한 설명으로 적절하지 않은 것은?

> 병 안에 약이 들었다.

① 단어의 수는 모두 6개이다.
② 실질 형태소의 개수는 모두 4개이다.
③ '병', '안', '약'은 모두 자립 형태소이다.
④ '들었다'는 형식 형태소끼리 결합된 말이다.

04 다음 글에 나타난 표기상 특징에 대한 설명으로 적절하지 <u>않은</u> 것은?

> 世·솅宗종御·엉製·졩訓·훈民민正·졍音음
>
> 나·랏:말ᄊᆞ·미 中듕國·귁·에 달·아 文문
> 字·ᄍᆞᆼ·와·로 서르 ᄉᆞᄆᆞᆺ·디 아·니ᄒᆞᆯ·ᄊᆡ·
> 이런 젼·ᄎᆞ·로 어·린 百·ᄇᆡᆨ姓·셩·이 니
> 르·고·져·홇 ·배 이셔·도 ᄆᆞᄎᆞᆷ:내 제
> ·ᄠᅳ·들 시·러 펴·디 :몯ᄒᆞᇙ ·노·미 하·
> 니·라 ·내·이·ᄅᆞᆯ 爲·윙·ᄒᆞ·야:어엿·비
> 너·겨 ·새·로 ·스·믈 여·듧 字·ᄍᆞᆼ·ᄅᆞᆯ
> ᄆᆡᇰ·ᄀᆞ노·니 :사ᄅᆞᆷ:마·다 :ᄒᆡ·ᅇᅧ :수·ᄫᅵ
> 니·겨 ·날·로 ·ᄡᅮ·메便뼌安한·킈 ᄒᆞ·
> 고·져 ᄒᆞᇙ ᄯᆞᄅᆞ·미니·라
>
> –「훈민정음(訓民正音)」, 세조(世祖) 5년(1459) –

① ‘ᄉᆞᄆᆞᆺ · 디’와 같이 8종성법에 따랐다.
② ‘나 · 랏:말ᄊᆞ · 미’와 같이 방점이 사용되었다.
③ ‘ᄡᅮ · 메’와 같이 모음 조화가 엄격히 지켜졌다.
④ ‘말ᄊᆞ · 미’, ‘노 · 미’와 같이 끊어적기를 주로 사용하였다.

05 개요를 작성할 때 고려해야 할 점으로 적절하지 <u>않은</u> 것은?

① 내용의 흐름이 자연스러운가?
② 글의 주제와 어긋나지 않는가?
③ 마련한 내용을 모두 활용했는가?
④ 어떤 순서로 내용을 제시할 것인가?

06 매체에 따른 광고의 표현상 특징으로 적절하지 <u>않은</u> 것은?

① 라디오 광고는 음성과 음악, 소리만을 사용한다.
② 텔레비전 광고는 음성과 영상, 문자 등을 복합적으로 사용한다.
③ 인터넷 광고는 팝업 창과 같은 새로운 방식을 활용하여 시각에만 호소한다.
④ 인쇄 광고는 인상적인 이미지의 배치, 글자체, 글자 크기 등의 변화 등을 활용한다.

[07~09] 다음 글을 읽고, 물음에 답하시오.

> 먼 후일 당신이 찾으시면
> 그때에 내 말이 ‘잊었노라.’
>
> 당신이 속으로 나무라면
> ‘무척 그리다가 잊었노라.’
>
> 그래도 당신이 나무라면
> ‘믿기지 않아서 잊었노라.’
>
> 오늘도 어제도 아니 잊고
> 먼 후일 그때에 ‘잊었노라.’

07 이 시에 대한 설명으로 적절하지 <u>않은</u> 것은?

① 시의 화자가 겉으로 드러나 있다.
② 미래의 상황을 가정하고 있다.
③ 낭송할 때에는 따뜻하고 활발한 목소리가 어울린다.
④ 대체로 3음보의 율격이 느껴진다.

08 이 시의 운율 형성 요소끼리 묶인 것은?

ㄱ. 의태어를 반복
ㄴ. 같은 심상을 반복
ㄷ. 일정한 시어를 반복
ㄹ. 일정한 음보를 반복

① ㄱ, ㄴ ② ㄷ, ㄹ
③ ㄴ, ㄹ ④ ㄱ, ㄷ

09 다음 시 중 이 시의 주된 표현법이 사용된 것은?

① 한 줄의 시는커녕 / 단 한 권의 소설도 읽은 바 없이 / 그는 한평생을 행복하게 살며 / 많은 돈을 벌었고 / 높은 자리에 올라 / 이처럼 훌륭한 비석을 남겼다.
② 지금 눈 내리고 / 매화 향기 홀로 아득하니 / 내 여기 가난한 노래의 씨를 뿌려라.
③ 연탄재 함부로 발로 차지 마라 / 너는 / 누구에게 한 번이라도 뜨거운 사람이었느냐.
④ 죽는 날까지 하늘을 우러러 / 한 점 부끄럼이 없기를, / 잎새에 이는 바람에도 / 나는 괴로워했다.

[10~12] 다음 글을 읽고, 물음에 답하시오.

(가) ㉠ 두터비 파리를 물고 두엄 위에 치달아 앉아 건넛산 바라보니 백송골이 떠 있거늘 가슴이 끔찍하여 풀쩍 뛰어 내닫다가 두엄 아래 자빠졌구나.
ⓐ 모쳐라 날랜 나이기 망정이지 어혈질 뻔했구나.

(나) 일신(一身)이 사자 하니 ㉡ 물것 때문에 못 견디겠네. 핏겨 같은 가는 이, 보리알 같은 통통한 이, 굶주린 이, 갓 깐 이, 잔 벼룩, 굵은 벼룩, 강벼룩, 왜벼룩, 기는 놈 뛰는 놈에 비파 같은 빈대 새끼, 사령 같은 등에아비, 갈따귀, 사마귀, 흰 바퀴, 누런 바퀴, 바구미, 거저리, 부리 뾰족한 모기, 다리 기다란 모기, 야윈 모기, 살진 모기, 그리마, 뾰록이, 밤낮으로 비는 때 없이 물거니, 쏘거니, 빨거니, 뜯거니 심한 당비루가 이보다 어려워라.
그중에 차마 못 견딜 것은 유월 복더위에 쉬파리인가 하노라.

10 ㉠과 ㉡이 공통적으로 상징하는 것은?

① 사랑하는 임을 그리워하는 여인
② 양반의 횡포에 힘겨워하는 백성
③ 나라를 위해 목숨을 바치는 장군
④ 백성들을 착취하고 수탈하는 양반

11 ⓐ에 나타난 두꺼비의 행동과 관계 깊은 한자 성어는?

① 풍수지탄(風樹之嘆)
② 단사표음(簞食瓢飮)
③ 자화자찬(自畵自讚)
④ 온고지신(溫故知新)

12 (나)가 우의적으로 대상을 풍자함으로써 얻을 수 있는 효과로 가장 적절한 것은?

① 화자와 대상 간의 친밀한 관계를 형성할 수 있다.
② 화자가 처한 상황과 정서를 더 절실하게 나타낼 수 있다.
③ 화자의 문제를 해결할 수 있는 방안을 제시할 수 있다.
④ 화자가 전달하려는 속뜻을 직접적으로 전달할 수 있다.

[13~16] 다음 글을 읽고, 물음에 답하시오.

여름 장이란 애시당초에 글러서, 해는 아직 중천에 있건만 장판은 벌써 쓸쓸하고 더운 햇발이 벌여 놓은 전 휘장 밑으로 등줄기가 훅훅 볶는다. 마을 사람들은 거의 돌아간 뒤요, 팔리지 못한 나무꾼 패가 길거리에서 궁싯거리고[1]들 있으나, 석유 병이나 받고 고깃마리나 사면 족할 이 축들을 바라고 언제까지든지 버티고 있을 법은 없다. 춥춥스럽게 날아드는 파리 떼도 장난꾼 각다귀[2]들도 귀찮다. 얼금뱅이[3]요 왼손잡이인 드팀전[4]의 허 생원은 기어코 동업의 조 선달을 나꾸어 보았다.

"그만 거둘까?"

"잘 생각했네. 봉평 장에서 한 번이나 흐붓하게 사 본 일이 있었을까? 내일 대화 장에서나 한몫 벌어야겠네."

"오늘 밤은 밤을 새워서 걸어야 될걸."

"달이 뜨렸다."

허 생원은 계집과는 연분이 멀었다. 얼금뱅이 상판을 쳐들고 대어 설 숫기도 없었으나, 계집 편에서 정을 보낸 것도 없었고, 쓸쓸하고 뒤틀린 반생이었다. ㉠ 충줏집을 생각만 하여도 철없이 얼굴이 붉어지고 발밑이 떨리고 그 자리에 소스라쳐 버린다. 충줏집 문을 들어서 술좌석에서 짜장 동이를 만났을 때에는 어찌 된 서슬엔지 발끈 화가 나 버렸다.

〈중략〉

조 선달 편을 바라는 보았으나, 물론 미안해서가 아니라 달빛에 감동하여서였다. 이지러는 졌으나 보름을 가제 지난 달은 부드러운 빛을 흐븟이 흘리고 있다. 대화까지는 칠십 리의 밤길. 고개를 둘이나 넘고 개울을 하나 건너고 벌판과 산길을 걸어야 된다. 길은 지금 긴 산허리에 걸려 있다. 밤중을 지난 무렵인지 죽은 듯이 고요한 속에서 짐승 같은 달의 숨소리가 손에 잡힐 듯이 들리며, 콩 포기와 옥수수 잎새가 한층 달에 푸르게 젖었다. 산허리는 온통 메밀밭이어서 피기 시작한 꽃이 소금을 뿌린 듯이 흐뭇한 달빛에 숨이 막힐 지경이다. 붉은 대궁이 향기같이 애잔하고, 나귀들의 걸음도 시원하다.

앞장선 허 생원의 이야기 소리는 꽁무니에 선 동이에게는 확적히[5]는 안 들렸으나, 그는 그대로 개운한 제멋에 적적하지는 않았다.

"장 선 꼭 이런 날 밤이었네. 객줏집[6] 토방이란 무더워서 잠이 들어야지. 밤중은 돼서 혼자 일어나 개울가에 목욕하러 나갔지. 봉평은 지금이나 그제나 마찬가지지. 보이는 곳마다 메밀밭이어서 개울가가 어디 없이 하얀 꽃이야. 돌밭에 벗어도 좋을 것을 달

PART 05

이 너무도 밝은 까닭에 옷을 벗으러 물방앗간으로 들어가지 않았나. 이상한 일도 많지. 거기서 난데없는 성 서방네 처녀와 마주쳤단 말이네. 봉평서야 제일가는 일색이었지."

– 이효석, 「메밀꽃 필 무렵」 –

1) 어찌할 바를 몰라 이리저리 머뭇거리고들
2) 각다귀과의 곤충. 이 글에서는 장터의 장난꾸러기 아이들을 일컬음.
3) 얼굴이 얼금얼금 얽은 사람
4) 온갖 피륙을 팔던 가게
5) 정확하게 맞아 조금도 틀리지 아니하게
6) 나그네들에게 술이나 음식을 팔고 손님을 재우는 영업을 하던 집

13 이 글의 내용을 정리한 자료로 적절하지 않은 것은?

① 어느 여름날의 아침부터 밤까지를 시간적 배경으로 한다.
② 강원도 봉평 장, 봉평에서 대화 장으로 가는 길에서의 일을 다루고 있다.
③ 주인공인 허 생원은 성 서방네 처녀와의 추억을 간직하고 있는 장돌뱅이이다.
④ 흐붓한 달빛에 비치는 하얀 메밀밭이 서정적이고 낭만적인 느낌을 주고 있다.

14 이 글의 표현상 특징으로 적절하지 않은 것은?

① 풍경을 그림 그리듯이 묘사하고 있다.
② 토속적 분위기를 주는 어휘들이 사용되고 있다.
③ 한자어를 주로 사용하여 현학적인 느낌을 주고 있다.
④ 감각적 심상을 통해 생동감 있게 표현하고 있다.

15 이 글의 인물에 대한 설명으로 적절하지 않은 것은?

① 허 생원은 얼굴이 얽고 왼손잡이이다.
② 허 생원은 충줏집과 동이에게 발끈 화를 냈다.
③ 허 생원과 조 선달은 피륙을 파는 장돌뱅이이다.
④ 허 생원은 과거 성 서방네 처녀와 만난 적이 있다.

16 ㉠에서 알 수 있는 허 생원의 성격으로 적절한 것은?

① 차갑고 조용함.
② 거칠고 이기적임.
③ 의심이 많고 예민함.
④ 내성적이며 소극적임.

[17~20] 다음을 읽고, 물음에 답하시오.

(가) 우리가 보통 '책'이라고 부르는, 문자를 기록한 종이 뭉치는 다만 우리가 읽을 수 있는 세상의 한 부분일 뿐이란다. 그 속에는 우리가 실제로 만나 본 세상의 모습도 있을 것이고, 아직 만나지 못했거나 이미 지나가 버려서 더 이상 만날 수 없는 세상의 모습도 있을 거야. 그리고 사람이 살아가면서 경험하게 되는 온갖 감정과 느낌도 기록되어 있겠지. 그래서 이 모든 것을 기록한 책을 읽음으로써 우리는 또 다른 방식으로 세상과 만날 수 있는 것이란다.

세상과 만나는 인간의 경험은 시간과 공간, 그리고 나라, 성별, 나이 등의 환경에 따라 다를 수밖에 없겠지. 하지만 책을 읽는 행위는 그 모든 것의 차이를 뛰어넘어 지식과 경험을 얻는 과정이라는 점에서 아주 평등하고 멋진 일이야.

(나) ㉠ 읽기에는 소리를 내어 읽는 법, 눈으로 읽는 법, 마음으로 읽는 법이 있어. 소리 내어 읽는다는 것은 단순히 입으로 글자를 읽는다는 것만을 의미하지는 않아. 이것은 몸 전체를 움직이는 운동으로, 그 소리가 공간을 울리고 듣는 사람의 마음을 움직이게 하는 활동이라고 할 수 있어.

(다) 조용히 앉아 눈으로 글을 읽는 것은 나 혼자 여러 사람과 대화를 나누는 방식, 즉 책과 친구가 되는 방법이야. 그래서 글을 읽으면 혼자 있어도 외롭거나 쓸쓸하지 않은 것이란다. 눈으로 글을 읽다 보면 글을 쓴 사람이나 등장인물의 목소리를 상상하며 읽게 되니까 내가 아닌 다른 사람의 마음이나 행동을 이해할 수 있게 돼.

(라) 마음으로 글을 읽는 것은 눈에 보이지 않지만 분명히 존재하는 것들을 더 잘 읽어 내기 위한 방법이야. 이런 마음의 눈으로 글을 읽다 보면 글자만 읽을 때보다 훨씬 많은 것을 만날 수 있고 우리의 마음과 영혼을 풍요롭게 만들 수 있어.

(마) 사람은 평생 한 번의 삶을 살게 되지만, 책을 읽으면서 다른 삶을 간접적으로 체험해 볼 수 있어. 그러니까 한 권의 책을 읽는다는 것은 그 책 속에 들어 있는 삶을 통해 내 삶을 더 풍요롭게 만드는 일인 거야. 한 권의 책 속에 하나의 삶이 있다면, 백 권의 책 속엔 백 가지의 다채로운 삶이 숨어 있겠지.

(바) 프랑스의 유명한 소설가인 다니엘 페낙은 이렇게 말했어.

"책 읽는 시간은 언제나 훔친 시간이다."

시간을 훔치다니, 대체 어떻게? 친구들이 해야만 하는 모든 일과 사이에는 자투리 시간이 있게 마련이야. 그 시간을 훔치는 거지. 책은 언제, 어디서나 볼 수 있는 거니까.

– 권용선, 「세상을 만나러 가는 길」 –

17 이 글의 내용과 일치하지 않는 것은?

① 책 속에는 다른 사람의 삶이 들어 있다.
② 세상과 만나는 인간의 경험은 환경에 따라 다르다.
③ 모든 일과 중 책 읽는 시간을 가장 많이 가져야 한다.
④ 책을 읽는 행위는 나라, 성별, 나이와 관계없이 평등한 일이다.

18 ㉠에 사용된 설명 방법으로 알맞은 것은?

① 분류　② 분석
③ 대조　④ 비교

19 이 글에서 알 수 있는 읽기 방법과 그 효과로 옳지 않은 것은?

① 소리 내어 읽기는 마음을 움직이게 하는 활동이다.
② 눈으로 읽기는 여러 사람과 대화를 직접 나누며 읽는 것이다.
③ 소리 내어 읽기는 입으로 글자를 읽는 것만을 의미하지 않는다.
④ 눈으로 읽기를 통해 다른 사람의 마음이나 행동을 이해할 수 있다.

20 (나)~(라)를 묶을 수 있는 제목으로 알맞은 것은?

① 읽기 방법의 장단점
② 읽기의 여러 가지 방법
③ 자신만의 독서 방식의 중요성
④ 마음으로 읽기를 통해 얻을 수 있는 것

PART 05

[21~23] 다음 글을 읽고, 물음에 답하시오.

말뚝이 : (벙거지를 쓰고 채찍을 들었다. 굿거리장단에 맞추어 양반 삼 형제를 인도하여 등장)
양반 삼 형제 : 말뚝이 뒤를 따라 굿거리장단에 맞추어 점잔을 피우나, 어색하게 춤을 추며 등장. 양반 삼 형제 맏이는 샌님, 둘째는 서방님, 끝은 도련님이다. 샌님과 서방님은 흰 창옷에 관을 썼다. 도련님은 남색 쾌자에 복건을 썼다. 샌님과 서방님은 언청이이며(샌님은 언청이 두 줄, 서방님은 한 줄이다.) 부채와 장죽을 가지고 있고, 도련님은 입이 삐뚤어졌고 부채만 가졌다. 도련님은 대사는 일절 없으며, 형들과 동작을 같이하면서 형들의 면상을 부채로 때리며 방정맞게 군다.
말뚝이 : (가운데쯤에 나와서) 쉬이. (음악과 춤 멈춘다.) 양반 나오신다아! 양반이라고 하니까 노론, 소론, 호조, 병조, 옥당을 다 지내고 삼정승, 육판서를 다 지낸 퇴로 재상으로 계신 양반인 줄 알지 마시오. 개잘량이라는 '양' 자에 개다리 소반이라는 '반' 자 쓰는 양반이 나오신단 말이오.
양반들 : 야아, 이놈, 뭐야아!
말뚝이 : 아, 이 양반들, 어찌 듣는지 모르갔소. 노론, 소론, 호조, 병조, 옥당을 다 지내고 삼정승, 육판서 다 지내고 퇴로 재상으로 계신 이 생원네 삼 형제분이 나오신다고 그리하였소.
양반들 : (합창) 이 생원이라네. (굿거리장단으로 모두 ⓐ 춤을 춘다. 도령은 때때로 형들의 면상을 치며 논다. 끝까지 그런 행동을 한다.)
말뚝이 : 쉬이. (춤과 반주 그친다.) 여보, 악공들 말씀 들으시오. 오음 육률 다 버리고 저 버드나무 홀뚜기 뽑아다 불고 바가지장단 좀 쳐 주오.
양반들 : 야아, 이놈, 뭐야!
말뚝이 : 아, 이 양반들, 어찌 듣소. 용두 해금, 북, 장고, 피리, 젓대 한 가락도 뽑지 말고 건건드러지게 치라고 그리하였소.
양반들 : (합창) 건건드러지게 치라네. (굿거리장단으로 춤을 춘다.)

21 이 글의 대화 전개 방법으로 적절한 것은?

① 말뚝이의 비판과 양반의 변명이 반복된다.
② 양반의 거드름과 말뚝이의 아부가 반복된다.
③ '양반의 위엄-말뚝이의 조롱-양반의 호통-말뚝이의 변명 – 양반의 안심'의 구조가 반복된다.
④ 양반과 말뚝이가 동등한 관계로 사회 문제에 대해 대화를 나눈다.

22 ⓐ가 이 글에서 하는 역할로 적절하지 <u>않은</u> 것은?

① 서민층과 양반층의 근본적 화해를 의미한다.
② 하나의 재담 구조가 마무리됨을 나타낸다.
③ 흥겨운 분위기를 유도한다.
④ 양반의 어리석음을 나타낸다.

23 이 글의 등장인물에 대한 설명으로 적절하지 <u>않은</u> 것은?

① 말뚝이는 양반을 조롱하며 풍자하고 있다.
② 샌님과 서방님은 양반의 복장으로 등장한다.
③ 도련님은 입이 비뚤어진 탈을 통해 희화화된 모습으로 등장한다.
④ 도련님은 말이 없는 모습으로 과묵한 성격을 드러낸다.

24 주장하는 글에 대한 설명으로 적절하지 <u>않은</u> 것은?

① 글쓴이의 주장이 명확하게 드러나야 한다.
② 독자가 속해 있는 사회적 관습은 무시해도 된다.
③ 주장을 뒷받침하는 근거는 타당한 내용이어야 한다.
④ 서론, 본론, 결론의 형식적 구성을 갖추어야 한다.

25 '채식과 육식'에 대한 쟁점과 관련하여 주장하는 글을 쓰고자 한다. 그 과정으로 옳지 <u>않은</u> 것은?

사회적 쟁점과 관련된 의견 분석하기	'채식을 해야 한다.'와 '육식을 해야 한다.'는 주장의 글을 각각 읽고 근거를 정리했다. ········ ①
자신의 관점 정하기	'채식을 해야 오래 산다.'로 나의 관점을 정했다. ·········· ②
주장에 대한 근거 마련하기	• 미국 암 연구소의 '음식, 영양 그리고 암 예방'이라는 보고서에서 암을 예방하는 데 채식 위주의 식단이 효과적임을 보여 주는 자료를 찾아 근거로 활용했다. ················· ③ • 인터넷에서 '동물성 단백질 식품, 특히 고기의 섭취가 평균 수명 연장에 결정적 역할을 하며 면역력을 증가시켜 몸을 건강하게 해 준다.'는 자료를 찾아 근거로 활용했다. ····· ④
주장하는 글 쓰기	주장하는 글의 형식적 특징을 고려하여 개요를 작성한 후 주장하는 글을 썼다.

PART 05

EBS 교육방송교재

제 2 회 실전모의고사

정답 및 해설 별책 46p

01 상대방을 배려하는 말하기 방법으로 옳지 <u>않은</u> 것은?

① 몸이 아파 병원에 입원한 친구에게 – 앞으로는 건강관리를 잘하도록 충고해 주었다.
② 시험 성적이 떨어진 친구에게 – 나의 경험을 말해 주면서 친구가 마음이 상하지 않도록 위로해 주었다.
③ 환갑을 맞은 할머니께 – 생신을 진심으로 축하드린다는 인사를 드렸다.
④ 물건을 빌려 달라는 친구에게 – 빌리는 친구가 너무 미안해하지 않도록 부담을 줄여 주는 표현을 하였다.

02 〈보기〉를 읽고, 방언에 대해 보인 반응으로 적절한 것은?

보기
안녕하세요. 저는 표준어와 차이 나는 방언 어휘들에 대해서 발표하겠습니다. 제주도에서는 감자를 '지슬'로, 고구마를 '감저'라고 합니다. 이는 방언을 많이 쓰시는 어르신들 사이에서 주로 쓰이지요. 전남에서도 유사한데, 전남에서는 감자를 '북감자'로 고구마를 '감자'라고 합니다. 제주도와 전남에서 방언을 쓰는 분들께 감자를 달라고 한다면 고구마를 주시는 경우가 생길 수도 있겠지요?

① 시대의 흐름을 고려하여 방언을 모두 표준어로 바꾸어야 한다.
② 다양한 지역 방언들은 고유한 특성을 지니고 있어 언어 연구의 중요한 자료가 된다.
③ 우리 할아버지는 '문상', '생파' 등 준말을 이해하지 못하시는데 이는 지역 방언의 문제이다.
④ 지역 방언은 가치가 있지만 의사소통에 문제가 있는 방언들은 없애 나가는 게 바람직하다.

03 다음 중 발음과 음운의 변동의 연결이 옳지 <u>않은</u> 것은?

① 맏며느리[만며느리] – 비음화
② 선릉[설릉] – 유음화
③ 맏이[마지] – 구개음화
④ 박하[박카] – 음운의 축약

[04~05] 다음 글을 읽고, 물음에 답하시오.

> 홍식이 거록ᄒᆞ야 븕은 긔운이 하ᄂᆞᆯ을 쒸노더니 이랑이 소ᄅᆡᄅᆞᆯ 놉히ᄒᆞ야 나를 불러 져긔 믈밋ᄎᆞᆯ 보라 웨거ᄂᆞᆯ 급히 눈을 드러 보니 믈밋 홍운을 헤앗고 큰 실오리 ᄀᆞᆺᄒᆞᆫ 줄이 븕기 더옥 긔이ᄒᆞ며 긔운이 진홍 ᄀᆞᆺ한 것이 ᄎᆞᄎᆞ 나 손바닥 너ᄇᆡ ᄀᆞᆺᄒᆞᆫ 것이 그믐밤의 보는 숫불빗 ᄀᆞᆺ더라. ᄎᆞᄎᆞ 나오더니 그 우흐로 젹은 회오리밤 ᄀᆞᆺ한 것이 븕기 호박구ᄉᆞᆯ ᄀᆞᆺ고 ᄆᆞᆰ고 통낭ᄒᆞ기ᄂᆞᆫ 호박 도곤 더 곱더라.
>
> – 『의유당관북유람일기(意幽堂關北遊覽日記)』, 영조 48년(1722년) –

04 윗글의 서술상의 특징으로 옳은 것은?

① 해돋이의 모습을 객관적으로 묘사하고 있다.
② 시간의 경과에 따른 서술자의 심리 변화를 중심으로 기술하고 있다.
③ 동일한 대상을 여러 곳에서 입체적으로 관찰하고 있다.
④ 관찰하고 있는 대상의 변화를 세밀하고 사실적으로 묘사하고 있다.

05 윗글이 나온 시기의 국어의 특징으로 옳지 않은 것은?

① 'ㅿ'의 소멸
② 8종성 표기법
③ 모음 조화의 파괴
④ 방점 소멸 – 성조 소실

06 (가)와 (나)의 [중간]에 들어갈 내용이 바르게 제시되지 않은 것은?

> (가) 제목 : 모두가 행복해지는 공정 여행
> [처음] 공정 여행이 주목받게 된 배경
> [중간] 1. 공정 여행의 개념
> 2. 공정 여행의 실천 방법
> [끝] 공정 여행의 의의
>
> (나) 제목 : 공정 여행 이렇게 준비해요.
> [처음] 공정 여행의 개념과 실태
> [중간] 1. 공정 여행을 할 때 불편한 점
> 2. 공정 여행을 준비할 때 고려할 점
> [끝] 준비한 만큼 더 행복해지는 공정 여행

① (가)–2 : 지역 경제를 살리는 소비
② (가)–2 : 탄소 배출량이 적은 교통수단 이용
③ (나)–1 : 비용과 시간이 많이 드는 것
④ (나)–1 : 일정을 계획하고 예상 비용 산출하기

[07~09] 다음 글을 읽고, 물음에 답하시오.

> 파란 녹이 낀 구리 거울 속에
> 내 얼굴이 남아 있는 것은
> 어느 왕조(王朝)의 유물(遺物)이기에
> 이다지도 욕될까.
>
> 나는 나의 참회(懺悔)의 글을 한 줄에 줄이자.
> –만 이십사 년 일 개월을
> 무슨 기쁨을 바라 살아왔던가.

내일이나 모레나 그 어느 즐거운 날에
나는 또 한 줄의 참회록(懺悔錄)을 써야 한다.
-그때 그 젊은 나이에
왜 그런 부끄런 고백(告白)을 했던가.

밤이면 밤마다 나의 거울을
손바닥으로 발바닥으로 닦아보자.

그러면 어느 운석(隕石) 밑으로 홀로 걸어가는
슬픈 사람의 뒷모양이
거울 속에 나타나 온다.

– 윤동주, 「참회록」 –

07 이 시에 대한 감상으로 적절하지 <u>않은</u> 것은?

① 망국민으로서의 삶에 대한 부끄러움을 고백하고 있어.
② 어린 시절 잃어버린 소중한 것들에 대한 동경과 그리움을 담고 있는 시야.
③ 역사의 회복을 위해 자신을 희생하고자 하는군.
④ 화자는 암담한 현실에서 자신의 무력함을 괴로워한 인물이군.

08 이 시의 각 연에 대한 설명으로 적절하지 <u>않은</u> 것은?

① 1연 : 과거의 역사 속에서 자신의 가치를 발견한다.
② 2연 : 갈등과 고뇌의 삶에 대한 반성이 나타난다.
③ 4연 : 끝없는 성찰로 양심을 실천하려는 모습을 보인다.
④ 5연 : 희생을 통한 화자의 비극적인 삶을 암시한다.

09 이 시의 시상 전개 방식으로 알맞은 것은?

① 계절의 대비에 따라
② 공간의 이동에 따라
③ 시간의 흐름에 따라
④ 선경 후정의 방식에 따라

[10~13] 다음 글을 읽고, 물음에 답하시오.

(가) 용왕이 토끼에게 가로되,
"과인(寡人)은 수궁의 으뜸인 임금이요, 너는 산중의 조그마한 짐승이라. 과인이 우연히 병을 얻어 고생한 지 오래 되었도다. 네 간이 약이 된다는 말을 듣고 특별히 별주부를 보내어 너를 데려왔으니, 너는 죽는 것을 한스럽게 여기지 마라. 너 죽은 후에 비단으로 몸을 싸고 구슬로 장식한 관에 넣어 천하의 명당자리에 묻어줄 것이니라. 또한, 과인의 병이 낫게 되면, 마땅히 사당을 세워 너의 공을 표하겠노라. 이것이 산중에서 살다가 호랑이나 솔개의 밥이 되거나 사냥꾼에게 잡혀 죽는 것보다 어찌 영화로운 일이 아니겠느냐? 과인의 말은 결코 거짓이 아니니, 너는 죽은 혼이 되더라도 조금도 나를 원망하지 말지어다."하고는 즉시 토끼의 간을 꺼내 오라고 명령을 내렸다. 그러자 뜰 아래에 늘어서 있던 나졸들이 토끼의 배를 가르려 일시에 달려들었다.

(나) 이때, 토끼는 용왕의 말을 듣고 난데없는 날벼락을 맞은 듯 정신이 아득해졌다.
'부귀영화를 누리게 해 준다는 별주부의 말에 속아 가족과 고향을 버리고 이렇게 왔으니, 어찌 이런 재앙이 없을쏘냐? 이제는 날개가 있어도 능히 하늘로 날아가지 못할 것이요, 축지법을 쓸지라도 여기서 능히 벗어나지 못하리니 어찌하리오?'

〈중략〉

(다) 토끼가 다시 여쭈었다.

"제가 비록 간을 들이고 낼 수 있으나, 그 또한 정해진 때가 있사오니다. 매달 초하루부터 보름까지는 뱃속에 넣어 해와 달의 정기를 받아 천지의 기운을 온전히 간직하고, 보름부터 그믐까지는 배에서 꺼내 옥처럼 깨끗한 계곡물에 씻어 소나무와 대나무가 우거진 깨끗한 바위틈에 아무도 모르게 감춰 둔답니다. 그렇기에 제 간을 두고 세상 사람들이 모두 영약이라고 하는 것이지요.

별주부를 만난 때는 곧 오월 하순이었습니다. 만일, 별주부가 용왕님의 병환이 이렇듯 위급함을 미리 말했더라면 며칠 기다렸다 간을 가져왔을 것이니, 이는 모두 별주부의 미련한 탓이로소이다."

(라) 대개 수궁은 육지의 사정에 밝지 못한 까닭에 용왕은 토끼의 말을 묵묵히 듣고 있다가 속으로 헤아리되,

'만일 저 말과 같을진대, 배를 갈라 간이 없으면 애써 잡은 토끼만 죽일 따름이요, 다시 누구에게 간을 얻을 수 있으리오? 차라리 살살 달래어 육지에 나가 간을 가져오게 함이 옳도다.'하고, 좌우에 명하여 토끼에 결박을 풀고 자리를 마련해 편히 앉도록 했다. 토끼가 자리에 앉아 황공함을 이기지 못하거늘, 용왕이 가로되, "토 선생은 과인의 무례함을 너무 탓하지 마시게." 하고, 옥으로 만든 술잔에 귀한 술을 가득 부어 권하며 재삼 위로하니, 토끼가 공손히 받아 마신 후 황송함을 아뢰었다.

– 작자 미상, 「토끼전」 –

10 이 글에 대한 설명으로 적절하지 않은 것은?

① 구전되면서 다양한 결말을 보이고 있다.
② 동물을 통해 당시의 현실을 풍자하고 있다.
③ 각 인물의 입장에서 다양한 고훈을 제시하고 있다.
④ 개인이 창작한 작품으로 지배층의 지배 논리를 담고 있다.

11 등장인물의 말과 행동을 근거로 인물의 성격을 파악한 내용으로 적절하지 않은 것은?

① 용왕 : '토끼'의 꾀에 속아 넘어가는 어리석은 인물
② 용왕 : 자신을 위해 '토끼'의 성명을 빼앗으려는 이기적인 인물
③ 토끼 : '별주부'의 실수에 대해 지적하는 냉철하고 논리적인 인물
④ 토끼 : 위기에서 벗어나기 위해 꾀를 낼 줄 아는 지혜로운 인물

12 이 글에 대한 감상인 〈보기〉에서 해석의 근거로 삼은 내용으로 가장 적절한 것은?

보기

이 작품은 동물을 내세워 당시 봉건 체제였던 조선 시대의 상황을 비판하고 있다. 토끼의 꾀에 넘어가 간을 빼앗지 못하는 모습을 통해 어리석고 무능한 지배층에 대해 비판하는 것이다.

① 당시의 시대상
② 고전 소설의 특징
③ 작품 자체의 내적 요소
④ 현대의 독자에게 주는 의미

13 이 글에서 끌어낼 수 있는 주제 중 '토끼'에 대한 긍정적 시각을 바탕으로 한 것은?

① 헛된 욕심에 대한 경계
② 어려움을 이겨 내는 민중의 지혜
③ 목숨까지 바치는 강한 충정심
④ 맹목적인 충성심에 대한 경계

[14~17] 다음 글을 읽고, 물음에 답하시오.

(가) 대한민국의 출산율은 국가적 재앙수준까지 떨어졌다. 1980년에는 합계 출산율(여성 1명이 평생 낳는 자녀 수)이 2.82명이었는데, 2008년부터는 1.19명으로 내려갔다. 이와 같이 출산율이 계속 낮아진다면 2018년부터 인구 감소로 돌아서, 300년 후엔 지구상에서 한국인이 완전 소멸하게 된다. 현재의 인구가 유지되려면 출산율이 2.1명은 돼야 한다고 전문가들은 지적한다.

(나) 저출산 · 고령화 때문에 가장 먼저 나타나는 부작용은 젊고 힘 있는 노동력이 부족해지고, 노동력의 질이 떨어지는 문제이다. 노동력의 부족과 노동의 질 저하는 제조업 중심의 산업 구조를 가지고 있는 우리나라에는 상당히 치명적이다. 우리 경제의 생산성에 직접적인 영향을 미쳐 경제 성장을 저해할 수 있기 때문이다.

(다) 저출산 · 고령화는 정부의 사회적 지출을 급격히 증대시키고, 젊은 세대의 조세 부담을 가중시키는 문제도 초래한다. 고령자의 증가는 연금이나 의료비 지출의 증가를 가져온다. 2005년에는 7.9명의 젊은 세대가 1명의 노인을 부양하던 것이, 2050년이 되면 1.4명의 젊은 세대가 1명의 노인을 부양해야 한다고 한다. 젊은 세대가 져야 할 부담이 그만큼 늘어나는 것이다.

(라) 내수 시장의 위축도 간과할 수 없는 문제이다. 최근 세계 경제 위기를 계기로 우리 사회는 내수 시장의 중요성을 다시 한 번 실감하고 있다. 수출이 경제 성장의 동력이라면 내수는 경제 안정의 기반이다. 그런데 저출산 · 고령화는 왕성한 소비력과 투자 의욕을 가지고 있는 젊은 세대를 위축시켜 내수 시장의 침체를 초래할 위험성이 있다.

(마) 이와 같은 문제를 해결하기 위해서는 출산율을 높이려는 노력이 필요하다. 이를 위해 국가는 젊은 세대가 출산을 긍정적으로 생각하도록 적절한 환경을 마련해야 할 것이다.

– 정성춘, 「저출산 · 고령화, 대책 마련이 시급하다.」 –

14 이 글의 글쓴이가 주장을 뒷받침하기 위해 사용한 근거가 아닌 것은?

① 젊은 세대의 부담이 커진다.
② 제조업 중심의 산업 구조가 변화하고 있다.
③ 내수 시장이 침체될 수 있다.
④ 노동력의 질이 떨어지고, 양이 부족해진다.

15 (가)와 (다)에 제시된 수치들을 통해 얻을 수 있는 효과는?

① 현상을 구체적으로 나타낼 수 있다.
② 글쓴이의 학식을 과시할 수 있다.
③ 새롭고 독창적인 느낌을 줄 수 있다.
④ 독자들의 감정에 주로 호소할 수 있다.

16 이 글에서 글쓴이가 전제하고 있는 것은?

① 출산율은 개인의 문제에 해당한다.
② 출산율과 고령화는 서로 관련이 없다.
③ 출산율은 고령화에 영향을 미친다.
④ 출산율이 계속 높아지는 것은 바람직하지 않다.

17 이 글을 통해 글쓴이가 말하고자 하는 바로 가장 알맞은 것은?

① 우리나라의 경제를 발전시켜야 한다.
② 젊은 세대가 더욱 열심히 일해야 한다.
③ 세계 경제 위기에 대비할 힘을 길러야 한다.
④ 출산율을 높이기 위해 노력해야 한다.

[18~20] 다음 글을 읽고, 물음에 답하시오.

[앞부분의 줄거리] 서울 변두리에서 어렵게 살고 있는 '나'의 아버지는 노새를 수단으로 연탄 배달을 한다. '나'가 살고 있는 동네에 2~3년 전부터 문화 주택이 들어서면서 새 동네가 형성되고 구동네 사람들은 새 동네 사람들 덕분에 일감이 늘어난 것은 반기지만 새 동네 사람들과 서로 어울리지는 않는다. 그러던 어느 날 배달을 하던 중 노새가 갑자기 멈춰 서고 마차가 전복되자 노새는 달아난다. 아버지와 '나'는 노새를 찾아 다니지만 찾지 못하고 그날 밤 '나'는 노새가 영영 떠나 버리는 꿈을 꾼다. 다음 날 '나'는 아버지와 함께 노새를 찾으러 다니다가 동물원으로 들어가게 된다.

(가) 아버지와 내가 동물원에 들어간 것은 거의 해가 질 무렵이었다. 어떻게 해서 동물원에 들어오게 되었는지 나는 잘 기억해 낼 수가 없다. 둘 중의 아무도 동물원에 들어가자고 말한 사람은 없었는데 어째서 발길이 이곳으로 돌려졌는지 모른다. 정처 없이 걷다가 마침 닿는 곳이 동물원이어서 그냥 대수롭지 않게 들어왔는지도 모르겠다. 하여튼 나는 희한한 곳엘 다 왔다 싶었다. 내 경우 동물원에 와 본 것은 지금까지 딱 한 번밖에 없었으니까. 그것도 어린이날 무료 공개한다는 바람에 동네 조무래기들과 함께 와 본 것뿐이었다. 그때는 사람들에 치여 제대로 구경도 못 했는데 지금 나는 구경꾼도 별로 없는 동물원을 더구나 아버지와 함께 오게 되었으니, 참 가다가는 별일도 있는 것이구나 하였다. 남들 눈에는 한가하게 동물원 구경을 온 다정한 부자로 비칠 것이 아닌가.

(나) 동물원 안은 조용하고 을씨년스러웠다. 동물들은 제집에 처박혀 있거나 가느다란 석양이 비치는 곳에 웅크리고 있거나 하였다. 막상 들어온 아버지는 그런 동물들을 별로 눈여겨보지 않았다. 동물들의 우리를 보다가 하늘을 보다가 할 뿐, 눈에 초점이 없었다. 칠면조도 사자도 호랑이도 원숭이도 사슴도 그런 눈으로 건성건성 보고 지나갈 뿐이었다. 그러던 아버지가 잠시 발을 멈춘 곳곳은 얼룩말이 있는 우리 앞이었다. 얼룩말은 두 마리였다. 아버지는 그러나 그 앞에서도 멍하니 서 있기만 하지 이렇다 할 감정의 표시를 하지 않았다. 나는 그런 아버지를 한 번 쳐다보고, 얼룩말을 한 번 쳐다보고 하였다. 그러다가 아버지의 얼굴이 어쩌면 그렇게 말이나 노새를 닮았는지 모르겠다고 생각하였다. 그렇게 생각하고 보니 꼭 그랬다. 길게 째진, 감정이 없는 눈이며 노상 벌름벌름한 코, 하마 같은 입, 그리고 덜렁하니 큰 귀가 그랬다. 아버지가 너무 오래 말이나 노새를 다뤄 와서 그런 건지, 애당초 말이나 느개 같은 사람이어서 그런 짐승과 평생을 같이 해 온 것인지는 알 수 없으나, 막상 얼룩말 앞에 세워 놓은 아버지는 영락없는 말의 형상이었다.

(다) 동물원을 나왔을 때 이미 거리는 밤이었다. 이번엔 집 쪽으로 걸었다. 그럴 수밖에 우리는 더 갈 데가 없었던 것이다. 우리 동네가 저만치 보였을 때 아버지는 바로 눈앞에 있는 대폿집에서 발을 멈추었다. 힐끗 나를 돌아보고 나서 다짜고짜 나를 술집으로 끌고 들어갔다. 이런 일도 전에는 없던 일이었다. 술집 안에는 사람들이 가득 차서 왁왁 떠들어대고 있었다. 돼지고기를 굽는 냄새, 찌개 냄새, 김치 냄새가 집 안에 가득했다.

– 최일남, 「노새 두 다리」 –

18 이 글의 서술자에 대한 설명으로 가장 알맞은 것은?

① 작품 밖에 존재한다.
② 이야기를 이끌어 가는 주인공이다.
③ 어린아이인 '나'가 대상을 관찰한다.
④ 모든 등장인물의 심리를 알고 있다.

19 이 글의 사회 · 문화적 상황을 파악할 수 있는 소재로 가장 적절한 것은?

① 변두리
② 문화 주택
③ 동물원
④ 어린이날

20 작가가 아버지를 통해 보여 주고자 한 인물의 모습으로 가장 적절한 것은?

① 희귀 동물을 보호하는 데에 앞장서는 인물
② 자신의 불행한 운명을 탓하며 절망하는 인물
③ 가난한 이웃들을 돌보며 삶의 희망을 잃지 않는 인물
④ 변화하는 사회에 적응하지 못하고 고단한 삶을 살아가는 인물

21 글쓰기 과정에 대한 설명으로 옳지 않은 것은?

① 어법에 맞게 정확한 문장으로 표현한다.
② 주제, 목적, 독자에 대한 계획을 세운다.
③ 글의 구성 단계에 맞게 개요를 작성한다.
④ 단어 수준에서 글 수준의 순서로 고쳐 쓴다.

22 다음은 초고를 쓰기 위한 개요표이다. 이에 대한 의견으로 적절하지 않은 것은?

주제문	독서를 생활화하기 위해 노력하자.
서론	중학생들의 독서 실태
본론	1. 문제의 원인 (1) 독서 환경의 부재 (2) 독서에 대한 정보 부족 2. 문제의 해결 방안 (1) 학교 도서관의 확대 (2) 독서 평가를 통한 성적 반영
결론	독서 생활화에 대한 당부

① 문제 해결 방안은 원인과 관계 없이 많을수록 좋을 것 같아.
② 중학생들의 독서 실태에 관한 통계 자료를 활용할 수 있겠어.
③ 서론은 독자의 흥미를 끌 수 있는 내용을 넣어야겠어.
④ 본론 2-(2)는 적절한 해결 방안이 아니므로 수정하는 것이 좋겠어.

[23~25] 다음 글을 읽고, 물음에 답하시오.

(가) 자전거를 타고 새벽에 여우치 마을을 떠나 옥정 호수를 동쪽으로 돌아 나왔다. 호수의 아침 물안개가 산골짝마다 퍼져서 고단한 사람들의 마음을 이불처럼 덮어주고 있었다.

(나) 27번 국도를 따라 20여 킬로미터를 남쪽으로 달렸다. 임실군 덕치면 화문리 덕치 마을 앞 정자나무 아래로 흐르는 섬진강은 아직은 강이라기보다는 큰 개울에 가까웠다. 산맥과 맞서지 못하는 어린 강은 노령산맥의 가파른 위엄을 멀리 피하면서 가장 유순한 굽이만을 골라서 이리저리 굽이쳤다. 멀리 돌아서, 마침내 멀리 가는 강은 길의 생리를 닮아 있었는데, 이 어린 강물 옆으로 이제는 거의 버려진 늙은 길이 강물과 함께 굽이치고 있었다.

강은 인간의 것이 아니어서 흘러가면 돌아올 수 없지만, 길은 인간의 것이므로 마을에서 마을로 되돌아온다. 모든 길은 그 위를 오가는 사람이 주인이어서 이 강가 마을 사람들의 사랑과 결혼도 상류와 하류 사이의 물가 길을 오가며 이루어졌다. 자전거는 길을 따라서 강물을 바짝 끼고 달렸다. 겨울 섬진강은 적막하다. 돌길을 지나는 자전거의 덜커덕거리는 소리에 졸던 물새들이 놀라서 날아오른다. 겨울의 강은 흐름이 아니라 이음이었다. 강물은 속으로만 깊게 흘렀다.

가파른 산굽이를 여울져 흐르는 여름 강의 휘모리 장단이나, 이윽고 하구(河口)에 이르러 아득한 산야를 느리게 휘돌아 나가는 늙은 강의 진양조 장단도 들리지 않았다. 산하는 본래가 인간이 연주할 수 없는 거대한 악기와도 같은 것인데, 겨울의 섬진강과 노령 산맥은 수런거리던 모든 리듬을 땅속 깊이 감추고 있었다.

(다) 천담 마을 앞에서 섬진강은 거다랗게 굽이치면서 방향을 틀어 구담, 싸리재, 장구목, 북대미 같은 작고 오래된 마을 옆을 흐른다. 이 구간에서 강물의 수심은 무릎 정도이다. 마주 보는 마을 사이에 다리가 없어서 신발을 벗고 자전거를 끌면서 물속을 걸어서 강을 건넜다. 겨울 강물이 낮아지자, 물속의 바위들이 물 위로 드러나 장관을 이루었다. 바위들의 흐름은 구담에서 싸리재에 이르도록 계속된다. ㉠ <u>수만 년을 물의 흐름에 씻긴 바위들은 모든 연약한 부분들이 모조리 물에 깎인 채 온화한 자태를 간직하고 있었다</u>. 그것은 수만 년을 깎인 과거의 바위이자 변화와 생성을 거듭해 나갈 미래의 바위이며, 박힌 자리에서 흐르고 출렁거리는 현재의 바위이다.

〈중략〉

(라) 강물은 마을을 따라 흘러가고, 길은 길을 따라 뻗어 가는데, 노령 산맥을 벗어난 섬진강은 구례, 곡성 쪽의 지리산 외곽으로 접어들었고, 지친 자전거는 순창에서 잠 들었다.

– 김훈, 「섬진강 기행」 –

23 (가)~(다)의 여정을 순서대로 정리할 때 빈칸에 들어갈 곳은?

> 여우치 마을 → 옥정 호수 → 27번 국도 → 덕치 마을 → (　　　) → 구담, 싸리재, 장구목, 북대미

① 순창　　② 지리산
③ 노령산맥　　④ 천담 마을

24 다음 중 ㉠과 같은 표현법이 쓰인 것은?

① 느린 저녁이 전봇대 위에서 꾸벅꾸벅 졸고 있다.

② 어찌 그 맑은 영혼을 사랑하지 않을 수 있을 것인가.

③ 소나기처럼 쏟아지는 풀벌레 소리에 귀를 기울였다.

④ 우리 집 식구들이 한방에 누운 모습은 한 통의 크레파스였다.

25 (가)에서 느껴지는 마을의 분위기로 가장 알맞은 것은?

① 외로움

② 웅장함

③ 포근함

④ 활기참

PART

06

2025년 기출문제

EBS 교육방송교재

국어

2025년 제1회 기출문제

정답 및 해설 별책 49p

01 '준희'의 말하기에 나타난 문제점으로 가장 적절한 것은?

> 민서 : 같이 떠들어도 늘 나만 혼나서 속상해. 나는 왜 이렇게 운이 없지?
> 준희 : 네가 평소에도 너무 떠드니까 그렇지. 혼나는 게 당연한 거 아니야?

① 과도한 줄임말을 사용하고 있다.
② 대화의 순서를 지키지 않고 있다.
③ 상대방의 기분을 고려하지 않고 있다.
④ 상대방이 이해하지 못하는 신조어를 사용하고 있다.

02 밑줄 친 부분에서 확인할 수 있는 말하기 방법으로 가장 적절한 것은?

> 손님 : 사장님, 티셔츠를 구입할 건데 원하는 문구를 새길 수 있을까요?
> 사장님 : 가능해요. 비용이 3,000원 추가됩니다.
> 손님 : <u>제가 스무 벌 이상 구입하면 문구 새기는 비용을 할인받을 수 있을까요?</u>

① 자신의 제안에 문제가 있음을 인정하고 있다.
② 조건을 제시하며 자신의 요구를 전달하고 있다.
③ 상대방의 처지에 공감하며 자신의 이익을 포기하고 있다.
④ 상대방의 이익을 고려하지 않고 일방적으로 비난하고 있다.

03 다음 '표준 발음법' 규정이 적용되지 <u>않는</u> 것은?

> ■ 표준 발음법 ■
>
> [제12항] 받침 'ㅎ'의 발음은 다음과 같다.
> 1. 'ㅎ(ㄶ, ㅀ)' 뒤에 'ㄱ, ㄷ, ㅈ'이 결합되는 경우에는, 뒤 음절 첫소리와 합쳐서 [ㅋ, ㅌ, ㅊ]으로 발음한다.

① 하얗게 ② 괜찮은
③ 닳도록 ④ 싫지만

04 밑줄 친 부분이 '진행상'이 <u>아닌</u> 것은?

> '진행상'은 어떤 동작이 시간의 흐름 속에서 계속 이어지고 있음을 나타내는 동작상이다.

① 꽃이 <u>시들어 간다</u>.
② 운동을 <u>하는 중이다</u>.
③ 간식을 다 <u>먹어 버렸다</u>.
④ 동생이 음악을 <u>듣고 있다</u>.

05 **밑줄 친 부분이 '한글 맞춤법'에 맞지 않는 것은?**

① 바람에 문이 닫혔다.
② 낮에 할머니를 배었다.
③ 봉투에 우표를 붙였다.
④ 옷 가게에 손님이 늘었다.

06 **㉠~㉣에 나타난 중세 국어의 특징으로 적절하지 않은 것은?**

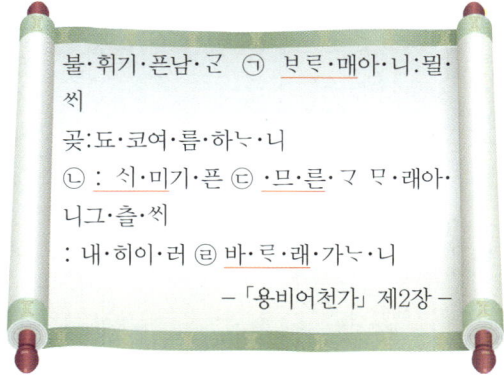

불·휘기·픈남·ᄀᆞᆫ ㉠ ᄇᆞᄅᆞ·매아·니:뮐·ᄊᆡ
곶:됴·코여·름·하ᄂᆞ·니
㉡ :ᄉᆡ·미기·픈 ㉢ ·므·른·ᄀᆞᄆᆞ·래아·니그·츨·ᄊᆡ
:내·히이·러 ㉣ 바·ᄅᆞ·래·가ᄂᆞ·니

– 「용비어천가」 제2장 –

① ㉠ : 현재 쓰이지 않는 'ㆍ'(아래 아)가 사용되었다.
② ㉡ : 글자 왼쪽의 방점으로 성조가 표시되었다.
③ ㉢ : 끊어 적기로 표기되었다.
④ ㉣ : 조사가 모음 조화에 따라 나타났다.

[7~8] (나)는 (가)를 토대로 작성한 글이다. 물음에 답하시오.

(가) 작문 개요

주제 : 보행 중 휴대 전화 사용 제한

Ⅰ. 서론 : 보행 중 휴대 전화 사용에 대한 문제 제기 …… ㉠
Ⅱ. 본론 : 보행 중 휴대 전화 사용을 제한하는 근거
  1. 보행 중 교통사고가 증가함 …… ㉡
  2. 돌발 상황에 대처하는 능력이 떨어짐 …… ㉢
  3. 건강에 악영향을 줌 …… ㉣
Ⅲ. 결론 : 보행 중 휴대 전화 사용을 제한하는 대책 마련 촉구

(나) 글의 초고

길에서 많은 사람들이 고개를 푹 ⓐ 숙인채 휴대 전화에 빠져 걷고 있는 모습을 쉽게 볼 수 있다. 이러한 보행 중 휴대 전화 사용은 보행자의 안전과 건강에 위협이 될 수 있다. 따라서 보행 중 휴대 전화 사용을 제한하는 방안 마련이 시급하다.

교통안전공단에서 실시한 '휴대 전화 사용이 보행 안전에 미치는 위험성 연구'에 따르면, 휴대 전화 사용으로 인한 보행 중 교통사고가 최근 4년간 437건에서 848건으로 약 2배가량 증가했다고 한다.

ⓑ 또 어떤 연구 결과에 따르면, 보행 중 휴대 전화를 사용할 경우 목과 허리의 디스크 발병률이 높아진다고 한다. 왜냐하면 고개를 숙이고 걸으면 목과 허리가 뻣뻣해져 걸을 때의 물리적 충격이 몸에 그대로 전달되기 때문이다.

이처럼 보행 중 휴대 전화를 사용하는 것은 안전사고와 건강 문제 등을 일으키는 굉장히 위험한 행동이다. ⓒ 그 이유는 운전자가 안전띠를 매야 하기 때문이다. 이러한 위험을 줄이기 위해서는 보행 중 휴대 전화 사용을 제한하는 법안 제정 등의 ⓓ 대책을 시급히 마련되어야 한다.

07 (가)의 ㉠~㉣ 중 (나)에 반영되지 않은 것은?

① ㉠　　② ㉡
③ ㉢　　④ ㉣

08 (나)의 ⓐ~ⓓ에 대한 고쳐쓰기 방안으로 적절하지 않은 것은?

① ⓐ : 띄어쓰기가 잘못되어 있으므로 '숙인 채'로 고친다.
② ⓑ : 잘못된 접속어를 사용했으므로 '그러나'로 바꾼다.
③ ⓒ : 글의 통일성을 해치는 문장이므로 삭제한다.
④ ⓓ : 잘못된 조사를 사용했으므로 '대책이'로 수정한다.

[9~10] 다음 글을 읽고 물음에 답하시오.

저기 가는 저 각시 본 듯도 하구나
㉠ 천상 백옥경*을 어찌하여 이별하고
해 다 져 저문 날에 누굴 보러 가시는가
어와 너로구나 이내 사설 들어 보오
내 모습 이 거동이 임이 사랑함직 한가마는
어쩐지 날 보시고 너로다 여기심에
나도 임을 믿어 딴생각 전혀 없어
㉡ 아양이며 교태며 어지럽게 하였던지
반기시는 낯빛이 예와 어찌 다르신가
누워 생각하고 일어나 앉아 헤아리니
㉢ 내 몸의 지은 죄 산같이 쌓였으니
하늘을 원망하며 사람을 탓하겠는가
서러워 생각하니 조물주의 탓이로다
그것일랑 생각 마오 맺힌 일이 있습니다
임을 모셔 봐서 임의 일을 내 알거니
물 같은 몸이 편하실 때 몇 날일까
봄추위 여름 더위 어떻게 지내시며
가을철 겨울철은 누가 모셨는가
죽조반 조석 진지 예전과 같이 올리시나
㉣ 기나긴 밤에 잠은 어찌 주무시나

– 정철, 「속미인곡」 –

* 백옥경 : 옥황상제가 산다는 곳. 여기에서는 임금이 있는 궁궐을 가리킴.

09 윗글에 대한 설명으로 적절하지 않은 것은?

① 설의적 표현이 드러난다.
② 동일한 후렴구가 반복된다.
③ 4음보의 율격이 주로 드러난다.
④ 두 명의 화자가 대화하는 형식을 취한다.

10 ㉠~㉣에 대한 설명으로 적절하지 않은 것은?

① ㉠ : 백옥경을 떠난 까닭을 궁금해 하고 있다.
② ㉡ : 임의 태도가 변한 이유로 추측하고 있다.
③ ㉢ : 이별을 자신의 탓으로 돌리고 있다.
④ ㉣ : 임에 대한 원망이 드러나고 있다.

[11~13] 다음 글을 읽고 물음에 답하시오.

[앞부분 줄거리] 우리가 이사 온 지 3년째 되던 해, 나물 장수 아주머니가 우리 집 마당의 흰 철쭉을 망연히 바라보고 있음을 알게 된 나는 아주머니가 집터의 옛 주인이라고 생각한다.

"아주머니는 아마 전부터 이 동네에 길이 많이 익은 모양이지요?"

나물거리를 대강 사 챙겨 주고 나서 우리는 여자의 눈치를 살펴 가며 조심스럽게 그녀의 사연을 캐묻기 시작했다. 하고 보니 일은 과연 우리의 추측대로였다.

"이 동네 길만 익을라구요. 한 삼사 년 전까지만 해도 여기 이 자리엔 다른 집이 있었다오."

아주머니는 금세 눈치를 알아채고 한숨 끝에 천천히 사연을 털어놓았다. 아주머니는 원래 일정 말기에 황해도 안악 마을의 한 농촌 마을에서 갓 스물에 이곳으로 출가를 해 왔는데, 예의 흰 철쭉은 그녀가 시집을 오기 전에는 친정집 남새* 밭 가에 서 있었던 것이랬다. 그것을 어느 봄 친정어머니가 모처럼 딸네 집 먼 나들이를 오면서 고향 부모 정물로 파다 심어 주고 간 것이라 하였다. 그런데 친정어머니가 그것을 심고 간 그해 여름 바로 8·15 해방을 맞게 됐고, 이어 서로 간에 소식이나마 오갈 길이 끊기고 말았다는 것이었다. 다행히 그 ㉠ 철쭉이라도 해마다 흰 꽃을 피워 주어 아주머니는 그것으로 이 30여 년을 고향 식구들 대하듯 마음을 달래 왔노라고 하였다. 한데 어느 해부턴지 인근 땅값이 느닷없이 두 곱 세 곱으로 치솟는 바람에, 아주머니네를 포함한 온 동네가 마치 횡재라도 만난 듯 다투어 집과 땅을 팔고 너나없이 사방으로 흩어져 떠나갔다는 것이었다.

"그 몹쓸 땅값 바람에 멋모르고 모두 눈이 뒤집힌 게라요. 땅값에 눈이 아주 뒤집히지 않고서야 어찌 그리 쉽게 제 살던 집을 다 팔고 떠날 수 있었겠소."

아주머니는 뒤늦게 집을 팔고 떠난 것이 후회스러운 듯 아쉬운 한숨까지 지었다. 그래 아내가, 집을 팔더라도 그 철쭉이나 따로 파 옮겨다 심지 그랬느냐고, 짐짓 한마딜 어긋나게 묻고 들자, 아주머니는 다시 북쪽 말 억양이 역력한 소리로,

"글쎄, 그땐 그럴 경황도 없었다우. 그땐 어찌 그리 쫓기듯이 거래를 서둘러들 대던지 나무커녕 사람마저 깃들 곳을 제대로 마련하지 못한 채 터부터 비켜 나가 줘야 했을 형편이었으니까유."

변명이라도 하듯 한숨 섞어 말하고는 새삼 꽃 쪽으로 눈길을 보냈다.

흰 철쭉이 거기 남아 있게 된 것은 어쨌거나 그런 저런 사연으로 해서였다. 그런데 이듬해 봄이 되어서였다. 아주머니네는 그때 이미 집값으로 받은 돈을 이 일 저 일로 거의 다 축내 버리고, 종내는 아들 내외와 성남 변두리에 셋방 한 칸을 얻어 살면서 인근 산간으로 나물 뜯이를 나다니고 있었는데, 하룻밤은 느닷없이 피곤한 잠결에 옛날 살던 집 철쭉꽃 꿈을 꾸게 되었다는 것이었다.

– 이청준, 「흰 철쭉」 –

* 남새 : 채소

11 윗글에 대한 설명으로 적절한 것은?

① 인물의 사연을 요약적으로 진술하고 있다.
② 작품 밖 인물의 시각에서 사건을 서술하고 있다.
③ 장면 전환을 통해 인물 간 갈등을 표현하고 있다.
④ 편지 형식을 활용하여 인물의 심리를 표현하고 있다.

12 윗글의 내용으로 적절하지 않은 것은?

① 아주머니의 친정집은 황해도에 있었다.
② 아주머니는 해방을 계기로 친정집으로 이사 갔다.
③ 동네 사람들은 땅값이 올라 집을 팔고 사방으로 떠났다.
④ 아주머니네는 결국 집값으로 받은 돈을 거의 다 축내 버렸다.

13 ㉠의 의미로 가장 적절한 것은?

① 생계유지를 위한 수단
② 이웃과의 관계 악화의 원인
③ 세대 간 갈등 해소의 실마리
④ 고향 식구에 대한 그리움을 달래 주는 자연물

[14~16] 다음 글을 읽고 물음에 답하시오.

하늘은 날더러 ㉠ 구름이 되라 하고
땅은 날더러 바람이 되라 하네
청룡 흑룡 흩어져 비 개인 나루
잡초나 일깨우는 잔바람이 되라네
뱃길이라 서울 사흘 목계나루에
아흐레 나흘 찾아 박가분 파는
가을볕도 서러운 ㉡ 방물장수 되라네
산은 날더러 들꽃이 되라 하고
강은 날더러 잔돌이 되라 하네
산서리 맵차거든 풀 속에 얼굴 묻고 ┐
물여울 모질거든 바위 뒤에 붙으라네 ┘[A]
민물새우 끓어넘는 ㉢ 토방 툇마루
석삼년에 한 이레쯤 천치로 변해
짐 부리고 앉아 쉬는 ㉣ 떠돌이가 되라네
하늘은 날더러 바람이 되라 하고
산은 날더러 잔돌이 되라 하네

– 신경림, 「목계장터」 –

14 윗글의 표현상 특징으로 적절하지 않은 것은?

① 반어적 표현을 활용해 화자의 상황을 강조하고 있다.
② 특정한 종결 어미를 반복하여 운율을 형성하고 있다.
③ 향토적 소재를 통해 토속적 분위기를 드러내고 있다.
④ 수미상관 구조를 통해 형태적 안정감을 조성하고 있다.

15 [A]의 밑줄 친 부분에 공통적으로 드러나는 의미로 가장 적절한 것은?

① 화자가 처한 고달픈 현실
② 화자가 즐거움을 느끼는 상황
③ 화자가 지향했던 이상적 세계
④ 화자가 도달하려는 학문적 성취

16 ㉠~㉣ 중 다음 밑줄 친 부분과 시적 의미가 가장 거리가 먼 것은?

> 이 시는 남한강 목계 나룻가를 배경으로, 장돌뱅이의 떠도는 삶을 노래하고 있다.

① ㉠　　② ㉡
③ ㉢　　④ ㉣

[17~19] 다음 글을 읽고 물음에 답하시오.

> 옛날 어느 마을에 혼자서 가난하게 사는 노파가 있었다. 노파는 이웃 장자네 집에 가서 베를 짜고 밭을 매서 얻어먹고 살았다. 어느 날 노파는 풀숲에서 이상한 알을 주워다 먹었는데 그 뒤로 자꾸 배가 불러 오기 시작했다. 열 달 만에 ㉠ 아기가 태어났는데 태어난 건 사람이 아닌 구렁이였다. 노파는 구렁이를 뒤주에 집어넣고서 삿갓을 덮어놓았다.
>
> 할머니가 아이를 낳았다는 소문을 듣고서 장자네 세 자매가 차례로 할머니를 찾아왔다. 큰딸과 둘째 딸은 뒤주 속의 구렁이를 보고서 징그럽다며 낯을 찡그리고 돌아갔다. 그런데 막내딸은 구렁이를 보자 환한 미소를 짓는 것이었다.
>
> "어머, ㉡ 구렁덩덩신선비 님을 낳으셨네요!"
>
> 막내딸이 돌아가자 구렁이가 그 처녀한테 장가를 가겠노라고 했다. 노파가 머뭇거리자 구렁이는 한 손에 칼 들고 한 손에 불 들고 어머니 배 속으로 다시 들어가겠다고 했다. 할 수 없이 장자한테로 가서 아들의 뜻을 전하자 장자는 세 딸을 불러서 노파의 아들한테 시집을 가겠느냐고 물었다. 위의 두 딸은 손사래를 쳤지만 막내딸은 선뜻 시집을 가겠노라고 했다.
>
> "그럼요. 구렁덩덩신선비 님이신걸요!"
>
> 장자는 말없이 고개를 끄덕였다.
>
> 막내딸의 혼사가 치러지는 날, ㉢ 구렁이는 바지랑대[1]를 타고 담에 올라 빨랫줄을 타고서 초례청[2]에 이르렀다. 혼례를 마친 첫날밤, 잿물에 목욕을 한 구렁이는 허물을 벗고서 사람이 되었다. 신선처럼 빛나는 멋진 선비였다. 신선비는 아내에게 허물을 건네주면서 꼭꼭 잘 간직하라고 했다. 그 허물이 없어지면 자기가 돌아올 수 없다고 했다.
>
> 동생이 신선 같은 신랑을 얻자, 두 언니는 동생을 질투하기 시작했다. 신선비가 길을 떠나고 없는 즈음에 두 언니는 동생을 속여 뱀 허물을 훔쳐다가 아궁이에 넣어서 태워 버렸다. 집으로 돌아오던 신선

비는 허물이 타는 냄새를 맡고서 오던 길을 돌아서서 멀리멀리 떠나가고 말았다.

남편을 잃은 막내딸은 중의 옷차림을 하고서 남편을 찾아 길을 나섰다. 농부 대신 논을 갈아 주고서 길을 묻고, 까치한테 벌레를 잡아 주고 길을 묻고, 할머니의 빨래를 대신 해 주고서 길을 물었다. 할머니가 알려 준 대로 물에 복주깨[3]를 띄우고 그 위에 올라선 막내딸은 홀연 낯선 세상에 이르렀다. 각시는 새 쫓는 ㉣ 아이한테 길을 물어 구렁덩덩신선비 집을 찾아내 숨어들었다. 밤이 깊자 구렁덩덩신선비가 마당으로 나와서 달을 보면서,

"달은 저리 밝은데 옛 각시는 어디서 무얼 하고 있을까?"

그러자 각시가 쏙 나서면서,

"신선비 님 옛 각시 여기 있다오."

– 작자 미상, 「구렁덩덩신선비」 –

1) 바지랑대 : 빨랫줄을 받치는 긴 막대기
2) 초례청 : 혼례를 치르는 장소
3) 복주깨 : 강원, 충청 지역 방언으로, 놋쇠로 만든 밥그릇의 뚜껑을 말함.

17 윗글에 대한 설명으로 가장 적절한 것은?

① 시가 삽입되어 있다.
② 구체적인 지명이 언급되고 있다.
③ 비현실적인 요소가 제시되어 있다.
④ 역순행적 구성으로 사건이 전개되고 있다.

18 다음 밑줄 친 부분에 해당하는 내용으로 가장 적절한 것은?

> 이 이야기는 남편이 떠난 후, 장자네 막내딸이 남편을 찾아가는 과정에서 겪은 일을 담고 있다.

① 막내딸이 노파가 낳은 아이를 보러 감.
② 막내딸이 구렁이에게 시집가겠다고 함.
③ 막내딸과 혼례를 마친 구렁이가 사람이 됨.
④ 막내딸이 남편을 찾기 위해 농부 대신 논을 갈아 줌.

19 ㉠~㉣ 중 가리키는 대상이 다른 것은?

① ㉠　② ㉡
③ ㉢　④ ㉣

[20~22] 다음 글을 읽고 물음에 답하시오.

> 세계 각국의 주요 도시들은 이미 수십 년 전부터 걷기 좋은 도시를 조성하고자 노력해 왔다. 자동차를 생활필수품으로 여기는 미국에서조차 국민들의 건강 증진과 환경 보호를 위해 도시 설계를 운전자 중심에서 보행자 중심으로 변화시키는 추세이다. 미국에서는 비만의 위험성이 부각되고 걷기의 운동 효과가 ㉠ 주목받으면서 오래전부터 걷기 좋은 도시 공간에 대한 연구를 활발하게 진행해 왔다. 미국의 공공 기관과 민간에서는 지역의 보행 환경에 관한 데이터를 수집하여 사용자에게 다양한 정보를 제공한다. 실제로 미국 주요 대도시에서는 시 정부 차원에서 가로망, 보도망, 횡단보도 등 도시 지리 정보를 수집하여 정보를 ㉡ 공개한다.
>
> 한편 미국의 한 민간 기업에서는 거리의 '걷기 좋은 정도'를 수치화하여 사용자에게 정보를 제공한다. 이 업체는 미국, 영국, 호주의 여러 도시를 대상으로 하여, 보행 환경을 점수화하고 이를 바탕으로 걷기 좋은 도시의 순위를 매년 ㉢ 선정해 발표한다. 예를 들면, 하나의 도시에 여러 지점을 선정하고 그 지점과 그 지점 주변에 위치한 학교, 식당, 상가 등 생활 편의 시설의 거리를 측정하여 해당 지점의 보행 환경에 대한 점수를 ㉣ 산출한다. 해당 지점에서 도보 5분 정도의 가까운 거리 내에 편의 시설이 많을수록 그 지점은 높은 점수를 받는다. 각 도시의 점수는 이들 지점들이 받은 점수의 평균값이다. 이 업체에서 제공하는 점수는 도시 계획을 수립하려는 시 정부뿐만 아니라 각종 언론, 학계, 부동산 업계 등 다양한 분야에서 활용된다.
>
> – 황진욱 외, 「우리 동네는 얼마나 걷기 좋을까」 –

20 윗글에 대한 설명으로 가장 적절한 것은?

① 보행 환경을 점수화하는 방법을 설명하고 있다.
② 보행 환경에 대한 전문가의 견해를 인용하고 있다.
③ 걷기 좋은 도시에 대한 각국의 정의를 비교하고 있다.
④ 걷기 좋은 도시에 관한 상반된 주장을 절충하고 있다.

21 윗글의 내용과 일치하지 않는 것은?

① '미국'에서는 자동차를 생활필수품으로 여긴다.
② '미국'에서조차 도시 설계를 운전자 중심에서 보행자 중심으로 변화시키는 추세이다.
③ '미국의 공공 기관과 민간'에서는 지역의 보행 환경에 관한 다양한 정보를 사용자에게 제공한다.
④ '미국의 한 민간 기업'에서 제공하는 보행 환경 점수는 시 정부의 도시 계획 수립에만 활용된다.

22 ㉠~㉣의 사전적 의미로 적절하지 않은 것은?

① ㉠ : 사물의 존재 의의나 가치를 알아주지 아니함.
② ㉡ : 어떤 사실이나 사물, 내용 따위를 여러 사람에게 널리 터놓음.
③ ㉢ : 여럿 가운데서 어떤 것을 뽑아 정함.
④ ㉣ : 계산하여 냄.

[23~25] 다음 글을 읽고 물음에 답하시오.

통점[1]이 자극을 받아 통각 신경을 통해 통증 신호가 뇌로 전달될 때 우리는 통증을 느낀다. 통점을 구성하는 세포의 세포막에는 '통로'라는 세포 소기관[2]이 있다. 이 통로를 통해 세포의 안과 밖으로 여러 물질들이 오가면서 세포 사이에 다양한 신호가 전달된다.

인체의 부위가 손상되면 세로토닌, 히스타민 등의 통각 유발물질이 만들어지는데, 이들이 통로를 통해 세포 안으로 들어오면서 세포는 통증 신호를 인식한다. 통증을 유발하는 대표적인 통로로는 치통, 피부염, 관절염 등의 염증성 통증에 관여하는 캡사이신 통로가 있다. 이 밖에도 상처를 입었을 때, 화상을 입었을 때 등 통증의 종류별로 다른 통로가 존재한다.

통증 신호를 뇌로 전달하는 통각 신경은 다른 감각 신경에 비해 매우 가늘어 신호를 느리게 전달한다. 예를 들어 몸길이가 30미터인 흰긴수염고래는 꼬리에 상처가 생기면 최대 1분 후에 아픔을 느낀다. 인간의 경우에도 압정을 모르고 밟았을 때 ㉠ 압정이 발바닥에 깊이 들어간 다음에야 아픔을 느끼게 된다.

통각 신경은 다른 감각 신경에 비해 가늘기 때문에 더 빽빽하게 분포될 수 있다. 피부에는 1제곱센티미터당 약 200개의 통점이 있는데 만약 통각 신경이 굵다면 이렇게 많은 수의 통점이 배치될 수 없다. 이렇듯 통점이 빽빽하게 배치되면 아픈 부위를 보다 정확하게 알 수 있다. (㉮) 내장 기관에는 통점이 1제곱센티미터당 4개에 불과해 아픈 부위를 정확히 알기 어렵다. 폐암과 간암이 늦게 발견되는 것도 폐와 간에 통점이 거의 없기 때문이다.

– 김정훈, 「상처가 아니라 통증 때문에 죽는다?」 –

1) 통점 : 피부 표면에 퍼져 있어 자극을 받으면 아픔을 느끼는 감각점
2) 세포 소기관 : 세포 내에서 특정한 기능을 수행하도록 분화된 구조

23 윗글의 내용과 일치하지 않는 것은?

① 통증 신호는 통각 신경을 통해 뇌로 전달된다.
② 인체의 부위가 손상되면 통각 유발 물질이 만들어진다.
③ 피부에는 1제곱센티미터당 약 200개의 통점이 있다.
④ 폐와 간에는 통점이 없기 때문에 폐암과 간암은 일찍 발견된다.

24 ㉠의 이유로 가장 적절한 것은?

① 통점에 자극이 없기 때문에
② 통각 신경이 발바닥에 없기 때문에
③ 통각 유발 물질이 나오지 않기 때문에
④ 통각 신경이 신호를 느리게 전달하기 때문에

25 ㉮에 들어갈 말로 가장 적절한 것은?

① 반면 ② 비록
③ 혹시 ④ 왜냐하면

EBS 교육방송교재

국어

2025년 제2회 기출문제

정답 및 해설 별책 53p

01 밑줄 친 부분에 나타난 문제점으로 가장 적절한 것은?

> 형 : 내일 이모랑 할머니 선물을 사러 가자.
> 동생 : 이모와 함께 할머니 선물을 사러 가는 거야, 아니면 이모 선물과 할머니 선물을 사러 가는 거야?

① 중의적인 표현을 사용하고 있다.
② 줄임말을 과도하게 사용하고 있다.
③ 이해하기 어려운 전문어를 남용하고 있다.
④ 상황에 맞지 않는 관용 표현을 인용하고 있다.

02 다음 중 '동생'의 말하기 방법으로 가장 적절한 것은?

> 언니 : 이번 주말에 영화 보러 갈래?
> 동생 : 주말에 친구들과 발표 준비를 해야 해서 못 가.

① 자신의 잘못을 인정하며 사과하고 있다.
② 구체적인 이유를 제시하며 제안을 거절하고 있다.
③ 자신이 처한 상황을 설명하며 토론을 부탁하고 있다.
④ 상대방을 존중하며 문제 해결 방안을 건의하고 있다.

[3~4] (나)는 (가)를 토대로 작성한 글이다. 물음에 답하시오.

> (가) 작문 개요
>
> **주제 : 공정 여행의 실천 방법과 의의**
>
> Ⅰ. 서론 : 공정 여행이 주목받게 된 배경 ……… ㉠
> Ⅱ. 본론 : 공정 여행의 실천 방법
> 가. 탄소 배출량이 적은 교통수단 이용 ……… ㉡
> 나. 지역 경제를 살리는 소비
> 다. 지역의 역사 알기 프로그램 참여 ……… ㉢
> Ⅲ. 결론 : 공정 여행의 의의 ……… ㉣
>
> (나) 글의 초고
>
> 사람들이 여행을 하는 과정에서 자연이 ⓐ 훼손하기도 하고 여행지 주민에게 수익이 거의 돌아가지 않는 문제가 발생하기도 한다. 그래서 최근에는 환경과 지역에 유익한 공정 여행이 주목받고 있다.
>
> 공정 여행을 실천하려면 어떻게 해야 할까? 첫째, 대중교통이나 자전거를 이용하거나 도보로 이동한다. 그러면 탄소 배출량을 줄일 수 있다. ⓑ 자가용으로 여행을 할 때는 안전띠를 매야 한다.
>
> 둘째, 지역 주민이 운영하는 숙박 시설을 이용하거나 지역 재래시장에서 그 지역의 상품을 구매한다. ⓒ 그러나 여행자의 소비가 지역 주민의 소득으로 이어질 수 있다.
>
> 공정 여행은 다소 느리고 불편할 수 있지만, 환경을 보호하고 지역 경제를 ⓓ 활성화하는데 기여한다. 인간과 자연이 모두 행복해지는 공정 여행을 떠나 보자.

PART 06

03 (가)의 ㉠~㉣ 중 (나)에 반영되지 않은 것은?

① ㉠ ② ㉡
③ ㉢ ④ ㉣

04 ⓐ~ⓓ에 대한 고쳐쓰기 방안으로 적절하지 않은 것은?

① ⓐ : '자연이'와 호응하도록 '훼손되기도'로 수정한다.
② ⓑ : 통일성을 해치는 문장이므로 삭제한다.
③ ⓒ : 잘못 사용된 접속 부사이므로 '그런데'로 바꾼다.
④ ⓓ : 띄어쓰기에 맞게 '활성화하는 데'로 고친다.

05 다음에서 설명하고 있는 음운 변동이 적용된 것을 〈보기〉에서 고른 것은?

> 모음 'ㅡ'로 끝나는 어간이 모음 'ㅏ/ㅓ'로 시작하는 어미와 결합하면 'ㅡ'가 탈락한다.

> **보기**
> ㄱ. (글을) 쓰- + -어 → 써
> ㄴ. (잠을) 자- + -아 → 자
> ㄷ. (줄을) 서- + -어 → 서
> ㄹ. (문을) 잠그- + -아 → 잠가

① ㄱ, ㄴ ② ㄱ, ㄹ
③ ㄴ, ㄷ ④ ㄷ, ㄹ

06 밑줄 친 부분이 다음 규정의 ㉠에 해당하는 예로 적절한 것은?

> ■ 한글 맞춤법 ■
>
> [제30항] 사이시옷은 다음과 같은 경우에 받치어 적는다.
> 1. 순우리말로 된 합성어로서 앞말이 모음으로 끝난 경우
> (1) 뒷말의 첫소리가 된소리로 나는 것
> (2) 뒷말의 첫소리 'ㄴ, ㅁ' 앞에서 'ㄴ' 소리가 덧나는 것
> (3) 뒷말의 첫소리 모음 앞에서 'ㄴㄴ' 소리가 덧나는 것 …………… ㉠

① 고기를 <u>깻잎</u>에 싸서 먹었다.
② 보리와 쌀을 <u>맷돌</u>에 갈았다.
③ 너무 기뻐서 <u>잇몸</u>을 드러내고 웃었다.
④ 우리는 먼 <u>훗날</u>에 다시 만나자고 약속했다.

07 다음 높임법이 나타난 문장으로 적절한 것은?

> 주체 높임법은 문장의 주체를 높이는 방법이다.

① 아버지께서 신문을 보신다.
② 그는 착한 사람이었습니다.
③ 저는 어르신을 뵐 낯이 없습니다.
④ 아이가 할머니께 편지를 읽어 드렸다.

08 ㉠~㉣에 나타난 중세 국어의 특징으로 적절하지 않은 것은?

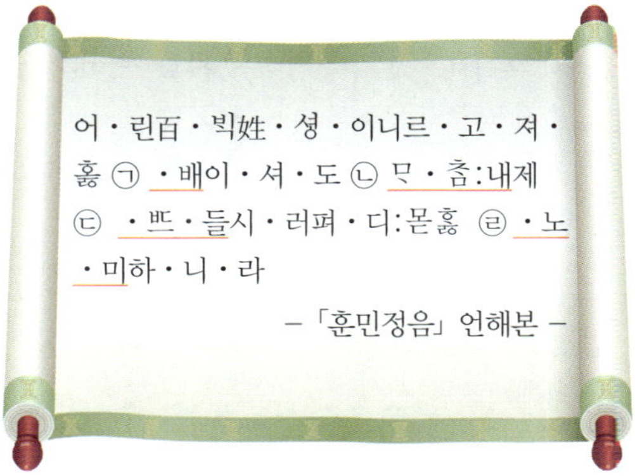

① ㉠ : 모음으로 끝나는 체언 뒤에서 주격 조사 'ㅣ'가 쓰였다.
② ㉡ : 현대 국어에 없는 자음자가 쓰였다.
③ ㉢ : 단어의 첫머리에 두 개의 자음이 올 수 있었다.
④ ㉣ : 소리 나는 대로 이어 적기를 하였다.

[9~10] 다음 글을 읽고 물음에 답하시오.

가시리 가시리잇고 나ᄂᆞᆫ
ᄇᆞ리고 가시리잇고 나ᄂᆞᆫ
위 증즐가 대평셩ᄃᆡ(大平盛代)

날러ᄂᆞᆫ 엇디 살라 ᄒᆞ고
ᄇᆞ리고 가시리잇고 나ᄂᆞᆫ
위 증즐가 대평셩ᄃᆡ(大平盛代)

잡ᄉᆞ와 두어리마ᄂᆞᄂᆞᆫ
선ᄒᆞ면* 아니 올셰라
위 증즐가 대평셩ᄃᆡ(大平盛代)

셜온 님 보내ᄋᆞᆸ노니 나ᄂᆞᆫ
가시ᄂᆞᆫ ᄃᆞᆺ 도셔 오쇼셔 나ᄂᆞᆫ
위 증즐가 대평셩ᄃᆡ(大平盛代)

– 작자 미상, 「가시리」 –

* 선ᄒᆞ면 : 서운하면.

09 다음 중 윗글에 대한 설명으로 가장 적절한 것은?

① 해학적 표현이 나타나고 있다.
② 동일한 후렴구가 반복되고 있다.
③ 4음보의 율격이 주로 드러나고 있다.
④ 공간의 이동에 따라 시상이 전개되고 있다.

10 다음 중 윗글의 화자에 대한 설명으로 가장 적절한 것은?

① 떠나온 고향을 그리워하고 있다.
② 임과의 이별을 안타까워하고 있다.
③ 아름다운 자연의 모습을 예찬하고 있다.
④ 인물의 무능력한 모습을 조롱하고 있다.

[11~13] 다음 글을 읽고 물음에 답하시오.

[앞부분 줄거리] '그'는 '임 씨'에게 목욕탕 공사를 맡기지만 '임 씨'를 못 미더워 한다. '임 씨'는 시간을 더 들여 옥상까지 꼼꼼히 공사를 마무리한 뒤 견적서를 받아 공사비를 수정하기 시작한다.

임 씨의 머릿속에서 굴러다니고 있을 숫자들에 잔뜩 애를 태우고 있는 스스로가 정말이지 역겨웠다.

"됐습니다, 사장님. 이게 말입니다. 처음엔 파이프가 어디서 새는지 모르니 전체를 뜯을 작정으로 견적[1]을 뽑았지요. 아까도 말씀드렸지만 일이 썩 간단하게 되었다 이 말씀입니다.

그래서 노임[2]에서 사만 원이 빠지고 시멘트도 이게 다 안 들었고, 모래도 그렇고, 에, 쓰레기 치울 용달차도 빠지게 되죠. 방수액도 타일도 반도 못 썼으니 여기서도 요게 빠지고 또……."

임 씨가 볼펜심으로 쿡쿡 찔러 가며 조목조목 남는 것들을 설명해 갔지만 그의 귀에는 제대로 들리지 않았다. 뭔가 단단히 잘못되었다는 기분, 이게 아닌데, 하는 느낌이 어깨의 뻐근함과 함께 그를 짓누르고 있을 뿐이었다.

"그렇게 해서 모두 칠만 원이면 되겠습니다요."

선언하듯 임 씨가 분홍 편지지를 아내에게 내밀었다. 놀란 것은 그보다 아내 쪽이 더 심했다. 그녀는 분명 칠만 원이란 소리가 믿기지 않는 모양이었다.

[A]

"칠만 원요? 그럼 옥상은……."

"옥상에 들어간 재료비도 여기에 다 들어 있습니다. 그거야 뭐 몇 푼 되나요."

"그럼 우리가 너무 미안해서……."

아내가 이번에는 호소하는 눈빛으로 그를 쳐다보았다. 할 수 없이 그가 끼어들었다.

"계산을 다시 해 봐요. 처음에는 십팔만 원이라고 했지 않소?"

"이거 돈을 더 내시겠다 이 말씀입니까? 에이, 사장님도. 제가 어디 공일 해 줬나요. 조목조목 다 계산에 넣었습니다요. 옥상 일한 품값은 지가 써비스로다가……."

"써비스?"

그는 아연해서 임 씨의 말을 되받았다.

"그럼요. 저도 써비스할 때는 써비스도 하지요."

그는 입을 다물어 버렸다. 뭐라 대꾸할 말이 없었다.

(중략)

임 씨는 아내가 내민 7만 원을 주머니에 쑤셔 넣고 자리에서 일어섰다.

㉠ <u>그는 일 층 현관까지 내려가 임 씨를 배웅하기로 했다</u>.

어두워진 계단을 앞서거니 뒤서거니 내려가면서 임 씨는 연장 가방을 몇 번이나 난간에 부딪쳤다. 시원한 밤공기가 현관 앞을 나서는 두 사람을 감쌌고 그는 무슨 말로 이 사내를 배웅할 것인가를 궁리해 보았다. 수고했다는 말도, 고맙다는 말도 이 사내의 그 '써비스'에 대면 너무 초라하지 않을까.

– 양귀자, 「비 오는 날이면 가리봉동에 가야 한다」 –

1) 견적 : 어떤 일을 하는 데 필요한 비용 따위를 미리 어림잡아 계산함. 또는 그런 계산.
2) 노임 : '노동 임금'을 줄여 이르는 말.

11 윗글의 인물에 대한 설명으로 적절하지 <u>않은</u> 것은?

① '임 씨'는 공사비를 수정한 이유를 말하지 않았다.

② '아내'는 처음보다 공사비가 줄어서 놀라워했다.

③ '아내'는 '임 씨'에게 수정된 공사비를 주었다.

④ '임 씨'는 공사비를 받은 뒤 자리를 나섰다.

12 다음 중 [A]에 대한 설명으로 가장 적절한 것은?

① 장면의 빈번한 전환으로 사건을 전개하고 있다.

② 주로 대화를 통해 인물의 태도를 드러내고 있다.

③ 작품 속 서술자가 자신의 경험을 이야기하고 있다.

④ 계절의 변화를 통해 인물의 심리를 보여 주고 있다.

13 다음 중 ㉠의 이유로 가장 적절한 것은?

① '임 씨'에게 지불한 품값을 돌려받기 위하여서

② '임 씨'에게 받은 분홍 편지지를 되돌려주기 위해서

③ '임 씨'가 공사 재료를 남긴 이유에 의구심을 느껴서

④ '임 씨'가 공사를 성실히 해 준 것에 고마움을 느껴서

[14~16] 다음 글을 읽고 물음에 답하시오.

모란이 피기까지는
나는 아직 나의 봄을 기둘리고 있을 테요
모란이 뚝뚝 떨어져 버린 날
나는 비로소 봄을 여읜 설움에 잠길 테요
오월 어느 날 그 하루 무덥던 날
떨어져 누운 꽃잎마저 시들어 버리고는
천지에 모란은 자취도 없어지고
뻗쳐 오르던 내 보람 서운케 무너졌느니
모란이 지고 말면 그뿐 내 한 해는 다 가고 말아
삼백예순 날 하냥* 섭섭해 우옵네다
모란이 피기까지는
나는 아직 기둘리고 있을 테요 ㉠ 찬란한 슬픔의 봄을

– 김영랑, 「모란이 피기까지는」 –

* 하냥 : 늘.

14 다음 중 윗글에 대한 설명으로 가장 적절한 것은?

① 미각적 심상을 사용하여 대상을 표현하고 있다.

② 청자를 표면에 내세워서 시상을 전개하고 있다.

③ 수미상관을 활용하여 구조적 안정감을 주고 있다.

④ 명령의 어조를 사용하여 시적 의미를 강조하고 있다.

15 다음 중 ㉠에 사용된 표현 방법으로 가장 적절한 것은?

① 감정을 강조하기 위해 감탄사를 활용하는 방법
② 이미 알고 있는 사실을 의문 형식으로 제시하는 방법
③ 앞 구절의 끝을 다음 구절의 처음에서 반복하는 방법
④ 모순된 표현 속에 삶의 진실된 의미를 담아내는 방법

16 다음 중 윗글에 나타난 화자의 삶의 모습과 가장 가까운 것은?

① 소망하는 것을 기다리는 삶
② 도시를 벗어나 자연에 은거하는 삶
③ 목표 달성을 위해 효율성을 추구하는 삶
④ 개인의 성공보다는 다수의 이익을 중시하는 삶

[17~19] 다음 글을 읽고 물음에 답하시오.

[앞부분 줄거리] 이생은 아버지의 반대를 극복하고 최 여인과 혼례를 올린다. 홍건적의 난으로 최 여인은 목숨을 잃지만 귀신이 되어 다시 이생 앞에 나타나고, 부부는 즐거운 나날을 보낸다. 그러던 어느 날 여인이 이생에게 이별할 때가 왔다고 이야기하며 운다.

"저승길의 운수는 피할 수가 없답니다. 천제께서 저와 ㉠ 그대의 연분이 아직 끊어지지 않았고 또 아무 죄장(罪障)[1]이 없음을 살피시어, 환체(幻體)[2]를 빌려주어, 그대와 함께 잠시 애간장이 끊어지는 듯한 시름을 달래도록 하였던 것이지요. 하지만 오랫동안 인간 세상에 머물러 있으면서 이승 사람을 현혹할 수는 없지요."

(중략)

"내 차라리 그대와 함께 황천[3]으로 갈지언정 어찌 무료하게 홀로 여생을 보전하겠소? 지난번 난리가 있은 뒤 친척과 노복들이 각각 서로 흩어지고 돌아가신 부모님의 해골이 들판에 낭자하게 흩어져 있었을 때, 만일 낭자가 아니었더라면 누가 매장할 수 있었겠소? 옛사람 말씀에 '어버이 살아계실 때는 예로써 섬기고, 돌아가신 뒤에는 예로써 장사 지내야 한다.'고 하였는데, 이런 일을 실천에 옮길 수 있었던 것은 모두 낭자의 천성이 효순하고 착하며 인정이 두터웠기 때문이었소. 그러하기에 너무도 감격하였소만, 다른 한편으로 스스로 부끄러움을 어찌 이길 수 있었겠소? 부디 낭자는 인간 세상에 남아서 백 년 뒤에 ㉡ 나와 함께 흙이 됨이 어떻겠소?"

여인은 대답하였다.

"낭군의 수명은 아직 여러 기(紀)가 남아 있지만, 저는 이미 귀신의 명부에 이름이 실려 있으니 오래 머물러 있을 수가 없습니다. 만약 군이 인간 세상을 그리워하고 미련을 가져 저승 세계의 법령을 위반하게 된다면, 비단 저에게만 죄과가 미칠 뿐

아니라 아울러 그대에게도 누가 미칠 것이에요. 다만 ㉢ 저의 유해가 아무 곳에 흩어져 있으니, 만약 은혜를 베풀어 주시겠다면 유해를 바람과 햇볕에 그냥 드러나 있지 않게 해 주세요."

두 사람은 서로 바라보며 눈물을 줄줄 흘렸다.

여인은 말하였다.

"㉣ 낭군님, 부디 몸조심하세요."

말이 끝나자 여인은 점점 사라졌다. 그리고 마침내 아무 종적도 없게 되었다.

이생은 그녀의 유골을 거두어 부모의 묘소 곁에 부장[4]을 하였다. 장례를 지낸 뒤에도 이생은 여인을 추모하고 생각하다가, 병을 얻어 수개월 만에 세상을 떠났다.

이 이야기를 들은 사람들은 모두 애처로워하고 슬퍼하여 그들의 절의를 사모하지 않는 이가 없었다.

– 김시습, 「이생규장전」 –

1) 죄장 : 죄악이 좋은 인과응보를 얻는 데 장애가 됨을 이르는 말.
2) 환체 : 불교에서 덧없는 인간의 몸뚱이를 이르는 말.
3) 황천 : 저승.
4) 부장 : 합장. 여러 사람의 시체를 한 무덤에 묻음.

17 다음 중 윗글에 대한 설명으로 가장 적절한 것은?

① 권선징악이 이루어진 행복한 결말이 제시되고 있다.
② 꿈에서 깨어나 현실로 돌아오는 구조가 드러나고 있다.
③ 의인화한 대상의 시각으로 인간 세계를 풍자하고 있다.
④ 비현실적 요소를 활용하여 주제 의식을 나타내고 있다.

18 다음 중 윗글에서 알 수 있는 내용으로 가장 적절한 것은?

① '여인'은 불효한 죄로 죽음을 맞이하였다.
② '이생'과 '여인'은 백 년 뒤에 만나기로 약속하였다.
③ '이생'은 '여인'의 유골을 끝까지 수습하지 못하였다.
④ '이생'은 '여인'과 이별한 후에도 '여인'을 그리워하였다.

19 ㉠~㉣ 중 가리키는 대상이 나머지와 다른 것은?

① ㉠ ② ㉡
③ ㉢ ④ ㉣

[20~22] 다음 글을 읽고 물음에 답하시오.

'열두 가지 재주에 저녁거리가 간데없다.'는 말이 있습니다.

(㉮   ) 뜻이지요. 그런데 시대가 달라졌습니다. 이제는 다양한 기술을 조합하는 것이 중요해졌지요. 그러다 보니 사회가 요구하는 인재상도 변화하고 있습니다. 한 우물을 파되, 그 외에 다른 우물도 넓게 팔 줄 아는 사람을 원하고 있는 것이지요. 한마디로 ㉠ 여러 분야의 경계를 가로지르며 새로운 지식과 가치를 만들어 낼 줄 아는 사람이어야 한다는 것입니다.

통섭(統攝)이라는 말은 원효 대사의 말에서 빌려 온 단어로, 사회생물학자 에드워드 윌슨 교수의 책 『컨실리언스(Consilience)』를 우리말로 번역한 것입니다. 단어의 뜻은 줄기 '통(統)'과 잡다 '섭(攝)'이라는 한자를 합쳐, 큰 줄기를 잡아 다루는 것, 즉 '전체를 도맡아 다스리다.'입니다. 이제 통섭은 바람직한 미래 학문 형태로 거론되고 있습니다. 요즘에는 자연 과학과 인문 과학, 사회 과학이 각자의 지식을 융합한다는 의미로 쓰이고 있지요.

세상은 자꾸만 복잡해지고 있습니다. 그리고 우리 인간들이 해결해야 할 문제들도 그만큼 어려워지고 있지요. 한 사람이 나서서 해결할 수 있을 만큼 성격이 간단하지도 않습니다. 그래서 이런 문제에 접근하려면 결국 ㉡ 통섭형 인재가 되어야 합니다. 그런데 통섭형 인재는 ㉢ 이것저것 조금씩 잘하는 팔방미인이 아닙니다. 자신이 잘할 수 있는 것 하나가 확실하게 있되, ㉣ 다른 전문 분야에도 충분한 소양을 갖춰 그들과 공동 연구를 할 수 있는 인재를 말합니다.

– 최재천, 『생각의 탐험』 –

20 다음 중 윗글에 대한 설명으로 가장 적절한 것은?

① 주요 용어의 의미를 풀이하고 있다.
② 구체적인 통계 자료를 활용하고 있다.
③ 글쓴이의 의견을 청유형으로 강조하고 있다.
④ 질문을 던진 후 그에 대한 답을 제시하고 있다.

21 다음 중 ㉮에 들어갈 말로 가장 적절한 것은?

① 김칫국부터 마신다는
② 목마른 사람이 우물을 판다는
③ 사람은 한 우물만 파야 한다는
④ 미운 아이에게 떡 하나 더 준다는

22 ㉠~㉣ 중 의미하는 바가 다른 것은?

① ㉠　② ㉡
③ ㉢　④ ㉣

[23~25] 다음 글을 읽고 물음에 답하시오.

(가) 한옥은 여러 과학적 방식을 활용해서 집 안 가득 시원한 바람을 맞아들여 잘 흐르도록 한다. 이를 한마디로 '통(通)'의 원리라 ㉮ 부를 수 있다. [㉠] '통'은 어려운 개념이 아니다. 통풍, 환기, 순환 등과 같은 말로, 한옥은 통의 원리를 구현하는 건강한 집이다.

(나) 한옥에서 통의 원리를 구현하는 방식은 크게 두 가지가 있다. 첫째, 거시 기후에 맞춰 집 안에 '바람길'을 내는 것이다. 여기서 거시 기후란 계절 같은 큰 시간 단위를 기준으로 한반도 전체에 걸쳐서 나타나는 기후 현상을 말한다. [㉡] 한옥에서는 여름에 부는 바람인 남동풍의 방위에 맞춰 남향, 혹은 남동향으로 바람이 드나드는 바람길을 냈다. 한옥에서 바람길은 시원하고 통 크게 나 있어, 바람이 돌아 나가거나 머물거나 꺾어 가지 않도록 했다.

(다) 한옥에서 통의 원리를 구현하는 두 번째 방법은 미시 기후를 활용해서 마당에 찬 공기주머니를 만드는 것이다. 미시 기후란 숲과 산세, 지세와 물길 등 각 집의 주변을 둘러싼 개별적 상황에 따라 나타나는 구체적인 기후 현상이다. [㉢] 도시에서의 도로나 빌딩, 농촌에서의 배산임수(背山臨水)[1]는 미시 기후에 영향을 미치는 중요한 요소이다. 한옥에서는 마당을 비워서 안마당에 찬 공기주머니를 만드는 방법으로 미시 기후를 활용한다.

(라) 마당의 공기가 열을 받아 더워지면 위로 올라가서 마당은 거의 진공과 유사한 상태가 만들어지고, 그러면 진공을 채우기 위해 바람이 불어온다. 이때 바람은 중문으로 들어오는 것과 대청[2] 뒤에서 불어오는 것 두 가지가 있을 수 있는데 이 가운데 찬 것이 들어오게 된다. [㉣] 대개 대청 뒤에는 숲이 있는데, 이곳의 찬바람이 이 집 안으로 들어온다.

– 임석재, 『지혜롭고 행복한 집 한옥』 –

1) 배산임수 : 지세(地勢)가 뒤로는 산을 등지고 앞으로는 물에 면하여 있음.
2) 대청 : 한옥에서, 몸채의 방과 방 사이에 있는 큰 마루.

23 다음 중 (가)~(라)의 내용을 전개하는 방식으로 가장 적절한 것은?

① (가) : 한옥의 다양한 종류를 나열하고 있다.
② (나)와 (다) : 한옥에서 통의 원리를 구현하는 방식을 나누어 제시하고 있다.
③ (다) : 한옥을 근거로 현대 가옥의 구조를 유추하고 있다.
④ (다)와 (라) : 한옥이 한국인의 정서에 미친 영향을 밝히고 있다.

24 ㉠~㉣ 중 다음 문장이 들어갈 곳으로 가장 적절한 것은?

> 둘 가운데 찬 것은 대청 뒤에서 부는 바람이다.

① ㉠　② ㉡
③ ㉢　④ ㉣

25 다음 중 밑줄 친 부분이 ㉮와 가장 유사한 의미로 쓰인 것은?

① 생일에 친구들을 집으로 불렀다.
② 어머니가 아이를 손짓하여 불렀다.
③ 경기장에서 응원가를 힘차게 불렀다.
④ 사람들은 그를 불운한 천재라고 불렀다.

EBS 교육방송교재

2026
고졸 검정고시

EBS 교육방송교재

고졸 검정고시

- 최신기출 완벽분석
- 시험에 꼭 나오는 핵심 이론 정리
- 적중률 높은 문제 구성

EBS
교육방송교재

검스타트 검정고시 고졸 국어

2026 최신판

정답 및 해설

신지원

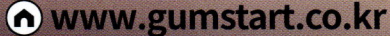

EBS 교육방송교재

검스타트 검정고시 고졸 국어

2026 최신판

정답 및 해설

정답 및 해설

PART 01 문학

01 현대시

적중! 출제 예상 문제 본문 8~50p

01 ③	02 ①	03 ④	04 ④	05 ①
06 ①	07 ①	08 ①	09 ④	10 ③
11 ②	12 ①	13 ③	14 ②	15 ④
16 ②	17 ③	18 ②	19 ④	20 ③
21 ①	22 ①	23 ④	24 ④	25 ②
26 ①	27 ③	28 ①	29 ④	30 ①
31 ③	32 ②	33 ②	34 ①	35 ②
36 ②	37 ②	38 ①	39 ④	40 ④
41 ②	42 ④	43 ①	44 ④	45 ④
46 ①	47 ④	48 ③	49 ④	50 ③
51 ③	52 ④			

01 정답 ③
이 시의 화자는 이별의 상황을 가정하여 참고 견디는 전통적 여성의 모습을 보여 주고 있다. 현실 문제를 풍자하고 있는 것은 아니다.

02 정답 ①
〈보기〉의 화자는 '임'에게 '가자마자 돌아오라'고 하는 것으로 보아 '재회'에 대한 소망이 있는 것으로 보이지만, 이 시의 화자는 '재회'에 대한 소망을 드러내지 않는다.

03 정답 ④
㉠은 과장법, 도치법, 반어법을 사용하여 이별에 대한 슬픔을 절제하여 표현하고 있다. 떠나는 임에 대한 원망의 정서는 드러나지 않는다.

04 정답 ④
이 작품은 선경후정이 아닌 선정후경의 방식을 활용하였다.

05 정답 ①
3~4연에서는 특정 음운인 유음과 비음이 반복하여 운율감을 형성한다.

06 정답 ①
망설이는 화자의 감정이 표현되고 있다.

오답 피하기
② 2연에서는 화자의 망설임과 갈등의 심화를 드러낸 것이지 임을 잊고자 하는 의지를 표현한 것이 아니다.
③ 3연에서는 화자에게 떠나기를 재촉하는 까마귀가 등장한다.
④ 4연에서는 화자에게 따라오라고 재촉하는 강물이 등장한다.

07 정답 ①
이 작품에서 '까마귀'와 '강물'은 객관적 상관물로서 화자에게 이별을 재촉하는 대상이지 화자의 감정을 대변하는 화자의 감정과 일치하는 대상은 아니다.

08 정답 ①
이 시는 내재율로 운율이 낭송할 때 은은하게 드러나는 시이므로, 규칙적인 운율이 겉으로 드러나지 않는다.

09 정답 ④
1연의 '아아'는 임이 떠나 버린 것에 대한 절망과 슬픔을 나타내고, 9행의 '아아'는 임에 대한 영원한 사랑과 재회에 대한 믿음을 나타낸다.

10 정답 ③

③ '설의법'을 통한 표현이다.
㉠ '임'과 이별하였지만, 다시 만나게 될 것이라는 깨달음을 얻었음을 역설법을 통해 강조하고 있다.

11 정답 ②

한용운의 승려로서의 삶을 기준으로 보면 '임'을 '절대자'로 해석할 수 있고, 독립지사로서 보면 '조국', 또는 '광복'으로 해석할 수도 있다. 또한 '시인'이나 한 명의 '인간'으로 보면 '사랑하는 사람'의 의미로 해석할 수 있다.

12 정답 ①

이 시는 고향과 유년 시절의 모습을 떠올리며 '향수'를 불러일으키고 있으므로 '비현실적'인 표현과는 거리가 멀다.

13 정답 ③

[A] : 평화로우면서 아름다운 고향
1연 : 아름답고 여유 있는 고향 정경
3연 : 꿈을 꾸던 어린 시절의 화자
5연 : 단란한 가족의 모습
[B] : 가난하고 고단한 삶의 고향
2연 : 늙은 아버지의 모습
4연 : 누이와 고생하는 아내

14 정답 ②

2연에 드러난 아버지의 모습은 고단한 몸으로 베개를 베고 누워계시는 모습이므로, '서글픈' 정서가 드러난 것은 아니다.

15 정답 ④

④ 시각적 심상이다.

오답 피하기

①·②·③ 모두 공감각적 심상이다.

16 정답 ②

이 시는 어린 자식을 잃고 아버지로서 느끼는 애절한 슬픔을 노래한 작품으로 '부재하는 대상에 대한 슬픔'이 드러나 있다.

17 정답 ③

ㄴ. '지우고 보고 지우고 보아도'에서 시어의 반복을 통해 자식을 잃은 화자의 안타까운 처지 강조
ㄹ. 죽은 아이의 이미지를 '차고 슬픈 것', '언 날개' 등에 비유하여 표현

18 정답 ②

'새까만 밤'은 화자가 바라보고 있는 유리창 밖의 세상 즉, 아들이 있는 죽음의 세계를 상징하는 것으로 화자가 극복해야 할 고난을 상징하는 것은 아니다.

19 정답 ④

유리창은 화자가 있는 '안, 삶의 공간'과 죽은 아이가 있는 '밖, 죽음의 세계'를 단절시키면서도 소통시키는 매개체이다. 그러므로 속세와 이상의 경계라고 할 수 없다.

20 정답 ③

이 시는 사소한 것들이 모여 만든 모닥불과 다양한 구성원들이 평등한 모습으로 모닥불을 쬐는 현재 모습을 형상화하고 있다. 또한 모닥불을 매개체로 할아버지의 슬픈 과거를 회상하고 있으므로 현재의 상황 묘사와 과거 회상이 모두 시상에 드러나고 있다.

21 정답 ①

이 시는 각 소재에 보조사 '~도'를 붙여 결합하여 열거함으로써 다양한 소재를 동등한 자격으로 연결하고 있다.

22 정답 ①

이 시의 '모닥불'은 차별과 갈등 없이 공동체가 함께 할 수 있는 화합과 평등의 공간이다. 또한 쓸모없이 버려지는 것들이 따뜻한 불빛을 만들어내므로 재생의 공간이

기도 한다. 이러한 모닥불은 할아버지의 슬픈 과거와 우리의 역사와 함께한 공간으로 슬픈 역사를 잊게 해주는 공간이라는 설명은 적절하지 않다.

23 정답 ④

'몽둥발이'는 딸려 붙었던 것이 다 떨어진 몸뚱이, 또는 곁에 아무도 없는 외톨이를 의미한다. 이 시에서 '몽둥발이'는 고난과 역경 속의 외톨이로 살아왔던 할아버지의 과거 또는 고달픈 우리의 역사를 의미한다.

24 정답 ④

이 시의 화자는 현재의 비극적인 상황과 그에 대한 극복의 의지는 드러내고 있지만, 자신의 삶을 성찰하고 있는 것은 아니다.

25 정답 ②

㉠ '산맥'을 인격화한 의인법이 쓰였다.

오답 피하기

① 은유법, ③ 역설법, ④ 영탄법

26 정답 ①

①은 화자의 목소리와 태도에 대한 감상이므로 절대론적(내재적) 관점이라고 할 수 있다.

오답 피하기

② 반영론적 관점(외재)
③ 표현론적 관점(외재)
④ 효용론적 관점(외재)

27 정답 ③

화자는 시대 현실과 괴리된 삶에 회의를 느끼고 이를 반성하며 현실을 극복하려는 의지를 다지면서 내적 갈등을 극복하고 있다.

오답 피하기

① '아침', '악수'와 같은 상징적 시어를 사용한 것은 맞지만, 화자가 처한 상황을 풍자하고 있지 않다.
② '침전'과 같은 하강적 이미지의 시어는 드러나지만 상승적 이미지에서 하강적 이미지로 시상의 전환이 이루어지는 것은 아니다.
④ 1연을 변주하여 8연에 제시하고 있지만 이는 현실을 재해석하는 화자의 태도 변화가 드러날 뿐, 주제를 강조하고 있지 않다.

28 정답 ①

이 시는 어두운 현실을 살아가는 지식인의 자기 성찰과 현실 극복 의지를 노래한 시이다. '인생은 살기 어렵다는데 / 시가 이렇게 쉽게 씌어지는 것은 / 부끄러운 일이다'에서 부정적 현실에 대한 성찰의 태도를 확인할 수 있다.

오답 피하기

② 자아의 대립과 화해는 시상 전개의 중심축일 뿐, 시상 전개의 출발점이 아니다.
③ 화자는 일상적이고 무기력한 삶을 반성하고 있을 뿐, 안주하며 만족하지 않는다.
④ 화자는 미래에 대한 희망적 기대와 동시에 현실적 자아와 내면적 자아가 화해하고 있을 뿐, 암울한 현실로 좌절하고 있지 않다.

29 정답 ④

침전하는 '나'는 '반성적 자아'가 아닌, 현실적 자아, 소극적이고 무기력한 자아이다.

오답 피하기

① '육 첩 방'은 일본식 다다미방으로, 일본에서 유학 중이던 작가가 현실 상황에 대해 낯설게 느끼게 하는 공간이다.
② '사랑 내'는 부모님의 사랑을 후각적 이미지로 구체화하여 표현한 것이다.
③ '늙은 교수의 강의'는 일제 강점기의 당대 시대 상황과 거리가 먼, 현실 도피적 학문 태도를 보여 준다.

30 정답 ①

윗글의 '아침'과 「청산도」의 '아침'은 소망하는 시대, 즉 일제 강점기로부터의 해방을 의미한다.

오답 피하기

② 단순한 시간적 배경에 해당한다.
③ 일제 강점기의 고통스런 시대적 상황을 의미한다.
④ '저녁'과 같이 쓰여 '하루종일'이라는 의미로 쓰였다.

31 정답 ③

이 시는 과거 역사에 대한 참회, 현재 자신의 삶에 대한 참회, 그리고 현재의 참회에 대한 미래의 참회로 이어지는 시상 전개 과정을 보여 준다.

32 정답 ②

이 시와 〈보기〉는 반성적 · 성찰적 어조를 드러내고 있다. 또한, 일제 강점기를 상징하는 시어들을 통해 당시 시대 상황과 현실을 반영하고 있으며, '나'라는 표현을 통해 화자가 겉으로 드러나 있음을 알 수 있다.

33 정답 ②

3연에서 현재의 참회가 결국은 미래에 반성으로 이어질 것이라고 예상하는 화자의 심정이 드러나 있다.

34 정답 ①

이 시는 자연물을 예찬한 시가 아니라, '풀'로 상징되는 '민중'의 강인한 생명력과 넉넉함을 형상화하고 있는 시이다.

35 정답 ②

〈보기〉의 '벼'는 서로를 의지하는 행위를 통해 이 시의 '풀'에 비해 민중의 공동체적 속성이 강조되고 있다.

36 정답 ②

'눕는다'는 것은 어두운 시대 현실로 인해 '핍박을 받아 쓰러지다.'의 의미로서, 시련을 회피하는 것은 아니다.

37 정답 ②

이 시에는 소설 「임꺽정」의 인물들(꺽정, 서림)이 등장하지만, 소설 속 인물들의 특성을 빌려 농무를 추는 농민들의 모습을 드러낼 뿐 이 시에 이들을 비판하는 내용이 담겨 있는 것은 아니다.

오답 피하기

① 이 시는 자유시에 해당하므로 비교적 형태가 자유로운 운문 문학이라고 할 수 있다.
③ 이 시는 화자와 사람들이 '학교 운동장 → 소줏집 → 장거리 → 도수장 앞'으로 공간을 이동하며 시상이 전개된다.
④ 화자는 '답답하다', '원통하다' 등과 같이 자신의 정서를 직접적으로 표현하고 있다.

38 정답 ①

'텅 빈'이라는 시어는 아무도 없다는 것을 강조한다. 이를 통해 느껴지는 정서는 쓸쓸함, 공허감이다.

39 정답 ④

농무를 추는 화자와 사람들의 뒤를 따르는 것은 아이들뿐이라는 구절로, 이는 젊은이들이 농촌을 많이 떠나고 아이들만 남아 있다는 것을 암시한다.

40 정답 ④

농무 패가 장거리에 나섰을 때 이들에게 관심을 보이는 사람은 조무래기들뿐이고 마을 사람들은 호응을 해 주지 않는다. 그래서 이들의 몸짓은 더 처량하고 서글픈 것이다.

41 정답 ②

‘강물’과 ‘달’의 변화는 주체적이지 못하며 반복적이다. 이러한 모습을 희망을 잃은 채 하루하루 살아가는 노동자의 삶에 빗대어 나타내고 있다.

42 정답 ④

이 시의 화자는 ‘다시 가난한 마을로 돌아가는’ 모습을 통해 현실 체념적인 태도를 보이고 있다.

43 정답 ①

‘담배나 피우고’와 ‘돌아갈 뿐’이라는 표현에서 무기력하고 소극적인 화자의 모습을 엿볼 수 있다.

44 정답 ④

이 작품에서 ‘사랑보다 소중한 슬픔’에서 역설적 표현을 활용하여 주제를 효과적으로 드러내었다.

오답 피하기

① 이 작품에서 명령형 표현은 확인할 수 없다.
② 이 작품에서 대화체를 사용하였지만, 이를 통해 대상에 대한 친밀감을 드러내는 것은 아니다.
③ 이 작품에서 시적 상황이 진행됨에 따라 화자의 태도가 변화하는 부분은 확인할 수 없다.

45 정답 ④

ⓐ에서는 겉으로 보기에는 모순된 말이지만, 사실은 그 속에 진리를 담고 있는 역설법이 활용되었다.

오답 피하기

① ⓐ에서 일반적인 문장의 어순을 바꾸어 변화를 주는 도치법은 확인할 수 없다.
② ⓐ에서 감각적인 이미지를 활용하여 추상적 대상을 구체화하는 부분은 확인할 수 없다.
③ 이 작품에서 사람이 아닌 것을 사람에 빗대어 행동하는 것처럼 표현한 의인법은 확인할 수 있지만, ⓐ에서는 확인할 수 없다.

46 정답 ①

‘슬픔의 평등한 얼굴’은 소외된 약자를 멸시하지 않고 평등한 존재로 바라볼 수 있는 얼굴로, 약자를 평등한 존재로 바라볼 수 있는 마음으로 볼 수 있다.

오답 피하기

② ‘어둠’은 고통스럽고 외로운 처지를 드러낸다.
③ ‘이 세상에 내리던 함박눈’은 약자에게는 고통, 강자에게는 기쁨을 주는 존재이다.
④ ‘봄눈’은 약자를 감싸는 긍정적인 존재이다.

47 정답 ④

‘함박눈’은 약자에게는 고통, 강자에게는 기쁨을 주는 존재이다.

오답 피하기

① ‘사랑보다 소중한 슬픔’은 ‘슬픔’을 사랑보다 소중하다고 말한 역설적 표현에 해당한다.
② ‘귤값을 깎으면서’는 소외된 이웃을 외면하고 자신의 이익만 추구하는 이기적인 ‘너’의 모습으로, 이로 인해 ‘나’는 ‘너’에게 ‘슬픔’을 주겠다고 한 것이다.
③ ‘가마니 한 장’은 소외된 이웃에게 가지는 최소한의 관심을 나타낸다.

48 정답 ③

시에 드러나는 젊은이는 가난 때문에 인간적인 감정을 포기해야 하는 상황에 처해 있다. 이웃의 한 젊은이의 모습은 가난으로 힘겹게 살아가는 산업화 시기의 도시 노동자라고 볼 수 있다.

오답 피하기

① 자신의 진로를 찾지 못했다는 내용은 추론할 수 없다.
② 노동자의 권리 보호를 위해 활동하는 노동 운동가가 아니라 산업화 시기의 가난한 노동자이다.
④ 보다 나은 미래를 위해 대기업에 취업한 사무직 노동자라는 것은 이 시를 보고 추론할 수 없다.

49 정답 ④

ⓐ는 '뜨거움'을 통해 촉각적 심상이 사용되었음을 알 수 있는데 ④는 '서느런 옷자락'을 통해 촉각적 심상을 드러내고 있다.

오답 피하기

① '보랏빛'을 통해 시각적 심상이 드러난다.
② 가볍게 휘날리는 모양을 드러내는 '하롱하롱'을 통해 시각적 심상이 드러난다.
③ '먼 바다 물소리'를 통해 청각적 심상이 드러난다.

50 정답 ③

이 시는 서민들의 고달픈 삶을 통해 부정적 현실을 드러내고 있지만, 이에 대해 적극적으로 저항하는 것은 아니다.

51 정답 ③

〈보기〉는 아들을 잃은 개인적인 슬픔을 '유리창'이라는 소재로 표현했고, 이 시는 모순된 현실을 살아가는 서민들의 애환이라는 시대적 아픔을 버스 창문에 낀 '성에꽃'을 소재로 표현했다.

52 정답 ④

이 시에서 화자가 '성에꽃'을 통해 발견한 것은 암울한 현실에서 힘들게 살아가면서도 열정을 지니는 서민들의 건강한 아름다움이다.

02 고전 시가

적중! 출제 예상 문제 본문 53~103p

01 ②	02 ①	03 ④	04 ③	05 ①
06 ③	07 ②	08 ③	09 ①	10 ④
11 ④	12 ②	13 ④	14 ③	15 ④
16 ④	17 ②	18 ④	19 ②	20 ③
21 ④	22 ②	23 ④	24 ④	25 ①
26 ④	27 ③	28 ①	29 ④	30 ②
31 ①	32 ③	33 ④	34 ④	35 ③
36 ②	37 ④	38 ③	39 ④	40 ②
41 ①	42 ①	43 ①	44 ④	45 ④
46 ④	47 ①	48 ②	49 ③	

01 정답 ②

「정읍사」는 백제 가요에 해당한다.

02 정답 ①

이 시는 밝음을 나타내는 '달', 어둠을 나타내는 '즌 듸'의 대립을 통해 주제를 강조한다.

03 정답 ④

㉠ '노피곰', ㉡ '머리곰'에는 모두 남편이 있는 곳까지 달의 밝은 빛이 '높이높이', '멀리멀리' 비치길 바라는 소망이 드러나 있다.

04 정답 ③

ⓒ는 남편이 어디든 짐을 놓고 쉬라고 권하는 내용으로 남편의 안전을 기원하는 의미를 담고 있다.

05 정답 ①

'임에 대한 사랑 → 임과의 이별 → 임의 죽음' 순으로 변화한다.

06 정답 ③
시상이 '임에 대한 만류 → 임과의 이별 → 임의 죽음 → 이별의 정한' 순으로 전개되고 있다.

07 정답 ②
함께 돌아갈 임이 없는 자신의 처지를 인식하고 외로움을 느끼고 있다.

08 정답 ③
「황조가」의 '꾀꼬리'는 임에 대한 그리움을 심화시키는 매개체이다.

09 정답 ①
미타찰에서 만나기를 기다린다는 것은 누이의 죽음을 인정하고 극락세계에서 다시 만날 것을 소망하는 의미이다.

10 정답 ④
누이의 갑작스러운 죽음에 대한 안타까움은 드러나지만 원망과 분노는 드러나지 않는다.

11 정답 ④
④ 자신의 가난한 삶을 수용하고 긍정하는 시이다.

오답 피하기
① 아우의 죽음이 드러난다.
② 아내의 죽음이 나타난다.
③ 아들의 죽음이 드러난다.

12 정답 ②
향가는 한자의 음과 뜻을 빌려 창안한 차자 표기법인 향찰을 통해 문헌에 수록되었다.

13 정답 ④
이 작품에서는 자연물 '시내, 조약돌, 잣나무 가지'를 활용하여 대상의 특성을 드러내고 있다.

14 정답 ③
이 작품에서 시어 '㉠ ᄃᆞ라리, ㉢ 나릿, ㉣ 지벽긔, ㉥ 자싯가지'는 시적 대상 '기파랑'과 관련되어 있다.
㉠ ᄃᆞ라리 : 광명과 염원. 높이 우러르는 기파랑 상징
㉢ 나릿 : 깨끗하고 청렴한 태도나 성격
㉣ 지벽긔 : 원만하면서도 강직한 성품
㉥ 자싯가지 : 고결한 인품과 역경에 굴하지 않는 절개

15 정답 ④
10구체 향가에서 9행의 첫머리에 나타나는 감탄사로 '아아, 아야, 등으로 나타나기도 하며, 시상을 집약하는 기능을 한다. 따라서 "아으'는 낙구 감탄사로서 대상에 대한 시적 화자의 감정을 집약적으로 드러내는 기능을 하고 있다.'는 이해는 적절하다.

16 정답 ④
'시비하는 소리'는 분쟁과 갈등을 일삼는 소리를 의미하므로, 사람들이 이욕을 다투는 어지러운 세태를 가리킨다고 할 수 있다.

오답 피하기
① '겹겹 봉우리 울리니'는 격렬하게 흐르는 계곡물을 표현한 것이다. 계곡물, 즉 흐르는 물이 당시 신라의 혼란했던 상황을 의미하는 것은 아니다.
② '말소리'는 속세의 소리를 의미하는 부정적 소재이다.

17 정답 ②
이 작품에서 시적 화자가 자신의 감정을 격정적으로 표출하고 있는 것은 아니지만, '두려워하기에'라는 시어에서 화자의 정서가 직접 드러나 있다. 따라서 감정을 절제하고 있다고 보기 어려우며, 애상적인 분위기를 형성하고 있는 것도 아니다.

18 정답 ④
㉠ '흐르는 물'은 자연의 소리로 시적 화자가 부정적으로

여기는 속세의 소리를 막아준다. 따라서 시적 화자가 속세로부터 벗어날 수 있는 방법이자 시적 화자가 긍정적으로 여기는 대상이므로 화자의 내면적 갈등을 심화시키는 존재라는 설명은 적절하지 않다.

19 정답 ②

떠나는 임을 원망하기도 하지만 임을 붙잡으면 임이 다시 오지 않을까봐 시적 화자는 임을 보내주기로 하며 다시 돌아오기만을 간절히 기원한다.

20 정답 ③

3연을 통해 떠나는 임을 붙잡으면 임이 다시 오지 않을까봐 임을 보내주는 화자의 마음을 엿볼 수 있다.

21 정답 ④

(가)의 화자는 임을 잡지 못하고 보내주는 소극적인 모습인데 반해, (나)의 화자는 임을 적극 따르겠다는 표현을 하는 것으로 보아 적극적인 모습임을 알 수 있다.

22 정답 ②

이 글의 창작은 고려 후기에 이루어진 것으로 보고 있는데, 이 글에는 당시 힘들게 살아가던 사람들의 애환이 반영되어 있다. 물론 이 글의 화자를 당시의 가난한 농민들로 보아야 할지, 무신 정권에 의해 쫓겨난 무신들로 보아야 할지는 단정할 수 없으나, 그 어떤 경우라도 이 글은 '삶의 고뇌에 대한 화자의 대응 방식'을 드러내고 있다고 할 수 있다.

23 정답 ④

이 시가는 화자를 누구로 보느냐에 따라 시구의 의미와 시적 상황을 다양하게 해석할 수 있다. 현실적 삶의 고통에서 벗어나고자 하는 작품의 정서로 미루어 볼 때, 이 시가의 화자는 유랑민, 지식인, 피란민, 실연한 여인 등으로 볼 수 있다. 또한 고려 가요의 주된 작자층은 평민들이므로 풍류를 통해 현실의 불만족을 해소하려는 귀족 계층으로 보는 것은 적절하지 않다.

24 정답 ④

'강수'는 현실의 괴로움을 잊기 위한 도구로 해석될 수 있다.

25 정답 ①

㉠은 이 시가의 후렴구에 해당하는 부분이다. 전체적인 내용을 보면 화자는 괴로운 현실 때문에 비애에 젖어 있는 반면, 후렴구는 울림소리인 'ㄹ, ㅇ'음의 반복으로 경쾌한 느낌을 준다. 그러므로 후렴구의 정서는 화자의 정서와 일치하는 것이 아니라 상반된다고 할 수 있다.

26 정답 ④

육조의 사적이 천명에 의한 행위이고 중국 역대 성군과 일치한다고 주장함으로써 조선 건국의 정당성을 강조하고 있다.

27 정답 ③

'곶', '여름'은 문화의 융성함을 상징한다.

오답 피하기

① '불휘'와 '샘'은 각각 나라의 기초, 유서를 상징한다.
② '나모'와 '믈'은 나라를 상징한다.
④ 'ᄇᆞ롬'과 'ᄀᆞ물'은 시련, 내우외환을 상징한다.

28 정답 ①

㉠의 'ᄇᆞ롬'은 시련, 내우외환을 상징한다. ①에서 '바람' 역시 외부의 유혹, 압력과 같은 시련을 의미한다.

오답 피하기

②·③·④, 나머지는 모두 ㉠의 'ᄇᆞ롬'의 의미와 거리가 멀다.

29 정답 ④

'님금하 ~ 미드니잇가'에서 알 수 있듯이 후대 임금들에게 타산지석의 교훈을 주며 주의를 주고 권계를 하고 있다. 즉, 후대 임금들의 노력이 필요하다는 내용을 담고 있으므로, 개인의 노력보다 하늘의 뜻에 초점을 두고 있다고 볼 수 없다.

오답 피하기

① 이 작품은 대부분 2절 4구의 형식에 주로 전절에는 중국 고사를 인용하고, 후절에서는 6조의 업적과 관련된 사적을 서술하는 형식을 취하고 있다. 그러나 〈제125장〉은 3절 형식으로 다른 장과 달리 중국 고사를 후절에 인용하고 있다는 점에서 형식상 파격을 이루고 있다.
② 왕조의 운명과 후대 임금들에 대한 권계를 담고 있으므로 미래 지향적 의식이 담겨 있다고 할 수 있다.
③ '님금하'와 같이 후대 임금에게 말을 건네는 어조를 사용함으로써 후대 임금에 대한 훈계와 당부를 전하고 있다.

30 정답 ②

이 작품에서는 남편으로 인해 내적 갈등을 겪는 화자의 모습은 드러나 있지만, 화자와 남편 사이의 갈등이 구체적으로 드러나 있지는 않다.

오답 피하기

① '새'에 쓸쓸하고 외로운 화자의 감정을 이입하고 있다.
③ '소상야우'나 '견우직녀'의 이야기를 인용하고 있다.
④ 남편의 외도에도 어찌하지 못하고 독수공방하는 여인의 한이 드러나 있다.

31 정답 ①

화자는 남편에 대해 원망의 마음을 지니고 있기는 하지만 '얼굴을 못 보거든 그립기나 말으려믄' 등과 같이 남편에 대한 그리움과 기다림의 감정도 지니고 있다.

32 정답 ③

이 노래에서의 매화는 계절의 순환, 즉 시간의 흐름을 나타내고, 〈보기〉의 매화는 임에 대한 그리움의 정서가 투영되어 있는 소재이다.

33 정답 ④

〈보기〉는 이별의 상황에 처한 화자가 뱃사공에게 푸념을 하는 내용인데, 임이 다른 여자를 만날지도 모른다는 우려를 '(강 건너) 꽃을 꺾는' 행위로 표현하고 있다.

34 정답 ④

이 글은 화자를 '사랑하는 사람과 이별한 여성'으로 설정하여 '임금에 대한 그리움과 사랑'을 간접적으로 드러내고 있다.

35 정답 ③

'뎌 각시'는 사랑하는 임과 이별한 '을녀'로서 임금님에 대한 그리움과 걱정을 토로하고 있다. 갑녀의 위로를 받지만 새로운 희망은 드러나지 않는다.

36 정답 ②

〈보기〉의 '범나븨'는 임 곁으로 가고 싶은 화자의 마음을 대변하는 '시적 화자의 분신'이다. 이 글의 '구준 비' 또한 시적 화자의 분신을 나타낸다.

37 정답 ④

㉠ 임의 소식을 전해줄 사람을 기다리는 화자의 마음을 드러내고 있다.
④ **학수고대**(鶴首苦待) : 몹시 애타게 기다림.

오답 피하기

① **수구초심**(首丘初心) : 고향에 대한 그리움
② **노심초사**(勞心焦思) : 애태우는 마음
③ **전전반측**(輾轉反側) : 마음이 심란하여 잠을 이루지 못함.

38 정답 ③

이 시는 자연친화적 태도를 드러내고 자연과 동화되는 물아일체의 삶을 드러내고 있다.

39 정답 ④
④는 '자연에서의 즐거움' 이외의 일, 즉 속세에 대한 관심을 나타내므로 자연을 나타내는 시어인 ①, ②, ③과 그 의미가 이질적이다.

40 정답 ②
ⓑ '하암'은 시골에서 자라 온갖 사리에 어두운 사람을 의미한다.

41 정답 ①
(가)는 '그리워하던 님이 온다 한들 반가움이 이보다 더하랴'로 해석할 수 있으며, 이는 자연에 대한 반가움을 더욱 강조하고 있다.

42 정답 ①
보리타작은 노동의 즐거움을 노래하는 작품이다. 농민들의 고통스런 삶을 풍자한 것으로 보기 힘들다.

43 정답 ①
이 시의 화자는 벼슬길에 집착했던 자신의 삶을 반성하고 있다. 쇠약해진 몸이 건강해지기를 바라는 내용은 이 시에서 확인할 수 없다.

44 정답 ④
농민들의 건강한 삶의 모습에서 정신과 합일된 노동의 기쁨을 발견하고, 12행에 이르러 벼슬에 집착했던 자신을 반성하고 있다.

45 정답 ④
'그 기색'은 즐겁게 농사일을 하는 모습을 말한다. 이야기를 나누는 장면과는 거리가 멀다.

46 정답 ④
이 시는 일상적이고 해학적인 어투로 시집살이의 어려움을 토로하고 있으므로, 세련되고 우아한 어투와는 거리가 멀다.

47 정답 ①
㉠은 사촌 동생의 물음에 대해 '시집살이의 어려움'을 드러내는 답변으로 '사촌 동생'의 결혼을 만류하고 있는 것은 아니다.

48 정답 ②
ⓐ는 '시집살이 개집살이'로 비슷한 소리가 반복되는 언어유희를 사용하여 시집살이의 고달픔을 나타내고 있다.

49 정답 ③
시집살이의 고달픔을 해학적으로 표현함으로써 표면적으로는 고달픔을 노래하고 있지만, 이를 통해 삶의 어려움을 긍정적으로 해소하고 이겨내려는 의도를 엿볼 수 있다.

03 현대 소설

적중! 출제 예상 문제 본문 115~148p

01 ②	02 ③	03 ②	04 ③	05 ④
06 ①	07 ④	08 ④	09 ①	10 ④
11 ④	12 ④	13 ②	14 ①	15 ③
16 ④	17 ③	18 ③	19 ②	20 ④
21 ①	22 ③	23 ③	24 ④	25 ①
26 ②	27 ④	28 ③	29 ④	

01 정답 ②
이 작품은 토속적인 어휘 구사로 일생을 길 위에서 살아가는 장돌뱅이의 삶을 통해 인간의 근원적인 애정을 보여 준다.

02 정답 ③
이 소설의 '달밤'은 허 생원이 유일했던 과거의 여인을 떠올리는 시간적, 공간적 배경으로 과거의 아름다운 추억과 잘 어울리는 분위기를 이끌어낸다. 그러므로 현실의 외로움을 도피하려는 태도로 보는 것은 바람직하지 않다.

03 정답 ②

ㄱ. 허 생원은 반평생을 떠돌며 장돌뱅이 생활을 하면서도 봉평 장을 빼 놓은 적은 드물다고 했다. 왜냐하면 허 생원은 평생 인연이 없는 듯 살아왔지만 봉평은 젊은 날 단 한 번의 인연이 있었던 곳이기 때문이다. 그렇기에 봉평은 허 생원 마음의 구심점 역할을 하고 있다.

ㄹ. 또한 허 생원의 삶은 비록 가난하고 쓸쓸하지만 젊은 날의 추억을 생각할 때만은 그도 산 보람을 느낀다고 했다. 그렇기에 달밤에 길을 걷고 있다 해도 허 생원은 젊은 날의 추억이 있기에 현실의 어려움을 참아낼 수 있는 것이다.

오답 피하기

ㄴ. 무섭고도 기막힌 이야기는 허 생원이 젊었을 때 체험한 것으로 비현실적인 상상의 산물이 아니다.

ㄷ. 허 생원에게 봉평은 반성의 공간이 아니라 젊은 날의 단 한 번의 인연이 있는 곳으로서의 의미가 있다.

04 정답 ③

윗글의 서술자는 작품 외부에서 전지적인 시선으로 서술하여 독자와의 거리를 가깝게 유지하고 있다.

05 정답 ④

간밤에 동경서 온 전보 때문에 큰댁을 간 것은 윤 주사가 맞지만 손자가 아니라 아들이다.

06 정답 ①

윤 직원 영감이 종학이 피검되었다는 말에 정신이 멍해서 말을 못하고 있는 심리 상태는 '망연자실(茫然自失) : 제 정신을 잃고 어리둥절한 모양'이 가장 적절하다.

오답 피하기

② 이심전심(以心傳心) : 마음과 마음이 통함.

③ 전전반측(輾轉反側) : 누워서 몸을 이리저리 뒤척이며 잠을 이루지 못함.

④ 부화뇌동(附和雷同) : 줏대 없이 남의 의견에 따라 같이 행동함.

07 정답 ④

윤 직원 영감은 종학이 사회주의 운동을 했음을 알고 분노하고 있다. 사회주의 운동에 참여한 것은 종학이다.

08 정답 ④

비판의 대상은 구시대적 가치관이 아닌 물질을 중시하는 근대적 가치관이다.

09 정답 ①

아버지는 땅을 매개로 모든 것이 수단화되는 근대적 사고에 맞서 전통적 가치를 지켜내려고 한다.

10 정답 ④

창섭은 땅을 돈에게 판다고 했으나, 아버지는 땅을 사람에게 판다고 하였다.

11 정답 ④

오답 피하기

ⓒ 본문에 가격은 나오지 않았다.

ⓓ 본문에는 다릿돌을 보수하는 이유는 나오지 않았다.

12 정답 ④

윗글은 전체적으로 3인칭 시점을 사용하고 있으므로 작품 밖 서술자로 볼 수 있으며, 시간적 순서에 따라 순차적으로 사건이 서술되고 있다.

13 정답 ②

ⓑ와 ⓒ에서의 경제적 혼란상을 확인할 수 있다. 그러나 ⓐ의 상황은 해방의 감격으로 흥분하여 기쁨을 나누는 사람들의 모습을 삼복의 눈을 통해 보여 주는 것으로, 경제적 혼란으로 볼 수는 없다.

14 정답 ①

신기료장수에서 미군의 통역이 되는 삼복의 모습에서 시류에 영합하려는 모습을 확인할 수 있다. 그러나 삼복이 통역이 된 것은 순사의 세력에서 벗어나기 위해서가 아니라 미군에 잘 보여 더 큰 이득을 취하기 위함임을 추측할 수 있다.

15 정답 ③

성기는 역마살로 대표되어지는 유랑의 운명과 계연과 결혼하여 정착하고자 하는 개인적인 욕망 사이에서 갈등한다.

16 정답 ④

엿판을 하나 맞춰 달라는 성기의 말은 성기가 내적 갈등을 해소하고 운명에 순응하여 방랑의 삶을 살기로 마음먹었음을 나타낸다.

17 정답 ③

성기가 '화갯골'로 난 길을 선택하는 것은 자신이 태어나고 자란 고향으로 회귀하는 것이며 현재의 상황을 지속하는 것이므로 타고난 역마살(운명)을 거부하는 것을 상징한다.

18 정답 ③

'나'는 어머니에 대한 부담을 떨치기 위해 어느 정도 거리를 두고자 하였으므로 '나'가 어머니와 소통하기 위해 노력했다는 설명은 적절하지 않다.

19 정답 ②

그동안 어머니에게 아무런 도움을 받지 못했다고 생각하며 노모에 대한 부담을 느끼지 않기 위해 노력했다는 것은, 그만큼 어머니에 대한 자식으로서의 부담을 크게 느끼고 있음을 의미한다.

20 정답 ④

'아내'는 어머니의 속마음을 이끌어 내며 '나'에게 어머니의 삶과 마음에 대해 들려주려 한다. 또한 어머니로 하여금 삶의 고달픔을 털어놓을 수 있도록 유도하여 '나'와의 관계를 회복시키려 한다.

21 정답 ①

'눈길'은 어머니가 '나'에게 마지막으로 집에서 밥을 지어 먹인 뒤, '나'를 서울로 보내고 눈물을 흘리며 홀로 돌아온 길이다. 그러므로 '나'에 대한 노인의 헌신적 사랑과 노인과 '나'가 헤쳐 나가야 할 시련과 고난을 의미한다.

22 정답 ③

이 소설은 서술자가 인물의 심리를 드러내며 인물이 겪는 이념적 갈등과 철학적 생각을 서술하고 있다. 그러므로 시적인 배경 묘사와 환상적 분위기는 적절하지 않다.

23 정답 ③

이명준은 남과 북이 분단된 냉전 이데올로기 상황에서 진정한 광장을 찾으려 이념적 방황을 하다가 결국은 제3국행 배 위에서 투신자살하는 것으로 생을 마감한다.

24 정답 ④

남쪽행과 북쪽행 사이에서 갈등과 고민을 겪은 후 내린 자신의 결정에 대한 나름대로의 만족스러움과 그에 대한 단호함의 표현이다.

25 정답 ①

공산 측은 연금법, 일터, 영웅 대접에 대해 말하고, 유엔 측은 조국의 소중함과 조국에서의 사명과 개인적인 행복에 대해 언급하며 이명준을 설득하고 있다.

26 정답 ②

이 글은 중산층의 소시민성에 대한 비판과 전근대적 예술혼과 진솔한 삶의 만남을 다룬 글이다. 이 글은 1980년대를 배경으로 서울 중산층 가정의 일을 다루고 있으며 할아버지, 아버지, 손자 3대의 이야기를 진행하면서 아버지의 이기적인 삶에 대한 비판과 할아버지의 예술혼을 지키려는 태도에 대한 이해를 통해 당시 사회의 모습을 그려내고 있다.

27 정답 ④

손자 성규는 할아버지에게 북을 치며 공연을 할 수 있는 기회를 마련해 주는 등 민 노인의 광대로서의 삶을 가장 잘 이해하는 인물이다.

28 정답 ③

민 노인은 탈춤 공연에서 북을 치면서 감동과 신명을 느끼고 있으므로 '실력을 발휘하지 못해 당황한다'는 설명은 적절하지 않다.

29 정답 ④

민 노인은 북을 치러 나가기 전에 모시 두루마기를 입어야 한다고 생각한다. 그리고 자신의 북 가락이 젊은이들 사이에서 어색하게 이루어지는 현실에 대해 적막감을 느낀다. 이를 통해 민 노인은 자신의 예술이 대접받지 못한다 할지라도 품위 있는 격식은 잃지 않아야 한다는 태도를 가지고 있음을 알 수 있다.

04 고전 산문

적중! 출제 예상 문제 본문 159~180p

01 ③	02 ③	03 ③	04 ②	05 ③
06 ④	07 ②	08 ①	09 ①	10 ③
11 ②	12 ④	13 ④	14 ③	15 ④
16 ②	17 ③	18 ①	19 ④	20 ②
21 ②	22 ④	23 ③		

01 정답 ③

이 글은 고전 소설로서 실제 이야기가 아니다.

02 정답 ③

이 글의 '아내'는 직설적으로 무능력한 양반을 비판하고 있다. 그러므로 작가의 관점과 의도가 반영된 인물이라고 할 수 있다.

오답 피하기

① '부자'는 돈으로 '양반'을 사려는 인물로 당시의 부를 축적한 상인 계층을 대표하는 인물이다.
② '양반'은 무능력한 모습을 보이는 인물로 이 글에서 비판의 대상이다.
④ '군수'는 양반이 가난하여 환곡을 갚지 못함을 안타까워하는 인물이다.

03 정답 ③

이 글의 양반은 가난하고 무능력하여 환곡을 꾸어 먹고 갚지 못하고 있으나, 대부분의 양반이 환곡으로 생계를 유지한 것은 아니다.

04 정답 ②

(라)의 양반 증서는 표면적으로는 양반의 특권이지만 그 내용은 '양반의 횡포'를 열거한 것으로 양반의 부패한 모습을 드러낸다.

05 정답 ③

판소리에는 서민의 언어인 일상어와 비속어, 양반의 언어인 한자어와 고사 등이 모두 드러나 있다.

06 정답 ④

춘향은 이몽룡을 향해 변하지 않는 절개를 보이고 있으므로 일편단심(一片丹心)이 적절하다.

오답 피하기

① 관포지교(管鮑之交) : 아주 친한 친구 사이

② 청출어람(靑出於藍) : 제자가 스승보다 뛰어남.

③ 형설지공(螢雪之功) : 고생을 하면서 꾸준히 공부를 함.

07 정답 ②

춘향이의 슬픔과 절규를 열거법과 대구법을 이용하여 드러내고 있다.

08 정답 ①

'명관(名官)'은 정치를 잘하여 이름난 관리라는 의미로 이 글에서는 '반어법'으로 쓰인다. ①은 '당신'을 잊지 못함을 '반어법'을 통해 드러내고 있다.

오답 피하기

② 역설법, ③ 설의법, ④ 반복법

09 정답 ①

이 글은 소설로서 허구적인 이야기를 통해 주제를 드러내는 글의 갈래이므로, 인물의 허구화 과정을 알아보는 것은 적절하지 않은 감상 방법이다.

10 정답 ③

이 글에는 자연 재해로 도탄에 빠진 백성들의 모습이 드러나지 않고 있으므로 작품에 반영된 현실이라고 할 수 없다.

11 정답 ②

㉡은 강희주가 위험에 빠진 충렬을 구해줄 것을 암시한 것으로 '유심'을 구하는 것은 아니다.

12 정답 ④

ⓐ와 ⓑ 모두 서술자가 직접 작품에 개입하여 자신의 느낌이나 인물에 대한 평을 하는 '서술자 개입'이다.

13 정답 ④

이 글은 천상계(신선계)가 현실로 설정되어 있으므로 공간적 배경이 현실적이라고 할 수 없다.

14 정답 ③

주인공이 '천상 세계'에서 '인간 세계'로 간 이유는 '천상 세계'에서 세속적 욕망을 느낀 주인공을 '인간 세계'로 보내 깨달음을 얻게 하기 위한 것이다.

15 정답 ④

이 글의 주제는 세속적 욕망의 허무함이다.

④ 풍수지탄(風樹之嘆) : 효도를 하고자 하나 부모님이 돌아가심.

16 정답 ②

이 작품에서 '현실'은 '천상계, 신선 세계'로 주인공은 이곳에서 세속적 욕망을 추구하다가 '인간 세상'으로 보내져 온갖 부귀와 영화를 누린다. 하지만 이러한 세속적 욕망이 얼마나 허무한지를 깨닫게 되고 다시 현실인 '천상계'로 돌아가 불교에 정진하게 된다는 구조이므로 '꿈(인간 세계)'에서 고난과 역경을 겪는다는 것은 적절하지 않다.

17 정답 ③

이 글은 수필 중 '제문(祭文)'에 속하는 형식을 보이고 있다.

18 정답 ①

'철중(鐵中)의 쟁쟁(錚錚)'이란 철 중에서 가장 뛰어난 철이란 뜻. 닭의 무리 속에 끼어 있는 한 마리의 학이란 뜻으로, 여러 평범한 사람들 가운데 뛰어난 한 사람이 섞여 있음을 이르는 말인 군계일학(群鷄一鶴)과 가장 관련이 있다.

오답 피하기

② **반포지효(反哺之孝)** : 어버이의 은혜에 대한 자식의 지극한 효도
③ **토사구팽(兎死狗烹)** : 교활한 토끼가 잡히고 나면 충실했던 사냥개도 쓸모가 없어져 잡아먹히게 된다는 뜻
④ **교각살우(矯角殺牛)** : 소의 뿔 모양을 바로잡으려다가 소를 죽인다는 뜻으로, 작은 흠이나 결점을 고치려다가 도리어 일을 그르치는 것

19 정답 ④

윗글은 '바늘'이라는 정든 대상을 잃은 것에 대한 안타까움과 슬픔을 계속 드러내고 있다. 반어법을 통한 감정의 변화는 나타나지 않는다.

오답 피하기

① 바늘을 인격화하여 표현했다.
② 대상을 잃은 슬픔을 다소 과장되게 표현하고 있다.
③ '자식이 귀(貴)하나 손에서 놓일 때도 있고, 비복이 순(順)하나 명(命)을 거스를 때 있나니' 등 대구법을 구사하고 있다.

20 정답 ②

글쓴이는 바늘을 잃은 슬픔을 드러내고 있다.
②는 황진이의 죽음을 슬퍼하는 임제의 시조이다. 대상을 잃은 상황에서 슬픔의 정서를 드러내고 있으므로, 글쓴이가 처한 상황 및 정서와 가장 유사하다.

오답 피하기

① 나라가 망한 것에 대한 탄식
③ 끊임없는 학문에의 정진
④ 떠난 임에 대한 그리움

21 정답 ②

이 글은 조선 후기의 탈춤으로 대사와 춤, 동작이 주가 된다.

22 정답 ④

말뚝이는 벙거지를 쓰고 채찍을 들고 있는 것으로 보아 '마부'로 묘사되고 있다.

23 정답 ③

이 글의 재담 구조는 '양반의 위엄 – 말뚝이의 조롱 – 양반의 호통 – 말뚝이의 변명 – 양반의 안심'이다.

05 수필 · 극

적중! 출제 예상 문제 본문 192~212p

01 ④	02 ④	03 ②	04 ①	05 ①
06 ③	07 ④	08 ②	09 ③	10 ③
11 ④	12 ④	13 ①	14 ①	15 ③
16 ④	17 ②	18 ②	19 ④	20 ④
21 ③				

01 정답 ④

이 글의 갈래는 수필로 작가의 경험과 이를 통한 진솔한 느낌을 적은 것이므로 '허구성'과는 거리가 멀다.

02 정답 ④

이 글에서 글쓴이는 '늙은 거지'의 말과 행동을 통해 '늙은 거지'의 가치관과 태도를 드러내고 있으므로 요약적인 인물 제시라고 할 수 없다.

03 정답 ②
'늙은 거지'는 작은 돈을 열심히 모아 원하는 '은전 한 닢'을 얻은 것이므로 '티끌 모아 태산'이라는 속담이 적절하다.

04 정답 ①
이 글의 결말은 '늙은 거지'가 '은전 한 닢'에 왜 그렇게 집착했는지에 대해 '늙은 거지'의 짧은 말로 마무리를 하고 있다. 극적인 결말이 제시된 것은 아니다.

05 정답 ①
이 글은 '청춘'을 긍정적으로 바라보고, 열정적으로 예찬하는 작가의 가치관과 개성을 엿볼 수 있지만, 작가가 처한 현실은 드러나지 않는다.

06 정답 ③
이 글은 웅변적이고 예찬적인 어조로 청춘을 예찬하고 있어, 박진감 넘치고 힘있는 느낌을 받을 수 있다.

07 정답 ④
청춘의 정열을 설명하기 위해 이성을 '투명한 얼음'에 빗대어 이성의 냉철한 속성을 표현하고, 지혜는 '갑 속에 든 칼'에 빗대어 쓰지 않으면 필요 없어지는 속성을 드러내고 있다. 이로써 청춘은 냉철한 이성으로 판단하고 지혜를 사용하여 그 정열을 누려야 함을 알 수 있다.

08 정답 ②
이 글은 비자반을 통해 인생의 진리와 교훈을 말하고자 한 것이지, 현실의 세태를 비판하고 있는 것은 아니다.

09 정답 ③
이 글은 일급품 비자반이 균열을 스스로의 힘으로 메우고 특급품으로 거듭나듯이, 인생에 있어서도 시련을 잘 극복하면 성숙한 삶을 살 수 있음을 나타내고 있다. 그러므로 '비 온 뒤에 땅이 굳는다.'라는 속담이 가장 잘 어울린다.

오답 피하기
① 성격이나 언행이 유별나면 남의 공격을 받을 수 있다.
② 믿고 있던 사람에게 도리어 해를 입는다.
④ 장차 큰 인물이 될 사람은 어려서부터 다리 알아볼 수 있다.

10 정답 ③
특급품의 비자반은 자신의 시련을 스스로의 힘으로 극복한 것이 큰 가치가 된 것이다. 외모에 대한 열등감에 대해 성형수술로써 극복한 것은 스스로의 힘이라 할 수 없다.

11 정답 ④
이 글은 무대 위에서 연극을 하기 위해 쓰여진 '희곡'으로 서술자가 등장하지 않고, 등장인물들의 대사와 행동으로 인물의 성격을 전달하고 극을 전개한다.

12 정답 ④
이 글에서 등장인물의 이름이 구체적이지 않은 것은 한 개인의 이야기가 아닌 물질 중심적인 가치관에 익숙한 현대인의 보편적인 모습을 상징적으로 보여 주기 위해서이다.

13 정답 ①
이 글에서 '하인'은 시간이 지남에 따라 '남자'에게서 물건을 빼앗아 가고, 험악한 분위기를 조성하는 인물로서 긴장감을 조성한다. 그러므로 '행복한 결말의 암시'와는 거리가 먼 인물이다.

14 정답 ①
여자는 남자의 물질이 모두 빌렸다는 것을 알고 떠나려 하였으나, 남자가 여자를 대하는 모습이 진실한 사랑이라는 것을 깨닫고 남자의 청혼을 받아들이게 되었다.

15 정답 ③
이 글은 현재 시제를 이용하여 사건이 무대 위에서 현재 펼쳐지는 것처럼 표현하는 희곡이다.

16 정답 ④
이 글은 명서네의 가난과 토막이라는 공간적 배경, 아들 명수의 죽음을 통해 일제 강점기 우리 민족의 피폐하고 비참한 현실을 보여 주고 있다.

17 정답 ②
이 글에 등장하는 '토막'은 일제 강점기 우리 농촌의 비참한 삶을 보여 주는 역할을 한다. 그러므로 등장인물들이 시대 현실에 뒤떨어졌다고 할 수 없다.

18 정답 ②
금녀는 비극적인 현실 속에서도 '살아야 한다'며 삶에 대한 의지를 보이는 인물로, 우리 민족이 나아가야 할 방향을 제시하는 인물이라고 할 수 있다. 그러나 명수가 살아 돌아올 것이라는 기대를 갖는 것은 아니다.

19 정답 ④
영화나 드라마 상영을 위한 시나리오는 대사나 행동, 표정 등을 통해 인물의 성격이나 심리를 드러내는 '보여주기' 방법으로 인물의 심리와 성격을 제시한다. 극 중 서술자가 등장하여 인물의 심리와 성격을 설명하지 않는다.

20 정답 ④
유봉은 소리를 위해 딸의 눈도 멀게 하는 인물로, 판소리를 위해 한평생을 바친 소리꾼이다. 그러므로 유봉 역을 맡은 사람은 판소리에 대한 집념과 장인 정신을 잘 표현할 수 있는 사람이 적절하다.

21 정답 ③
송화가 유봉이 자신의 눈을 멀게 했음을 이미 알고 있었으므로, 모든 상황에 순응하고, 유봉의 뜻도 이해하고 있다고 보아야 한다.

기출문제 체크 본문 218~236p

01 ③	02 ②	03 ①	04 ④	05 ②
06 ③	07 ③	08 ④	09 ④	10 ④
11 ③	12 ③	13 ②	14 ③	15 ①
16 ③	17 ②	18 ②	19 ④	20 ①
21 ②	22 ①	23 ③	24 ④	25 ③
26 ①	27 ①	28 ④	29 ②	30 ④
31 ②	32 ①	33 ④	34 ③	35 ③
36 ②	37 ①	38 ④	39 ②	40 ③
41 ①	42 ④	43 ①	44 ①	45 ④
46 ④	47 ②	48 ④	49 ④	50 ③
51 ①	52 ①	53 ③	54 ③	55 ①

01 정답 ③
이 시는 '~다'라는 단정적 문장과 '~야지'라는 문장을 통해 화자의 의지를 드러내고 있다.

02 정답 ②
이 시의 '밤'은 일제 강점기의 어두운 시대적 배경을 나타낸 것으로 '절정'의 '매운 계절'과 같은 의미이다.

03 정답 ①
이 시와 〈보기〉의 화자 모두 부정적인 시대적 상황에서 자기 자신을 성찰하고 있다.

04 정답 ④
이 시는 '폭포'의 반복을 통해 강인한 저항 의지를 드러내고 있고, 현재형 어미를 통해 생동감과 긴장감을 유발하고 있다. 그러나 계절의 변화는 드러나지 않는다.

05 정답 ②
'나타와 안정'은 현실에 머물러 있으려는 소시민적 태도를 나타내는 것으로 화자가 부정적으로 여기는 태도이다.

06 정답 ③

① 물이 떨어지는 모습을 표현하였다.
② 평서문을 활용하였다.
④ 폭포의 동적인 모습을 활용해서 표현하고 있다.

07 정답 ③

이 시의 마지막 행에서 명령형 문장 '넓고 깨끗한 하늘도 오라'는 조화로운 합일을 추구하는 화자의 의지를 강조한 것이다.

오답 피하기

① '가문 어느 집에선들 좋아하지 않으랴.'라는 설의적 표현을 통해 '물'의 생명력이 필요함을 강조하였다.
② '우리가 물이 되어 만난다면', '우르르 우르르 비 오는 소리로 흐른다면', '죽은 나무뿌리를 적시기도 한다면' 등 가정문을 통해 화자의 소망을 강조하였다.
④ '우르르 우르르'라는 의성어를 통해 비가 오는 모습을 실감나게 표현하였다.

08 정답 ④

㉣ '흐르는 물'은 세상을 정화시킬 수 있는 '생명력'을 상징한다.

오답 피하기

㉠ '가문 어느 집', ㉡ '죽은 나무뿌리', ㉢ '숯이 된 뼈'는 생명력을 상징하는 '물'이 결핍된 대상들로서 '생명력의 결핍'을 의미한다.

09 정답 ④

[A]는 '그대'와 불이 지나간 세상에 생명력을 불어넣고자 하는 화자의 의지가 드러나는 부분으로서 '서로에게 생명력을 북돋우며 화합하는 삶'이 적절한 의미이다.

10 정답 ④

'나'는 타향에서 혼자 앓아 누워있는 상황에, 의원의 손길에서 고향의 따스함을 느꼈음을 알 수 있다.

11 정답 ③

이 시의 시구 '손길은 따스하고 부드러워'를 볼 때, 촉각적 심상을 통해 의원의 손에서 고향의 따스함을 느끼는 '나'의 정서를 알 수 있다.

12 정답 ③

㉠ '여래', ㉡ '신선', ㉣ '의원'은 모두 '나'가 북관에서 만난 '의원'을 나타내는 시어이고, ㉢ '아느개 씨'는 '나'와 '의원'이 아는 고향 사람이므로 의미하는 바가 다른 시어이다.

13 정답 ②

(가)와 (나)의 화자는 모두 사랑하는 이에 대한 그리움을 다양한 표현 방법을 통해 드러내고 있다.

14 정답 ③

① (가)의 초장은 의문형 진술인 설의법을 통해 헤어진 님에 대한 그리움을 나타내고 있다.
② (나)는 '산진이, 수진이, 해동청, 보라매'로 매의 이름을 열거하는 열거법을 통해 님에 대한 그리움을 강조하고 있다.
④ (나)는 사설시조로서 (가)에 비해 각 장이 길어진 형태를 보인다.

오답 피하기

(가)와 (나)는 모두 시조로서 초장, 중장, 종장 3장의 형태를 취하고 있다. 단, (나)는 사설시조로서 각 장의 길이가 길어진 형태를 보이고 있다.

15 정답 ①

이 시의 시구 '가자마자 돌아오소서'를 통해 화자는 임과의 재회를 바라고 있음을 알 수 있다.

16 정답 ③

㉢ '서운하면 아니 올까 두렵습니다.'에서 화자는 떠나려는 임을 계속 잡으면 임의 마음이 바뀌어 돌아오지 않을까봐 걱정하는 마음을 드러내고 있다.

17 정답 ②

3행에서 '사공은 어디가고'를 통해 사공과 만나지 못했음을 알 수 있다.

[18~19] 작자 미상, '청산별곡'

현대어 풀이

(가) 살어리 살어리랏다 청산에 살어리랏다.
머루랑 다래랑 먹고 청산에 살어리랏다.
얄리얄리 얄랑성 얄라리 얄라

(나) 울어라 울어라 새여 자고 일어나 울어라 새여
너보다 시름 많은 나도 자고 일어나 우는구나
얄리얄리 얄랑성 얄라리 얄라

(다) 이럭 저럭 하여 낮은 지내는데,
오는 이도 가는 이도 없는 밤은 또 어찌 하리까
얄리얄리 얄랑성 얄라리 얄라

(라) 가다보니 배부른 독의 진한 술을 빚는구나.
조롱박꽃 누룩이 매워 나를 잡으니, 내 어찌하리오.
얄리얄리 얄랑성 얄라리 얄라

18 정답 ②

이 시가는 화자가 지향하는 공간인 '청산'과 '바다'가 대응되는 시상을 전개하고 있다.

오답 피하기

① 후렴구 '얄리얄리 얄랑성 얄라리 얄라'의 반복
③ '청산에 살어리랏다'라는 시구를 통해 청산에 살고 싶은 화자의 소망을 강조
④ 후렴구에서 'ㄹ, ㅇ'을 반복

19 정답 ④

㉣을 현대어로 해석하면 '조롱박꽃 누룩이 매워 나를 잡으니, 내 어찌하리오.'이다. 이는 힘겨운 현실을 술로써 잊고 체념하고자 하는 화자의 태도를 엿볼 수 있다.

[20~21] 정철, '관동별곡'

현대어 풀이

자연을 사랑하는 마음이 깊어서 고질병이 되어, 자연(은신처인 전라남도 담양군 창평)에서 지내고 있었는데, 임금님께서 8백리나 되는 강원도 관찰사의 직분을 맡겨 주시니, 아아, 임금님의 은혜야말로 갈수록 끝이 없도다.
경복궁의 서쪽문인 연추문으로 달려 들어가 경회루와 남쪽문을 바라보며 임금님께 하직 인사를 드리고 물러나니, 옥으로 된 관직의 신표가 앞에 서 있다.
(경기도 양주에 있는) 평구역에서 말을 갈아 타고 여주에 있는 흑수로 돌아 들어가니, 섬강은 어디인가? 치악산이 여기로구나.
소양강을 흘러내리는 물이 어디로 흘러들어간다는 말인가? 임금 계신 한강으로 흘러들어가겠지.
임금 곁을 떠나는 외로운 신하, 걱정으로 백발이 많기도 하구나.
철원에서의 밤을 뜬 눈으로 새워 날이 새자마자 북관정에 올라가니, 임금 계신 한양의 삼각산 제일 높은 봉우리가 웬만하면 보일 것도 같구나.
궁예왕의 대궐 터였던 곳에 까마귀와 까치 떼가 지저귀니, 한 나라의 흥하고 망함을 알고 우는가 왜 이렇게 짖어 대는가? 이곳이 옛날 한나라에 있던 '회양'이라는 고을 이름과 공교롭게도 같구나.
중국의 회양 태수로 선정을 베풀었다는 급장유의 풍채를 이곳에서 나를 통해 다시 보지 않겠는가?

20 정답 ①

이 글은 글쓴이가 강원도 관찰사로 임명되어 한양을 떠나 강원도 지역을 유람하며 여정에 따라 쓴 글이다. 따라서 이 글에서도 '죽림(은신처) → 연추문 → 경회루 남문 → 평구역 → 치악산 → 철원 → 북관정 → 회양'이라는 공간의 이동에 따라 시상이 전개되고 있다.

오답 피하기

② 전절과 후절의 대립 구조가 보이는 것은 '악장'이다.
③ 이 글은 4음보의 율격을 보이며, 3음보의 율격이 반복되는 것은 '고려 가요', '민요' 등이 있다.
④ 10구체 형식이 사용된 것은 신라의 '향가'이다.

21 정답 ②

이 글에는 옛 성현의 말을 인용한 부분은 드러나지 않는다.

오답 피하기

① 중국의 회양 태수였던 '급장유'를 언급하며 관리로서의 포부를 다짐한다.
③ '어와 성은이야 갈수록 망극하다.'라는 부분을 통해 자신을 강원도 관찰사로 임명한 임금에게 감사함을 드러내고 있다.
④ 옛 궁예왕의 대궐 터에 까마귀와 까치가 우는 모습을 보고 무상감을 느끼고 있다.

22 정답 ①

이 글에서 공간적 배경은 '고향'으로 드러나고 있으나 구체적인 지명은 제시되어 있지 않다.

23 정답 ③

[A]에서 노인은 아들을 보내고 아들의 발자국만 따라 밟고 왔다고 하고 있으므로 '아들의 발자국이 보이지 않는다'는 것은 옳지 않다.

24 정답 ④

이 글에서 '눈길'은 집안이 망한 후 아들을 서울로 올려 보내고 눈물로 어려운 삶을 살아가는 어머니의 사랑을 상징한다.

25 정답 ③

어머니에게 아무런 도움을 받지 않았다고 생각하여 거리감을 두려는 '나'는 어머니의 지난 이야기를 듣고 '눈물'을 흘리고 있으므로 외면하고 싶었던 '어머니의 사랑'을 느꼈음을 알 수 있다.

26 정답 ①

본문을 통해 '병원은 나날이 환자가 늘어 가는 입원실이 부족 되어 오는 환자의 삼분지 일밖에 수용 못하는 것'이라는 내용을 확인할 수 있으므로 병원에 오는 환자가 늘고 있음을 알 수 있다.

27 정답 ①

'그 다리'는 '돌다리'로 아버지가 어릴 적부터 봐 온 다리이며 아버지의 애정이 담긴 다리이다.

28 정답 ④

아버지는 근대적 가치관을 받아들일 생각이 없으며, 근대적 가치관을 지닌 의사 아들과 세대 간 갈등을 일으키고 있다.

29 정답 ②

'나무다리'는 근대화를 상징하는 것으로 아버지는 '돌다리'에 대한 애정을 보이며 그 가치를 절대적으로 중요하게 생각하고 있다.

30 정답 ④

새로 만드는 것보다 옛것을 보존하는 것의 의미를 나타내고 있다.

31 정답 ②

이 글의 종류는 '소설'로써 사건의 전개와 해결 과정을 통해 주제가 드러난다. 그러므로 인물 간 갈등 관계를 확인하고, 사건 중심으로 줄거리를 파악하며 읽는 것이 효과적인 감상 방법이라고 할 수 있다.

32 정답 ①
이 소설은 방언을 통해 농촌에서 벌어지는 사건에 대한 사실성과 현장감을 높이고 있다.

33 정답 ④
'민 씨'는 이장이 궐기 대회 전날 황만근을 따로 불러 무슨 말을 건넨 것을 기억하고 이것을 이장에게 따져 묻고 있는 것으로 보아 황만근의 행방이 이장이 황만근에게 한 말과 관련이 있다고 생각하는 것이다.

34 정답 ③
③ '궐기(蹶起)'는 '목적을 위해 일어남'이라는 의미이다.

35 정답 ③
이 글은 전지적 작가 시점으로 서술자가 직접 개입하여 자신의 생각을 드러내고 있다.

36 정답 ②
윤 직원 영감은 공짜로 버스를 타기 위해 잔돈이 있지만 십 원짜리 지전을 내는 것으로 보아 눈앞의 이익을 위해 주도면밀함을 보이고 있다.

37 정답 ①
'찻삯'을 내지 않으려는 윤 직원 영감과 여차장이 갈등하고 있다.

38 정답 ④
'아이고 어머니', '못 살겠소'의 반복을 통해 가난한 상황을 강조하여 표현하고 있다.

39 정답 ②
(가)는 겨울에 흥보가 놀부에게 쫓겨나는 장면으로 계절적 배경은 매미가 우는 '여름'이 아니라 '겨울'이다.

40 정답 ③
〈보기〉의 아우는 형제의 우애가 깨질까봐 금덩이를 강에 던진 것으로 보아, 이 글의 '형님'인 '놀부'에게 형제간의 우애를 강조할 것이다.

41 정답 ①
[A]에서 낮에 강을 건넌 사람들은 눈으로 강물의 두려움을 보며 벌벌 떠느라 강물 소리를 듣지 못하므로 요하가 성난 소리로 울지 않는다고 말한다.

42 정답 ④
이 글에서는 강물을 건너며 눈과 귀로 강물에 대한 두려움을 느낀 경험과 자신의 마음먹기에 따라 평안함을 찾은 경험을 대조적으로 드러내고 있다. 이를 통해 보고 듣는 것에만 의지하여 판단하는 것을 경계해야 한다는 글쓴이의 깨달음을 느낄 수 있다.

43 정답 ①
㉠ '깊고 지극한 마음이 있는 사람'은 마음으로 사물의 본질을 꿰뚫는 사람으로 '눈과 귀'로 사물을 판단하는 사람과 대조적인 사람을 가리킨다. 그러므로 글쓴이가 추구하는 대상이라고 할 수 있다.

44 정답 ①
이 글은 자신의 경험을 통해 느낀 점을 의문형의 문장과 인용을 통해 드러내고 있다. 그러나 대화 장면은 드러나지 않는다.

45 정답 ④
㉣ 빌린 것을 모두 잃은 신하의 모습을 나타낸다.

46 정답 ④
작가는 둔하고 걸음이 느린 말을 탈 때면 항상 조심하여 후회하는 일이 적다고 말하는 것으로 보아, 오히려 조심하는 태도로 말에서 떨어지지 않았음을 나타낸다.

47 정답 ②

이 글은 배경의 변화가 없으며 여자는 1인 1역할을 맡고, 여자와 남자의 대화를 통해 극이 진행되고 있다.

48 정답 ④

관객의 넥타이를 빌리고, 말을 거는 장면을 통해 관객의 참여를 유도한다.

49 정답 ④

빌려서 소중히 여겼다가 되돌려 주는 것의 의미로 여자를 인생의 소중한 가치로 여기겠다는 의미를 함축하고 있다.

50 정답 ③

본문의 내용을 보면 '나'는 작년부터는 아예 농사를 짓지 않고, 트럭 아저씨가 싸게 많이 채소를 주는 것을 알 수 있다. 또한 '나'의 식구들은 채소를 다듬는 '나'의 수고를 달가워하지 않음을 알 수 있다.

51 정답 ①

① '목이 아프다'는 사전적 의미로 쓰였다.

52 정답 ①

㉠은 '싱싱한 야채'를 나타내고, ㉡은 '스티로폼 용기에 담긴 야채'를 나타낸다. 그러므로 ㉠을 다듬으며 글쓴이는 손질의 기쁨을 느낄 수 있다.

53 정답 ③

글쓴이가 트럭 아저씨를 생각하는 따뜻한 품성을 느낄 수 있다.

54 정답 ③

오답 피하기

① 이 글은 말뚝이와 양반의 재담 구조의 반복에 의해 내용이 전개된다.
② 이 글은 음악과 춤을 통해 흥겨운 분위기를 조성하고, 동시에 하나의 재담이 마무리되었음을 나타내기도 한다.
④ 인물의 대화와 행동을 통해 사건이 전개된다.

55 정답 ①

말뚝이는 겉으로는 양반을 존중하는 척하지만, 양반을 개잘량 '양'자에 개다리소반 '반'자로 소개하는 등 조롱하고 있다.

PART 02 독서

01 독서의 방법

적중! 출제 예상 문제 본문 244~254p

01 ①	02 ①	03 ②	04 ③	05 ②
06 ②	07 ④	08 ①	09 ③	10 ②
11 ①	12 ④	13 ③	14 ④	15 ①
16 ④	17 ④	18 ④	19 ②	20 ③

01 정답 ①

이 글은 한지에 대한 정보를 전달하는 설명문이므로, 정보를 전달하는 안내문과 성격이 비슷하다.

오답 피하기

②·③·④ 모두 설득을 목적으로 하는 글이다.

02 정답 ①

(다)를 통해 볼 때, '한지를 살아 있는 종이'라고 부르는 이유는 보온성과 통풍성이 뛰어나기 때문이다.

03 정답 ②

(다)는 한지와 양지의 차이점을 중심으로 서술하고 있으므로 '대조'의 설명 방법이 사용되었다.

04 정답 ③

(마)를 통해 볼 때, '도침' 기술은 우리 조상들이 세계 최초로 고안한 종이의 표면 가공 기술이라는 것을 알 수 있다.

05 정답 ②

한지는 주로 닥나무 껍질에서 뽑아낸 섬유를 원료로 하여 만드는 것이므로 희귀한 재료라고 할 수 없고, 또한 희귀한 재료로 만드는 점은 한지의 장점이 될 수 없다.

06 정답 ②

(나)를 통해 볼 때, 시인은 자신이 하고자 하는 말을 직접하지 않고, 사물을 데려와서 사물이 대신 말하게 함을 알 수 있다.

07 정답 ④

(가)를 통해 볼 때, 옛날부터 그림과 시는 아주 가까운 사이라는 것을 알 수 있다.

08 정답 ①

(라)를 통해 볼 때, 휘종 황제가 그림 대회를 열 때마다 보통 유명한 시의 한 구절을 따와 직접 제목을 정했다는 내용은 알 수 있지만, 유명한 시를 즐겨 읽었는지는 알 수 없다.

09 정답 ③

(사)를 통해 볼 때, '화가가 감춰 둔 그림'은 직접적으로 드러나지 않은 화자의 의도와 생각이라는 것을 알 수 있다.

10 정답 ②

(나)에서는 큐어링 과정에 대해 설명하였다. 그러나 원두를 큐어링 하지 않고 수출했을 때 발생하는 문제점은 드러나지 않는다.

11 정답 ①

유추란 두 개의 사물이 여러 면에서 비슷하다는 것을 근거로 다른 속성도 유사할 것이라고 생각하고 설명하는 전개 방식이다. 독자들은 어린 시절의 경험을 연상하면서, 설탕이 갈색 액체로 변하는 것과 유사한 현상이 커피 생두에도 일어날 것임을 쉽게 이해할 수 있다.

오답 피하기

② 분식의 구체적인 예를 들어 설명한 것으로 설명 방법은 예시이다.
③ 시계의 구성 요소를 나누어 설명한 것으로 설명 방법은 분석이다.
④ 동물을 '종'을 기준으로 묶은 것으로 설명 방법은 분류이다.

12 정답 ④

(가)의 세 번째 문장을 통해 생물학적 커피 ⓐ는 '생두'인을 알 수 있다. 또한 (나)의 첫 문장을 통해 건식법이나 습식법을 통해 얻은 ⓒ가 '생두'임을 알 수 있다. 그리고 생두를 얻기 위한 재료가 되는 ⓑ는 '체리'임을 추론하여 알 수 있다.

13 정답 ③

(라) 단락의 내용을 볼 때, 로스팅이 커피의 수출국보다는 소비국에서 주로 이루어지는 이유 소비자들의 입맛에 맞게 로스팅하기 위한 것이다.

14 정답 ④

처음에는 솜씨가 뛰어난 것과 서툰 것을 분별하다가 두고 보면 볼수록 그런 구별이 없어지고 잘생기면 잘생긴 대로, 못생기면 못생긴 대로의 아름다움을 느끼게 되었다고 하였다.

15 정답 ①

'만드는 문화'는 '자본'이 주체가 된다고 하였고, '기르는 문화'는 '자연'이 주체가 된다고 하였다. 따라서 '만드는 문화'는 자본의 흐름과 욕구에 따라 인위적으로 만드는 물건 등을 의미한다고 추론할 수 있다.

오답 피하기

② 지난 200년이라는 비교적 짧은 시간에 수천 년을 이어 온 문화유산을 거센 물결로 휩쓸어 버릴 수 있었던 것은 자본이 주체가 되는 '만드는 문화'이다.
③ '기르는 문화'는 '만드는 문화'의 거센 물결에 휩쓸려 오늘날 낡은 생활 양식의 찌꺼기로 치부되고 있지만, 그 나름의 가치는 여전히 있다.
④ '만드는 문화'는 수천 년을 이어 온 기르는 문화'에 비해 그 역사가 짧다.

16 정답 ④

글쓴이는 '기르는 문화'가 낡은 것으로 치부되고 버려지는 것에 대한 안타까움이 단순히 과거에 대한 향수에서 비롯된 것은 아님을 말하면서 '기르는 문화'를 온전히 전승하지 못하는 것을 경계한다.

오답 피하기

① 글쓴이가 온전하게 지켜 내지 못하는 것에 대해 젊은 세대들에게 경각심을 일깨워 주고자 한 것은 '기르는 문화'에 관한 것이다.
② '만드는 문화'와 '기르는 문화'를 비교하고 있지만 이를 통해 과거에 얽매이는 현대인을 비판하고 있지는 않다.
③ 글쓴이는 '기르는 문화'의 의미와 가치를 잘 알지 못하는 현대인의 모습을 비판적인 시선에서 바라보고 있다.

17 정답 ④

이 글은 글쓴이의 의견과 근거로 이루어진 논설문이다. 이 글의 주제는 글쓴이의 의견으로 이루어지므로 글의 성격은 주관적이다. 더불어 논설문의 성격으로는 논리적인 전개인 논리성과 근거가 주장을 뒷받침하는 타당성이 있다. '객관성'은 논설문의 성격으로 적절하지 않다.

18 정답 ④

(가)에서 축사의 가축 분뇨와 일반 가정의 음식물 쓰레기들이 불과 2012년까지도 합법적으로 바다에 버려졌다고 한 것으로 보아, 현재는 이들을 합법적으로 바다에 버릴 수 없음을 알 수 있다.

19 정답 ②

(가)에서는 음식물 자원화 시설에서 미처 처리하지 못한 쓰레기가 바다에 버려지는 과정을 설명하고 있다. 폐기물 처리를 위한 기술의 발전 과정에 대해서는 나와 있지 않다.

20 정답 ③

(가)에서 '육지의 쓰레기는 육지로, 바다의 쓰레기는 바다로' 버리는 것이 원칙이라고 하였다. 그러므로 수산물 가공 공장에서 나오는 생선 기름이나 생선 찌꺼기들은 바다에 버려도 문제가 되지 않는다. 이 글에서 문제로 지적한 것은 이러한 원칙을 적용하지 않고 바다에 버려지는 가축 분뇨와 가정의 음식물 쓰레기이다.

02 독서의 분야

적중! 출제 예상 문제 본문 258~273p

01 ②	02 ①	03 ③	04 ①	05 ①
06 ④	07 ②	08 ①	09 ③	10 ④
11 ②	12 ②	13 ③	14 ②	15 ④
16 ①	17 ③	18 ④	19 ③	20 ④
21 ④	22 ④	23 ③	24 ②	

01 정답 ②

이 글은 맹자와 순자가 지니는 사상의 차이점을 대조의 방식으로 드러내고 있다. 인간의 본성을 선천적인 것으로 규정하는 것은 두 인물이 모두 같지만, 맹자는 도덕적인 측면, 순자는 생리적인 측면을 중요시한다는 점을 대조를 통해 제시하고 있다.

02 정답 ①

순자와 맹자의 공통점은, 모두 인간의 본성은 선천적인 것으로 보았다는 것이다. 맹자는 순자와 다르게 인간의 본성은 선한 도덕성이 있다고 제시하였다.

03 정답 ③

순자의 '성'은 인간의 이기적인 욕구로서, 인간은 선천적으로 '악'한 존재임을 나타내는 속성으로 설명하였다. 반면, 인간이 악하게만 살지 않는 이유는 후천적으로 '성'을 다스리기 위해 '선 의지'를 갖게 되는데, 이를 '위'라고 설명하고 있다.
'성'과 '위'를 '당위성'과 '타율성'으로 설명하고 있는 부분은 드러나지 않는다.

04 정답 ①

글을 읽고 난 뒤에는 글의 내용이나 글쓴이의 의견과 관련된 다양한 질문을 할 수 있다. 다만 제시된 글에 충분히 언급된 내용에 대해 다시 질문하는 것은 적절하지 않다. ①은 '로봇'이라는 말의 어원에 관한 질문인데 이는 (다)에서 자세히 설명되고 있다.

오답 피하기

② (가)를 보면 일본의 로봇 과학자 시게오 히로세가 로봇이 도덕적 존재가 될 수 있다고 주장했음을 알 수 있다. 그런데 로봇을 도덕적인 존재로 만드는 구체적인 방법은 언급되지 않았으므로 이러한 질문은 가능하다.

③ (라)를 보면 로봇 공학은 로봇을 노예나 단순 노동자의 지위를 넘어 인간 삶의 동반자가 될 정도로 개발하려는 경향이 있다고 하였다. 그런데 인간 삶의 동반자가 되기 위해서는 공감 능력과 같은 정서적인 면이 필요한데 로봇이 이러한 측면을 갖게 될 방법에 대해서는 언급되지 않았다.

④ (나)에는 모든 창조 행위에는 조물주의 통제를 벗어나는 자유의 영역이 있다는 진술이 나온다. 그렇다면 피조물이 왜 조물주의 통제를 따르지 않고 이에서 벗어나려 하는지 질문할 수 있다.

05 정답 ①

<보기>는 '착한 로봇'의 가능성을 언급하고 있다. 그러므로 로봇이 도덕적 존재가 될 수 있다는 내용을 서술한 (가)의 앞에 오는 것이 가장 적절하다.

06 정답 ④

(가)를 보면 시게오 히로세는 인간을 해치지 않을 로봇을 전제한 뒤에 자신의 주장을 펼치고 있음을 알 수 있다. 그러므로 로봇이 인간을 위협할 수도 있으니 이를 경계해야 한다는 ㉣의 진술은 적절하지 않다.

07 정답 ②

이 글은 정치인 혹은 정치적 의사 결정과, 경제인 혹은 경제적 의사 결정의 차이점을 대조의 방식을 통해 드러내고 있다. 따라서 각 개념이 가지고 있는 특성들을 개별적으로 부각하는 전략이 사용된다고 볼 수 있다.

08 정답 ①

정치 논리는 '자원 배분의 논리'에서 분배의 측면을 중시하기 때문에 공평성을 중시하며, 경제인은 최소의 비용으로 최대의 효과를 얻고자 하는 경제 원칙을 지니고 있기 때문에 효율성을 중시한다고 볼 수 있다.

09 정답 ③

'어떤 대상에 대하여 가지는 생각'은 '의견'이다. '의사'는 '무엇을 하고자 하는 생각, 뜻'이기 때문에 '행위'의 여부 측면에서 서로 차이가 난다고 볼 수 있다.

10 정답 ④

사회적 쟁점에 대해 모든 정치인이 정치 논리만을 주장하거나 모든 경제인이 경제 논리만을 주장하는 것은 아니다. 따라서 그들의 역할이 철저하게 분리되어 있다고 볼 수는 없다.

11 정답 ②

(다)를 보면 패놉티콘에서는 지하 감옥의 원리가 뒤바뀌어 있다고 하였다. 수감자를 감금하고, 빛을 차단하고, 숨겨 두는 세 가지 기능 중에서 뒤의 두 가지를 없앴다고 하였다.

오답 피하기

① (가)의 첫 문장을 통해 확인할 수 있다.
③ (나)를 보면 패놉티콘 독방 안에는 광인, 병자, 죄수 등이 누구나 한 사람씩 갇혀 있다고 하였다.
④ (라)에서 "감시자는 수감자를 볼 수 있지만, 수감자가 감시자를 볼 수는 없다."라는 내용을 통해 확인할 수 있다.

12 정답 ②

<보기>에는 "마치~처럼"이라는 표현을 활용하여 바다를 거울에 직접 비유한 직유법이 사용되었다. (가)~(라) 중에서 직유법이 쓰인 단락은 (나)이다. (나)의 "마치 한 사람의 배우가 연기하고 있는 수많은 작은 무대들이 나열된 것과 같다."를 통해 확인할 수 있다.

13 정답 ③

'그'는 정보의 대상, 즉 패놉티콘 안에서 감시자로부터 감시의 대상이 되는 수감자를 가리킨다. (나)를 보면 광인, 병자, 죄수, 노동자, 학생 등을 수감자의 예로 들고 있다. 그러므로 감시자는 정보의 대상이 될 수 없다.

14 정답 ②

패놉티콘에서 누가 권력을 행사하느냐는 중요하지 않다고 하였다. 패놉티콘이라는 구조를 이용하면 누구든지 권력자가 될 수 있음을 나타내고 있다.

15 정답 ④

(다)를 보면 편의점을 드나드는 소비자의 욕망이 체계적으로 검색되고 관리된다는 표현이 나오지만, 그 구체적인 방법에 대해서는 언급되지 않았다.

16 정답 ①

편의점 가맹점의 점주들은 본사와 맺은 불공정한 계약 때문에 손해를 보면서도 어쩔 수 없이 장사를 계속해야 하는 상황이다. 이에 어울리는 속담은 '울며 겨자 먹기'이다. 이 속담은 맵다고 울면서도 겨자를 먹는다는 뜻으로, 싫은 일을 억지로 마지못하여 함을 비유적으로 이른다.

오답 피하기

② 대항해도 도저히 이길 수 없는 경우를 비유적으로 이르는 속담이다.
③ 거의 다 된 일을 망쳐버리는 주책없는 행동을 비유적으로 이르거나, 남의 다 된 일을 악랄한 방법으로 방해하는 것을 비유적으로 이르는 속담이다.
④ 손바닥으로 넓은 하늘을 가린다는 뜻으로, 불리한 상황에 대하여 임기응변식으로 대처함을 이르는 속담이다.

17 정답 ③

도시의 편의점은 소비자의 욕망이 체계적으로 관리되어 상업화되는 곳으로서, 기계적인 인간관계만이 존재하는 곳이다. 그러므로 '인간의 정'을 느낄 수 있는 곳이라는 설명은 적절하지 않다.

18 정답 ④

(라)에서는 도수 조절 안경을 개발한 취지와 도수 조절 안경의 특징을 알 수 있다.

19 정답 ③

'이가 없으면 잇몸으로'는 요긴한 것이 없으면 안 될 것 같지만, 없으면 없는 대로 다른 것으로 대체해서 그럭저럭 살아 나갈 수 있음을 이르는 말이다.

오답 피하기

① 가뭄에는 심은 콩이 제대로 싹이 트지 못하여 드문드문 난다는 뜻으로, 어떤 일이나 물건이 어쩌다 하나씩 드문드문 있는 경우를 비유적으로 이르는 말이다.
② 맵다고 울면서도 겨자를 먹는다는 뜻으로, 싫은 일을 억지로 마지못하여 함을 비유적으로 이르는 말이다.
④ 신을 신고 발바닥을 긁으면 긁으나 마나라는 뜻으로, 요긴한 곳에 직접 미치지 못하여 안타까운 경우를 비유적으로 이르는 말이다.

20 정답 ④

항아리 냉장고는 지역 주민들을 위한 기술이며, 대량 생산 기술이 아닌 작은 기술에 해당한다.

오답 피하기

① 간디는 대량 생산 기술과 소수의 사람을 위한 기술을 모두 싫어했다.
② 물은 다른 액체보다 분자 간 결합을 끊어 내는 데 더 많은 열에너지가 필요하다.
③ 도수 조절 안경은 수동으로 도수를 조절하는 안경이다. 사용자는 자신의 시력에 맞도록 도수 조절 안경의 양다리에 있는 액체를 주사기로 조절해 투여해야 한다.

21 정답 ④

한번 감기에 걸린 사람이 다음에는 감기에 잘 걸리지 않는 것은, 그만큼 감기 바이러스균에 대한 면역이 생겼다는 것을 의미한다. 따라서 결핵을 가볍게 앓은 사람이 다음에 있을 결핵을 예방하는 것과 유사한 원리라고 볼 수 있다.

22 정답 ④

이 글은 결핵 치료제의 대표 약으로 1952년 노벨 생리 의학상을 수상한 왁스먼의 연구 과정을 설명하고 있다.

23 정답 ③

왁스먼은 토양에 다양한 미생물이 있으며, 그 수가 아주 많다는 사실에 착안했다. 그리하여 토양의 미생물 가운데 병원균을 사멸시키는 물질을 분비하는 미생물이 존재할 것이라는 가설을 세우고, 가설을 검증하기 위한 연구를 진행했다. 그러므로 토양물의 미생물이 적어 치료제를 금방 찾을 수 있을 것이라는 가설은 적절하지 않다.

24 정답 ②

스트렙토마이신은 스트렙토미세스의 배양액에서 추출한 항생 물질에 이름을 붙인 것이다. 따라서 스트렙토미세스에 포함된 물질이지, 스트렙토미세스와 다른 균이 복합적으로 있는 것이라고 보기는 어렵다.

기출문제 체크 본문 274~280p

01 ④	02 ③	03 ③	04 ①	05 ④
06 ④	07 ④	08 ③	09 ②	10 ②
11 ②	12 ①	13 ④	14 ③	15 ②
16 ③	17 ②	18 ④	19 ④	20 ④

01 정답 ④

이 글은 '동물들에 대한 불필요한 고통은 배제하고 사람을 위하여 필요한 경우라도 고통을 최소화하기 위해 노력하자.'라는 내용을 주장하는 논설문이므로 등장인물의 심리 변화는 고려하지 않아도 된다.

02 정답 ③

첫째 문단을 보면 '동물을 마치 기계인 양 취급하는 공장식 농장'의 출현에 대해 말하고 있으므로, 이는 동물이 인간과 달리 쾌락이나 고통을 느끼지 못한다고 생각한 것이다.

03 정답 ③

㉠은 '깨어 있는 상태에서 자기 자신이나 사물에 대하여 인식하는 작용'을 나타내는 말로 ③의 '의식'과 문맥적 의미가 같다.

오답 피하기

①, ②, ④의 '의식'은 '사회적 · 역사적으로 형성되는 사물이나 일에 대한 개인적 · 집단적 감정이나 견해, 사상'을 나타낸다.

04 정답 ①

윗글을 보면 햇빛이 처마와 만나는 중간 지점에 창을 낸다는 사실을 알 수 있다.

05 정답 ④

윗글의 첫째 문단은 햇빛을 고려한 한옥의 구조를, 둘째 문단에서는 바람을 고려한 한옥의 구조를 분석하여 서술하고 있다.

06 정답 ④

본문을 통해 볼 때 '한옥의 바람길을 열어 주는 것은 창과 문'이라는 것을 알 수 있으므로 여름에 바람이 잘 통하는 한옥을 짓기 위해서는 바람길이 생기도록 창과 문을 내는 것이 중요하다.

07 정답 ④

④ 이 글에는 통계 자료를 근거로 한 설명은 나타나지 않는다.

오답 피하기

① 두 번째 문단에서 '사회 생물학'의 개념을 소개하고 있다.
② 두 번째 문단에서 생물학자 리처드 도킨스의 이론을 언급하고 있다.
③ 첫 번째 문단에서 개미들이 고향으로 돌아오게 한 이유를 질문하고, 두 번째 문단에서 그 답을 구하고 있다.

08 정답 ③
사회 생물학의 관점에서 보면 개미들이 그들의 고향인 통나무 둘레를 떠나지 않고, 오히려 통나무로 돌아온 이유는 종족 번식과 후대 유전을 위한 것임을 알 수 있다.

09 정답 ②
글의 흐름으로 보아 ㉡ '진화'는 어떠한 일이 점점 발달하게 됨을 의미하는 것이다. 즉, 사회 생물학은 인간을 포함한 모든 동물들의 사회적 행동의 발달을 연구하는 학문을 말하는 것이다.

10 정답 ②
조선 중기의 관료 '김득신'을 예로 들어 조선 시대의 독서 문화를 상징적으로 설명하고 있다.

11 정답 ②
이 글은 여러 시대의 독서 문화에 대한 정보를 전달하는 설명문이다. 그러므로 여정과 견문을 구분하며 읽는 것은 적절하지 않은 독서 방법이다.
여정과 견문을 구분하는 독서 방법은 기행문에 적용하기에 적절하다.

12 정답 ①
3문단을 통해 볼 때, '김득신'은 어렸을 때 천연두를 앓아 총기(聰氣)를 잃어 외우고 또 외우는 공부 방법을 통해 과거에 급제했음을 알 수 있다.

오답 피하기

② 1문단을 통해 근대 이전에는 평범한 사람들이 책을 소유하는 것이 쉬운 일이 아니었음을 알 수 있다.
③ 2문단을 통해 옛사람들은 책을 수없이 반복해서 읽었고, 통째로 외우는 방법으로 공부했음을 알 수 있다.
④ 1문단을 통해 근대 이전에는 신분이나 성별에 대한 차별로 누구나 교육을 받을 수 없었음을 알 수 있다.

13 정답 ④
이 글의 글쓴이는 우리가 지구에서 오래 살아남기 위해서는 인간이라는 오만함을 버리고 다른 동물, 식물과 함께 사는 길을 모색하고 적극적으로 실천해야 한다고 주장하고 있다.

14 정답 ③
㉠ '제 꾀에 제가 넘어가는 헛똑똑이'는 오만함으로 생태계를 훼손하고 결국 스스로 위협을 받고 있는 '인간들'을 나타내는 표현이다. 그러므로 살충제 개발로 해충을 없앴지만 토양을 오염시켜 인류의 생명까지 위협받게 된 상황이 가장 가깝다고 할 수 있다.

15 정답 ②
이 글은 사회적 문제에 대해 자신의 의견을 드러내는 중수필이다. 이와 같이 글쓴이의 주관적인 의견에 관한 글을 읽을 때에는 사실과 의견을 구분하고, 주장과 근거의 타당성, 근거의 신뢰성 등에 대해 판단해야 한다.
② 사소한 내용이라도 그 뜻을 왜곡하게 되면 글쓴이의 의도를 정확하게 파악할 수 없으므로 적절하지 않은 독서 전략이다.

16 정답 ③
거미는 끈끈하고 탄력 있는 사냥용 거미줄을 짜고 자신은 사냥용 거미줄을 밟지 않기 위해 각별히 노력한다는 점에서 사냥용 거미줄을 발판으로 쓴다는 설명은 적절하지 않다.

오답 피하기

① 거미줄을 짜기 위해 거미는 우선 두 물체 사이를 팽팽하게 이어주는 '다리실'을 만든다.
② 거미는 돌아다닐 때 발판으로 쓰기 위해 점성이 없는 임시 가로줄을 친다.
④ 생존 경쟁의 결과물인 거미줄은 눈에 거의 띄지 않게 진화하였다.

17 정답 ②

이 글은 '거미줄이 만들어지는 과정'과 '거미줄의 특징'을 자세히 설명하는 설명문이다. 그러므로 이 글을 읽을 때는 새로운 정보를 파악하고 사실인지 확인하며 읽어야 한다.

오답 피하기

① 여정과 견문, 감상이 드러나는 글은 수필이다.
③ 주장과 근거가 드러나는 글은 논설문이다.
④ 인물의 정서와 글의 구조가 잘 드러나는 글은 소설이다.

18 정답 ④

㉣ '감지(感知)'는 '느끼어 앎'이라는 의미이다.

19 정답 ④

이 글은 '전문적 읽기 방법'을 '주제 통합적 독서'와 '과정에 따른 독서'로 나누어 자세히 설명하고 있다.

20 정답 ④

'확인하기'는 앞의 질문하기 단계에서 제기한 질문들에 대한 내용을 확인하거나 메모를 하는 단계이다.

오답 피하기

훑어본 내용을 바탕으로 질문하는 단계는 '훑어보기'이다.

PART 03 화법과 작문

01 화법

적중! 출제 예상 문제 본문 235~289p

01 ③ 02 ③ 03 ④ 04 ③ 05 ④
06 ④ 07 ③

01 정답 ③

㉢ 개인적 경험을 바탕으로 상대를 설득하고 있다.

02 정답 ③

상대방과 생각이 다를 때, 자신의 생각을 드러내기 위해서는 '상대방의 생각에 동의 – 자신의 생각 – 그렇게 생각한 이유'가 드러나야 하므로 ③이 가장 적절하다.

03 정답 ④

학생회장은 토의의 진행자로서 토의에서 자신의 의견을 드러내는 것은 적절하지 않다.

04 정답 ③

총무부장은 동아리들이 수익 사업에만 치중한 것을 프로그램을 다양하지 못하게 한 원인으로 제시하고 있으며, 수익금 전액을 동아리 활동비로 사용할 수 있도록 승인해 주는 것도 문제의 원인으로 보고 있다.

05 정답 ④

[가]는 앞의 총무부장의 의견에 대한 비판적 견해를 제시하는 것으로서, 총무부장의 의견을 바탕으로 협력적인 관점에서 문제점을 발견하고 지적해야 한다.
그러므로 총무부장이 제시한 수익금의 일부는 동아리 활동비, 일부는 이웃돕기 성금으로 쓰도록 하자는 의견에 대한 반대 의견인 ④가 가장 적절하다.

06 정답 ④
통계 수치가 나왔지만, 이는 그림말 사용자의 증가 추세를 보여주는 것이 아니라 그림말을 사용하는 빈도와 이유에 대한 조사 결과이다.

07 정답 ③
학생 3은 자신의 배경지식을 통해 발표 내용을 비판적, 주체적으로 평가하고 있다.

02 작문

적중! 출제 예상 문제

본문 292~297p

01 ④	02 ④	03 ①	04 ①	05 ④
06 ③				

01 정답 ④
(나) 학생의 초고를 보면 글쓴이는 김유정 문학촌 입구에서 보이는 마을을 '산자락에 포근히 안긴 것' 같다고 표현했다. 즉, 비유적 표현을 통해 설렘을 드러낸 것이 아니라 '실레 마을'을 생생하게 표현한 것이라 할 수 있다.

02 정답 ④
'끝내' 대신 '드디어, 마침내'로 대체하는 것이 적절하다.

03 정답 ①
통계적으로는 '양성 평등'에 대한 인식이 높아졌으나, 현실에서의 실천은 어떠할지에 대한 의문을 제기하며 글을 시작하고 있다.

04 정답 ①
㉠의 앞 문장과 뒷 문장은 통계와 현실이 대조적임을 나타내는 내용이므로 역접의 접속사 '그러나'가 적절하다.

05 정답 ④
㉣은 청소년 신체 활동 증진 방안을 제도적 차원에서 제시해야 한다. 외국의 프로그램과 우리나라의 신체 활동 프로그램의 장단점 비교는 제도적 차원의 방안이 아니므로 적절하지 않다.

06 정답 ③
신체 활동할 시간은 없고, 스마트폰 할 시간은 있나요?
➜ 대조
매일 꾸준한 신체 활동이 청소년의 건강을 지킵니다.
➜ 청소년 신체 활동 증진 권유

기출문제 체크

본문 298~303p

01 ②	02 ④	03 ②	04 ④	05 ①
06 ④	07 ③	08 ①	09 ④	10 ②
11 ④	12 ④	13 ④	14 ④	15 ①
16 ①	17 ③			

01 정답 ②
학생 2는 학생 1의 의견과 대조적으로 인터넷 실명제가 필요하다는 의견을 제시하고 있는데, 이 내용과 연결되는 앞 문장이 '그러나'로 연결되어 있으므로 학생 1의 의견에 대한 공감의 태도를 나타내는 문장이 적절하다.

02 정답 ④
'공감하며 말하기'는 상대방의 입장에서 듣고 위로와 격려를 하는 것이다. 그러므로 상대방의 속상한 마음에 공감하는 표현인 ④가 적절하다.

03 정답 ②
'~로써'는 도구와 수단을 나타내는 말이므로, '자격'을 나타내는 말인 '~로서'가 알맞은 표현이다.

04 정답 ④

'너희들의 많은 관람을 기대할게.' – 초대의 의도
'꼭 와 줄 거지?' – 초대의 의도와 의문형 어미가 모두 드러난다.

05 정답 ①

㉠은 Ⅱ-2-가 '휴식 공간을 조성할 지역 내 장소 부족'과 Ⅱ-2-나 '비용 마련의 어려움'의 상위 항목으로써, 이 두 하위 항목을 포함하는 내용이어야 한다. 또한 Ⅱ-3 '해결 방안'과 대응하는 내용이어야 하므로 '휴식 공간 조성의 장애 요인'이 가장 적절하다.

06 정답 ④

오답 피하기

① 매년 아프리카에서 착취를 당하는 아이들의 수를 연구한 결과를 인용하고 있다.
② 이 글의 제목은 '초콜릿이 어떻게 만들어지는지 아시나요?'로서 의문문으로 이루어져 있다.
③ 초콜릿을 생산하는 과정에서 일어나는 아동의 노동착취 실태를 알리고 있다.

07 정답 ③

이 글은 '아동의 노동 착취 실태'를 알리는 것이므로 '열두어 살 정도의 아이들'은 열악한 환경에서 노동을 하기에 지나치게 어린 나이임을 강조하는 것이 적절하다.
㉢ '불과'는 '그 수량에 지나지 않는다.'는 의미로서 수량이 적은 것을 나타내므로 문맥에 적절한 부사이다.

08 정답 ①

남자는 여자에게 사과를 어디서 샀는지에 대한 정보를 묻고 있다. 그러나 여자는 자신의 좋아하는 사과의 맛과 먹는 습관을 말하며 남자가 원하는 정보인 사과를 파는 곳을 설명하고 있다. 이는 상대방이 묻는 정보 이상의 불필요한 내용을 제공하는 것으로서, 통일성을 해칠 수 있다.

09 정답 ④

㉠에 들어갈 내용은 "저런, 쯧쯧. 안됐군요."라는 말과 함께 쓰여 동정을 표현할 수 있는 비언어적 표현이다. 비언어적 표현은 언어와 함께 드러내는 표정과 몸짓, 손짓, 눈빛 등을 나타낸다. 위의 말에 안타까운 표정을 지으면 동정의 의미를 잘 전달할 수 있다.

오답 피하기

① '차갑게 외면하며' – 상대방을 무시하거나 외면하는 의미를 전달할 수 있다.
② 무섭게 인상 쓰며 – 화가 난 마음이나, 불만스러운 마음을 전달할 수 있다.
③ 엄지손가락을 치켜들며 – 상대방을 칭찬하거나, 상대방에게 격려하고자 하는 의도를 전달할 수 있다.

10 정답 ②

글의 통일성과 완결성을 높이기 위해서는 '도서관 이용의 문제점'에 대응하는 '해결 방안'을 제시하여 '도서관 이용을 활성화하자.'라는 주제를 뒷받침할 수 있어야 한다. ②의 '도서관 개방 시간을 야간까지 연장함'이라는 내용은 '도서관 이용의 문제점'에서 언급된 내용이 아니므로 적절하지 않다.

오답 피하기

① '책 읽기가 편하도록 조명을 밝게 함'은 Ⅱ-1-가 '내부가 어두워서 책을 읽기 힘듦'에 대한 해결 방안
③ '서가를 재배치하여 공간 활용도를 높임'은 Ⅱ-1-나 '서가 배치가 잘못되어 공간 활용이 비효율적임'에 대한 해결 방안
④ '예산을 확보하여 다양한 종류의 책을 구입함'은 Ⅱ-1-다 '도서가 부족하여 정보를 찾기 어려움'에 대한 해결 방안

11 정답 ④

비유법과 청유형을 활용하여 ㉡ '도서관 이용 활성화 촉구'라는 내용을 강조한 것은 ④의 '도서관은 보물 창고! 함께 보물을 찾아봅시다.'이다. '도서관'을 '보물 창고'에 '책'을 '보물'에 빗대어 표현하였고, '-ㅂ시다'라는 청유형 종결 어미를 통해 청유형 문장을 드러냈다.

오답 피하기

① 도서관에서 성적도 높이고 지식도 쌓고! - 비유법이 드러나지 않고, 대구법을 통해 주제를 드러낸다.
② 도서관에서 찾은 지식, 생활 속에 도움 된다. - 비유법이 드러나지 않고, 평서형 문장을 통해 주제를 드러낸다.
③ 도서관으로 오세요. 세상의 모든 것이 있어요. - '책'을 '세상의 모든 것'에 빗대어 표현하고 있으나, 명령형 문장을 통해 주제를 드러낸다.

12 정답 ④

상대방의 도움에 대한 감사의 표현이다. 상대방에 대한 감사의 표현은 구체적으로 드러내야 한다.

오답 피하기

① 상대방을 격려하기 위한 표현
② 상대방을 위로하기 위한 표현
③ 상대방에게 사과하기 위한 표현

13 정답 ④

'A'가 제안한 산책을 하자는 의견에 대한 공감을 표현하고, 시원해지면 산책을 하자는 제안으로 의견의 차이를 최소화하여 표현한 ④가 동의의 격률을 드러내는 대화로 가장 적절하다.

오답 피하기

나머지 선택지는 모두 산책을 하자는 의견과의 차이를 극대화하여(단적으로) 드러내고 있다.

대화의 공손성의 원리

요령의 격률	상대방에게 부담이 가는 표현을 최소화하고 상대방의 이익을 극대화하는 표현
관용의 격률	화자 자신에게 혜택을 주는 표현을 최소화하고 화자 자신에게 부담을 주는 표현은 최대화하는 것
찬동의 격률	다른 사람에 대한 비방을 최소화하고 칭찬을 극대화하는 것
겸양의 격률	자기 자신에 대한 칭찬은 최소화하고 자신에 대한 비방을 극대화하는 것
동의의 격률	자신의 의견과 다른 사람의 의견 사이의 차이점을 최소화하고 자신의 의견과 다른 사람의 의견의 일치점을 극대화하는 것

14 정답 ④

개요의 ㉠은 (나) 글의 셋째 문단에 해당하는 내용이다. 이 문단은 화장품의 화학 성분에 포함된 유해성에 대해 설명하고 있다.

15 정답 ①

㉡은 '~다면'과 호응하는 부사로서, '가정'을 나타내는 의미인 '만약'으로 고쳐 쓰는 것이 적절하다.

오답 피하기

② ㉢은 '화장품에 사용되는 화학 성분의 역할'이라는 이 문단의 중심 내용에서 벗어나는 내용이므로 삭제한다.
③ ㉣은 화장품 사용에 따르는 부정적인 작용을 의미하는 것이므로 '부작용'으로 고쳐 쓴다.
④ ㉤의 주어는 '화학 성분'으로 '첨가 되어 있는지를'이라는 표현과 호응을 이룬다.

16 정답 ①

본문 (나)의 3문단 내용을 보면 1950년대, 1970년대, 2000년대에 걸친 떡볶이의 변모 과정을 나타내고 있으므로 개요의 중간 2 부분에 들어가기에 적절한 내용은 '시대에 따른 떡볶이의 변모 과정'이다.

17 정답 ③

㉢은 전환의 의미를 나타내는 연결 어미를 활용한 이어진 문장으로, 앞뒤 내용을 적절하게 연결하였으므로 고쳐쓰지 않는 것이 적절하다.

오답 피하기

① 이 글의 중심 소재는 '떡볶이'이므로 신선로에 대한 문장은 주제와 상관없는 것으로 삭제하는 것이 좋다.

② '공급하기'와 호응하는 주어는 '가스가'이므로 피동 표현인 '공급되기'로 바꾸어 쓰는 것이 적절하다.

④ '입맛 뿐'의 '뿐'은 조사이므로 붙여쓰기를 하여 '입맛뿐'으로 쓰는 것이 적절하다.

PART 04 문법

01 음운

적중! 출제 예상 문제 본문 311~312p

01 ②	02 ③	03 ③	04 ①	05 ②
06 ①	07 ③	08 ①	09 ④	10 ②

01 정답 ②

음운은 말의 뜻을 구별해 주는 소리의 가장 작은 단위로 자음, 모음, 소리의 길이 등이 이에 해당한다.

02 정답 ③

오답 피하기

모음은 공기의 흐름이 장애를 받지 않으며 나오는 소리로, 입술이나 혀가 고정된 채 발음되는 모음은 단모음, 입술이나 혀가 움직이면서 발음되는 모음은 이중모음이라 한다. 또 단모음은 10개, 이중모음이 11개이다.

03 정답 ③

공기의 흐름이 장애를 받으며 나오는 소리를 자음이라 한다.

04 정답 ①

음운은 자음과 모음을 의미하므로 음운의 개수는 자음과 모음을 분석하면 된다. 웃음은 ㅜ, ㅅ, ㅡ, ㅁ 4개로 이루어져 있다.

오답 피하기

② 놀부 : 5개

③ 주걱 : 5개

④ 형수 : 5개

05 정답 ②

음절의 끝소리 규칙에 의해 'ㅊ'은 [ㄷ]으로 변하여 [낟]으로 발음된다.

오답 피하기

① 낟[낟]
③ 밖[박]
④ 값을[갑쓸]

06 정답 ①

끝소리 'ㅅ, ㅆ, ㅈ, ㅊ, ㅌ, ㅎ'은 [ㄷ]으로 발음된다.

오답 피하기

② 불[불], 발[발], 말[말], 감[감], 밤[밤], 몸[몸] 등은 표기와 발음이 같다.
③ 값을[갑쓸], 값은[갑쓴], 값만[감만]
④ 닭이[달기], 맑다[막따], 넓다[널따]

07 정답 ③

'넓다'는 음절의 끝소리 규칙에 의해 [널따]로 발음된다.

① 종로[종노] : 자음 동화(비음화)
② 칼날[칼랄] : 자음 동화(유음화)
④ 백로[뱅노] : 자음 동화(비음화)

08 정답 ①

'해맞이'는 앞의 자음 'ㅈ'이 뒤로 넘어가 발음되는 연음 현상이 나타난다.

오답 피하기

② 낱낱이[난나치]
③ 볕이[벼치]
④ 땀받이[땀바지]

09 정답 ④

'바느질'은 '바늘'과 '질'이 만나 '바느질'로 'ㄹ'이 탈락된 음운 탈락 현상이 일어난다. '소나무' 역시 '솔'과 '나무'가 만나 'ㄹ'이 탈락된 음운 탈락 현상이 일어난다.

오답 피하기

① 묵호[무코] : 음운 축약
② 식혜[시켸]/[시케] : 음운 축약
③ 박하[바카] : 음운 축약

10 정답 ②

㉠은 '맞추(다)'가 '-어'를 만나 '맞춰'로 음운이 축약되었고, ㉡은 '크(다)'가 '-어'를 만나 '커'가 되어 음운이 탈락되었다.

오답 피하기

③ ㉡은 발음할 때도 'ㅡ'가 탈락한다.

02 단어

적중! 출제 예상 문제 본문 316~317p

01 ④	02 ③	03 ③	04 ④	05 ①
06 ④	07 ①	08 ④	09 ①	10 ②
11 ④	12 ②			

01 정답 ④

①·②·③ 두 개의 형태소로 이루어진 단어이다. '바구니'는 더 나누면 의미를 잃어버리게 된다.

02 정답 ③

- 바다 : 실질 형태소, 자립 형태소
- 가 : 형식 형태소, 의존 형태소
- 넓- : 실질 형태소, 의존 형태소
- -다 : 형식 형태소, 의존 형태소

03 정답 ③

③ **날짐승** : 날(어근)+짐승(어근)–합성어 '하늘을 나는 짐승'의 의미

오답 피하기

① **맨입** : 맨(접두사)+입(어근)–파생어
② **먹보** : 먹(어근)+보(접미사)–파생어
④ **군소리** : 군(접두사)+소리(어근)–파생어

04 정답 ④

'–개'는 간단한 도구를 의미한다. 예 지우개

05 정답 ①

'군밤'은 '굽–'+'–ㄴ'+'밤'으로 형태소가 3개이다.

06 정답 ④

'–개'는 접미사, 품사를 바꾸는 접사에 해당한다.

07 정답 ①

'밝다, 짜다, 먹다, 붉다'는 용언(동사, 형용사)이고 '하늘, 단풍, 설악산, 학교'는 체언(명사)이기 때문에 형태의 변화 여부와 문장에서의 기능으로 구분할 수 있다.

08 정답 ④

조사가 결합한 형태로 보아 명사에 해당한다.

09 정답 ①

이름은 명사, '야'는 조사에 해당한다.

10 정답 ②

'의'는 체언 뒤에서 격조사로서 다른 말에 대해서 가지는 관계를 나타내거나, 보조사로서 앞말에 특별한 뜻을 더해 주는 '조사'이다.

11 정답 ④

'두 대'의 '두'는 단위 의존 명사 '대'를 꾸며주는 수 관형사이다.

12 정답 ②

② 상태나 성질을 나타내는 형용사

오답 피하기

①·③·④ 움직임을 나타내는 동사

03 문장

적중! 출제 예상 문제 본문 322~323p

01 ③	02 ①	03 ②	04 ③	05 ①
06 ④	07 ②	08 ④	09 ①	10 ③

01 정답 ③

③은 청유문에 해당하는 예이다. 감탄문은 '국어 공부를 열심히 하는구나.'로 바꿀 수 있다.

02 정답 ①

① 용언, 관형어, 다른 부사어 등을 수식하는 부사어에 해당한다. 나머지는 모두 체언을 수식하는 관형어에 해당한다.

03 정답 ②

② '주어+목적어+서술어'로 이루어진 문장이다.

오답 피하기

① 주어+부사어+서술어
③ 주어+관형어+목적어+서술어
④ 주어+목적어+부사어+서술어

04 정답 ③

오답 피하기

① 날개가 – 주어
② 절대로 – 부사어
④ 크게 – 부사어

05 정답 ①

① '코끼리는 길다'와 '코가 길다'가 합쳐진 서술절을 안은 겹문장이다.

06 정답 ④

④ 부사절의 기능을 하는 문장이 있는 안은문장이다.

07 정답 ②

② 이어진 문장이고, 나머지는 안은문장에 해당한다.

오답 피하기

① 명사절을 안은문장
③ 명사절을 안은문장
④ 관형절을 안은문장

08 정답 ④

④ 두 개의 홑문장의 의미 관계가 역접으로 대등한 관계에 있으므로 '대등하게 이어진 문장'이다.
나머지는 모두 종속적으로 이어진 문장에 해당한다.

09 정답 ①

〈보기〉는 이어진 문장으로 문장이 확대되어 있는데, ①번 역시 이어진 문장으로 문장이 확대되어 있다.

오답 피하기

② 관형절을 안은문장
③ 서술절을 안은문장
④ 부사절을 안은문장

10 정답 ③

③ 의미가 하나로 해석되므로 중의적 표현이 아니다.

오답 피하기

① 친구들이 한 명도 오지 않았다.
친구들 중 일부가 오지 않았다.
② 지원이가 관우와 함께 승주를 기다린다.
지원이가 혼자서 관우와 승주를 기다린다.
④ 나는 친구를 사랑하는데, 그 친구의 여동생을 만났다.
나는 친구의 여동생을 사랑하는데, 그 여동생을 만났다.

04 문법 요소

적중! 출제 예상 문제 본문 328~329p

01 ③	02 ④	03 ①	04 ④	05 ④
06 ④	07 ③	08 ①	09 ①	10 ③

01 정답 ③

주체 높임법에서 서술의 주체는 보통 문장의 주어로 나타난다.

02 정답 ④

④ 높임 대상의 신체 부분, 소유물, 생각 등과 관련된 서술어에 '-(으)시-'를 사용하여 높임의 뜻을 간접적으로 실현하는 간접 높임법을 사용해야 한다. 그러므로 '할아버지께서는 걱정거리가 있으시다'로 바꾸어야 한다.

03 정답 ①

① '곧'은 미래 시제에 해당하므로 '떠났다'가 아니라 '떠나겠다 / 떠날 것이다'를 써야 한다.

04 정답 ④

말하고자 하는 사건이 말하는 시점 이전에 일어난 것을 과거 시제라 한다.

05 정답 ④

'-게 되다', '-되다', '-어지다' 등을 활용하며 만드는 것은 피동 표현이다. 사동 표현은 '-이-, -히-, -리-, -기-, -우-, -구-, -추-'와 같은 접미사나 '-시키다', '-게 하다'로 만들 수 있다.

06 정답 ④

피동 표현은 주어가 다른 주체에 의해 동작을 당하게 되는 문장을 말한다.

오답 피하기

① 사동 표현

②・③ 능동 표현

07 정답 ③

사동 표현은 주어가 다른 사람에게 동작을 하도록 시키는 것을 말한다.

오답 피하기

③ 피동 표현에 해당한다.

08 정답 ①

① 바뀐 문장은 이중 피동 표현(잡히어지었다)을 사용하고 있다. 이 부분을 바르게 고치면 '모기가 영구에게 잡혔다(잡히었다).'가 된다.

09 정답 ①

형용사의 상태나 성질을 부정할 때에는 '안, 아니하다'를 사용한다. 예를 들면, '예쁘지 않다.'가 있다.

10 정답 ③

③ 외부적 원인 때문에 행동을 하지 못하므로 '못' 부정문을 사용해야 한다.

05 어문 규범

적중! 출제 예상 문제

본문 333~335p

01 ④	02 ③	03 ②	04 ④	05 ④
06 ③	07 ①	08 ②	09 ①	10 ③

01 정답 ④

외래어 표기의 받침에는 'ㄱ, ㄴ, ㄹ, ㅁ, ㅂ, ㅅ, ㅇ'만을 쓴다.

02 정답 ③

'양, 염소, 쥐'만 '숫-'을 사용하여 '숫양, 숫염소, 숫쥐'라고 쓴다.

오답 피하기

① 된소리나 거센소리 앞에서는 '위-'로 한다. → 위쪽

② 기술자에게는 '-장이', 그 외에는 '-쟁이'가 붙는 형태를 표준어로 삼는다. → 대장장이

④ '무'가 표준어이다.

03 정답 ②

오답 피하기

ㄴ. 수컷을 이르는 접두사는 '수-'로 통일하기 때문에 '수꿩'이 옳다.

ㅂ. 'ㅣ'역행 동화 현상에 의한 발음은 원칙적으로 표준 발음으로 인정하지 아니하므로 '아지랑이'가 옳다.

ㅅ. 양성 모음이 음성 모음으로 바뀌어 굳어진 단어는 음성 모음 형태를 표준어로 삼아야 하므로 '깡충깡충'이 옳다.

04 정답 ④

어법에 맞도록 한다는 것은 뜻을 파악하기 쉽도록 각 형태소의 본 모양을 밝혀 적는다는 의미이다.

05 정답 ④

단위를 나타내는 명사는 띄어 씀을 원칙으로 한다.

오답 피하기

① '만큼'은 의존 명사이기 때문에 앞 말과 띄어 써야 한다. ➜ 네가 먹을 만큼 먹어라.
② 조사는 앞 말과 붙여 쓴다. ➜ 나도 친구들처럼 줄넘기를 할 수 있다.
③ 두 말을 이어 주거나 열거할 적에 쓰이는 말들은 띄어 쓴다. ➜ 우리 집 주변에는 공원, 초등학교, 상점 등이 있다.

06 정답 ③

'년도'는 해를 뜻하는 말 뒤에 쓰여 '일정한 기간 단위로서의 그해'를 의미하고, '연도'는 '사무나 회계 결산 따위의 처리를 위하여 편의상 구분한 일 년 동안의 기간'을 의미한다. 그러므로 ③은 '연도별'이 올바른 표현이다.

오답 피하기

① 어미 '-(으)ㄹ걸, -(으)ㄹ게, -(으)ㄹ세, -(으)ㄹ세라, -(으)ㄹ수록' 등은 예사소리로 적는다. ➜ 내가 사과를 갖다 줄게.
② 'ㄱ, ㅂ' 받침 뒤에 나는 된소리는, 같은 음절이나 비슷한 음절이 겹쳐 나는 경우가 아니면 된소리로 적지 아니한다. ➜ 깍두기
④ 기본형은 '놀라다'이다. '놀래다'는 '놀라다'의 사동사이다. 사동형으로 쓸 때는 '놀래다, 놀래냐, 놀라게 하다'로 써야 한다. ➜ 갑자기 튀어나와서 놀랐잖아.

07 정답 ①

[p, t, k] 소리는 어말에 올 때 단모음 다음이면 'ㅂ, ㅅ, ㄱ'으로 적고, 이중 모음이나 장모음 다음이면 'ㅡ'를 붙여 '프, 트, 크'로 적는다. 따라서 'cat'은 '캣'으로 표기하는 것이 적절하다.

오답 피하기

② 갭, ③ 재즈, ④ 로켓

08 정답 ②

외래어를 표기할 때 파열음 표기에는 된소리를 쓰지 않는 것을 원칙으로 한다.

오답 피하기

① 마니아, 재즈, 콘셉트
③ 파리, 로켓, 액세서리
④ 초콜릿, 커피숍, 케이크

09 정답 ①

(가)의 표에 제시된 로마자 표기 원칙에 따라 '구미'는 'Gumi'로 표기하는 것이 바르다.

오답 피하기

② 백마[뱅마] : Baengma
③ 독립문[동님문] : Dongnimmun
④ 제주도 : Jejudo(지명), Jeju-do(행정구역 명)

10 정답 ③

'산낙지'는 로마자 표기법에 의해 'San-nakji'가 맞다.

오답 피하기

① 경기도 : Gyeonggi-do
② 감자탕 : Gamjatang
④ 반월동 : Banwol-dong

06 국어의 역사

적중! 출제 예상 문제 본문 339~342p

01 ③	02 ①	03 ②	04 ①	05 ②
06 ①	07 ①	08 ②	09 ①	10 ①

[01~03] 세종어제훈민정음(世宗御製訓民正音)

> 우리나라 말이 중국과 달라 한자와는 서로 통하지 아니하여서 이런 까닭으로 어리석은 백성이 말하고자 하는 바가 있어도 마침내 제 뜻을 펴지 못하는 사람이 많다. 내가 이것을 가엾게 생각하여 새로 스물여덟 글자를 만드니, 모든 사람들로 하여금 쉽게 익혀서 날마다 쓰는 데 편하게 하고자 할 따름이다.

01 정답 ③

'쁘·메'에는 입술가벼운 소리(ㅸ, ㅸ, ㆄ)가 쓰이지 않았으므로, 이를 통해 중세 국어에서 입술가벼운 소리를 사용했는지 설명할 수 없다.

오답 피하기

① '나·랏:말ᄊᆞ·미'와 같이 이어적기가 사용되었다.
② '윙·ᄒᆞ·야'와 같이 모음 조화가 지켜졌음을 확인할 수 있다.
④ 처소 부사격 조사 '애/에/예'가 사용된다.

02 정답 ①

중국과 다른 우리말에 맞는 문자의 필요성을 인식하였다.

03 정답 ②

훈민정음에는 '자주 정신, 애민 정신, 창조 정신, 실용 정신'이 담겨 있다.

04 정답 ①

ㅿ이 사라져 '처엄'으로 변화된 것으로, 'ㅿ' 소실의 예로 볼 수 있다.

05 정답 ②

〈보기〉에서는 연철표기(이어쓰기)만 쓰였으나, '동명일기'에서는 '분철표기'도 보이고 있다.
연철이 분철과 함께 쓰이기 시작한 것은 16세기부터이다. 그러다가 근대에 들어와서 연철은 거의 사라지고 분철이 확대되는 모습을 보인다.

06 정답 ①

'하늘 가운데 뜨니 머리카락 하나까지도 자세히 헤아릴 수 있겠다.'는 뜻으로 해의 맑은 모습을 비유하고 있다. 이와 비슷한 것은 ①이다.

07 정답 ①

이체자 'ㆁ, ㄹ, ㅿ'은 초성 17자에 포함된다.

08 정답 ②

종성부용초성은 '초성을 다시 종성에 사용한다.'는 것으로 '자음'에 해당하는 설명이다.

09 정답 ①

중성자는 '하늘, 땅, 사람'을 본따서 만든 '상형자'를 기본자로 하고, 이를 다시 '합성'하여 만들었다.

10 정답 ①

한자음을 참고로 하긴 했지만 한문을 참고하여 창조해 낸 문자는 아니다.

기출문제 체크

본문 343~345p

01 ④	02 ①	03 ①	04 ②	05 ④
06 ①	07 ③	08 ③	09 ③	10 ①
11 ③	12 ④	13 ②	14 ④	

01 정답 ④

외래어의 받침에는 'ㄱ, ㄴ, ㄹ, ㅁ, ㅂ, ㅅ, ㅇ'만 올 수 있으므로 '케잌'은 '케익'으로 표기해야 한다.

02 정답 ①

'ㄴ'은 혀가 윗잇몸에 붙는 모양을 본뜬 것이다. 'ㄴ'에 획을 더한 글자는 'ㄷ', 'ㅌ'이다.

03 정답 ①

'ㄱ'보다 소리가 세게 나는 까닭에 획을 더한 것은 'ㅋ'이다.

04 정답 ②

'다리다'는 '옷이나 천 따위의 주름이나 구김을 펴는 것'으로 '바지를 <u>다리다</u>'는 올바른 낱말의 사용이다. '다리다'와 구분해야 할 어휘로는 '약재 따위에 물을 부어 우러나도록 끓이다'라는 의미의 '달이다'가 있다.

05 정답 ④

'시청률(視聽率)'의 '률'은 단어의 첫머리가 아니고, 모음이나 'ㄴ'받침 뒤에 이어지는 말이 아니므로 '률'로 적는 것이 올바른 맞춤법이다.

06 정답 ①

오답 피하기

ⓛ 통하지, ⓒ 만드니, ⓔ 익혀

07 정답 ③

주격 조사 '가'는 쓰이지 않고 있다.

오답 피하기

① 어두자음군의 사용 : ·ᄠᅳ·들
② 한글과 한자가 혼용 : 中듕國·귁
④ 방점 사용 : 나·랏 : 말ᄊᆞ·미

08 정답 ③

① '기픈'은 '깊은'을 소리나는 대로 이어적기 한 것이다.
② 'ㅔ/ㅐ' 중 양성모음 'ㆍ'와 어울리는 'ㅐ'와 함께 쓰인 모음 조화가 쓰였다.
④ 현재에는 표기상에서도 'ㆍ'가 소실되었다.

오답 피하기

ⓒ '내히'는 '내ㅎ+이'로 분석되는 말로서, 이때 '내ㅎ'를 'ㅎ종성체언'이라고 한다. 'ㅎ종성체언'은 체언이 조사와 결합될 때 'ㅎ'이 덧붙는 어휘를 말한다.

09 정답 ③

중세 국어의 '여름'은 현대 국어의 '열매'를 의미한다. 현대 국어 '여름'은 중세 국어 '녀름'으로 표기해야 한다.

10 정답 ①

표준 발음법 제20항은 'ㄴ'이 앞이나 뒤의 'ㄹ'의 영향을 받아 'ㄹ'로 발음되는 '유음화 현상'이다. 그러나 ①의 '생산량'은 'ㄴ'과 'ㄹ'이 연이어 오지만, 'ㄹ'이 'ㄴ'으로 바뀌어 [생산냥]으로 바뀌는 예외 현상이므로 표준 발음법 제20항의 규정에서 벗어나는 단어이다.

11 정답 ③

'방관(傍觀)'은 '곁 방'과 '볼 관'을 결합한 어휘로서 '어떤 일에 직접적으로 관여하지 않고 곁에서 지켜봄'이라는 의미이다.

오답 피하기

① 근절(根絕) – '뿌리 근'과 '끊을 절'을 결합한 어휘로서 '뿌리째 없애다.'라는 의미이다.
② 봉기(蜂起) – '벌 봉'과 '일어날 기'가 결합한 어휘로서 '벌처럼 세차게 일어나다.'라는 의미이다.
④ 토로(吐露) – '토할 토'와 '이슬 로'가 결합한 어휘로 '모두 털어놓다'라는 의미이다.

12 정답 ④

'그녀는 웃으면서 들어오는 친구에게 인사를 했다.'라는 문장의 '웃으면서'는 '그녀는'을 서술하는 의미와 '친구'를 수식하는 의미 두 가지로 해석되는 중의적인 문장이다.

오답 피하기

① 뜰에 핀 꽃이 여간 탐스럽다. – 부사 '여간'은 부정 서술어와 호응하므로 '뜰에 핀 꽃이 여간 탐스럽지 않다.'로 표현해야 한다.
② 선생님께서 너 오시라고 했어. – 주어 '선생님'을 높이는 서술어는 '했어'로 '하셨어'라고 고쳐야 하고, 대화의 상대는 높임의 대상이 아니므로 '오라고'로 고쳐야 한다.
③ 내가 하고 싶은 말은 너를 사랑한다. – 주어와 서술어의 호응이 맞지 않으므로 '내가 하고 싶은 말은 너를 사랑한다는 것이다.'로 고쳐야 한다.

13 정답 ②

- 깍뚜기(×) ➜ 깍두기(○)
- 김치찌게(×) ➜ 김치찌개(○)
- 몇일(×) ➜ 며칠(○)

14 정답 ④

'제삿날'은 한자어 '제사'와 고유어 '날'로 이루어진 합성어로서 '제사+날'이 결합되어 [제산날]로 발음된다. 그러므로 'ㄴ' 앞에서 'ㄴ'소리가 덧나 발음되는 ㉠의 규정의 예로 적절하다.

오답 피하기

① '냇물'은 고유어 '내'와 고유어 '물'의 합성어로서 뒷말의 'ㄴ, ㅁ' 앞에서 'ㄴ' 소리가 덧나는 예이다.
② '잇몸'은 고유어 '이'와 고유어 '몸'의 합성어로서 뒷말의 'ㄴ, ㅁ' 앞에서 'ㄴ' 소리가 덧나는 예이다.
③ '아랫니'는 고유어 '아래'와 고유어 '이'의 합성어로서 뒷말의 첫소리 모음 앞에서 'ㄴㄴ' 소리가 덧나는 예이다.

PART 05 실전모의고사

제1회 정답 본문 348~355p

01 ③	02 ②	03 ④	04 ④	05 ③
06 ③	07 ③	08 ②	09 ①	10 ④
11 ③	12 ②	13 ①	14 ③	15 ②
16 ④	17 ③	18 ①	19 ②	20 ②
21 ③	22 ①	23 ④	24 ②	25 ④

01 정답 ③

이 글에서 주원이는 상대방인 선생님을 고려하지 않고 특정 세대에서 주로 쓰는 '취존', '노잼', '안습' 등의 어휘를 사용하여 대화가 잘 이루어지지 않은 것이다.

02 정답 ②

부탁은 상대방에게 어떤 것을 요청하는 말하기이므로, 상대방이 그 요청을 들어줄 수 있는 상황인지를 먼저 파악해야 한다.

03 정답 ④

병 안에 약이 들었다.

- 형태소 : 병/안/에/약/이/들-/-었-/-다
- 실질 형태소 : 병, 안, 약, 들-
- 형식 형태소 : 에, 이, -었-, -다
- 자립 형태소 : 병, 안, 약
- 의존 형태소 : 에, 이, 들-, -었-, -다
- 단어 : 병/안/에/약/이/들었다

04 정답 ④

'말쌋 · 미', '노 · 미'는 이어적기의 예이다.

오답 피하기

① 중세 국어에서는 종성에 8글자만 올 수 있었다.
② 중세 국어에서는 음절의 높낮이와 빠르기를 표시한 방점이 사용되었다.
③ 중세 국어에서는 양성 모음은 양성 모음끼리 음성 모음은 음성 모음끼리 어울리는 모음 조화가 대체로 잘 지켜졌다.

05 정답 ③

개요를 작성할 때에는 마련한 내용의 제시 순서를 고려하고 주제와 어긋나는 내용이나 더 넣을 내용은 없는지 살펴야 한다.

글쓰기의 단계

계획하기	주제, 목적, 독자, 매체 등 정하기
내용 마련하기	다양한 방법으로 정보를 수집하고, 주제에 맞는 내용 선별하기
내용 조직하기	내용의 배치를 고려하여 개요 작성하기
표현하기	독자의 흥미를 유발하고 글 내용을 이해하는 데 도움이 되도록 표현하기
고쳐쓰기	글의 주제가 분명하게 드러나 있는지, 글의 주제에서 벗어난 문장이나 문단은 없는지, 내용의 흐름이 자연스러운지, 어법에 어긋난 표현이 없는지를 고려하여 고쳐쓴다.

06 정답 ③

인터넷 광고는 음성과 문자 언어, 영상 등이 모두 활용될 수 있기 때문에 시각에만 호소한다는 설명은 적절하지 않다.

07 정답 ③

이 시의 화자는 떠나간 임을 그리워하고 있는 상황이므로 쓸쓸하고 애잔한 목소리로 낭송하는 것이 어울린다.

08 정답 ②

'잊었노라'라는 시어를 반복하고, '먼 후일 ∨ 당신이 ∨ 찾으시면'과 같이 3음보의 율격을 반복하여 운율을 형성하고 있다.

09 정답 ①

이 시에서는 임을 잊지 못하는 화자의 마음을 '잊었노라'라며 반대로 표현하는 반어법이 주로 사용되고 있다. ①에서도 겉으로는 훌륭한 비석을 남겼다고 '그'를 예찬하고 있지만, 사실은 물질적 가치와 권위만을 추구하며 살았던 '그'에 대한 비판적인 태도를 반어적으로 표현하고 있다.

10 정답 ④

(가)에서 파리를 물고 두엄 위에 치달아 앉은 '두꺼비', (나)에서 화자를 물고, 쏘고, 빨고, 뜯으며 괴롭히는 '물것'은 백성들을 착취하고 수탈하는 양반(탐관오리)을 상징한다.

11 정답 ③

자신을 '날랜 나'라고 칭찬하는 두꺼비의 모습은 자기가 한 일을 스스로 자랑함을 뜻하는 것으로 '자화자찬'을 나타낸다.

오답 피하기

① 풍수지탄(風樹之嘆) : 부모님께 효도하고자 할 때에는 이미 돌아가셔서 그 뜻을 이룰 수 없음.
② 단사표음(簞食瓢飮) : 소박한 음식, 소박한 삶
④ 온고지신(溫故知新) : 옛 것을 익히고 미루어 새로운 것을 앎.

12 정답 ②

(나)는 탐관오리를 '물것'에 빗대어 우의적으로 풍자함으로써 탐관오리의 수탈로 괴로워하는 백성들의 처지와 심정을 효과적으로 나타내고 있다.

13 정답 ①

'여름 장이란 애시당초에 글러서, 해는 아직 중천에 있건만'을 통해 이 글의 시간적 배경이 낮부터 시작됨을 알 수 있다.

14 정답 ③

이 글은 순우리말이 돋보이는 작품으로, 현학성*은 드러나지 않는다.

*현학성 : 학식이 있음을 자랑하는 성격

15 정답 ②

허 생원이 충줏집 문을 열어서 술좌석에서 동이를 만났을 땐, 동이에게 화를 낸 것이지, 충줏집에게 화를 낸 것은 아니다.

16 정답 ④

허 생원은 충줏집을 생각만 해도 소스라쳐 버릴 정도로 숫기가 없고, 내성적이며 소극적인 인물이다.

17 정답 ③

(바)에서는 일과 사이의 자투리 시간을 활용하는 독서에 대해 말하고 있다.

18 정답 ①

읽기의 방법을 일정한 기준에 따라 나눈 분류의 설명 방법이 사용되었다.

19 정답 ②

눈으로 읽기는 책과 친구가 되어 글을 쓴 사람이나 등장인물의 목소리를 상상하며 대화를 나누는 방식이지, 직접 여러 사람과 대화를 나누며 읽는 것은 아니다.

20 정답 ②

(나)~(라)는 읽기의 세 가지 방법을 차례차례 설명하고 있다.

21 정답 ③

이 글은 각 소재별로 '양반의 위엄–말뚝이의 조롱–양반의 호통–말뚝이의 변명–양반의 안심'이라는 담화 구조가 반복되며, 이를 통해 말뚝이의 비판·풍자적 태도와 양반의 위선적이면서도 어리석은 모습이 드러나게 된다.

22 정답 ①

각 재담의 마지막 부분에 나오는 '춤'은 재담의 마무리를 나타내며, 말뚝이가 조롱을 한 의도를 알지 못하고 말뚝이의 변명에 안심하는 양반들의 어리석음을 나타낸다. 또한 이는 말뚝이와 양반의 일시적인 화해를 나타낼 뿐 근본적인 갈등의 해소로 볼 수 없다.

23 정답 ④

도련님은 대사는 없으나, 형들의 어색한 동작을 따라하고 면상을 때리는 방정맞은 동작을 통해 희화화되고 있으므로 과묵한 성격이라고 할 수 없다.

24 정답 ②

주장하는 글은 공동체가 공유하고 있는 가치관이나 신념 등을 포함하는 사회·문화적 맥락에 수용될 수 있도록 써야 하므로, 독자가 속해 있는 사회적 관습을 고려해야 한다.

25 정답 ④

주장에 대한 근거를 마련할 때에는 자신의 관점을 뒷받침할 수 있는 내용을 찾아야 한다.

오답 피하기

④ 육식을 지지하는 근거이므로, '채식을 해야 오래 산다.'라는 관점의 근거로 적절하지 않다.

제2회 정답

본문 356~364p

01 ①	02 ②	03 ④	04 ④	05 ②
06 ④	07 ②	08 ①	09 ③	10 ④
11 ③	12 ①	13 ②	14 ②	15 ①
16 ③	17 ④	18 ③	19 ②	20 ④
21 ④	22 ①	23 ④	24 ①	25 ③

01 정답 ①

몸이 아픈 친구에게는 어느 때보다도 사려 깊게 말을 하는 것이 필요하다. 환자의 상태에 따라 인사말이 달라질 수 있으나, 진심 어린 위로와 함께 빨리 회복하길 바란다는 희망적인 말을 건네는 것이 적절하다.

02 정답 ②

방언은 그 지역에서 오랫동안 사용되어 언어의 문법적, 음운적 특성을 보존하고 있다. 따라서 언어 연구의 중요한 자료로서의 가치를 지닌다.

오답 피하기

① 시대에 관계없이 지역 방언을 존중해야 한다.
③ 준말을 이해하지 못하는 것은 세대 간의 차이인 사회 방언 때문이다.
④ 지역 방언을 그대로 쓸 경우 의사소통에 문제가 생길 수 있지만, 지역 방언의 가치를 존중하여 잘 보존하는 것이 바람직하다.

03 정답 ④

'박하'는 'ㄱ'과 'ㅎ'이 결합해 'ㅋ'으로 소리나는 음운의 축약으로 [바카]로 발음해야 한다.

04 정답 ④

윗글은 해 뜨는 모습을 시간적 순서대로 관찰하여 대상의 변화를 섬세하고 사실적으로 묘사하였고, 그에 따른 주관적인 감상을 표현한 글이다.

05 정답 ②

『동명일기』는 18세기 근대 국어 시기에 해당하며, 이 당시에는 7종성 표기법(ㄱ, ㄴ, ㄹ, ㅁ, ㅂ, ㅅ, ㅇ)이 사용되었다.

06 정답 ④

일정을 계획하고 예상 비용을 산출하는 것은 여행을 가기 전에 준비해야 할 내용이므로 '(나)-[중간]-2'에 포함되어야 한다.

07 정답 ②

이 시는 치욕스러운 망국의 현실에서 무기력하게 살아가는 삶에 대한 화자의 성찰과 현실 극복 의지를 보여 주고 있다. 어린 시절 잃어버린 소중한 것들에 대한 동경과 그리움은 나타나 있지 않다.

08 정답 ①

화자는 그동안 무기력하게 살아온 자신의 욕됨과 부끄러움에 대한 참회를 하고 있다.

09 정답 ③

이 시는 '과거 ➜ 현재 ➜ 미래'의 시간 흐름에 따라 시상이 전개되고 있다.

오답 피하기

④ 선경 후정 : 시의 앞부분에서는 풍경을 그리듯이 보여 주고, 뒷부분에서는 화자의 정서를 표현하는 전개 방식

10 정답 ④

이 글은 구전 설화에 바탕을 두고 입에서 입으로 전해지다가 문자로 기록된 고전 소설로 주된 향유 계층은 백성들이었다. 그러므로 한 개인이 창작했다고 할 수 없다.

11 정답 ③

이 글에서 '토끼'는 위기에서 벗어나기 위해 간이 없을 때 '별주부'가 진상을 말하지 않고 데리고 온 것을 탓하고 있다. 이는 실제로 '별주부'의 문제점을 지적한 것이 아니라 죽지 않기 위해 낸 꾀이므로, '토끼'를 냉철하고 논리적인 인물로 보는 것은 적절하지 않다.

12 정답 ①

〈보기〉는 조선 시대라는 당시의 시대 상황을 근거로 이 글을 해석하고 있다.

13 정답 ②

이 글에서 '토끼'는 위급한 상황에서 꾀를 내어 위기를 모면하고 있으므로, 토끼에 대한 긍정적 시각을 바탕으로 '어려움을 이겨내는 민중의 지혜'라는 주제를 이끌어 낼 수 있다.

14 정답 ②

(나)에 의하면, 우리나라는 제조업 중심의 산업 구조를 가지고 있어 노동력의 양과 질이 중시된다. 이러한 상황에서 저출산·고령화는 노동력의 양과 질에 부정적인 영향을 미쳐 경제에도 치명적일 수 있다. 그러므로 산업 구조의 변화를 근거로 뒷받침한 것은 아니다.

오답 피하기

①은 (다)에, ③은 (라), ④는 (나)에 제시되었다.

15 정답 ①

(가)와 (다)에 제시된 수치들을 통해 출산율이 낮은 지금의 상황, 그로 인해 생기는 문제점들을 더욱 현실적이고 구체적으로 나타낼 수 있으며, 이는 출산율을 높여야 한다는 글쓴이의 주장을 효과적으로 뒷받침하는 근거가 된다.

16 정답 ③
글쓴이는 심하게 떨어진 출산율을 언급하며, 저출산·고령화의 문제점을 제시한다. '고령화'는 '한 사회에서 노인의 인구 비율이 높은 상태로 나타나는 것'이므로, 출산율이 낮은 사회는 상대적으로 고령화된다.

17 정답 ④
글쓴이는 저출산·고령화의 문제점들을 지적하면서 궁극적으로 출산율을 높이기 위한 환경이 필요하다고 주장하고 있다.

18 정답 ③
이 글은 1인칭 관찰자 시점으로, 어린아이인 '나'의 눈을 통해 아버지의 삶을 그려 내고 있다.

19 정답 ②
'문화 주택'은 위생적이고 편리한 주택을 보급하려는 국가 정책에 따라 등장한 새로운 형식의 주택으로, 산업화 과정에서 전국적으로 보급되었다. 이 작품에서도 문화 주택이 건설되면서 새 동네가 형성되었다고 하였으므로, 사회·문화적 상황을 파악할 수 있는 소재로 볼 수 있다.

20 정답 ④
이 글에서 아버지는 근대화 시기에 노새로 연탄 배달을 하며 힙겹게 살아간다. 작가는 이러한 아버지를 통해 산업화의 물결 속에서 변화하는 사회에 적응하지 못하고 고단한 삶을 살아가는 인물의 모습을 보여 주고 있다.

21 정답 ④
글을 고쳐 쓸 때에는 먼저 글 전체 수준에서 살피고 나서 문단, 문장, 단어와 같이 부분적인 수준에서 점검해야 한다.

22 정답 ①
문제의 원인에 대한 해결 방안을 제시해야 한다.

23 정답 ④
(나)에서 덕치 마을에 들렀던 글쓴이는 (다)에서 천담 마을로 이동하였음을 알 수 있다.

24 정답 ①
㉠에서는 의인법을 사용하여 오랜 시간 물의 흐름 때문에 모난 부분이 깎이면서 둥글둥글해진 바위의 모양을 사람의 온화한 성품으로 빗대어 나타내고 있다.

오답 피하기
② 설의법, ③ 직유법, ④ 은유법

25 정답 ③
호수의 물안개를 이불에 비유하여 마을 분위기가 따듯하고 포근하게 느껴진다.

PART 06 2025년 기출문제

제1회 정답 본문 366~374p

01 ③	02 ②	03 ②	04 ③	05 ②
06 ③	07 ③	08 ②	09 ②	10 ④
11 ①	12 ②	13 ④	14 ①	15 ①
16 ③	17 ③	18 ④	19 ④	20 ①
21 ④	22 ①	23 ④	24 ④	25 ①

01 정답 ③

준희는 속상하다는 민서의 말에 공감하지 못하고 지적하는 말하기를 하고 있다.
따라서 상대방의 기분을 고려하지 않고 있다는 ③이 정답이다.

02 정답 ②

먼저 '스무 벌 이상 구입하면'이란 조건을 제시한 후 '문구 새기는 비용을 할인받을 수 있는지' 요구를 전달하고 있다. 따라서 정답은 ②이다.

03 정답 ②

표준 발음법 제12항은 거센소리되기에 대한 내용으로 이에 해당하지 않는 것은 ②이다.

② 괜찮은[괜차는]은 'ㅎ'탈락에 해당한다. 'ㅎ'탈락은 용언 어간 말 자음 'ㅎ'이 모음으로 시작하는 어미나 접사 앞에서 탈락하는 현상이다. 남은 'ㄴ'은 연음되어 [괜차는]으로 발음된다.

오답 피하기

① 하얗게[하야케] : ㅎ + ㄱ = ㅋ
③ 닳도록[달토록] : ㅀ + ㄷ = ㅌ
④ 싫지만[실치만] : ㅀ + ㅈ = ㅊ

04 정답 ③

'진행상'은 시간의 흐름 속에서 동작이 진행되고 있음을 나타내는 표현이다. '–고 있다', '–아/어 가다', '– 중이다', '–(으)면서' 등을 통해 실현된다.

③ 먹어 버렸다 : '–아/어 버리다'의 형태로 시간의 흐름 속에서 그 동작이 이미 완결되었거나 해당 사건이 끝난 결과가 지속되고 있음을 표현하는 완료상에 해당한다.

오답 피하기

① 시들어 간다 : '–어 가다'
② 하는 중이다 : '–는 중이다'
④ 듣고 있다 : '–고 있다'

05 정답 ②

② 배었다 : 기본형 '뵈다'에 과거 시제 선어말어미 '–었'이 결합하여 '뵈었다'로 표기해야 한다.
'봬'는 '뵈어'의 축약형이므로 '봬었다'는 결국 '뵈어었다'가 되므로 이는 틀린 표현이다.

06 정답 ③

③ ·므·른 : '믈+은'의 이어 적기 표기에 해당한다. 끊어 적기로 표현할 경우 '믈은'이 된다.

오답 피하기

① ᄇᆞᄅᆞ·매 : 'ᄇᆞᄅᆞᆷ'에서 'ㆍ'의 사용이 확인된다.
② :ᄉᆡ·미 : 'ᄉᆡ'의 왼쪽(:), '미'의 왼쪽(·)에서 방점이 사용되었다. 방점은 성조를 표시하기 위한 표기법으로 점 두 개는 상성(낮았다 높아지는 소리), 점 한 개는 거성(높은 소리)을 나타낸다.
④ 바·ᄅᆞ·래 : '바ᄅᆞᆯ+애'로 'ᄇᆞᄅᆞᆯ'에 장소를 나타내는 부사격 조사 '애'가 결합한 형태이다. 부사격 조사는 '애, 에'의 형태가 있으나, 'ᄇᆞᄅᆞᆯ'이 양성모음이므로 모음조화에 의해 '애'가 결합되어 사용되었다.

07 정답 ③

③의 내용은 초고에 반영되지 않았다.

오답 피하기

① ㉠ : 첫 번째 문단 '보행 중 휴대 전화 사용은 보행자의 안전과 건강에 위협이 될 수 있다.'는 문장에 반영되었다.
② ㉡ : 두 번째 문단 '보행 중 교통사고가 최근 4년간 437건에서 848건으로 약 2배가량 증가했다고 한다.'는 문장에 반영되었다.
④ ㉣ : 세 번째 문단 '보행 중 휴대전화를 사용할 경우 목과 허리의 디스크 발병률이 높아진다고 한다.'에 반영되었다.

08 정답 ②

본론의 첫 번째 문단은 안전사고에 관한 내용이고, ⓑ가 있는 문단은 건강 문제에 대한 내용이므로 두 가지를 병렬로 연결하는 표현이 적절하다. 따라서 ⓑ는 '뿐만 아니라'로 수정해야 한다. 제시된 '그러나'는 앞의 내용과 뒤의 내용이 상반될 때 쓰는 접속 부사로 적절하지 않다.

[9~10] 정철, 〈속미인곡〉

갈래 | 서정 가사, 양반 가사, 정격 가사
성격 | 서정적, 여성적, 연모적
주제 | 임금을 향한 그리움
특징 |
• 대화 형식으로 내용을 전개함.
• 순우리말을 절묘하게 구사함.

09 정답 ②

후렴구가 반복적으로 나타나는 것은 고려 가요나 민요의 특징이다. 이 작품의 갈래는 가사로, 후렴구는 사용되지 않았다.

오답 피하기

① '하늘을 원망하며 사람을 탓하겠는가'에서 설의적 표현이 나타난다.
③ 속미인곡의 갈래는 가사로, 4음보의 운율이 나타난다.
④ 갑녀와 을녀 두 여인의 대화 형식을 취한다.

10 정답 ④

임께서 기나긴 밤에 잠은 어찌 주무실지 걱정하고 있는 내용이다.

[11~13] 이청준, 〈흰 철쭉〉

갈래 | 단편 소설, 분단 소설
성격 | 상징적, 사실적, 회상적
시점 | 1인칭 관찰자 시점
주제 | 남북 분단으로 인한 실향민의 아픔과 한, 분단과 실향민에 대한 관심
특징 |
상징적 소재를 통해서 주제를 형상화하고 있다.

11 정답 ①

두 번째 문단 '아주버니는 금세 눈치를 알아채고~ 흩어져 떠나갔다는 것이었다.'에 아주머니의 사연이 요약적으로 제시되어 있다.

오답 피하기

② 3인칭 관찰자 시점에 대한 설명이다. 해당 작품은 1인칭 관찰자 시점으로 작품 속에 등장하는 인물이 주인공의 이야기를 객관적으로 관찰하고 묘사한다.
③ · ④ 해당하는 부분은 찾을 수 없다.

12 정답 ②

‘8·15 해방을 맞게 됐고, 이어 서로 간에 소식이나마 오갈 길이 끊기고 말았다는 것이다.’에서 친정 소식조차 끊긴 상황임을 알 수 있다. 따라서 해방을 계기로 친정 집으로 이사 갔다는 설명은 옳지 않다.

오답 피하기

① ‘황해도 안악 마을의 한 농촌 마을에서 갓 스물에 이곳으로 출가를 해 왔’다는 부분에서 확인할 수 있다.

③ ‘온 동네가 마치 횡재라도 만난 듯 다투어 집과 땅을 팔고 너나없이 사방으로 흩어져 떠나갔다’는 내용에서 확인할 수 있다.

④ ‘아주머니네는 그때 이미 집값으로 받은 돈을 이 일 저 일로 거의 다 축내 버리고’라는 부분에서 확인할 수 있다.

13 정답 ④

‘철쭉이라도 흰 꽃을 피워 주어 아주머니는 그것으로 이 30여 년을 고향 식구들 대하듯 마음을 달래 왔노라고 하였다.’는 문장을 통해 철쭉이 고향 식구에 대한 그리움을 달래 주는 자연물임을 알 수 있다.

[14~16] 신경림, 〈목계장터〉

갈래 | 자유시, 서정시
성격 | 향토적, 비유적
주제 | 떠돌이 민중의 삶의 애환과 갈등
특징 |
• 대립적 이미지의 시어들을 통해 시상을 전개함.
• 향토성 짙은 시어들을 사용함.

14 정답 ①

반어적 표현은 나타나 있지 않다.

오답 피하기

② ‘하고’, ‘하네’, ‘-라네’ 등의 어미의 반복을 통해 운율을 형성하고 있다.

③ ‘토방 툇마루’라는 향토적 소재를 통해 토속적 분위기가 드러난다.

④ 1, 2행의 형태가 15, 16행에서 반복되고 있다. 수미상관 구조로 형태적 안정감을 조성한다.

15 정답 ①

‘산서리’와 ‘물여울’은 시련, 고난을 의미한다. 따라서 화자가 처한 고달픈 현실을 드러냈다고 볼 수 있다.

16 정답 ③

‘토방’은 향토적 소재로 토속적 분위기를 형성할 뿐 방랑의 의미를 나타내고 있지는 않다.

오답 피하기

구름, 방물장수, 떠돌이는 방랑의 의미로 떠돌이의 삶을 상징한다.

[17~19] 작자 미상, 〈구렁덩덩신선비〉

갈래 | 설화
성격 | 교훈적, 상징적, 비현실적
주제 | 참된 사랑과 헌신은 시련을 극복하게 한다.
특징 |
권선징악과 인과응보라는 전통적인 민속 가치관이 반영됨.

17 정답 ③

뱀이 허물을 벗고 사람이 된다는 내용과 ‘복주깨를 띄우고 올라서자 낯선 세상에 이르렀다.’는 부분에서도 비현실적인 요소가 나타난다.

오답 피하기

①·②·④의 내용은 본문에서 확인할 수 없다.

18 정답 ④

막내딸은 집을 떠난 남편을 찾고자 농부 대신 논을 갈아 주고, 까치한테 벌레를 잡아 주고, 할머니의 빨래를 대신해 주고서 길을 묻는다.

오답 피하기

①·② 결혼 전의 내용이다.

③ 결혼 후 남편이 떠나기 전의 내용이다.

19 정답 ④

㉠, ㉡, ㉢은 구렁이 남편을 지칭한다. ㉣의 아이는 '새 쫓는 아이'로, 남편을 찾기 위해 떠난 길에서 만난 아이이다.

20 정답 ①

두 번째 문단 '하나의 도시에 여러 지점을 선정하고 그 지점과 그 지점 주변에 위치한 학교, 식당, 상가 등 생활 편의 시설의 거리를 측정하여 해당 지점의 보행 환경에 대한 점수를 산출한다. 해당 지점에서 도보 5분 정도의 가까운 거리 내에 편의 시설이 많을수록 그 지점은 높은 점수를 받는다. 각 도시의 점수는 이들 지점들이 받은 점수의 평균값이다.'에서 보행 환경을 점수화하는 방법을 설명하고 있음을 알 수 있다.

오답 피하기

②·③·④에 대한 내용은 본문에서 찾을 수 없다.

21 정답 ④

'이 업체에서 제공하는 점수는 도시 계획을 수립하려는 시 정부뿐만 아니라 각종 언론, 학계, 부동산 업계 등 다양한 분야에서 활용된다.'고 했으므로 시 정부의 도시 계획 수립에만 활용된다는 설명은 옳지 않다.

오답 피하기

①·② '자동차를 생활필수품으로 여기는 미국에서조차 국민들의 건강 증진과 환경 보호를 위해 도시 설계를 운전자 중심에서 보행자 중심으로 변화시키는 추세이다.'의 부분에서 확인할 수 있다.

③ '미국의 공공 기관과 민간에서는 지역의 보행 환경에 관한 데이터를 수집하여 사용자에게 다양한 정보를 제공한다.'에서 알 수 있다.

22 정답 ①

㉠ 주목 : 관심을 가지고 주의 깊게 살핌. 또는 그 시선.

① '사물의 존재 의의나 가치를 알아주지 아니함'은 '무시'에 대한 설명이다.

23 정답 ④

'폐암과 간암이 늦게 발견되는 것도 폐와 간에 통점이 거의 없기 때문이다.'라고 본문에 언급되어 있다. 따라서 폐와 간에는 통점이 없기 때문에 폐암과 간암이 일찍 발견된다는 설명은 옳지 않다.

오답 피하기

① 첫 번째 문단 '통점이 자극을 받아 통각 신경을 통해 통증 신호가 뇌로 전달될 때 우리는 통증을 느낀다.'에서 확인할 수 있다.

② 두 번째 문단 '인체의 부위가 손상되면 세로토닌, 히스타민 등의 통각 유발 물질이 만들어지는데'에서 확인할 수 있다.

③ 네 번째 문단 '피부에는 1제곱센티미터당 약 200개의 통점이 있는데'에서 확인할 수 있다.

24 정답 ④

세 번째 문단 '통증 신호를 뇌로 전달하는 통각 신경은 다른 감각 신경에 비해 매우 가늘어 신호를 느리게 전달한다.'에서 확인할 수 있다.

25 정답 ①

피부에 많은 수의 통점이 배치된 것과 달리, 내장 기관에는 통점이 1제곱센티미터당 4개에 불과해 아픈 부위를 정확히 알기 어렵다는 내용이 제시되어 있다. 앞 문장과 뒤 문장의 내용이 상반되므로 뒤에 오는 말이 앞의 내용과 상반됨을 나타내는 '반면'이 적절하다.

오답 피하기

② 비록 : 아무리 그러하더라도
③ 혹시 : 그러할 리는 없지만 만일에
④ 왜냐하면 : 왜 그러느냐 하면. 앞에서 한 말이나 주장의 까닭을 뒤에서 밝힘

제2회 정답

본문 375~383p

01 ①	02 ②	03 ③	04 ③	05 ②
06 ①	07 ①	08 ②	09 ②	10 ②
11 ①	12 ②	13 ④	14 ③	15 ④
16 ①	17 ④	18 ④	19 ③	20 ①
21 ③	22 ③	23 ②	24 ④	25 ④

01 정답 ①

형 : 내일 이모랑 할머니 선물을 사러 가자.

위 문장은 중의적인 표현이 사용된 문장으로,
첫째, 내일 이모와 함께 할머니의 선물을 사러 가자.
둘째, 내일 이모의 선물과 할머니의 선물을 사러 가자.
이 두 가지 의미로 해석할 수 있으므로 정확하게 의미를 구분하여 사용해야 한다.

02 정답 ②

언니 : 이번 주말에 영화 보러 갈래?
동생 : 주말에 친구들과 발표 준비를 해야 해서 못 가.

언니의 제안에 동생은 구체적인 이유를 제시하며 거절하고 있다. 그러므로 언니는 상대방이 거절하게 되는 상황을 이해하고, 감정이 상하지 않을 수 있다.

[3~4] 작문–개요를 바탕으로 초고 쓰기

03 정답 ③

'㉢ Ⅱ. 다. 지역의 역사 알기 프로그램 참여'는 이 글의 주제인 공정 여행의 실천 방법과 의의와는 관련 없는 내용으로 본문에 반영되지 않았다.

오답 피하기

① ㉠ 서론 : 공정 여행이 주목받게 된 배경
→ 첫 문장의 내용으로 여행의 수익이 여행지 주민에게 돌아가지 않는 문제와 여행으로 인한 환경 문제로 인해 공정 여행이 주목받게 되었다는 배경이 드러난다.

② ㉡ 본론 : 가. 탄소 배출량이 적은 교통수단 이용
→ 두 번째 문장 내용으로 대중교통이나 자전거 이용, 도보 이용을 제시한다.

④ ㉣ 결론 : 공정 여행의 의의
→ 마지막 지문의 내용으로 공정 여행을 통해 환경을 보호하고 지역 경제를 활성화하는 데 기여할 수 있다는 내용을 제시한다.

04 정답 ③

ⓒ '그런데'는 전환을 나타내는 접속 부사이다. ⓒ 앞과 뒤의 문장은 인과 관계를 나타내는 문장이므로 '그러면' 또는 '그래야'와 같은 말이 적절하다.

05 정답 ②

<보기>는 음운의 변동 중 모음 'ㅡ' 탈락 현상이다.

ㄱ. (글을) 쓰- + -어 → 써 : ㅡ + ㅓ → ㅓ (ㅡ 탈락)

ㄹ. (문을) 잠그- + -아 → 잠가 : ㅡ + ㅏ → ㅏ(ㅡ 탈락)

오답 피하기

ㄴ. (잠을) 자- + -아 → 자 : ㅏ+ ㅏ → ㅏ(ㅏ탈락)

ㄷ. (줄을) 서- + -어 → 서 : ㅓ+ ㅓ → ㅓ(ㅓ탈락)

참고

같은 모음끼리 만나 하나의 모음이 탈락하는 현상을 동음 탈락이라고 한다. 그러므로 'ㄴ, ㄷ'은 모두 동음 탈락이다.

06 정답 ①

'깻잎'은 고유어 '깨'와 '잎'으로 이루어진 합성어로 [깬닙]으로 발음된다. 즉, 뒷말의 첫소리 모음('ㅣ') 앞에서 사잇소리 'ㄴㄴ'이 생겨나고 이때 사이시옷을 받치어 적는다.

오답 피하기

② '맷돌'은 고유어 '매'와 '돌'로 이루어진 합성어로 [매똘]로 발음된다. 한글 맞춤법 제30항 1(1) 뒷말의 첫소리가 된소리로 나는 것은 사이시옷을 받치어 적는다는 규정에 따라 '맷돌'로 표기한다.

③ '잇몸'은 고유어 '이'와 '몸'으로 이루어진 합성어로 [인몸]으로 발음된다. 이는 한글 맞춤법 제30항 1(2) 뒷말의 첫소리 'ㄴ, ㅁ' 앞에서 'ㄴ' 소리가 덧날 때는 사이시옷을 받치어 적는다는 규정에 따라 '잇몸'으로 표기한다.

④ '훗날'은 한자어 '후'와 고유어 '날'로 이루어진 합성어로 한자어와 고유어로 이루어진 합성어로서, 뒷말의 첫소리 'ㄴ, ㅁ' 앞에서 'ㄴ' 소리가 덧날 때에는 사이시옷을 바치어 적는다는 원칙에 따라 '훗날'로 표기한다.

07 정답 ①

주체 높임법은 주격 조사 '-께서', 주체 높임 선어말 어미 '-시-', 특수어휘 '주무시다', '계시다' 등을 통해 문장의 주체(주어)를 높이는 방법이다.

'아버지께서 신문을 보신다.'는 조사 '-께서'와 선어말 어미 '-시-'를 통해 문장의 주어인 '아버지'를 높이고 있다.

오답 피하기

② 그는 착한 사람이었습니다.
→ 종결어미 '~ㅂ니다'를 통해 청자(듣는 이)를 높이는 상대 높임이 쓰이고 있다.

③ 저는 어르신을 뵐 낯이 없습니다.
→ 자신을 낮추어 상대방을 높이는 겸양의 표현인 '저'와 종결어미 '~ㅂ니다'를 통해 청자를 높이는 상대 높임이 쓰이고 있고, 객체(목적어 또는 부사어)를 높이는 어휘 '어르신'과 특수어휘 '뵐(뵙다)'을 통해 객체 높임이 쓰이고 있다.

④ 아이가 할머니께 편지를 읽어 드렸다.
→ 부사격 조사 '-께'와 특수어휘 '드리다'를 통해 문장의 객체(목적어 또는 부사어)인 '할머니'를 높이고 있다.

08 정답 ②

> 어·린 百·ᄇᆡᆨ姓·셩·이 니르·고·져 ·홇 ㉠ ·배
> 이·셔·도 ㉡ ᄆᆞ·ᄎᆞᆷ:내 제 ㉢ ·ᄠᅳ·들 시·러
> 펴·디 :몯홇 ㉣ ·노·미 하·니·라
>
> -「훈민정음 언해본」-

㉡ 'ᄆᆞ·ᄎᆞᆷ:내'에는 현대 국어에 없는 모음자 'ㆍ'가 쓰였다.

오답 피하기

㉠ ·배 : '·배'에 주격 조사 'ㅣ'가 결합된 것으로서 모음 뒤에서 주격 조사 'ㅣ'가 결합됨을 알 수 있다.

㉢ ᄠᅳ·들 : 'ㅳ'은 어두자음군으로, 단어의 첫머리에 두 개의 자음이 올 수 있음을 알 수 있다.

㉣ ·노·미 : '·노·미'는 '놈이'를 소리 나는 대로 이어 적은 것이다.

[9~10] 작자 미상, 〈가시리〉

갈래 | 고려 가요
성격 | 서정적, 민요적, 애상적
주제 | 이별의 정한(情恨)
특징 |
- 3·3·2조의 3음보의 율격
- '기-승-전-결'의 4단 구성
- 간결한 형식과 소박한 시어를 사용하여 이별의 감정을 절묘하게 표현함.

09 정답 ②

이 시는 고려 가요로서 각 연의 마지막 부분에 동일한 후렴구가 반복되어 운율을 형성하고 있다. 특히 이 노래의 후렴구는 노래의 정서 그리고 향유 계층(평민)의 정서와 다른 '대평셩딘(大平盛代)'라는 구절을 통해 고려 가요가 궁중 연회에서도 향유되었음을 알 수 있다.

10 정답 ②

이 시의 화자는 (떠나는) 임을 잡아두고 싶지만 서운하면 아니올까 두려워 잡지 못하는 소극적인 모습을 보이고 있다. 또한 임에게 가자마자 돌아오라고 당부함으로써 기다림의 의지를 드러내고 있다. 이를 통해 화자가 임과의 이별을 안타까워하고 있다는 것을 알 수 있다.

[11~13] 양귀자, 〈비 오는 날이면 가리봉동에 가야 한다〉

갈래 | 사실주의 소설, 세태 소설
성격 | 사실적, 세태 비판적
배경 | 1980년대, 부천 원미동
주제 | 오해로 인한 타자와의 갈등과 타자 이해를 통한 화해, 도시 변두리 서민들의 애환
특징 |
- 특정 인물의 시선을 통해 사건을 전개함.
- 대화와 행동을 통한 사건 전개
- 소시민의 삶을 사실적으로 그려냄.

인물 |
- 그 : 연립 주택 집주인. 처음에는 임 씨를 믿지 못하다가 점차 그를 신뢰하고 그에게 연민을 느낌.
- 아내 : 인색할 정도로 알뜰한 주부. 임 씨에게 견적대로 돈을 주기 아까워서 일을 시키지만, 임 씨의 정직함에 미안함을 느낌.
- 임 씨 : 전형적인 도시 빈민 노동자. 일처리가 꼼꼼하며 책임감이 강하고 정직한 인물
- 스웨터 공장 사장 : 경제적인 부를 누리면서도 연탄값을 지불하지 않는 것에서 알 수 있듯이, 부도덕하고 탐욕스러운 인물

설명 | 제목 '비 오는 날이면 가리봉동에 가야 한다'의 의미
- 막노동자인 임 씨는 평소에는 일을 해야 해서 돈을 받으러 갈 수는 없으므로, 일거리가 없는 비 오는 날에 연탄 값을 받으러 갈 수 있는 처지이다.
- 작품의 제목은 쉬지 않고 일해야 하는 도시 빈민층의 고단한 삶을 드러내는 동시에 그들을 부당하게 대하는 부유층의 이기적이고 비윤리적인 속성을 비판하고 있다.

- 공장주에게 떼인 돈을 받으려는 절박한 마음을 '가야 한다'라는 표현으로 나타냈다.
- 떼인 연탄값은 식구들의 기본적인 생활을 지탱하는 생활비이다.

11 정답 ①

'임 씨'는 공사를 하면서 줄게 된 재료비와 노임 등을 꼼꼼하게 계산해서 줄어든 공사비를 부부에게 설명해 준다. 이러한 모습을 통해 '임 씨'의 솔직하고 진솔하며 정확한 성격을 알 수 있다.

12 정답 ②

[A]는 '임 씨'와 '그'와의 대화를 통해 예상보다 적게 나온 공사비에 당황한 '그'와 '써비스'를 준다는 '임 씨'와의 대화를 통해 가난하지만 순수함과 마음의 여유를 지닌 '임 씨'의 성격을 생생하게 보여주고 있다.

13 정답 ④

하루종일 '임 씨'를 못 미더워했던 그는 성실하게 공사를 한 '임 씨'의 모습과 정직한 공사비 계산서에 대한 고마운 마음을 담아 일 층 현관까지 내려가 '임 씨'를 배웅하였다.

[14~16] 김영랑, 〈모란이 피기까지는〉

갈래 | 현대시, 자유시
성격 | 유미주의적
제재 | 모란
주제 | 소망이 이루어지기를 기다림.
특징 |
- 수미상관 구성
- 섬세하고 부드러운 여성적 어조 : '-테요'와 같은 여성적 어조로 섬세한 느낌을 줌.
- 울림소리(ㄴ, ㄹ, ㅇ, ㅁ)의 반복으로 운율 형성
- 도치법, 역설법, 과장법 등을 통해 화자의 정서가 강조됨.

14 정답 ③

이 시는 첫 부분과 끝 부분에 '모란이 피기까지는 ~ 기둘리고 있을 테요'를 반복하여 소망이 실현되기를 기다리는 화자의 의지를 강조하고 있다.

15 정답 ④

'찬란한 슬픔의 봄'은 '모란'이 피는 기쁨과 '모란'이 지는 슬픔을 역설적인 표현을 통해 표현하여 '모란'에 대한 절대적인 가치를 강조하고 있다.

참고
역설법 : 모순적인 표현을 통해 진리를 강조하는 표현법

16 정답 ①

이 시의 화자는 삼백 예순 날을 '모란'이 피는 것을 기다리며, '모란'이 지면 '한 해'가 지고 말았다고 생각한다. 이로 보아 '모란'은 화자에게 절대적 가치를 지닌 소망이라고 할 수 있으며, 화자는 자신이 소망하는 것을 기다리는 삶을 살아가고 있다.

[17~19] 김시습, 〈이생규장전〉

갈래 | 한문 소설, 전기(傳奇) 소설, 명혼(冥婚) 소설
성격 | 전기적, 비현실적, 비극적
구성 | '만남-이별'의 반복 구조
배경 | 고려 공민왕 때, 개성(송도)
주제 | 죽음을 초월한 남녀 간의 사랑
특징 |
- 적극적이고 의지적인 여주인공-개성적 인물
- 사랑의 성취와 좌절의 구조로 이루어짐.
- 죽음을 초월한 사랑을 실현함.

구조 |

시련		대응
혼사 반대(유교적 질서)	→	혼인 허락(현실적 해결)
최 여인의 죽음 (홍건적의 난)		최 여인의 환신 (비현실적 해결)
최 여인의 죽음 (인간의 숙명, 한계)		'최 여인'의 유해를 수습 (인간의 한계를 수용함)

17 정답 ④

홍건적의 난으로 죽은 최 여인이 귀신이 되어 다시 나타나 인간인 이생과 부부의 연을 맺고 다시 살아가다가 '저승길의 운수'라는 인간의 숙명을 받아들이게 된다는 이 글의 구조는 비현실적이지만 이생과 최 여인의 죽음을 초월한 사랑이라는 주제를 강조하게 된다.

18 정답 ④

'이생'은 '최 여인'이 사라진 후 그녀의 유골을 거두어 묻어 주고 추모하다가, 병을 얻어 수개월 만에 세상을 떠나게 되었다. 이를 통해 '이생'은 '여인'과 이별한 후에도 '여인'을 그리워하고 사랑했음을 알 수 있다.

19 정답 ③

㉢ '저'는 '최 여인'을 의미한다.
㉠ '그대', ㉡ '나', ㉣ '낭군'은 모두 '이생'을 의미한다.

[20~22] 최재천, 〈생각의 탐험〉

갈래 | 논설문
성격 | 해설적, 논리적
주제 | 현대 사회는 통섭형 인재가 되어야 한다.
특징 |
- 이 글 앞 부분에 속담을 인용하여 주의를 환기하고 있음.
- 주요 용어를 분석하여 설명하고 있음.

20 정답 ①

'통섭(統攝)'이라는 말의 어원을 설명하고, '큰 줄기 통(統)'과 '당길 섭(攝)'을 각각 풀어 현대 사회에 필요한 학문과 인재의 특징을 설명하고 있다.

21 정답 ③

'열두 가지 재주에 저녁거리가 간데없다.'는 것은 한 가지 일에 집중하지 않고, 여러 가지 일을 하면 먹고 살기 어렵다는 뜻이다. 이것과 같은 의미의 속담은 '사람은 한 우물만 파야 한다.'이다.

오답 피하기

① 김칫국부터 마신다.
➜ 해 줄 사람은 생각하지도 않는데, 미리 기대부터 하는 것을 비꼬는 표현
② 목마른 사람이 우물을 판다.
➜ 아쉽거나 어려움에 처한 사람이 서둘러 일을 해결할 방법을 찾는다는 뜻이다.
④ 미운 아이에게 떡 하나 더 준다.
➜ 미운 사람일수록 잘 해 주고 생각하는 체라도 하여 감정을 쌓지 않아야 한다는 뜻이다.

22 정답 ③

㉢ '이것저것 조금씩 잘하는 팔방미인'은 자신이 가장 좋아하거나 잘하는 하나의 분야를 중심으로 다른 분야에 두루두루 관심과 소양을 갖는 통섭형 인재가 아니라 '깊이 없이 두루두루 관심을 갖는 사람'을 가리키는 말이다.

오답 피하기

㉠ '여러 분야의 경계를 가로지르며 새로운 지식과 가치를 만들어 낼 줄 아는 사람', ㉡ '통섭형 인재', ㉣ '다른 전문 분야에도 충분한 소양을 갖춰 그들과 공동 연구를 할 수 있는 인재'는 모두 현대 사회에 필요한 인재의 조건이다.

[23~25] 임석재, 〈지혜롭고 행복한 집 한옥〉

갈래 | 설명문
성격 | 사실적, 분석적
주제 | 한옥에 시원한 바람이 잘 흐를 수 있는 과학적 원리
특징 |
- 한옥의 통풍, 환기, 순환을 '통(通)'이라는 개념으로 설명함.
- '통(通)'의 원리를 과학적으로 분석하여 병렬적으로 제시함.

23 정답 ②

(나), (다)는 한옥에서 '통(通)'의 원리를 구현하는 방식을 크게 거시 기후와 미시 기후로 나누어 설명하고 있다. (나)는 계절 같은 큰 시간 단위인 거시 기후를 기준으로 '바람길'을 낸 한옥의 원리를, (다)는 집의 주변을 둘러싼 개별적 상황에 따라 나타나는 구체적인 기후 현상에 맞게 찬 공기주머니를 만드는 한옥의 원리를 각각 설명한다.

24 정답 ④

이 문장 앞에는 두 종류의 바람에 대한 설명이 제시되고, 뒤에는 이 중에서 찬바람에 부연 설명이 제시되어야 문맥이 자연스럽다. 그러므로 ㉣이 위 문장이 들어갈 곳으로 가장 적절하다.

25 정답 ④

'통(通)의 원리라 부를 수 있다'의 '부르다'는 '이름지어 부르다', '일컫다'의 의미로 사용되었다. 이와 같은 의미로 사용된 것은 '사람들은 그를 불운한 천재라고 불렀다'의 '부르다'이다.

오답 피하기

① 생일에 친구들을 집으로 불렀다.
➜ '초대하다'의 의미이다.
② 어머니가 아이를 손짓하여 불렀다.
➜ '소리내어 오라고 하다'의 의미이다.
③ 경기장에서 응원가를 힘차게 불렀다.
➜ '노래를 소리내어 부르다'의 의미이다.